유재천저작집 1

한국언론사상사 서설

유 재 천

지식산업사

유 재 천

서울대학교 문리과대학 사회학과 졸업, 미국 미네소타 대학교 대학원 졸업.
서강대 사회과학대학장, 한림대 한림과학원장, 한림대 부총장, 방송위원회 부위원장,
KBS이사장, 한국언론학회 회장, 한국방송학회 회장 등 역임.
현 상지대학교 총장.

유재천저작집 1 한국언론사상사 서설

초판 1쇄 인쇄   2011. 11. 11.
초판 1쇄 발행   2011. 11. 15.

지은이   유 재 천
펴낸이   김 경 희

경 영   강 숙 자
편 집   신 유 진 · 최 윤 정
영 업   문 영 준
관 리   문 암 식
경 리   김 양 헌
펴낸곳   ㈜지식산업사
         본사 • 경기도 파주시 교하읍 문발리 520-12
            전화 (031)955-4226~7 팩스 (031)955-4228
         서울사무소 • 서울시 종로구 통의동 35-18
            전화 (02)734-1978   팩스 (02)720-7900
         한글문패   지식산업사
         영문문패   www.jisik.co.kr
         전자우편   jsp@jisik.co.kr
         등록번호   1-363
         등록날짜   1969. 5. 8.

책값은 뒤표지에 있습니다.

이 책을 읽고 지은이에게 문의하고자 하는 이는
지식산업사 전자우편으로 연락 바랍니다.

이 책은 관훈클럽 신영연구기금의 도움을 받아 저술 출판되었습니다.

책을 펴내면서

　서구 근대 신문이 정보의 유통, 더욱이 지역간·국가간 교역의 증대에 따른 상업상 정보 유통에 대한 점증하는 사회적 요구와 인쇄술 등의 발전에 따라 자연발생적으로 성장, 발전해 온 데 견주어 한국의 근대 신문은 그 시대의 사회·정치적 목표를 달성하려는 수단으로 외국에서 이식되어 성장, 발전해 왔다.

　한국에 최초로 근대적 신문이 등장하였던 구한말에는 보수세력과 개화세력의 갈등 속에서 개화의 수단으로, 그리고 제국주의 열강의 침략으로부터 국권을 보전하기 위한 수단으로 신문이라는 신문물이 이식되었다. 그 뒤 일제의 식민통치시대에는 자주독립을 쟁취하기 위한 민족역량의 배양과 식민정책에 대한 저항의 수단으로서, 그리고 광복 이후에는 민주 독립국가의 수립을 위한 이념투쟁의 수단으로서 신문이 존재해 왔다. 따라서 한국의 신문은 서구의 신문과 달리 발생부터 정보유통보다 규범적 측면에 더욱 역점을 두어 왔다고 할 수 있다. 이런 뜻에서 한국 신문은 규범신문이었다고 평가해도 좋을 것이다.

저자는 한국언론사를 공부하면서 한국 언론의 규범적 성격에 관심을 가지고 언론사상사에 주목하게 되었다. 한국에서 근대 언론을 받아들인 이후 오늘에 이르기까지 신문이나 잡지의 사상적 토대는 민족주의였다. 그러므로 민족주의 운동의 주체이기도 했던 한국 언론의 민족주의적 성격을 규명하는 작업은 곧 한국민족주의의 전개과정을 밝히는 일이기도 하다.

한편 한국 언론은 민주주의나 공산주의 이념을 수용하고 전파했다. 한국 언론은 초기부터 독립된 자주적 민족국가의 정치적 이상과 제도를 민주주의에 두고 그것의 실현을 위해 규범언론의 구실을 수행해 온 것이다. 또한 한국 언론은 1920년대에 들어와 러시아혁명 이후 세계를 풍미하던 공산주의를 수용하게 된다. 당시 한국 언론의 공산주의 수용은 지적 관심은 물론, 민족해방이념과 운동에 연관된 것이었으며, 독립을 위한 민족통일전선 형성과 밀접한 관련을 가지는 관심사였다.

이 책에 실린 10편의 논문들은 그러한 한국언론사상사의 맥락을 짚어보는 내용들이다. 제1장에서는 한국 언론의 이데올로기 수용을 다룬 논문을, 제2장에서는 선각자들의 언론관과 언론활동 및 민족운동을 다룬 글들을 실었다. 저자는 1990년에 《한국 언론과 이데올로기》라는 책을 펴낸 바 있다. 이 책에 실린 제1장의 글들은 모두 그 책에 실렸던 것들이다. 그러나 그 책에 실었던 사상사와 직접적인 관계가 없는 논문들을 제외했으며, 여기에 실린 논문들도 모두 크게 다시 손질한 것들이다. 더러 내용도 가감삭제 했으며, 각주도 다시 손질한 전정판(全訂版)인 셈이다. 제2장은 그동안 여러 논문집에 수록되어 있던 것을 처음으로 한곳에 모아 본 것이다.

이제 40여 년 동안의 교수생활을 정리한다는 뜻에서 언론사 연구의 성과들 가운데 사상관련 글들만 모아 책을 엮고 보니 공부의 부족함이 두드러져 보일 뿐이다. 끝으로 이 책이 나오기까지 도와주신 여러분들께 감사의 말씀을 드린다. 먼저 한림대학교 언론정보학부 박승현 교수께 갚을 수 없는 빚을 졌다는 말씀을 드린다. 박 교수는 이 책의 기획부터 편집은 물론 원고작성을 위한 컴퓨터 작업에 이르기까지 모든 과정을 도맡아 처리해 주었다. 부친의 병환이라는 집안의 우환에도 책을 내는 일에 헌신해 준 박승현 교수께 무어라 감사의 말씀을 드려야 할지 모르겠다. 또한 궁핍한 한국 출판의 실정에도 이 책의 출판을 기꺼이 맡아준 친구 김경희 지식산업사 사장께 경의를 표한다. 그리고 처음부터 끝까지 꼼꼼하게 열심히 교정을 보고 편집을 해준 신유진, 최윤정 씨에게 감사드린다. 지식산업사 편집부원 여러분께도 고맙다는 말씀을 드린다.

2011년 8월
유 재 천

차 례

책을 펴내면서 ··· 3

제1장 한국 언론의 이데올로기 수용

초기 한국 신문의 민족주의 수용 ························ 15

  1. 서 론 • 15

  2. 근대 민족주의의 기원과 그 성격 • 17

  3. 《한성순보》와 《한성주보》의 민족주의 수용 • 23

    1) 자주적인 국권의 보전을 위한 메시지 • 25

    2) 정치개혁과 민족통합의 메시지 • 32

    3) 민족경제의 발전을 위한 메시지 • 36

  4. 결 론 • 39

《대한매일신보》의 민족주의적 성격 ·················· 42

  1. 서 론 • 42

  2. 연구의 목적과 분석 • 45

    1) 연구의 목적 • 45

    2) 분석방법 • 46

     (1) 계량적 분석 ▷ 47 / (2) 질적 분석 ▷ 49

  3. 분석의 결과와 논의 • 49

    1) 《신보》 논설의 특징 • 49

    2) 논설주제의 양적 분석결과 • 52

     (1) 분석 대상 논설의 분포 ▷ 52 / (2) 주제별 빈도수 ▷ 53 / (3) 1904~
    1905년 사이 논설 분석 ▷ 57

    3) 러일전쟁에 대한 태도 • 63

    4) 제국주의 열강에 대한 인식 • 65

    5) 일본의 대한침략정책에 대한 인식 • 68

    6) 친일세력과 매국노에 대한 태도 • 71

    7) 의병에 대한 태도 • 72

    8) 국민교육에 대한 태도 • 73

    9) 국채보상운동에 대한 태도 • 75

    10) 언론상황과 언론정책에 대한 태도 • 77

  4. 결 론 • 84

《독립신문》과 민주주의 가치 수용 ··· 91

  1. 서 론 • 91

  2. 연구의 범위와 방법 • 94

    1) 《독립신문》의 성격 • 94

    2) 가치와 가치정향 • 98

     (1) 가치개념의 내포와 외연 ▷ 98 / (2) 가치와 가치정향의 개념 ▷ 99 /
    (3) 가치와 가치정향의 분류 ▷ 101

    3) 민주주의 가치 • 103

    4) 연구의 방법 • 107

  3. 《독립신문》에 나타난 민주주의 가치 • 109

    1) 자유 • 109

     (1) 신체의 자유 ▷ 109 / (2) 정신적 자유 ▷ 110 / (3) 정치적 자유 ▷ 110
    / (4) 사회적·경제적 자유 ▷ 111

2) 평등 • 111

  (1) 인간의 존엄 ▷ 111 / (2) 평등 ▷ 112

3) 주권재민(참정권) • 112

  (1) 선거권과 피선거권 ▷ 113 / (2) 대의제 ▷ 114

4. 결 론 • 114

서구 언론의 개념 수용과 민주주의 가치관 ·························· 129

1. 머리말 • 129

2. 서구 언론의 개념 수용 • 130

1) 신문매체에 대한 인식 • 130

  (1) 근대 신문의 존재에 대한 인지 ▷ 130 / (2) 신문의 개념 ▷ 135 /

  (3) 문명과 신문과의 관계에 대한 인식 ▷ 139

2) 신문의 사명과 기능 • 142

  (1) 신문의 사명 ▷ 142 / (2) 신문의 기능 ▷ 148 / (3) 신문기자의 사명 ▷ 153

3) 언론의 자유에 대한 인식 • 156

  (1) 언론자유의 개념 ▷ 156 / (2) 언론자유를 위한 투쟁 ▷ 163

3. 한국의 민주화에 미친 영향 • 170

1) 민주주의와 언론과의 관계에 대한 인식 • 170

2) 민주적 가치의 전파 • 172

  (1) 자유 ▷ 172 / (2) 평등 ▷ 174 / (3) 주권재민 ▷ 176

3) 민주주의 제도의 소개와 제도화를 위한 주장 • 176

4. 맺는말 • 181

일제하 한국 신문의 공산주의 수용에 관한 연구 ················· 188

1. 서 론 • 188

2. 일제 식민통치의 언론정책 • 190

3. 《동아일보》와 《조선일보》의 공산주의 수용 추세 • 197

1) 양적 분석방법 • 197

2) 분석결과 • 198

  (1) 연도별 게재 건수 ▷ 198 / (2) 필진 분석 ▷ 202 / (3) 주제 분석 ▷ 207

4. 《동아일보》의 공산주의 수용 · 214
  1) 노동운동의 개념과 방법 · 214
  (1) 노동운동의 개념 ▷ 214 / (2) 노동운동의 전개방향 ▷ 215 / (3) 사회주의와 농업노동 ▷ 216
  2) 마르크스 사상과 사회주의 수용 · 218
  (1) 마르크스 사상의 소개 ▷ 218 / (2) 사회주의 개념 ▷ 219 / (3) 사회주의와 민족운동 ▷ 220
5. 《조선일보》의 공산주의 수용 · 222
  1) 각종 결사와 조직운동에 대한 《조선일보》의 사상적 입장 · 222
  (1) 각급 결사(조직)에 대한 입장 ▷ 222 / (2) 조선공산당사건에 대하여 ▷ 224
  2) 민족주의와 사회주의 · 226
  3) 노동운동과 농민운동 · 231
  (1) 노동운동 ▷ 231 / (2) 농민운동 ▷ 234
  5) 마르크스 사상과 사회주의의 수용 · 237
  (1) 마르크스 사상의 수용 ▷ 237 / (2) 사회주의의 수용 ▷ 238
6. 요약 및 결론 · 239
  1) 공산주의 수용 추세 · 239
  2) 《동아일보》의 경우 · 241
  3) 《조선일보》의 경우 · 244

제2장 인물과 언론, 그리고 민족운동

도산 안창호 사회사상의 현대적 구현과 공론 ····················· 257
1. 서 론 · 257
2. 도산의 사회사상과 사회운동 · 259
  1) 도산의 가치체계 · 259
  (1) 민주주의 가치 ▷ 259 / (2) 가치지향성 ▷ 263 / (3) 목표수단과 가치 ▷ 267
  2) 도산의 사회사상 · 268

(1) 도산 사회사상의 요체 ▷ 268 / (2) 도산 사회사상에 대한 비판적
시각 ▷ 271

3) 도산의 사회운동 · 274

(1) 도산 사회운동의 목표 ▷ 274 / (2) 도산 사회운동의 성격 ▷ 276 /
(3) 도산 사회운동의 특징 ▷ 278

3. 결 론 : 도산 사회사상의 현대적 구현을 위한 과제 · 283

월남 이상재와 민족언론 ·· 289

1. 서 론 · 289
2. 일제 식민정책의 전환과 언론 · 290
   1) 문화통치의 표방 · 290
   2) 세 가지 민간신문의 창간과 일제의 언론정책 · 293
3. 월남 이상재와 《조선일보》 · 297
   1) 월남의 인품과 사상 · 297
   2) 월남의 《조선일보》 사장 취임의 의의 · 301
   (1) 민족지의 정통성 부여 ▷ 301 / (2) 《조선일보》의 경영과 개혁 ▷ 316
4. 월남 이상재와 '조선기자대회' · 319
   1) 조선기자대회의 진행과정 · 319
   2) 조선기자대회의 의미 · 324
5. 결 론 · 326

춘원 이광수와 상해 《독립신문》 ································· 331

1. 언론인 춘원의 경력 · 331
2. 상해 《독립신문》과 춘원 · 339
   1) 《독립신문》의 사명 · 339
   2) 《독립신문》의 논설과 춘원 · 341
   (1) 개조에 대한 춘원의 아이디어 ▷ 343 / (2) 일본에 대한 춘원의 충
   고 ▷ 348 / (3) 독립전쟁에 대한 춘원의 주장 ▷ 351
   3) 《독립신문》에 실린 춘원의 시 · 354
3. 춘원의 언론관 · 359

　　1) 신문의 사명 • 360

　　2) 춘원의 언론직업관 • 361

　　3) 신문경영에 대한 의견 • 364

　　4) 신문기자의 자질에 대하여 • 365

　　5) 언론인으로서의 춘원 • 367

단재 언론정신에 비춰본 오늘의 언론인 ································· 373

　1. 서 론 • 373

　2. 단재의 언론정신 • 374

　　1) 투철한 소명의식 • 374

　　2) 확고한 신념 • 375

　　3) 불굴의 비판정신 • 377

　3. 시기별 한국 언론인의 성격 • 380

　　1) 구한말 · 대한제국 시대 • 380

　　2) 일제 식민통치시대 • 381

　　3) 미군정 시기 • 382

　　4) 대한민국 건국 이후 • 382

　4. 결 론 • 385

신간회와 언론 ·· 389

　1. 서 론 • 389

　2. 신간회 창립과 언론 • 390

　　1) 민족협동전선의 구축과 언론 • 390

　　　(1)《동아일보》의 입장 ▷ 390 / (2)《조선일보》의 입장 ▷ 392

　　2) 신간회의 창립과 언론인의 역할 • 398

　3. 신간회활동에 대한 언론의 보도경향 • 399

　4. 민족단일당 형성에 대한 의견 • 401

　5. 신간회의 해소와 언론의 논조 • 403

찾아보기 ··· 411

제1장

한국 언론의 이데올로기 수용

초기 한국 신문의 민속주의 수용

1. 서 론

서구의 근대적 신문이 정보유통에 대한 점증하는 사회적 요구와 테크놀로지의 발전에 따라 자연 발생적으로 성장 발전해 온 데 견주어, 우리나라의 근대적 신문은 그 시대의 사회적·정치적 목표를 달성하기 위한 수단으로 발생하여 성장 발전해 왔다. 우리나라에 최초로 근대적 신문이 등장하였던 구한말에는 보수세력과 개화세력의 갈등 속에서 개화의 수단으로, 그리고 점차 노골적으로 진행되었던 제국주의 외세의 침략으로부터 국권을 보존하고 회복하기 위한 수단으로 신문이라는 신문물이 발간되었다.

그 뒤 일제의 식민통치시대에는 자주독립을 위한 이념투쟁의 수단으로 신문이 존재해 왔다. 우리나라 신문이 이와 같이 사회적·정치적 목표를 성취하기 위한 성격을 강하게 지니고 있는 것은 우리나라 신문들의 사명관(使命觀)에서 더욱 명백하게 드러난다. 곧, 1883년에 우리나라 최초의 근대적 신문이라고 할 수 있는 《한성순보》(漢城旬報)가 창간된 이래로 1948년 대한민국 정부가 수립될 때까지, 우리나라 신문은 나라의 자주독립을 성취하고, 국민을 계몽하며, 민주적인 민족국가를 수립할 것을 주된 사명으로 삼아왔다.[1] 이와 같은 사명관은 우리나라 신문으로 하여금 정보의 전달을 원초적인 기능으로 삼고 발전해 온 서구의 신문과 다른 기능을 수행하도록 만들었다. 말하자면 서구 신문의 기능이 환경변화의 인지적 측면을 강조해 온 것과 달리, 우리나라 신문은 규범적 측면에 더욱 역점을 두어 왔다고 할 수 있다.

이런 뜻에서 우리나라 신문은 규범신문이었다고 평가해도 좋을 것이다. 따라서 우리나라 신문의 이와 같은 성격은, 신문이 변화하는 새로운 사회적 조건에 적합한 새로운 규범체계를 정립하는 역할을 하도록 만들었다. 동시에 외세의 침략으로부터 자주독립을 유지하고 민주적 민족국가의 수립을 위한 투쟁을 불가피하게 수행하게끔 만들었다고 볼 수 있다. 그러므로 우리나라 신문은 사회변동을 주도하고 이를 촉진하려는, 강력한 의미를 부여받은 매체였다고 할 수 있다.

이 글에서는 위와 같은 우리나라 신문의 성격, 곧 우리 민족이 추구하고 전개해 온 정치·경제·문화적인 변동의 전반적 과정을 계도하고 대변해 왔다는 점과 관련하여, 우리나라 초기 신문에 수용되어 있는 민족적 이념(national ideal)과 민족주의적 성격을 밝혀보려 한다. 이 연구 과제는, 시기로 보아 우리나라 최초의 근대 신문인 《한성순보》가 창간되었던 1883년부터 대한제국이 종말을 고한 1910년에 이르는 기간을 대상으로 삼고, 그 시기에 발행되었던 민족지의 내용을 분석하여 수행된다. 이 글은 그 첫 작업으로 《한성순보》와 《한성주보》(漢城週報)를 대상으로 하여 두 신문이 받아들인 민족주의적 관점들을 정리해 본 것이다.[2]

2. 근대 민족주의의 기원과 그 성격

한국에서 민족주의가 나타나고 발전해 온 과정을 역사적으로 논구한 성과들을 종합해 보면, 근대 민족주의의 기원에 대해 대체로 다음과 같은 관점이 드러나 있다. 첫째, 한국의 근대 민족주의는 조선 후기 실학사상에서 맹아(萌芽)가 형성되었다. 둘째, 제국주의 열강의 침탈로부터 국권을 보존하고자 하는, 외세에 대한 저항의 전략으로 근대 민족주의가 형성되었다. 셋째, 중세 사회의 해체과정에서 조성된 봉건적 위기와 관련한 반봉건(反封建)·반침략(反侵略)운동에서 형성되었다. 넷째, 1919년 3·1운동에 이르러 한국 근대 민족주의는 한 단원을 이루게 되었다.

위와 같이 한국 근대 민족주의의 전개과정에 대해 큰 흐름에는 의견의 일치가 있으나, 구체적인 민족주의 운동의 성격에 대해서는 몇 가지 시각의 차이를 보이고 있다.

첫째, 한국 근대 민족주의의 기원은 중국중심의 세계관과 세계질서였던 화이사상(華夷思想)을 깨뜨리고, 조선의 자주성·독립성·중립성 등 자주의식을 자각하여 이론화하기 시작한 조선 후기 실학사상에서 찾는 데는 의견이 일치한다. 한편에서는 후기 실학파들의 사상을 '위대한 민족적 자각'이었으며 우리나라 근대 민족주의 형성의 선구가 되는, 근대 민족주의가 급속히 성장하는 맹아였다고 평가한다.[3] 이와 달리 다른 한편에서는 실학파 여러 유생들의 민족의식이 체계적이라기보다 단지 평소의 울적한 심정을 토로했다는 점에서 그 시대를 한국민족주의사에서 '전사적'(前史的)인 것으로 보고 있다.[4]

둘째, 위정척사사상을 반제국주의운동의 선구이며 민족의 자주의식과 주체성을 형성하는 데 크게 기여한 근대 민족주의의 기원으로 보는 관점5)과, 외세의 침입을 봉건적 구체제의 강화로 물리치려 하는 전근대적 민족주의의 성격으로 규정하는 시각 차이가 보인다.6)

셋째, 개화파의 민족주의를 급진개화파의 사상과 온건개화파의 동도서기론(東道西器論)적 입장에서 구별하는 견해를 들 수 있다. 즉 박규수 시기의 동도서기론, 다시 말해서 척사위정론(斥邪爲政論) 사상과 대립논리로서의 동도서기론에서 정치체제론적인 의미는 그다지 중요시되지 않았다고 보았다. 그러나 이후 왕권제한론을 주장한 급진개화파 사상과의 대립논리로서 동도서기론은 정치체제론문제에 더 유의하지 않을 수 없었다고 생각한다. 서기(西器)를 수용하여 개화하고 부국강병을 꾀하는 데는 급진개화파의 생각이나 동도서기론적 온건개화파의 견해가 다를 것이 없다. 하지만 전자는 군주권을 제한하고 민권을 확대해 나가기 위하여 서기를 수용하려 했고, 후자의 경우는 전제군주제를 유지하면서, 그것을 강화하고 또 어쩌면 호도하는 방법으로 서기를 수용하려 한 것이라는 이해도 가능하기 때문이다.

급진개화파의 민권신장론도 물론 시대적인 한계성이 있어서 완전한 국민주권론까지는 나아가지 못한 채, 입헌군주제로서의 군민동치론(君民同治論)에 그쳤다. 그러나 그들의 개화개념 속에는 기술·경제적인 부분에서만의 개화가 아닌 정치·경제면에서의 개화도 포함되어 있음을 확인할 수 있는 것이다. 이와 달리 온건개화파의 동도서기론적 개화개념 속에는 확실히 권력구조면의 개화는 제외되고 있다. 김윤식보다 한층 더 진보적인 개화관을 가진 온건개화파의 한 사람이었던 유길준의 경우도 그것은 변함이 없다고 본다.7)

넷째, 계급성의 관점에서 3·1운동을 비판적으로 보는 관점을 지적할 수 있다.

이와 같이 구체적인 민족주의 운동의 성격에 대한 평가에서 시각의 차이가 드러나고 있으나, 그러한 몇 갈래의 흐름이 어떻게 한국 근대 민족주의를 형성해 왔는가에 대해서는 아래와 같은 신용하의 정리가 잘 요약해 주고 있다.

한국 근대사회사상사를 보면, 밖으로 외세의 침략에 대항하는 문제가 절실할 때에는 근대 민족주의로서의 개화사상과 동학사상은 물론이요, 전근대적 민족주의로서의 위정척사사상도 운동에 있어서 연합하는 일이 많았다. 그러나 안으로 개혁문제가 대두할 때에는 근대 민족주의 내부의 개화사상과 동학사상도 갈등과 충돌을 일으켰을 뿐만 아니라, 전근대 민족주의인 위정척사사상과는 혁명과 반혁명의 극한적 대결과 상호투쟁이 전개되는 일이 많았다. 1884년 갑신정변과 1894~95년의 민비 구체제 정권, 갑오농민전쟁, 갑오개혁, 을미의병운동 등은 이러한 갈등과 투쟁의 전형적 경우였다고 볼 수 있을 것이다. 시민적 근대 민족주의 흐름으로서의 개화사상은 초기 개화사상-독립협회-애국계몽사상으로 크게 발전하였고, 농민적 근대 민족주의 흐름으로서의 동학사상은 초기 동학사상-갑오농민전쟁-천도교로 발전하여 결국 종교로 귀결되었다. 반면에 전근대적 민족주의 흐름으로서의 위정척사사상은 병인양요-신미양요-을미의병운동을 거쳐 1905년 국권을 빼앗긴 이후에는 각계각층의 항일의병 무장투쟁에 주도적으로 연합하였다. 두 개의 흐름의 한국 근대 민족주의와 한 개의 흐름의 전근대 민족주의는 서로 갈등을 일으키면서 합류하지 못하고 있다가 1919년 3·1운동에 이르러 완전히 합류되어 한국 근대 민족주의의 발전에 한 단원을 이루게 되었다고 볼 수 있을 것이다.[8]

이렇게 볼 때, 초기 한국 신문의 민족주의 수용에 대한 연구는, 말하자면 3·1운동 이전까지의 근대적 민족주의 형성과정에서 민족지들이 수행한 구실을 밝히는 작업이 된다. 그것은 이 시기의 신문들에 실린 메시지 분석으로써 이루어질 수밖에 없으며, 그 결과는 사회적 커뮤니케이션의 가장 영향력 있는 수단을 통해 그 시기에 우리 사회에 받아들여진 정보 가운데서 민족성, 민족적 이념, 민족주의의 내용을 찾아내는 일이 될 것이다. 다시 말해, 이 같은 작업은 사회적 커뮤니케이션을 거쳐 이루어지는 사회의 동화과정에서 사회성원을 민족으로 결속케 해주는, 곧 전체적인 통합을 이룩하게 해주는 정치적·경제적·문화적 내용과 정책들을 밝히는 것이라 할 수 있다. 그것은 또한 민족주의가 이데올로기로서 추구하는 이상들, 곧 자유와 평등과 자치라는 가치들이 어떻게 주창되었는가를 분석하는 것이기도 할 것이다. 이러한 관점에서 그 동안 이루어진 주요한 연구 성과들의 몇 가지 예를 들면 다음과 같다.

한흥수는 《대조선독립협회회보》(大朝鮮獨立協會會報)의 내용을 분석해 독립협회가 '독립'의 이념을 궁극적인 목표가치로 설정하고, 그것을 외연으로서의 자주와 내포로서의 자강으로 이원화시켰을 뿐만 아니라, 안으로 향한 자강의 실현방향의 모색을 통하여 근대화의 과도적 계기들을 독립의 이념으로 수렴시켰음을 밝혔다. 곧 방법으로서의 이념설정에서 과도기의 개화사상을 개명진보로 계승·발전시키고, 척사사상을 국권자립으로 발전·통합시켜 '태서'(泰西)에 대한 상반된 대응의 조화를 이루었고, 민권자수(民權自修)의 새로운 지표를 더하여 독립사상으로 묶어 놓았다. 이로써 오늘로 이어지는 한국 민족주의의 방향설정을 굳힌 것이다.[9] 이만갑은 《독립신문》의 사설 내용분석에서 목표가치로 충군·애국·학문·합리·민주·평등·준법·공정·외세 경계·생활태도개선 등이 강조되었음을 밝혔다.[10]

신용하는 독립협회의 사회사상이 자주독립사상, 자유민권사상, 자강개혁사상이라는 세 가지 특징을 지니고 있다고 분석하였다. 곧 자주독립사상은 다시 자주국권, 이권반대, 중립외교, 개화자강독립, 민족문화를 주된 요소로 삼고 있으며, 자유민권사상은 국민자유권, 평등권, 국민참정권, 의회설립 등을, 또 자강개혁사상은 입헌대의정체, 행정·재정개혁, 신교육, 사업개발, 근대 국방, 사회관습개혁 등을 정책이나 가치로 삼고 있다고 보았다.[11] 김민환은 개화기 민족지의 내용분석에서 당시 신문들이 대외적 상황에 대응하는 데는 자주독립을, 대내적 상황에 대응하는 데는 개화자강을 목표가치로 내세웠다는 것을 밝혔다.[12]

위와 같은 연구 성과들은 민족주의 이데올로기가 추구했던 내용으로서의 가치들을 내용분석을 하여 찾아낸 것이다. 그러나 연구방법의 이론구조에서 유형주의적 분석방법이나 사회구조적 분석방법을 원용하거나 적용하려는 시도는 미약했다. 그 까닭은 내용분석방법이 지니고 있는 한계점 때문이기도 하다.

이런 뜻에서 본 연구는 내용분석방법을 주로 하고 질적 분석에 의존하면서, 그것을 가능한 한 유형화하거나 사회구조적으로 분석하려 한다. 다만 그와 같은 분석은 귀납적으로 하는 것이 타당하다고 생각한다. 왜냐하면 우리의 경우 유형화나 사회구조적 접근을 위해 적용할 이론체계가 아직 정립되어 있지 않기 때문이다. 곧, 우리의 민족주의 전개과정을 유형화하거나, 이를 사회구조적 특성과 관련시켜 분석할 우리 나름의 이론체제가 정립되어 있지 않다는 것이다. 따라서 이 연구에서는 귀납적 방법으로 그 같은 시도를 하기 위한 기초자료의 서술에 원초적 관심을 두기로 하였다. 이러한 접근에서 다음과 같은 몇 가지 관점을 전제로 삼고자 한다.

첫째, 민족주의를 어떻게 볼 것인가의 문제이다. 민족주의에 대한 개념정의는 다양하다. 예컨대 "내셔널리즘(nationalism)이란 요컨대 네이션(nation)의 독립·통일 및 발전을 지향, 추진하려는 사상과 운동의 총칭인데, 내셔널리즘의 담당자를 네이션의 세 뜻, 곧 국가·국민·민족 중 어느 것으로 보는가에 따라 내셔널리즘은 국가주의, 국민주의, 민족주의라고 번역될 수 있다"는 관점이 있는가 하면, 민족주의를 민족성이나 민족적 이념과 동일시하기도 한다.

그러나 이 글에서 민족주의는 민족성이라고 할 수 있는 단순한 민족 성원의 일치된 공감대의 표현만은 아니며, 그것은 이데올로기적 성격, 곧 평등과 자유·자치라는 성격을 추구하는 변혁의 사상체계이자 이데올로기라는 관점으로 파악할 것이다. 따라서 만일 민족주의를 그들 시대나 사회의 이데올로기로 파악할 경우, 여기에는 정치·경제·문화 등의 각 분야에서 민족주의에 따른 정책이 제시될 수 있어야 한다는 주장에 동의하며, 내용의 분석도 그 점을 강조하는 데 유의하게 될 것이다.

둘째, 분석 자료의 해석과정에서 민족주의의 형성과 발전과정에 지나치게 도식적인 논리를 적용해 파악하는 입장은 배제할 것이다.

셋째, 민족주의를 단순히 어느 한 시대 민족 성원의 충동적인 대외적 반응으로 인식하는 성향을 경계할 것이다. 이 점은 특히 한국 근대 민족주의의 전개과정을 연구하는 데 강조되어야 할 태도라고 생각된다.

3. 《한성순보》와 《한성주보》의 민족주의 수용

1883년 창간된 우리나라 최초의 근대적 신문인 《한성순보》와 그 뒤를 이어 1886년에 창간된 《한성주보》는 모두 정부가 발행한 신문들이다. 따라서 이 신문들은 당시 집권세력이었던 온건개화파의 사상과 정책을 반영했다고 볼 수 있다. 그러나 이 신문들은 모두 나라와 백성의 개화를 위해 간행된 것이다. 이러한 발간목적은 다음과 같은 《한성순보》의 창간사인 〈순보 서〉(旬報 序)에 잘 나타나 있다.

> 우(禹)는 구정(九鼎)을 만들어 구주(九州)를 형상하였고 주관(周官)은 국토를 구분하였으나 요복(要服)·황복(荒服) 이외는 조금도 언급하지 않은 것은, 산천이 막혔고 문물과 제도가 달라서 덕이 베풀어지거나 힘이 이르지 않기 때문에 선왕들이 먼 곳까지 경략하는 데 마음을 쓰지 않은 것이다. 그러나 지금은 풍기가 점차 열리고 지교(智巧)도 날로 발전하여 선박이 전 세계를 누비고 전선이 서양까지 연락되었는 데다가 공법(公法)을 제정하여 국교를 수립하고, 항만·포구를 축조하여 서로 교역하므로 남북극·열대·한대 할 것 없이 이웃 나라와 다름이 없으며, 사변(事變)과 물류(物類)가 온갖 형태로 나타나고 거복(車服)·기용(器用)에 있어서도 그 기교가 일만 가지이니, 세무(世務)에 마음을 둔 사람이라면 몰라서는 안 될 것이다. 그러므로 우리 조정에서도 박문국을 설치하고 관리를 두어 외보를 폭넓게 번역하고 아울러 내사까지 기재하여 국중에 알리는 동시에 열국까지 반포하기로 하고 이름을 '순보'(旬報)라 하여 이문을 넓히고, 여러 가지 의문점을 풀어주고, 상리(商利)에도 도움을 주고자 하였으니, 중국·서양의 관보(官報)·신보(新報)를 우편으로 교신하는 것도 그런 뜻에서이다. 세계 속의 방위(方位)·진침(鎭浸)·정령

(政令)·법도(法度)·부고(府庫)·기계(器械)·빈부(貧富)·기아(飢餓)에서 인품의 선악, 물가의 고저까지를 사실대로 정확히 실어 밝게 알 수 있을 뿐만 아니라 그 사이사이에 포폄권징(褒貶勸懲)의 뜻도 들어 있다. 그러나 독자들이 먼 것을 외면하고 가까운 것만 좋아한다면 휩쓸려 걷다가 자기 걸음걸이마저 잊어버리는 격이 될 것이고, 새 것에는 어둡고 옛 것만을 고집한다면 우물에 앉아서 제 것만 크다고 하는 격이 될 것이니, 반드시 때와 형세를 살펴 무작정 남만 따르거나 자기 것만 고집하지 말고 취사(取捨)와 가부(可否)를 반드시 도(道)에 맞도록 하여 정도를 잃지 않은 뒤에야 거의 개국(開局)한 본래의 뜻에 맞을 것이다.13)

위와 같은 목적으로 창간된 이 신문들은 개화를 위해 두 가지 편집방침을 채택하고 있다. 그 하나는 국제뉴스로 세계의 움직임을 알리는 일이며, 나머지 하나는 외국신문이나 잡지에 실린 해설기사나 논설들을 번역하여 실음으로써, 서양의 여러 제도와 문물을 소개하고, 간접적으로 그 같은 제도나 문물의 수용을 강조하고 있다는 것이다. 이 같은 편집방침은 정부의 입장을 직접적으로 표출하는 것이 아니라 간접적으로 표현한 것이며, 이것은 두 신문 이후에 창간된 여러 민간신문들이 국권의 수호, 서양의 제도와 기술의 도입, 정치개혁과 자강을 위한 산업개발 등을 직설적으로 주장한 것과 대조적이다.

이와 같이 《한성순보》와 《한성주보》가 간접적인 방식으로 국권의 수호와 서양문물의 수용을 표출하였던 것은 온건개화파의 상대적으로 소극적·수동적인 개혁의지와 정부기관지라는 신문의 성격 양자가 함께 작용한 결과로 생각된다. 이러한 방식으로 이들 신문에 표현된 민족주의적 내용이나 정책 또한 제3자적 입장을 취한다. 곧 신문 자체의 의견보다 외국신문이나 잡지 또는 문헌들을 번역하여 싣는 방식을 취하고 있는 것이다. 예컨대 제국주의 열강의 침략성을 일깨우기 위해 강대국이 약소국을 침략하는 뉴스를 어떤 뉴스보다 우선해서 싣는다든지, 또는 국권의 보전을 위해 무력을 길러야 한다는 것을 강조하고자 세계열강의 군비뉴스를 자주 싣는 관행이 그러하다. 이러한 메시지 전달방법은 논설이나 해설기사에서도 마찬가지로 나타난다. 위와 같은 두 신문의 메시지 전달방식을 전제로 하고 이 신문들에 나타나 있는 민족주의 수용을 살펴보면 다음과 같다.

1) 자주적인 국권의 보전을 위한 메시지

개항과 더불어 직면하게 된 제국주의 열강의 침략위협을 극복하고 자주적인 국권의 보전을 위해 이 신문들은 백성들에게 다양한 메시지를 전달하여 사회의 동화과정을 거쳐 민족 성원을 통합하려 했다. 그 같은 노력은 아래와 같은 메시지들로 나타나고 있다.

첫째, 제국주의 열강의 침략정책을 경계하고 비판하는 관점을 보여 준다. 곧, 열강의 약육강식을 경계하고 있다.

세상이 날로 개화되어 모든 문물이 날로 더욱 발달함에 따라 사람의 기욕(氣慾)도 더욱 심해간다. 저 강성하다는 나라를 가지고 보더라도 모두 만족을 모르고 갑이 군함을 만들면 을은 대포를 만들고 저쪽이 육지를 잠식하면 이쪽은 해도를 병탄하여 서로 상대 나라보다 우월하기를 힘써 백성을 도륙하고 화기를 헤친다. 비록 우주 가운데 큰 나라를 차지한 자라도 인애하는 마음을 뒤로 하고 전쟁의 이익만을 일삼아서 욕심이 거기에 따라 더욱 자라고 분노하는 마음을 항상 품어 약육강식이 항

상 그치지 않는다.14)

　　또한 남의 나라의 틈을 엿보고 남의 흠을 이용하여 교류할 만하면 교
류하고 병탄할 만하면 병탄을 해버린다.15)

　이러한 제국주의 열강에 대한 백성의 자각을 촉구하는 메시지 전달
의도는 우리나라 주변정세의 변화에 대한 인식으로 구체화되기도 한
다. 그 같은 인식은 먼저 중국이 서양의 침탈을 받고 있는 데 대한 불
안의 표출로 나타나고 있다. 그러나 화이사상(華夷思想)을 극복하지 못
한 채 안타까워하면서, 한편으로 중국이 서양의 침탈을 물리치고 여전
히 "중토에 앉아 외국을 조정하게 되고 오대주가 하나로 합하여 중원
으로 모여들 것"이라는 낙관론을 펴고 있었다.16)

　한편 주변의 열강 가운데서 일본에 대한 부정적 · 비판적 의견은
나타나지 않고, 다만 그들이 천황제 아래서 서구의 제도와 문물을
받아들여 발전하고 있다는 소개에 그치고 있다. 이와 달리 제정 러
시아에 대해서는 그 침략성을 고발하고 있어서 대조적이다. 다음과
같은 내용이 러시아에 대한 관점을 잘 드러내 주고 있다.

　　러시아는 세계에 제일 큰 나라이다. 그러나 토지가 모두 농사에 부적
　당하고 기후가 거의 불순하다. 또 북쪽은 빙양(氷洋)이어서 항해하기가
　아주 어렵고, 3면 역시 모두 이웃 나라에 접해 있어 내해도 통상에 편리
　를 주지 못한다. 이로 본다면 러시아는 세계에서 가장 빈국이어야 하는
　데 이처럼 부강한 것은 러시아가 건국한 이래 남의 나라를 침략하는 데
　뜻을 두어 한결같이 대양과 통할 길을 개척하고 남쪽 지방을 개척해서
　혹 토이기(土耳基 : 터키)를 공격하기도 하고 혹은 피사(坡斯 : 페르시아)
　를 침략했다. 그래서 동양에 있는 여러 나라는 모두 그들의 침략을 받았

다. 그 결과 지금은 러시아와 영국·프랑스·오스트리아·미국·일본 다섯 나라를 합하여 세계 6대 강국이라 한다. 그러나 그 인구·정치·무역·운수 등은 다른 다섯 나라에 비해 세일 곳하고 다만 해군과 요군의 예산은 다른 다섯 나라보다 많다.[17]

둘째, 서세동점을 경계하여 한·중·일 동양 3국의 공존·공영을 주장하며, 힘을 바탕으로 한 외교를 강조하고 있다. 동양 3국의 공존·공영은 서양 제국주의 열강이 전 세계를 식민지화해 가는 국제정세를 통찰하고, 특히 그 당시 아시아에서 베트남과 미얀마가 식민지화되자, 더욱 서세동점의 위협을 피부로 느끼게 되면서 강조하고 있다. 동양 3국의 공존·공영과 관련하여 밖으로는 중국과 일본 두 나라와 결탁하고, 국내에서는 임금과 백성이 한마음으로 합쳐 부강하기 위한 계획을 세워 밀고 나가는 한편, 위태하기 전에 안전을 도모하고 혼란해지기 전에 다스림을 도모하여 나라가 통합되어야 한다는 것을 주장하고 있다. 이 같은 메시지는 결국 한·중·일 각국이 독립 자강하여 공존해야 하며, 이를 위해 민족 내부의 통합을 성취하려는 민족주의의 정책의지라 하겠다. 다음과 같은 내용이 그러한 점을 잘 대변하고 있다.

유독 스스로 지키고 있는 나라는 우리나라와 중국·일본뿐인 것이다. 이 세 나라가 앞으로 어떻게 해야 독립 자강하여 영원히 걱정 없을 것을 보장할 수 있겠는가.

현재 동서양 각국이 서로 강화하여 조약을 맺어 통상을 하고 있는데 그때마다 공법에 의거하여 논의를 결정·비준하고 있다. 아, 그러나 저들 각국은 일단 자신들에게 이익이 있을 것을 보기만 하면 공법을 저버리고

는 두려워하지 않고 조약을 파기하고도 부끄러워하지 않음은 물론, 끝내
는 큰 것이 작은 것을 억제하고 강한 것이 약한 것을 무시하는 형세를 이
루게 되어 다시는 강화라는 것이 존재할 수 없게 되고 만다. 이는 서글픈
일이 아닐 수 없다. ······ 동양 각국의 위정자들은 의당 신중히 살펴서 사
전에 방지하는 대책을 세워야 한다. 사변이 닥쳐오는 것에 대해서는 지인
(智人)이나 달사(達士)라도 미리 예측할 수는 없다. 그러나 국세(國勢)의
강약은 병졸의 다과(多寡)에 있는 것은 아니고, 국계의 빈부는 판도(版圖)
의 대소와 관계가 있는 것이 아니다. 오로지 임금과 백성이 한마음으로
힘을 다하여 부강하기 위한 계획을 세워 밀고 나가는 한편 위태하기 전
에 안전을 도모하고 혼란해지기 전에 다스림을 도모해야 된다. 그리하여
안으로는 괴리(乖離) 분열되는 걱정이 없고 밖으로는 앙국이 결탁하는 후
원을 얻게 되면, 비록 백만의 유럽인이 있더라도 그 틈을 엿볼 수가 없게
될 것이다. 이것이 바로 천하의 시국에 대응하는 방법인 것이다.[18]

한편 제국주의 열강들은 국제법이나 국제간의 조약도 어기고 식
민지 확보에 혈안이 되어 있다는 약육강식중심의 국제질서를 냉철
히 제시하면서, 힘을 수반하지 않는 한 국가 사이의 외교도 아무런
소용이 없다는 것을 강조한다. 따라서 자강을 강조함은 물론 임금과
백성의 일체를 또한 주장하고 있다. 여기서도 국권의 보전을 위한
자강과 민족통합이라는 민족주의적 메시지를 발견하게 된다. 아래
기사들이 그 같은 내용을 담고 있는 사례이다.

바야흐로 시국이 어지러워 불안하니 옛것을 끌어다가 오늘을 증명할
수 없을 듯하다. 대개 오주(五洲) 인민이 서로 무역을 통하는 것으로 근
본을 삼고 전쟁을 능사로 삼아 천백대(千百代)의 변화를 열고 천백국의

분쟁을 자아내지 않음이 없으니 지정지중(至正至中)한 약조로서 천하에 신의를 세우지 않거나 불편불기한 법으로써 천하의 공평을 행하지 않는 다면 백성이 생존하고 국가가 보존될 방법이 없다. 그러므로 통상(通商) 하는 각국들이 모두 조약을 체결하고 공법을 제정하여 감히 어기지 않 고 준수하여야 대소국(大小國)이 유지되고 권리가 서로 균등하게 되는 것이니 이는 바로 조역의 뜻과 공법의 힘을 입어 5주의 모든 나라들이 모두 간잔(干殘) 대신 예물(禮物)을 사용하여 스스로 태평을 이룩하고 영 원한 우방으로 돈목(敦睦)을 할 수 있는 것이다. 그러나 5주의 큰 땅과 만국(萬國)의 많은 나라에 빈부 강약이 다르니 인폭(仁暴) 중과(衆寡)가 같지 않기 때문에 강자와 약자가 구분되고 권리가 편중되어 비록 조약 이 있다 하나 나에게 불편하다고 생각되면 강자는 이치를 왜곡하여 편 리한 대로 말을 하고, 비록 공법이 있다하나 약자는 감히 예를 끌어다가 증거할 수 없다. 그러므로 조약과 공법이란 다만 부강한 자들이 조약과 공법을 빌어 저희들에게만 편리하게 하는 방편에 불과할 뿐이다.

아, 서구인들이 동쪽으로 온 뒤 비록 조약을 체결하고, 공법을 준행한 다고 하였으나 그 행위를 규명해 보면 우리를 능멸하고, 압박하지 않음 이 없으니 이러고서도 조약을 체결하여 신의를 세우고 공법을 신봉하여 천하의 공평을 행했다고 할 수 있겠는가. …… 그러나 혹은 몇 년이 지나 지 않아 조약을 어기고 혹은 몇 달이 지나지 않아 조약을 어기며, 심한 경우에는 조약 먹물이 마르기도 전에 조약을 어기며, 서로 약속한 말이 아직 귓가에서 떠나기도 전에 조약을 어겨 문책하는 사신이 길에 연달 았고, 문죄하는 군대의 포화가 갑자기 터지니 나는 조약을 맺음으로 불 화가 생기는 것을 보았으나 조약으로 인해 영원한 맹약이 이루어지는 것은 보지 못하였다. 그렇다면 만국의 통상에는 다만 빈부와 강약의 힘 만이 있을 뿐, 조약이나 공법은 없는 것이다. …… 만약 강약이 서로 비슷하고 빈부가 서로 균등하다년 비록 소약이 없고 공법이 없더라도 누가 감히 우리를 업신여기겠는가. 치국(治國)의 도(道)는 인순(因循)하지 말고, 순차(荀且)하지 말고, 외식(外飾)을 버리고, 허교(虛橋)를 없애고, 구문(具文)을 버리고, 영사(營私)를 없애고, 편순(偏循)을 버리고, 구니(拘泥)를 버리고, 사사(斯詐)를 없애고 처음에는 부지런하다가 뒤에 게으르지 말고, 세월만 보내지 말고, 실이 없는 명분만 따르지 말고, 서양 제도를 본받되 껍데기만 모방하지 말고, 백성을 다스리고, 관직에 있되 뇌물만을 탐하지 말고, 백성을 기르고, 군사를 훈련시키고, 공인(工人)을 가르치고, 상인을 사랑하고, 현자를 등용하고, 유능한 자를 임용하고, 관리를 선택하되 허식을 가리고 실효(實效)를 숭상하며, 상하의 화목을 돈독히 하고, 예술을 중히 여기며, 번잡한 것을 없애고 실효를 도모하여 백성들과 함께하고, 각국과 통상을 하는 데 정성을 다하여 피차(彼此)의 정(情)이 통하고 원근(遠近)할 것 없이 막힘이 없고 상하의 뜻이 귀천할 것 없이 다 통한다면 안으로 나라를 다스리고 밖으로 외국을 상대하는 도가 오로지 이에 있다.19)

주위 나라와 외교하는 데는 도(道)가 있느니, 내정(內政)이 잘 닦아지면 외교는 자연 쉽게 이루어지고 내정이 닦아지지 않고 조치하는 일이 적절하지 못하면 아무리 폐백과 좋은 주옥을 날마다 실어다 주어도 결국을 무시당함을 면치 못하는 것이고 나라가 크고 작은 것과 강하고 약한 형세는 논할 것이 아니다. …… 우리나라는 3면이 바다로 막혀있고 토지가 비옥하고 인구 역시 번성하여 산천과 강해(江海)에는 자원이 풍부하며 게다가 운수(運輸)마저 편리함에랴. 이와 같은 좋은 조건을 가지고 부강책을 힘쓴다면 거의 6주를 누비고 만국을 앞지를 수 있을 것이다. 근래에 외양신보(外洋新報)를 보니, 그들이 우리나라를 경멸할 뿐만이 아니라고 하니, 그것은 외인(外人)들이 내지의 사정을 알지 못한데서 연유한 것이기도 하지만 그럴만한 이유가 없는 것도 아니다. 나는 모든 외국인들이 모두 우리나라를 경모(敬慕)하지 않고 탄하을 일산을까 두렵다. 우리나라는 실로 무역하기에 편리한 곳인데, 하물며 오늘날 영국과 러시아가 그들의 형세를 동양에서 서로 다투는 이때이겠는가. 우리나라가 이미 외국과 통상을 교섭해서 조약을 맺어 권리를 한정하고 공법을 확정해서 시비를 결단하고 있으니, 외교도 잘한 것이고 우의도 돈독하다고 할 만하다. 그러나 우리에게는 아무런 믿을만한 건덕지가 없고 저들에게는 공경할 만한 마음이 없으니, 저들이 만약 우연히 거슬리는 바가 있어 갑자기 총칼을 동원하여 조약을 폐기하고 공법을 배신하고 돌아보지 않는다면 우리는 앞으로 어떻게 그들을 대처할 것인가. 월남, 버마의 전철(前轍)을 밟게 될 것이니, 어찌 공법과 조약만을 외교의 중요함으로 여겨 스스로 진흥책을 생각하지 않겠는가. 오늘날 군웅(群雄)이 각축(角逐)하여 승패를 다투는데 그들이 믿는 것은 병제(兵制)로서 해육군(海陸軍)의 형세가 전쟁과 수비하기에 넉넉하며 총포, 기선이 수송과 사용에 이바지하기에 넉넉하다. 그런데 우리나라의 군제(軍制)는 아직 초창기에 불과하고 기선 역시 충분히 준비하지 못했으니, 이것으로 저들을 대적하고자 한들 되겠는가. 그렇다면 어떻게 외인(外人)들을 경복(敬服)시키겠는가. 비견(鄙見)에는 정령의 시행이 적절함을 잃지 않는 것이 첫째이고, 사민(士民)이 한마음으로 즐거이 상을 받드는 것이 둘째이며, 도로를 보수하고 정비하여 교통을 편리토록 하는 것이 셋째이고, 외무(外務)를 선택하여 임명하고 교제에 예의를 다함이 넷째이다. 이 네 가지가 잘 되면 외인(外人)들도 탐학의 마음을 버리고 날로 경모(敬慕)의 마음을 더하고 인의(隣誼)도 더욱 돈독해지리라 생각된다. 교제의 도(道)가 국가에 있어서 참 중대한 것이다.[20]

2) 정치개혁과 민족통합의 메시지

앞에서도 밝힌 바와 같이 《한성순보》와 《한성주보》는 온건개화파가 장악한 정부에서 발간되었다. 따라서 '동도서기론' 또는 '양무론'(洋務論)의 입장에 서서 개화정책을 수립하고 수행했다는 평가를 받는다. 그러므로 이 두 신문도 그와 같은 정책을 반영했던 것으로 추론할 수 있지만 반드시 그렇지는 않았다.

《한성순보》는 서기뿐 아니라 서도(西道)의 채택도 표출함으로써 정치개혁을 간접적으로나마 주장하고 있다. 물론 《한성순보》는 정치개혁을 주장하면서도 임금과 백성이 하나로 뭉쳐야 한다는 관점에서의 민족통합론을 강조하는 한계를 보인다. 이것은 급진개화파의 정치개혁도 군주제의 폐지까지 주장하지 않았다는 점에서 그 시대 전제군주정치 안에서 정치개혁파들이 당면했던 공통된 한계라 할 것이다. 이와 달리 《한성주보》는 철저하게 '동도서기론'을 편다. 따라서 정치개혁 없는 임금과 백성과의 하나 됨을 강조할 따름이다. 그렇다면 같은 온건개화파 정부가 발행했던 두 신문의 이러한 성격 차이는 무엇 때문일까?

급진개화파의 갑신정변이 실패로 돌아간 뒤 평소 《한성순보》의 진보적 논조에 불만을 가지고 있던 보수세력은 박문국을 습격하여 신문간행시설을 파괴한다. 그 까닭에 《한성순보》의 간행이 중단되기에 이르며, 그 뒤 《한성주보》로 재창간되지만 이 사건으로 말미암아 《한성주보》는 보수적 성향을 지니지 않을 수 없게 된 것이다.[21] 이러한 점을 전제로 하고 《한성순보》의 정치개혁과 민족통합 등에 대한 메시지를 구체적으로 제시해 보면 다음과 같다.

첫째, 입헌정체에 대한 긍정적인 수용을 지적할 수 있다. 《한성순보》가 다음과 같이 구미의 입헌정체를 자세히 소개하고 있는 것이 좋은 사례다. 더욱이 이 글에서 구미 입헌정체를 소개하는 까닭은 그것을 채택하는 데 도움이 되고자 한다고 밝힌 점에 주목할 필요가 있다.

구미(歐美) 양주(兩洲)는 건국(建國)은 비록 많아도 치국(治國)의 요점은 다만 이단(二端)이 있을 뿐이니, 즉, '군민동치'(君民同治)와 '합중공화'(合衆共和)인데, 모두가 이를 '입헌정체'라 일컫는다. 대체로 입헌정체는 삼대권(三大權)이 있으니 첫째는 입법권으로서 법률을 제정하여 입법부로 하여금 이를 관장하도록 한다. 둘째는 행정권으로서 입법권이 제정한 법률에 의거하여 정치를 행하는 것인데 이는 행정부로 하여금 관장하도록 한다. 셋째는 사법권으로서 입법관이 제정한 법률에 의거하여 형법을 시행하고 송옥(訟獄)을 처결하는 일을 사법부로 하여금 관장하도록 한다. 그러나 3대부(大府)의 조직이 나라마다 다르기 때문에 다음과 같이 개론하여 채택에 이바지할까 한다. …… 대저 3대부(大府)의 권리를 확장하고 3대관(大官)의 조직을 담당하여 국전(國典)으로 삼는 것은 헌법(憲法)이다. 대체로 헌법은 혹 군주가 정하기도 하고 혹 군(君)과 민(民)이 함께 정하기도 하는데 영국과 같은 경우는 일찍이 헌법을 설치한 적이 없었고 개국 이후로 관행한 법도가 오랜 세월에 누적되어 마침내 하나의 헌법이 되어 버렸다.

상고하건대 태서(泰西)의 정속(正俗)은 군주 및 민주를 막론하고 모두 상하의원(議院)을 설치하여, 일체 군국대사(軍國大事)를 하원에서 공동으로 작의(酌議)하여 상원으로 올리면, 상원에서 또 서로 작의하여 하원으로 내리는데, 여기서 의결한 것은 동이(同異)를 막론하고 합해서 상재(上裁)를 청하는 바, 아무리 군주의 존귀로도 자기의 뜻대로 독행할 수 없다. 그러므로 한 번 헌법이 정해진 뒤에는 또한 정해진 방법의 여하를 불문하고 쉽게 변경할 수 없다.

서인(西人 : 西洋人)이 말하기를, "이 헌법이 있은 이후로 입법관은 입법만 할 뿐 행정은 할 수 없고, 행정관은 행정만 할 뿐 입법은 할 수 없으므로 사욕을 품은 자가 그 욕망을 마음대로 펴지 못하고 죄가 있는 자 및 소송하는 자가 모두 사법관의 관할을 받되 사법관은 입법과 행정 양관(兩官)의 지촉(指囑 : 지시와 촉탁)을 받지 않고서 오직 법에 의해 형벌을 시행하고 이에 의거해서 일을 처리하기 때문에 무고한 사람을 벌주려 하는 자가 감히 그 독(毒)을 부리지 못하니, 이는 실로 삼대권(三大權) 분립의 제일 이익이다. 예로부터 재상들이 흔히 적임자가 아니어서 정치가 거행되지 못하고 백성이 편안치 못했던 것은, 혹은 문벌, 혹은 당여(黨與)로 사람을 등용하고 일찍이 군자를 널리 뽑아서 정치를 맡기지 않았기 때문이다. 지금 이 입헌정체는 민선(民選)을 근본으로 삼아 일체 그의 뜻을 따르기 때문에 국중의 현능한 자는 누구나 그 의원이 될 수 있고 또한 누구나 그 재상이 될 수 있으니 어찌 소인이 임금을 불의에 빠뜨리는 일이 있겠는가. 이것이 또한 입헌정체의 제일 이익이다" 하였다.

그러나 인민에 슬기가 없으면 함께 의논할 수 없는 것은 당연하다. 인민들에 슬기가 많아서 국가의 치란(治亂)과 득실(得失)의 연유를 안 다음에야 이런 일을 거행할 수 있다.[22]

둘째, 의회제도를 긍정적으로 평가하고 수용하고 있다는 점을 지적할 수 있다. 그러한 수용태도에는 물론 군과 민이 한마음을 이루는 제도라는 측면을 강조함으로써 민족통합의 목표를 추구하고 있다는 것이 드러난다. 다음과 같은 기사들이 의회제도를 긍정적으로 수용하고 있는 좋은 사례들이다. 더욱이 구미의 의회제도를 찬양하고 중국의 전제군주제를 비판하고 있다는 점에 주목할 필요가 있다.

　서양에는 군주국이 있고 민주국이 있는데 군주국은 일절 정사를 어정 (御政 : 임금이 정하는 것)에 의해서 하고, 민주국은 민망(民望)이 있는 자를 공거(公擧)하여 정사를 맡기되, 읍재(邑宰)로부터 총통(總統)에 이르기까지 모두 민거(民擧)를 거쳐서 하는데 무릇 날마다 시행하는 공사(公事)를 반드시 상하가 서로 의논하여 타협이 일치된 다음에야 사무를 시행하기 때문에 위에서는 독재를 할 수 없고, 아래서는 독행을 할 수 없다.23)

　태서(泰西)의 각국이 중원(中原)보다 나중에 개벽하겠지만, 급진적으로 나날이 성대해져서 재용(財用)이 충분하고 병사가 웅강(雄强)하여, 일약 중국이 따라갈 수 없게 되었으니 그 이유가 어디가 있는가. 대체로 서양 각국은 군과 민이 한마음이어서 정사의 크고 작음을 막론하고 모두 의원의 타협을 거치되, 두 번 세 번 타협한 연후에 거행된다. 이 때문에 안으로는 하처(何處) 잔혹(殘酷)한 정사가 없고 밖으로는 방위(防衛)와 보수 (保守)의 적의함이 있으며, 평상시에는 무천(懋遷 : 물화의 교역을 힘씀)을 경영하는 힘을 다하고, 사변이 있을 때는 공의(公義)에 급히 달려가는 정성을 다하여 마치 심지(心志)가 고굉(股肱)을 부리듯 수족이 두목(頭目)을 방어하듯 하여, 윗사람이 팔과 손가락을 부리기를 기다리지 않고 스스로 팔과 손가락의 도움을 거두니 이른바 나라를 위할 뿐 가정을 잊고, 공 (公)을 위할 뿐 사(私)를 잊는 것이다. 이미 군과 민이 혼연일체가 되어 상하가 서로 융화함으로써 국운이 창성하여 수십 년 동안에 머나먼 바다를 건너와서, 본경뿐만이 아니라 크나큰 중원에까지 발자취가 두루 미치게 된 것이 바로 그 밝은 효험이니 진실로 크게 볼 만하다.
　중국의 경우는 그렇지 않다. 상과 하의 형세가 나뉘어 서로의 격차가 하늘과 땅 같아서 예(禮)는 엄숙하고 정리(情理)는 멀다. 그래서 신(臣)은 군(君)으로 더불어 민(民)은 관(官)으로 더불어 모두 준(樽)에 부속되어 친하지 못한다. 그리하여 아랫사람이 하고 싶은 일을 위에서 반드시 알아서 해주지 못하고 아랫사람이 싫어하는 것을 윗사람이 반드시 그를 살펴서 없애지 못한다. 그리고 사목(司牧 : 지방관)의 권한은 박서(薄書)·전곡(錢穀)·국신(鞫訊) 처리하는 이외에는 다른 일이 없다. 그러니 백성들의 생계가 어떠하며, 인고가 어떠하겠는가. 그러나 무자(撫子 : 백성을 어루만져 사랑함)와 국모(鞠謀 : 백성을 양육함)에 대해서는 전혀 계획도 하지 않는다.[24]

3) 민족경제의 발전을 위한 메시지

이 시기 최대의 민족적 관심사는 국가주권의 보전이었으며, 그것을 위해 자강이 강조되었다. 자강은 서양의 제도와 기술을 도입함으로써 정치적 개혁과 함께 경제발전을 꾀하는 것으로 요약할 수 있다. 앞에서 본 바와 같이 《한성순보》와 《한성주보》는 정치적 개혁의 메시지에서는 차이를 보이고 있으나, 경제발전에 관한 한 일관된 입장을 나타내고 있다. 곧, 민족경제를 발전시키고자 다양한 제도개혁과 기술도입 및 재정정책을 주장하고 있는 것이다. 더욱이 두 신문은 논설이나 해설기사뿐만 아니라 국제뉴스를 실을 때도 제국주의 열강의 군비경쟁을 어떤 뉴스보다 중점적으로 취급하여 국력의 강화에 대한 국민여론의 합의를 유도하고 있다. 나아가 열강의 국권침탈을 막기 위한 국민통합의 메시지로 약소국가들이 침략당하는 뉴스를 또한 중점적으로 다루고 있다는 점이 지면에 뚜렷이 나타나 있다.

이 같은 뉴스취급과 함께 논설이나 해설에 반영되어 있는 경제발전을 위한 정책의 주장에서 많이 강조되고 있는 관점을 간추려 본다면 다음과 같다.

첫째, 개화자강을 위해 정부의 주도로 경제개혁의 기반을 조성해야 한다는 메시지를 강조하고 있다는 점을 지적할 수 있다. 곧 재정과 세제의 개선, 전정(錢政)의 개혁 및 산업에 대한 기초자료를 수집하고 그것에 입각한 경제정책의 수립을 위해 각종 조사 통계자료를 확보해야 할 것이라는 주장 등이다. 아래와 같은 《한성주보》의 논설이 그 같은 본보기이다.

> 새로 하나의 법규를 세워 통계년표국(統計年表局)이라 명명하고, 특별히 구핵(鉤覈)의 책임을 감당할 만한 명망과 재식(才識)이 있는 사람을 간택(揀擇)하여 장(長)으로 임명하고, 특별히 일을 감내할 만한 정직한 사람을 몇 사람 가려서 보좌하게 하는 것이 상책이라 여긴다. 그리하여 우선 해관세국(海關稅局) 및 내외아문(內外衙門), 기계국(器械局), 전원국(典園局), 제중원(濟衆院), 박문국(博文局), 농상국(農桑局) 등에서부터 여러 각사(各司)와 경외주부(京外州府)에 이르기까지 모두 사회구고(司會鉤考)의 법을 적용하여 1년의 회계에 의해 한 달의 회계를 조사하고 한 달의 회계에 의해 하루의 회계를 조사하게 해서, 밖에 쓰여지는 비용을 모두 알고, 안에서 쓰여지는 비용을 밖에서 모르는 것이 없게 한다. 겸해서 관원의 다과와 직무의 근만(勤慢)을 조사하게 하여, 직무를 준수하는 자와 어기는 자에 대하여 즉시 출척(黜陟)과 상벌을 시행한다면, 사람들의 사치하려는 마음이 지탄을 받아 움츠러들게 되고, 욕망도 절제되는 바가 있어 방종하지 않게 될 것이다. 이는 관리의 비행을 방지하고, 백성들의 재화를 넉넉하게 할 뿐이 아니라 바로 모든 사람을 공검(恭儉)하게 만들고, 국가를 반석 위에 올려놓을 수 있는 방법인 것이다.[25]

둘째, 두 신분은 특히 광업과 상업의 진흥을 강조하고 있다. 자본이 축적되지 않은 상태에서 산업의 발전은 광업으로부터 시작되어야 하며, 농업과 공업이 있다고 하더라도 상가가 없으면 물건이 너무 쌓여 아무 소용이 없을 것이므로 상업을 진흥시켜야 한다는 것이다. 더욱이 당시까지만 할지라도 사농공상의 직업적 서열이 일반화되어 있던 상황에서 상업을 농·공보다 윗자리에 올려 진흥시켜야 한다는 주장에 유의할 필요가 있다. 이러한 관점을 잘 드러내 주고 있는 것이 아래와 같은 기사 내용이다.

그러므로 서양 사람들이 통상(通商)을 제일로 여겨 상고(商賈)를 농공(農工)의 윗자리에 올려놓은 것은 농공이 있다 하더라도 상고가 없으면 필요 이상으로 물건이 쌓여 소용없게 될 것이니 몇 배의 소득이 생기고 몇 배의 제작이 있다 하더라도 도저히 부유해질 수 없다고 생각했기 때문이다.26)

요즘의 서양 제국에서는 모두 회사를 설립하여 상인들을 부르고 있는데 실로 부강의 기초라 하겠다. 대저 상업이란 한 고장에 있는 것을 독점하여 자기 소유를 삼게 하는 것이 아니라, 반드시 이곳에 있는 물건을 저쪽 없는 곳에 공급하는 것이다. 또 저쪽에 남은 물건을 부족한 이쪽에다 보태주는 것이니, 이는 하늘이 사람을 기르고, 사람이 생을 누리는 방법이다. 이를 버리고 하지 않으면 농·공이 모두 피폐해져, 하늘은 사람을 기르지 못하고, 사람은 생을 보존하지 못한다.27)

4. 결 론

민족주의의 형성과 발전과정을 도식적으로 파악하는 데 동의하지 않지만, 적어도 우리나라에서 근대적 민족주의가 형성되기 시작한 것은 민족 성원의 내적 통합요소인 우리의 전통적인 문화와 사회가 제국주의 열강의 압력에 따른 개항이라는 외적충격을 받았기 때문이라고 할 수 있다. 《한성순보》와 《한성주보》는 정부가 발행하던 사회적 커뮤니케이션의 공식적 통로로써, 민족주의의 근간이라 할 자주적 국권의 보존을 위해 민족통합의 기능을 수행하여 우리의 근대적 민족주의 형성에 영향을 미쳤다. 두 신문은 비록 관보로서 동도서기론적 개혁의 입장을 지지했으나, 자주국권의 보전을 위해 제국주의 열강의 침탈을 경계하고 나라의 독립을 유지하는 데 우리 민족이 분발해 나설 것을 촉구하는 메시지를 사회 속에 전파했다. 나아가 주권국가로서 존립하기 위한 여러 가지 변혁의 메시지를 국민들에게 전파함으로써, 민족의 에너지를 통합하여 개혁목표 구현으로 나아가도록 힘썼다. 곧 정치적으로는 입헌군주제와 의회제의 도입을, 경제적으로는 광업과 상업의 진흥으로 자강을 도모하려 한 것이다.

《한국언론과 이데올로기》, 문학과 지성사, 1990

주(註)

1) 이해창, 《한국 신문사연구》, 서울 : 규장각, 1971, 13~110쪽; 오인환, 〈한국언론사 명감의 시대적 변천〉, 《경희대 정경대 논문집》 제11집, 1974, 89~95쪽 참조.

2) 이 연구에서 사용된 텍스트는 관훈클럽 신영연구기금이 1983년에 발간한 《한성 순보》와 《한성주보》의 한글 번역판이다. 따라서 논문에 인용된 두 신문의 기사는 번역판에 번역된 기사임을 밝혀둔다.

3) 신용하, 《한국근대사회사상사연구》, 서울 : 일지사, 1987, 11~31쪽.

4) 천관우, 《한국사의 재발견》, 서울 : 일조각, 1987, 367쪽.

5) 홍순영, 《한말의 민족사상》, 서울 : 탐구당, 1975.

6) 신용하, 앞의 책, 44쪽.

7) 강만길, 《한국민족운동사론》, 서울 : 한길사, 1985, 166~167쪽; 정창렬, 《한말변 혁운동의 정치경제적 성격》; 송건호·강만길 편, 《한국 민족주의론 소수(所收)》, 서울 : 창작과비평사, 1982, 32~33쪽을 참조할 것.

8) 신용하, 앞의 책, 44~45쪽.

9) 한흥수, 〈독립협회회보의 내용 분석〉, 《사회과학논집》 제6집, 연세대학교 사회과 학연구소, 1973, 49쪽.

10) 이만갑, 〈독립신문에 표시된 가치관념〉, 《한우근 박사 정년기념사학논총》, 서울 : 지식산업사, 1981, 593~623쪽.

11) 신용하, 《독립협회연구》, 서울 : 일조각, 1976.

12) 김민환, 《개화기 민족지의 사회사상》, 서울 : 나남, 1988, 293쪽.

13) 〈순보 서〉, 《한성순보》 1883년 10월 31일자.

14) 각국근사(各國近事) 〈소병의〉(鎖兵議), 《한성순보》 1883년 12월 20일자.

15) 사의(私議) 〈논희랍강란〉, 《한성순보》 1886년 5월 31일자.

16) 각국근사 〈화인방변책〉(華人防邊策), 《한성순보》 1883년 11월 20일자.

17) 각국근사 〈아국지략〉(俄國誌略), 《한성순보》 1884년 7월 3일자.

18) 사의 〈논천하시국〉(論天下時局), 《한성주보》 1886년 3월 8일자.

19) 사의 〈논서일조약개증안〉(論西日條約改證案), 《한성주보》 1886년 5월 24일자.

20) 사의 〈외교론〉(外交論), 《한성주보》 1886년 8월 23일자.

21) 이광린, 《한국사강좌》(근대편), 서울 : 일조사, 1981, 236~237쪽.

22) 각국근사 〈구미입헌정체〉(歐美立憲政體), 《한성순보》 1884년 1월 30일자.

23) 각국근사 〈중서법제이동설〉(中西法制異同說), 《한성순보》 1884년 1월 30일자.

24) 각국근사 〈재상하불가불하원민정론〉(在上不可不下遠民情論), 《한성순보》 1884년 1월 30일자.

25) 사의 〈통계론〉(統計論), 《한성주보》 1886년 9월 6일자.

26) 각국근사 〈부국설〉(富國說), 《한성순보》 1884년 5월 25일자.

27) 각국근사 〈회사설〉(會社說), 《한성순보》 1883년 11월 20일자.

《대한매일신보》의 민족주의적 성격

1. 서 론

《대한매일신보》(大韓每日申報, 이하 '《신보》')는 나라의 주권이 일제의 침략정책에 따라 풍전등화같이 위태롭던 1904년 7월 18일 영국인 배설(裵說 : Ernest Thomas Bethell)에 의해 창간된 뒤, 우리나라가 일본에 병탄당한 1910년 8월 29일까지 약 6년 동안 발행되었던 구한말의 대표적인 신문의 하나이다. 이 신문의 발행인인 배설은 그가 쓴 논설에서 한편으로는 강한 자를 거리끼지 아니하고 공론을 세워 이 세상에 인간의 참된 도리를 제자리에 세우고자, 또 한편으로는 문명을 창달하고 백성의 지혜를 계발하여 대한독립정신을 배양코자 창간하였다고 밝혔다.[1]

이와 같은 취지로 창간된 《신보》는 그 당시 우리나라 사람에 의해 발행되었던 민족진영의 다른 신문들보다 훨씬 자유로운 처지에서 한국에 대한 열강의 이권침탈, 특히 일본의 대한(對韓)침략정책을 신랄하게 비판하는 논조를 폈다. 이에 일본 정부와 언론은 《신보》를 배일논자(排日論者)라 하여 틈틈이 비판하였을 뿐만 아니라, 한국 정부(고종 황제)로부터 비밀자금을 받아 민심을 선동한다는 비난을 퍼부었다. 이에 대해《신보》는 그와 같은 비난이 근거 없는 것임을 밝히고, 자신들은 오로지 한국만을 위한다는 입장을 분명히 했다.[2] 《신보》의 이와 같은 태도는 한국을 위해 일본의 침략정책을 비판하겠다는 뜻을 간접적으로 밝힌 것이라 할 수 있다.

《신보》가 자유롭게 배일논조를 펼 수 있었던 이유는 말할 것도 없이 발행인이었던 배설이 영국인이라 치외법권의 보호를 받을 수 있었기 때문이었다. 그러나 이 점은《신보》가 언론의 자유를 누릴 수 있었다는 측면에선 장점으로 작용하였지만, 당시 동맹을 맺고 있던 영국과 일본 사이에 미묘한 외교문제를 야기하는 원인이 되기도 했다. 일본은 영국의 협조로 배설과《신보》를 탄압할 수 있었지만, 이 문제는 결국 1907~1908년 사이에 한국을 둘러싼 영일관계에서 가장 심각한 문제로까지 발전하게 되었다.[3]

《신보》는 일본의 한국 침탈에 맞서 외로운 투쟁을 하지만, 배설의 뒤를 이어 영국인 만함(萬咸 : Alfred Marnham)이 사장으로 취임한 1908년 5월 27일 이후 배일논조는 크게 둔화되기에 이른다.[4] 당시 주한 영국 총영사였던 레이(Arthur H. Lay)는 자기가 읽지도 못하는 글자로 발간되는 신문에 주의를 기울이도록 수시로 경고했으며, 만함도 이를 고맙게 받아들이곤 자신은 마치 "화산 위에 서 있는 사람 같이" 불안하다고 고백했다고 한다. 레이는 국채보상의연금을 횡령했다는 혐의로 투옥되었던 양기탁의 무죄 석방에 즈음하여 그가 어떤 글을 쓸 것인지를 경계하도록 만함에게 충고했으며, 만함도 앞으로 양기탁을 논설에서 손을 떼게 하고 경리부로 보내겠다고 약속했다는 사실 등이 모두《신보》의 논조변화를 직감케 만드는 배경이라 할 수 있다.[5]

《신보》는 1904년 7월 18일에 창간되어 1910년 8월 29일에 폐간될 때까지 발행인이 세 번 바뀌었으며, 국문판, 국한문판, 영문판 등 세 가지 신문을 발행했다. 1904년 7월 18일부터 1908년 5월 26일까지는 배설이 사장으로 있었으며, 1908년 5월 27일부터 1910년 6월 9일까지는 만함이, 그리고 1910년 6월 14일부터 폐간될 때까지는 이장훈이 사장을 지냈다.

또한 《신보》는 창간 때부터 1905년 3월까지 한글과 영문의 합본판을 발행했으며, 그 뒤 약 5개월을 쉬고 1905년 8월 11일부터 한글판을 없애고 국한문판과 영문판을 분리해 발행하게 된다. 그러던 가운데 1907년 5월 23일부터 순한글판을 따로 발행하기 시작했다.

《신보》의 발행부수는 1906년을 전후하여 국한문판과 영문판을 합하여 약 4천 부였으며,[6] 한글판을 발행하기 시작한 1907년 7월 말경에는 국한문판·한글판·영문판을 모두 합쳐 약 7천 부를 발행하였고,[7] 1908년 4월경부터는 발행부수가 약 1만 부에 이르렀다고 한다.[8]

위와 같이 발행된 《신보》는 배설이 1909년 5월에 운명하면서 "나는 비록 죽지만 《대한매일신보》는 영원히 살아서 한국 동포를 구하라"고 남긴 유언처럼, 일제의 침략으로부터 한국을 구하고자 하는 그의 일념에서 창간되어, 항일 언론의 선봉에 서서 구국언론의 구실을 다했다. 이 글은 이와 같은 성격을 지닌 《신보》의 논설을 분석하여 그것의 민족주의적 성격을 파악하고자 한다.

2. 연구의 목적과 분석

1) 연구의 목적

《신보》가 발행되었던 시기는 우리나라가 주권을 잃고 일제에 병탄되던 가장 결정적인 기간이었다. 이 시기가 우리나라의 운명에 얼마나 결정적인 때였으며, 제국주의 열강의 이권침탈과 일제의 침략정책이 얼마나 급박하게 전개되었던가는 다음과 같은 몇 가지 사실들만으로도 충분히 이해할 수 있다.

1904년 2월에 러일전쟁이 일어나고 한일의정서가 성립된다. 같은 해 8월에는 제1차 한일협약이 맺어져 황무지개척권을 철회하는 대신 일본은 고문관을 한국 정부에 파견하게 되었다. 이른바 고문통치(顧問統治)가 시작되었던 것이다. 이에 따라 일본인 재정고문관 메가타 다네타로(目賀田種太郎)와 일본이 추천한 외교고문으로 미국인 스티븐스(D. W. Stevens)가 초빙됐지만, 일본은 이 협약에 없는 군부고문, 경무고문, 궁내부고문, 그리고 학정참여관을 두도록 강요한다. 이와 함께 청나라와 일본, 그리고 독일과 프랑스 등에 나가 있던 우리나라 공사들이 소환된다.

1905년 7월에는 일본의 한국 지배를 인정하는 미·일 사이의 이른바 태프트-가쓰라 비밀협약이 맺어지며, 8월에는 영일동맹이 개정되어 영국은 일본의 한국 보호조치를 공식적으로 승인한다. 다음 달인 9월에는 러일전쟁의 종결을 위한 포츠머스 강화조약이 체결되고, 마침내 한국에 대해 일방적인 영향력 행사를 제국주의 열강으로부터 인정받은 일본은, 그 해 11월에 을사조약을 강압적으로 체결함으로써 우리나라의 외교권이 완전히 일본에게 박탈당하고 만다. 이로써 주권과 독립은 빈 껍질만 남고, 실질적으로 한국은 일본의 식민지가 된다. 그 뒤 헤이그 밀사사건과 관련하여 일제의 강압으로 고종이 양위하고, 한일신협약[丁未七條約]이 맺어져 통감이 한국의 내정에 일일이 간섭할 수 있게 된다. 한일신협약이 맺어진 직후인 1907년 8월에 드디어 일본은 얼마 남지 않은 우리 군대를 해산하고, 1910년 한국을 병탄하기에 이른다.

《신보》는 앞에서 밝힌 바와 같이 한국민의 독립정신배양을 사명으로 이러한 시기에 창간되어 배일언론을 펴는 한편, 한국의 내정개혁과 자강을 강력하게 주장했다. 이 글은 이와 같은 《신보》의 역할에 주목하여 논설을 분석함으로써 그 시대에 대한 올바른 인식을 하게끔 하는 데 목적을 둔다.

이에 따라 다음과 같은 관심사에 초점을 두고 《신보》의 논설을 분석해 보았다. 첫째, 어떤 문제가 그 당시 《신보》의 주된 관심사였는가? 둘째, 어떤 문제가 얼마나 자주 언급되었는가? 셋째, 어떤 문제가 어떤 관점에서 논의되었는가? 넷째, 특정문제나 관심사에 대한 그 시대의 인식은 어떠하였는가?

2) 분석방법

이 글에서는 계량적 분석방법과 질적 분석방법 두 가지를 함께 적용하였다. 그 까닭은 계량적 분석만으로는 특정문제에 대한 그 당시의 인식을 깊이 있게 밝혀내는 데 한계가 있다고 생각했기 때문이다. 따라서 이 글에서 계량적 분석은 논설주제의 경향을 분석하고자 사용된 셈이다.

(1) 계량적 분석

분석의 범주와 단위

이 글에서 분석의 범주는 논설의 주제로 택했다. 그러나 주제를 미리 설정하고 분석을 시도하지 않고, 분석 대상 논설의 주제를 먼저 분석한 뒤 귀납적 방법에 따라 주제를 범주화하였다. 그 이유는 이 시대 언론의 주된 관심사가 어떤 것이었는가에 대한 사전지식이 불확실했기 때문이었다. 또한 귀납적으로 주제를 범주화하는 데 주제의 외연을 크게 잡았다. 그럼으로써 주제의 세분에서 초래될지도 모를 통계학적 의미의 감소를 방지할 수 있을 것으로 생각했기 때문이다.

한편 분석의 단위는 논설로 삼았다. 그러나 논설이 곧 계산단위와 일치하는 것은 아니다. 왜냐하면 한 논설 속에 한 가지 이상의 주제가 포함되어 있는 경우가 있어서이다. 분석해 본 결과에 따르면 그러한 사례는 극히 드물었기 때문에, 주제를 계산단위로 삼기는 했으나, 실제로는 논설이 분석의 단위이면서 동시에 계산단위라고 보아도 무방하다.

분석의 대상 선정방법

이 글에서는 다음과 같은 두 가지 방법을 병행하여 분석 대상 논설을 설정했다. 첫째, 《신보》의 창간부터 폐간될 때까지 실렸던 모든 논설을 모집단으로 삼고, 10일 간격으로 1편씩을 체계적 표집방법에 따라 분석 대상 논설로 표집했다. 그 결과 196개의 논설이 분석 대상 표본으로 선정되었다. 이때 모집단으로 삼은 논설들은 1904년 7월 18일부터 1905년 3월까지 한글·영문 합본판에 실린 한글로

씌어진 논설들과, 1905년 3월부터 1910년 8월 29일까지 국한문판에 실렸던 논설이다.

또한 이 당시의 신문은 어떤 경우 한 가지 주제의 논설을 2~3일 동안 계속 게재하기도 했다. 이런 경우 어느 하루치의 논설이 표본으로 선정되었다 할지라도, 2~3일 동안 계속된 논설 모두를 한 편의 논설로 보고 분석의 대상으로 삼았다. 만약 10일 간격에 따라 표본을 선정하는 과정에서 해당날짜에 논설이 실리지 않은 경우에는 바로 그 다음 날짜에 해당되는 논설을 표본으로 선정하고, 거기서부터 다시 10일 간격에 따라 표본을 추출했다. 표본을 추출하기에 앞서 창간호부터 폐간호에 이르기까지 모든 논설의 일람표를 만들었다.

둘째, 1904년 7월 18일부터 1905년 12월 31일까지 한글·영문 합본판의 모든 한글 논설들과 국한문판의 논설들을 전수 분석했다. 이 작업은 첫 번째의 작업과 별개로 진행했다. 그 까닭은 러일전쟁-고문통치-러일전쟁 종결-포츠머스 강화조약-을사보호조약 등 일련의 사태가 일어났던 이 시기가 우리나라의 역사상 나라의 주권과 독립의 향방을 결정짓는 가장 결정적인 때라고 생각하여, 더 자세히 이 시대의 관심사와 그에 대한 인식을 분석해 보고자 했기 때문이다. 이 시기에 분석 대상이 되었던 논설은 모두 240개였다.

주제의 방향 분석

이 글에서는 주제의 방향을 분석토록 했다. 이 방향 분석은 모든 주제에 걸쳐 시도했으나, 주제 자체가 이미 분명하게 방향을 제시하고 있는 경우에는 형식 분석에 그쳤다. 예컨대 〈친일신문비판〉과 같은 논설의 경우가 그러하다.

주제의 방향 분석은 세 개의 방향을 설정하여 이루어졌다. 곧, 긍정(+), 중립(○), 부정(−)으로 분류했다. 여기서 긍정적인 방향은 찬성·찬양·우호적·호의적 태도 등을 모두 포괄하며, 부정적 방향은 반대·비난·저대저·비효이저 태도 등을 포함한다. 그리고 중립은 어떠한 태도도 드러내지 않았거나 또는 긍정과 부정이 동일한 분량으로 제시되어 있는 경우에 해당된다.

(2) 질적 분석

이 글에서 질적 분석은 양적 분석결과에 따라 가장 많은 관심사로 나타난 주제 분야를 대상으로 실시하는 것을 원칙으로 하고, 그밖에 많은 빈도수를 보이지는 않았으나 역사상 그 시기에 중요했던 사건이나 현상은 임의로 선택하여 이루어졌다. 질적 분석은 논설의 내용을 주제에 대한 관점이나 인식을 중심으로 분석하는 방식을 택해 실시되었다.

3. 분석의 결과와 논의

1) 《신보》 논설의 특징

《신보》 논설의 특징을 요약하면 대체로 다음과 같다고 할 수 있다. 첫째, 한글판과 영문판이 합본되어 발행되었던 시기의 한글판 논설은 거의 대부분이 하루나 이틀 전의 영문판 논설을 그대로 우리말로 번역한 것이었다. 마찬가지로 국한문판과 한글판 신문이 각각 별개로 발행되던 시기에도 두 판의 논설은 같은 내용의 것이 거의 대부분이었다. 한글판이 발행되기 시작했던 초기에는 국한문판과 한글판의 논설이 상이하거나, 아니면 한글판 논설이 하루나 이틀 전의 국한문판 논설을 한글만으로 고친 것이었으나, 1908년 5월부터는 같은 날짜의 두 판의 논설이 동일했다. 다만 영문판을 별도로 발행하기 시작한 뒤 영문판의 논설과 국한문판 및 한글판의 논설이 같았는지 달랐는지는 비교할 수 없었다. 그것은 영문판이 별개로 발행된 이후의 지면을 현재로서는 볼 수 없기 때문이다.

둘째, 특히 영문판과 한글판이 합본되어 발행되던 시기에는 다른 나라 신문들의 기사나 논설을 인용하여 소개한 뒤 거기에《신보》의 의견을 첨가하는 경우가 많았다. 곧, 다른 나라 신문의 기사나 논설이 사설의 구조상 뉴스 펙(News Peg)에 해당되었던 셈이다. 그 까닭은 한글판과 영문판 합본의 경우 상당한 논설들이 러일전쟁을 다룬 것들이었기 때문이다. 그 당시 우리나라 신문의 형편으로 전쟁특파원을 파견할 수 없었고, 자신들의 승전뉴스만 주로 제공하는 일본정부의 공보에만 의존하기도 힘들어, 여러 나라 신문의 기사나 논설을 주요정보원으로 사용할 수밖에 없었다. 그 결과 러일전쟁에 대한 뉴스는 매우 지연된 것일 수밖에 없었고, 따라서《신보》의 논설 또한 시의성을 잃은 것이었다.

그때《신보》에 인용된 외국신문들을 국적별로 보면 일본이 압도적으로 많고, 다음으로 중국과 영국신문의 순이었다. 주로 인용되었던 외국신문들을 예로 들면 다음과 같다.

《Japan Times》, 《Japan Mail》, 《시사신보》, 《Kobe Herald》, 《Kobe Chronicle》, 《도쿄아사히신문》, 《오사카마이니치신문》, 《Japan Gazette》, 《China Review》, 《London Times》, 《London Daily News》, 《North China Herald》, 《South Morning Post》, 《Kobe Yushin Nippo》, 《Eastern

World〉,《*China Gazette*〉,《*Chefoo Daily News*〉,《*China Mail*〉,《*New York World*〉,《*San Francisco Chronicle*》 등.

셋째, 한글판과 영문판이 합본되어 발행되던 시기의 논설과 국한문판이 발행되기 시작한 뒤의 신문논설주제에서 큰 차이가 보인다. 한글판과 영문판이 합본되어 발행되던 시기의 논설은 러일전쟁관계를 많이 다루었던 데 견주어, 국한문판은 국내문제에 더 많은 관심을 보인다. 이러한 경향은 다음과 같은 이유 때문인 것으로 생각된다. 한글판과 영문판을 합본하여 발행할 당시에는 논설을 주로 배설이 쓰고, 이를 한글판에 양기탁이 번역해서 실었던 것 같다. 그러나 국한문판을 발행하면서 박은식과 신채호 같은 이들을 논설위원이나 기자로 초빙함으로써 그때부터 이들이 주로 국한문판의 논설을 썼기 때문에 국내문제를 많이 다룰 수 있었던 것으로 볼 수 있을 것이다.

넷째, 《신보》는 때에 따라 자기네 신문사의 의견과 일치한다고 생각하는 국내 신문의 논설이나 잡지의 기사를 있는 그대로 인용하여 전문(全文)을 싣기도 했다. 대체로 자주 인용된 신문들의 논설은 《황성신문》,《제국신문》, 기독교계통의 《경향신문》, 그리고 《태극학보》와 같은 잡지들의 글이었다.

다섯째, 이때의 신문논설은 지금의 신문들의 관행과는 달리 반드시 그날의 주요관심사를 논설로 다루지는 않았다. 때로는 며칠 지난 사건을 다루기도 했고, 사건이나 뉴스와는 관계없는 시국관을 펴기도 했으며, 또는 신문의 논조, 특히 국내에서 발행되었던 친일신문이나 일인들이 발행했던 신문과 일본 내 신문들의 논조를 반박하기도 했다.

2) 논설주제의 양적 분식결과

(1) 분석 대상 논설의 분포

이 글에서 분석 대상으로 표집한 논설들을 연도별·발행인별·판별로 그 분포를 본 것이 〈표-1〉, 〈표-2〉, 〈표-3〉이다.

연도별로 보았을 때 신문이 1년 동안 정상적으로 발행되었던 해의 표본수는 평균 34개로 나타났다. 365일 가운데 일요일을 제외한 날짜의 약 10분의 1이 되는 셈이다. 이를 다시 발행인별로 분석해 보면 배설의 재임기간 동안 118건, 만함 시절에 70건, 이장훈이 발행인이었던 때는 8건에 지나지 않는다. 판별로는 국한문판의 논설이 전체 분석 대상 논설의 약 90퍼센트에 이르고 있다.

연도별	1904 (7~12월)	1905 (1~3월, 8~12월)	1906	1907	1908	1909	1910 (1~8월)	합 계
빈 도	15	21	34	35	34	34	23	196
(백분율)	(7.7%)	(10.7%)	(17.3%)	(17.9%)	(17.3%)	(17.3%)	(11.7%)	(100%)

〈표-1〉 연도별 분석 대상 논설수

발행인	배 설	만 함	이장훈	합 계
빈 도	118	70	8	196
(백분율)	(60.2%)	(35.7%)	(4.1%)	(100%)

〈표-2〉 발행인별 분석 대상 논설수

판 별	한글판/영문판 합본	국한문판	합 계
빈 도	21	175	196
(백분율)	(10.7%)	(89.3%)	(100%)

〈표-3〉 판별 분석 대상 논설수

(2) 주제별 빈도수

앞에서 밝힌 바와 같이 이 글에서 양적 분석은 주제를 귀납적 방법에 따라 범주화하는 방식으로 이루어졌다. 그 결과 분석 대상 논설의 모든 주제는 '일본의 대한(對韓)정책', '일본 국내 문제', '국제관계', '한국 국내 문제', '기타' 등 모두 5개의 대주제 범주로 분류되었다. 그리고 각 대주제마다 하위주제로 다시 범주화하여 빈도수를 집계했다.

먼저 대주제별 빈도수를 보면, 한국 국내 문제가 101건으로 가장 많은 것으로 나타났고, 다음으로 일본의 대한정책 41건, 기타 26건, 국제관계 23건, 일본 국내 문제 5건의 순이었다. 말하자면《신보》는 논설에서 한국 국내 문제를 가장 많이 다루었으며, 이어서 일본의 대한정책을 많이 다루었다는 사실을 나타내는 것이다(〈표-4〉). 이를 다시 연도별로 분석해 보면 다음과 같은 경향을 지적할 수 있다.

첫째, 일본의 대한정책과 관련된 주제는 1906년에 가장 많아 같은 해 전체 사설의 약 47퍼센트에 이르고 있으며, 1907년에는 두 번째로 많아 그 해 총 사설의 약 31퍼센트로 나타났다. 그러나 1908년부터는 급격히 줄어드는 경향을 보이고 있다. 이것은 앞의 서론에서 밝힌 바와 같이 만함이 사장으로 취임했던 1908년 5월 27일 이후 배일논조가 크게 둔화되었다는 사실을 반영하는 것이다.

연도 대주제	1904	1905	1906	1907	1908	1909	1910	합계
일본의 대한정책	4	4	16	11	4	2		41
일본 국내 문제		3	2					5
국제관계	5	8	2	6	1	1		23
한국 국내 문제	6	5	12	12	22	26	18	101
기 타		1	2	6	7	5	5	26
합 계	15	21	34	35	34	34	23	196

〈표-4〉 연도별 대주제 빈도수

둘째, 이와는 대조적으로 한국 국내 문제는 1906년 이후 해마다 증가되는 추세를 보인다. 그리하여 1910년에는 한국의 국내 문제를 다룬 논설이 전체의 약 78퍼센트에 이르고 있다. 이 같은 경향은 대체로 두 가지에 기인하는 것이라고 생각된다. 그 하나는 만함이 발행인이 된 뒤 논설의 주제를 항일에서 국내 문제로 대폭 전환했다는 것과, 나머지 하나는 점차 나라의 독립이 절망적인 사태로 귀결되어가자, 주권을 수호하기 위해 민족을 자각시키고 자강을 강조하려 했기 때문일 것이다.

위와 같은 대주제별 분포를 전제로 하고 각 대주제별 하위주제를 분석해 본 결과가 〈표-5〉, 〈표-6〉, 〈표-7〉이다. 먼저 일본의 대한정책을 보면 이 대주제는 다시 '대한정책'과 '일본 언론의 대한관(對韓觀)'이라는 두 하위주제로 분류된다. 총 41건의 일본의 대한정책관련 주제 가운데서 '대한정책'이 28건으로 약 68퍼센트에 이르고 있으며, 나머지 13건인 약 32퍼센트가 '일본의 대한관'으로 나타났다. 이 분석결과를 보면 '대한정책'은 1907년 이전에는 빈도수가 점차 많아져온 것과 달리, 그 이후에는 빈도수가 감소되어 1908년에 2건이 있을

정책 \ 연도	1904	1905	1906	1907	1908	1909	1910	합계
대한정책	2	4	14	6	2	0	0	28
일본 언론의 대한관	2	0	2	5	2	2	0	13
합 계	4	4	16	11	4	2	0	41

〈표-5〉 연도별 '일본의 대한정책' 주제별 빈도수

국제관계 \ 연도	1904	1905	1906	1907	1908	1909	1910	합계
러일전쟁	5	5	1	0	0	0	0	11
국제관계	0	3	1	6	1	1	0	12
합 계	5	8	2	6	1	1	0	23

〈표-6〉 연도별 '국제관계' 주제별 빈도수

뿐, 1909년과 1910년에는 이 주제가 나타나지 않는다. 이 같은 현상은 곧 만함이 발행인이 된 뒤 일본 정부의 대한정책을 비판하는 논설을 상당히 억제해 왔다는 것을 반영하는 것이다.

또한 국제관계에 대한 대주제는 다시 '러일전쟁'과 '국제관계'로 분류된다. '러일전쟁'은 러일전쟁의 전황을 비롯해 양국 군대의 움직임과 강화조약을 다룬 논설의 주제를 포괄하는 범주이며, '국제관계'는 러일전쟁 이외의 국제관계를 모두 포함한 범주이다. 이 주제를 분석한 결과를 보면, 당연한 현상이지만 러일전쟁관련 주제는 1904년과 1905년 사이에 국제관계 주제의 대부분을 이루고 있으며, 기타 국제관계는 1907년도에 가장 자주 다루어진 것으로 나타났다.

한편 국내 문제는 〈표-7〉에서 보듯이 '정부시책'을 비롯한 모두 16개 하위범주를 포괄하고 있다. 이 분석결과를 보면 대체로 다음과

국내 문제 / 연도	1904	1905	1906	1907	1908	1909	1910	합계
정부시책	2		2		2	4		10
정부의 부패·무능	1	1	3	1	2		2	10
정부의 개혁	1							1
열강의 침탈 대비	1							1
친일언론	1		2	4	2	2		11
교육(개화문제)		1	1	1	6	1	6	16
산업진흥 및 자강(自强)		1				2	2	5
항일 언론(민족언론)		1		1	2		2	6
민족의 단결(자립정신)		1		2	1	2	1	7
각종 사회단체			2		2			4
친일단체(친일파)			2			3		5
국채보상운동				2				2
독립				1		3		4
나쁜 관습 타파					3			3
나라정신 보존(국민의 책임)					2	9	4	15
한일합병론							1	1
합 계	6	5	12	12	22	26	18	101

〈표-7〉 연도별 '국내 문제' 주제별 빈도수

같은 점들을 발견할 수 있다.

첫째, 국내문제를 다룬 논설의 주제 가운데 가장 높은 빈도를 나타낸 것은 '교육(개화문제)', '나라정신 보존(국민의 책임)', '친일언론', '정부시책', '정부의 부패·무능' 등이다. 둘째, 국내 문제는 1908년 이후에 논설의 주제로 자주 언급되고 있었음을 나타내고 있다. 셋째, '교육(개화문제)'과 '나라정신 보존(국민의 책임)', '산업진흥 및 자강' 등을 소재로 한 논설들은 1908년 이후에 자주 실렸다는 것을 알 수 있다.

(3) 1904 1905년 시기 논설 분석

우리나라는 1905년 11월 17일 일본과 체결한 을사조약에 따라 실질적으로 주권을 상실했다고 할 수 있다. 따라서 1904년 2월 10일에 일본이 러시아에 선전포고하고 같은 해 2월 23일에 한일의정서가 조인된 뒤, 1905년 11월 17일에 을사조약이 체결되는 기간은 우리나라의 주권상실과 관련하여 가장 결정적인 시기였다고 할 수 있다. 이 시기에《신보》의 논설이 어떠했는지를 알아보고자 모든 논설을 분석해 보았다. 261개의 논설을 전수 분석한 결과 가장 많이 다루었던 주제는 '일본의 대한정책'과 '한국 국내 문제'였다. 그 다음은 '러일전쟁', '국제관계', 그리고 '일본 국내 문제'의 순으로 나타났다(〈표 -8〉 참조).

이를 다시《신보》의 판별로 분석해 보면 다음과 같은 점들을 알 수 있다(〈표-9〉 참조).

첫째, 한글과 영문 합본판의 경우 그 어느 주제보다도 러일전쟁과 관련된 주제를 많이 다루었다.

둘째, 한국 국내 문제와 관련된 주제는 국한문판에서 월등히 많이

주 제	일본의 대한정책	러일전쟁	한국 국내 문제	일본 국내 문제	국제관계	기 타	합 계
빈 도(건)	78	63	77	17	22	4	261
(백분율)	(29.9%)	(24.1%)	(29.5%)	(6.5%)	(8.4%)	(1.5%)	(100%)

〈표-8〉 대주제별 빈도수(1904~1905)

판별 \ 주제	일본의 대한정책	러일전쟁	한국 국내 문제	일본 국내 문제	국제관계	기 타	합 계
한글 · 영문*	41 (26.1%)	53 (33.8%)	27 (17.2%)	15 (9.6%)	20 (12.7%)	1 (0.6%)	157 (100%)
국한문**	37 (35.6%)	10 (9.6%)	50 (48.1%)	2 (1.9%)	2 (1.9%)	3 (2.9%)	104 (100%)
합 계	78 (29.9%)	63 (24.1%)	77 (29.5%)	17 (6.5%)	22 (8.4%)	4 (1.5%)	261 (100%)

* 한 · 영판 : 1904년 8월 4일~1905년 3월 8일.
** 국한문판 : 1905년 8월 11일~1905년 12월 31일.

〈표-9〉 판별 대주제 빈도수(1904~1905)

다루고 있으며, 일본의 대한정책과 관련된 주제 또한 국한문판이 한
·영 합본판보다 많이 다루고 있다. 국한문판의 경우 러일전쟁과 관
련된 주제는 국한문판 전체 논설의 10퍼센트에 지나지 않는다. 이
같은 비율은 한·영 합본판에서 러일전쟁을 다룬 논설이 전체의 약
34퍼센트에 이르고 있는 것과 비교하면 큰 차이가 있다.

　셋째, 한·영 합본판과 국한문판의 논설주제가 이러한 차이를 보
이는 것은 앞의《신보》논설의 특징에서 지적한 바와 같이, 합본판
의 경우는 한국 내 사정을 잘 모르는 배설이 주로 논설을 집필했었
고 이를 양기탁이 번역하여 한글판에 실었으며, 국한문판을 발행하
면서부터는 한국 사정을 잘 아는 박은식이나 신채호 같은 이들을 초
빙함으로써, 이들이 주로 논설을 집필했다는 것을 반영한 것이라고
할 수 있다. 다음으로 각 대주제별로 어떤 하위주제들이 얼마나 다
루어졌는지 분석해 보면 아래와 같다.

일본의 대한정책과 관련된 논설 분석

일본의 대한정책과 관련된 논설들을 분석한 결과가 〈표-10〉이다. 논설 분석결과는 〈표-10〉에 나타나 있는 바와 같이 '황무지 개간권', '일본 언론의 대한관(對韓觀)', '일본 헌병의 행동', '일본의 대한(對韓)강압·수탈정책', '고문관 파견', '일본의 한국 지배욕', '한국인 역부(役夫)모집' 등 7개의 하위범주로 분류된다. 이들 하위주제들 가운데서 가장 많이 다루어졌던 것은 '일본의 한국 지배욕'을 비판한 것으로 약 39퍼센트에 이르며, 다음으로 '일본의 대한강압·수탈정책'이 약 27퍼센트, '일본 언론의 대한관'이 약 12퍼센트, 그리고 '고문관 파견'이 약 10퍼센트의 순이다. 이러한 일본의 대한정책을 다룬 주제들은 거의 모두가 비판적(부정적) 시각의 개진이었다.

빈도·방향 주제	빈 도		방 향		
	빈 도	백분율	+	○	−
황무지 개간권	5	6.4			5
일본 언론의 대한관	9	11.5			9
일본 헌병의 행동	2	2.5			2
일본의 대한강압·수탈정책	21	26.9			21
고문관 파견	8	10.3			8
일본의 한국 지배욕	30	38.5			30
한국인 역부모집	3	3.8	3		
합 계	78	100.0	3	0	75

〈표-10〉 일본의 대한정책 주제별 빈도수(1904~1905)

러일전쟁과 관련된 논설 분석

러일전쟁과 관련된 논설들이 다룬 주제는 〈표-11〉에서 보는 바와 같이 '러일전 전황', '전쟁보도의 편파성', '전쟁보도의 검열', '러일전쟁과 평화', '발트함대', '강화조약' 등 6개로 분류된다. 이 주제들 가

빈도·방향	빈 도		방 향					
주 제	빈도	백분율	+	○	−	반일	친일	친러
러일전 전황	42	66.7		14		1	3	24
전쟁보도의 편파성	2	3.2			2			
전쟁보도의 검열	2	3.2			2			
러일전쟁과 평화	5	7.9	1	1	3			
발트함대	4	6.3		1				3
강화조약	8	12.7	1	7				
합 계	63	100.0	2	23	7	1	3	27

〈표-11〉 러일전쟁 주제별 빈도수(1904~1905)

운데서 '러일전 전황'을 다룬 논설이 전체의 약 67퍼센트로 대다수
를 차지하고 있다. ㄱ 다음이 '강화조약'을 다룬 논설로 약 13퍼센트,
'러일전쟁과 평화'가 약 8퍼센트, '발트함대'가 약 6퍼센트의 순으로
나타났다. 이러한 러일전쟁관련 논설들을 보면 특히 전황을 다루는
데서 친러 경향을 강하게 나타내고 있다는 점을 알 수 있다.

일본 국내 문제와 관련된 논설 분석

일본 국내 문제와 관련된 주제를 보면 일본의 '대외정책', '내정',
'공보정책' 등이 주로 다루어졌다. 여기서 말하는 일본의 '대외정책'
은 한국을 대상으로 한 정책을 제외한 다른 나라에 대한 일본의 정
책을 말하며, '공보정책'은 일본의 러일전 전황뉴스의 공급과 관련된
것으로 주로 일본에게 유리한 전쟁뉴스만을 제공하는 데 대한 비판
이다. 이와 같은 일본 국내 문제와 관련된 논설의 주제를 분석한 결
과가 〈표-12〉이다. 〈표-12〉를 보면 '내정'에 관한 논설이 전체의 반
을 차지하고 있으며, 대부분 부정적인 시각으로 다루고 있다는 것을
알 수 있다.

주제 \ 빈도·방향	빈 도		방 향		
	빈 도	백분율	+	○	−
대외정책	3	17.6			3
내 정	9	52.9		4	5
공보정책	3	17.6			3
기 타	2	11.8			2
합 계	17	100.0	0	4	13

〈표-12〉 일본 국내 문제 주제별 빈도수(1904~1905)

주제 \ 빈도·방향	빈 도		방 향		
	빈 도	백분율	+	○	−
영러관계	1	4.5		1	
영일관계	3	13.6			2
중일관계	3	13.6		1	1
러시아 국내 정세	5	22.7		3	1
열강의 침탈	2	9.1		1	1
중국문제	3	13.6		3	
기 타	5	22.7		5	
합 계	22	100.0	0	14	5

〈표-13〉 국제관계 주제별 빈도수(1904~1905)

국제관계와 관련된 논설 분석

이 기간 동안 《신보》가 다루었던 국제관계 논설을 분석한 것이 〈표-13〉이다. 이 표에 나타나 있는 바와 같이, 국제관계를 다룬 논설의 주제들은 '영러관계', '영일관계', '중일관계', '러시아 국내정세', '열강의 침탈', 및 '중국문제' 등으로 각 주제마다 대체로 고르게 다루어졌다. 이 주제들에 대한 시각은 대체로 중립적이나 '영일관계'에

주제 \ 빈도·방향	빈 도		방 향		
	빈 도	백분율	+	○	−
관리의 무능·부정부패	9	11.7			9
정부의 개혁·내정진보	11	14.3		5	6
일진회·매국노	9	11.7		1	8
정부의 정책	11	14.3		3	8
친일언론	3	3.9			3
국민교육	10	12.9	7	3	
민족의 단결·자강	10	12.9	8	1	1
항일 언론	2	2.6	2		
항일운동	5	6.5	4		1
기타	7	9.1	3	2	2
합 계	77	100.0	24	14	38

〈표-14〉 한국 내 문제 주제별 빈도수(1904~1905)

대해서는 부정적인 태도를 나타냈음을 알 수 있다.

한국 내 문제와 관련된 논설 분석

이 시기에 다루어진 한국 내 문제와 관련된 논설들의 주제를 분류해 보면 '관리의 무능·부정부패', '정부의 개혁·내정진보', '일진회·매국노', '정부의 정책', '친일언론', '국민교육', '민족의 단결·자강', '항일 언론', 그리고 '항일운동' 등 다양하다(〈표-14〉). 이와 같은 주제들 가운데서 많이 다루어졌던 것들은 '정부의 개혁·내정진보'와 '정부의 정책'이 각각 약 14퍼센트, '국민교육'과 '민족의 단결·자강'이 각각 약 13퍼센트, '관리의 무능·부정부패'와 '일진회·매국노'가 각각 12퍼센트의 순으로 나타났다. 이 주제들을 다룬 《신보》의 태도를 보면 정부와 관련된 주제 및 친일언론과 친일파에 대해서는 대부분 부정적인 시각으로 비판하고 있으며, 국민교육, 민족의 단결, 항일 언론과 항일운동 등에 대해서는 대부분 긍정적인 시각으로 접근하고 있는 것으로 나타났다.

3) 러일전쟁에 대한 태도

앞의 양적 분석에서 보았듯이, 1904년에서 1905년에 이르는 동안 《신보》는 논설에서 러일전쟁에 대한 주제를 세 번째로 많이 다루었다. 러일전쟁을 주제로 한 논설의 대부분은 러일전쟁의 전황이나 양국 군대의 이동상황 등을 다룬 것으로, 이들 주제를 다루면서 《신보》는 친러적 태도를 노골적으로 표시하고 있다. 예컨대 전쟁의 전황은 일본이 승리하고 있음에도 이를 되도록 믿지 않으려고 노력한 모습이 역력히 나타난다. 전쟁뉴스를 알려주는 일본 정부의 공보는 자기들에게 유리한 전황만 발표한다고 하여 불신하였고, 러시아에 유리한 외신보도들을 의도적으로 많이 인용한 것이 확실히 드러난다. 일본이 승리한 경우일지라도 러시아군대가 다시 대오를 정비하고 보급을 새로 받아 일본군을 무찌를 것이라며 러일전쟁이 러시아의 승리로 끝날 것이라 예상했다. 더욱이 전쟁의 장기화로 일본의 재정형편이 곤궁하여 어려운 상황에 몰릴 것으로 예측하는 한편, 러시아는 강국으로서 능히 장기전에 대비할 능력을 갖추고 있다는 점을 강조하고 있다. 그러면서 당시 러시아 국내에서 일어났던 내란에 대해서는 그것이 전쟁 수행에 아무런 도움을 주지 못할 것이라며 비난했다.

이와 같은 《신보》의 친러적 논설은 일본으로 하여금 《신보》를 못마땅하게 여기게끔 만드는 요인으로 작용했다고 할 수 있다.[9] 일본은 러일전쟁과 관련하여 우리나라 신문들이 이를 자세히 보도하는 것에 대해 군사기밀의 누설이라며 한국 정부에게 이를 금지시키도록 강력하게 요청했다. 예를 들어, 일본은 러일전쟁 개전 초기에 주한 공사 하야시 곤스케(林權助)를 통해 한국 정부에 일본 군대의 움직임을 우리나라 신문들이 기사화하지 않도록 법적조치와 함께 검열관을 두도록 요청했다. 하야시 공사는 1904년 3월 1일자로 외무대신서리 이지용에게 "귀국 신문이 일본 군대의 행동에 관계된 기사를 게재하지 말아야 할 것"임을 강요하고, 그렇게 함으로써 양국 관계가 돈독해질 것이라고 말하면서 《황성신문》의 보도기사를 예로 지적하고 있다.10) 마찬가지로 하야시는 이지용에게 보낸 1904년 4월 8일자 공한에서도 일본군의 행동을 보도하는 것은 어떤 경우에도 법으로 처리하고 신문에 싣지 못하도록 할 것이며, 양국 관계를 고려하여 일체의 기사를 엄밀히 검열하고 엄중히 처리할 것을 요망했다.11)

러일전쟁보도에 대한 이러한 일본 정부의 제약과 강요에도 아랑곳하지 않고, 《신보》는 발행인의 치외법권적 권리에 따라 아무런 구속도 받지 않고 전쟁의 상황을 보도할 수 있었다. 그러면서 《신보》는 러일전쟁보도에 대한 일본의 검열을 비판하고, 전쟁상황을 일본에게 유리하게 조작하여 공보하는 일본 정책을 비난했다.12) 뿐만 아니라 러일전쟁이 일본 측에 유리하게 전개되고 있다고 보도한 영국신문들을 비난하면서, 그와 같은 영국신문들의 보도태도는 영일동맹 때문이라고 분석하고 있다.13)

위와 같은 《신보》의 친러적 논조는 과연 무엇을 뜻하는 것인지가 과제로 남는다. 이러한 친러적 논조는 《신보》가 러시아로부터 신문발행의 자금을 보조받았다는 설을 뒷받침하는 것인지, 아니면 일본의 대한침탈정책에 대한 비판적 태도가 자연스럽게 친러경향의 논조를 지니게 한 것인지 단언하기 어렵다.

그러나 친러적인《신보》의 러일전쟁에 대한 논조는 이 전쟁에서 일본이 패배하리라고 예상하도록 여론을 오도했다고 평가받아야 할 것이다. 그것은 다만 전쟁에서 어느 나라가 승리할 것인가에 대한 그릇된 판단에 그치는 것이 아니라, 전쟁 이후의 대일정책의 마련에도 영향을 주었을 가능성이 크다는 점에서 비판받을 여지가 충분하다.

4) 제국주의 열강에 대한 인식

일본의 한국 병탄은 제국주의 열강의 이해관계가 복잡하게 얽혀 이루어진 산물이기도 하다. 1882년 5월 22일 한미수호통상조약(슈펠트 조약)이 체결된 뒤부터 1910년 일본이 한국을 병탄할 때까지, 한반도는 한국 정부의 의지와는 상관없이 열강의 이해관계에 따라 운명이 결정되었다. 개항 초기에 한국은 청나라 이홍장의 권유에 따라 러·일의 위협을 미국과 영국 및 독일의 힘을 끌어들여 막으려 하였지만, 오히려 임오군란이 영국에게 한국과의 신조약체결의 계기를 마련해 주었다. 그로써 우리가 그들을 이용하기는커녕 반대로 그들이 이 기회를 틈타 한국 침투의 기반만을 굳혀주는 결과를 초래했고, 우리의 대열강(對列强) 외교정책은 실패한 것이다.[14]

《신보》는 한반도를 둘러싼 러·일의 이해가 정면으로 충돌하면서 영국, 미국, 일본과 러시아 등 열강의 이해관계가 국제사회에서 한국의 운명을 결정하는 데 결정적인 영향을 주었던 시기에 발행되었다. 당시 《신보》는 러일전쟁이 막 개전된 뒤에 창간되어 일본이 한국을 병탄할 때까지 발행되었던 것이다. 이 기간 동안에 루스벨트는 포츠머스 강화회의를 통한 자신의 정책실현을 사전에 확인하고

자 태프트-가쓰라 비밀협약(1905년 7월 27일)을 성립시켜 일본의 한국에 대한 자유재량권을 인정해 주었다. 영국은 제2차 영일동맹(1905년 8월 12일)으로, 다시 러시아는 포츠머스 강화조약(1905년 9월 5일)으로 각각 한국에 대한 일본의 권한을 인정함으로써, 결국 일본은 열강의 승인 아래 우리에게 을사조약을 강압했던 것이었다.15) 이와 같은 일련의 상황전개 속에서 《신보》의 제국주의 열강에 대한 인식은 어떠했는지 관심사가 아닐 수 없다.

기본적으로 《신보》는 제국주의 열강에 대해 '지금은 약육강식시대라 강대국이 약소국인민을 노예처럼 부리고 심하면 어육을 만들어 버린다'는 식의 인식을 하고 있다.16) 그러나 을사조약이 체결되기 전까지의 《신보》의 논설에서 보이고 있는 제국주의 열강에 대한 인식은 크게 두 가지로 나뉘어 나타난다고 볼 수 있다. 그 하나는 서구나 미국과 같은 열강에 대해서는 호의적인 태도를 보이고 있었고, 오로지 일본에 대해서만 비판적이라는 점이다. 나머지 하나는 러시아와 일본이 만주와 한반도에서 그들이 노리고 있는 바가 무엇인가를 투철하게 인식하고 있으면서도, 한국에 대한 일본의 지배가 쉽지 않으리라는 점을 강조하는 관점이다. 이러한 두 가지 관점은 결국 일본의 한국 지배가 서구나 미국 등의 열강에게 견제당할 것이므로 불가능할 것이라는 논리를 펴게 만들었다.

이와 같은 논리는 일본을 제외한 나머지 제국주의 열강이 한국을 도와줄 것이라는 소박한 믿음에 바탕을 둔 것으로, 당시의 제국주의 열강 사이의 식민지 확보를 둘러싼 팽창주의정책에 대한 인식이 투철하지 못했음을 드러내는 것이다. 그 인식이 투철하지 못했음은 다음과 같은 두 가지 논설의 내용에서 그 예를 찾아볼 수 있다.

〈일로강화담변〉(日露講和談辨)이라는 논설은 일본이 러시아에 제안한 일곱 가지 조항을 소개하면서 그에 대한 의견을 개진한 것이다. 일본이 제안한 조항들 가운데는 '일본이 한국을 보호함을 러시아가 인정할 것'이라는 항목이 포함되어 있다. 그러나 이 논설에는 그 조항에 대한 비판은 없고, 다만 양국 사이의 전비보상문제나 남사할린섬의 할양 등의 영토문제가 러시아의 합의를 얻기 어려울 것이라는 점들을 논의하는 데 그치고 있을 뿐이다.[17]

또한 〈위재한일관계〉(危哉韓日關係)란 논설의 요지는 다음과 같다.

> 한국과 일본은 서로 공존하지 않으면 안 될 관계이기 때문에 일인(日人)이 한인(韓人)을 대하면 문명개도(文明開導)한다 하고 독립을 도와주며 동양에 평화를 유지한다 했으며, 한인(韓人) 또한 시국을 관념(觀念)하여 부득불 일본과 형제같이 친애하여 이와 입술과 같이 지내고자 하여 러일전쟁 개전시(開戰時)에는 한국 남녀노유가 제반 군수수송의 역을 맡아 했다. 일본이 정부의 시정개선(施政改善)을 진실로 충고하며 문명 진보를 진실로 권하였더라면 한국인은 감복했을 터이나 일본은 한국에서 자기 이익을 취하기에 급급하였다. 토지를 침탈하고 인명도 참살했으며 재정을 고갈시키고 교육을 감축시켰다. 이런 행동을 보건대 음으로 병합지계(併合之計)를 추진함이니 한국인이 어찌 감정이 폭발치 않고 피가 끓지 않으리오. 그러나 이토(伊藤) 대사(大使)가 어명을 받고 한국에 오니 한국인이 아직도 여망을 가지고 전일(前日)의 정책을 바꿀 줄 알았으나 5조약을 강청했다. 한국이 약하다 하나 백성이 2천만이라 2천만이 불복(不服)하여 일어나면 이를 모두 살육할 것인가? 이제 일본의 일거수일투족이 세계열강의 주시(注視)하에 있으니 이런 행동이 과연 득책인가?[18]

이 두 논설 이외에도 여러 논설에서 일본의 대한침투정책을 비판하고 비난하면서도, 예컨대 영국이 이를 승인할지, 또 열강들이 가만히 두고 볼지 의문이라는 점을 강조하고 있다.[19] 다시 말해서 이러한 논조는, 일본의 한국 보호조치를 승인한 영일동맹의 개정과 같은 제국주의 열강 상호의 식민지 분할점령 묵계라는 국제적 이해관계에 대한 인식이 투철하지 못했음을 드러내 주는 것이다.

5) 일본의 대한침략정책에 대한 인식

전반적으로 보았을 때《신보》의 논설에 나타난 일본의 대한침략정책에 대한 인식은 매우 투철했다고 평가할 수 있다. 일본뿐만 아니라 러시아의 침략의도 또한 잘 판단하고 있다.[20] 더욱이 일본의 대한정책을 조목별로 비판한 논설 등은 날카롭기 그지없다.[21]

그럼에도 일본의 대한침략정책에 대한 비판과 함께 일본의 선의에 호소하는 경우가 많다는 사실은 매우 역설적이다. 이와 같은 이중적인 대일(對日)인식은 을사조약 이전 단계의 시기에서 두드러지게 나타나고 있다. 이는 어쩌면 이 시기에 일본에 대한 한 가닥 기대를 지니지 않을 수 없었던 절박한 심정을 반영하는 것인지도 모른다. 하지만 일본이 한국을 식민지화하려는 의도 아래 모든 정책을 시행하고 있으며, 그러한 일본의 기본정책에는 아무런 변화도 있을 수 없다는 판단에 바탕을 둔 대일관(對日觀) 또는 일본의 대한식민지화정책에 대한 확고부동한 인식을 하지 못하고 있었음을 나타내주는 것이라고 볼 수 있다. 이와 같은 인식을 드러내는 논설의 논지는 여기저기서 찾아볼 수 있다.

첫째, 일본인 고문관에 대한 견해를 피력한 논설을 살펴보면, 고문관에 대한 견해가 대단히 순진하다는 점을 알 수 있다. 예를 들면, 《신보》의 1904년 11월 2일자 논설 〈한국에 대한 일본 정책〉은 고문관이 자신들의 의견을 제출하고 온당히 일한다면, 한국민이 고문관을 반대하는 마음은 저절로 없어질 것임을 역설하고 있다. 또 같은 해 9월 6일자 논설 〈한국에 일본 위력이라〉에서는 일본인이나 미국인 고문관들이 사무를 잘 보고 박식하다면 나라에 유익할 것이라고 말하고 있다.

그러나 제1차 한일협약에 따라 황무지개척권 대신 일본 정부가 추천하는 고문관을 한국 정부가 고빙토록 한 것이 일본의 대한식민정책의 성공적인 첫걸음이었다는 점에서 고문관 고빙 자체를 반대했어야 옳았을 것이다. 그러나 《신보》의 관점은 그렇지 못하고, 고문관의 고빙으로 오히려 우리나라 행정이 개선될 수 있기를 바라고 있다. 따라서 이 점에서도 일본의 대한식민지화정책에 대한 투철한 인식이 결여되어 있음을 볼 수 있다.[22]

둘째, 이토 히로부미에 대한 지나친 기대의 표출 또한 논설에서 나타나고 있다. 《신보》는 이토 히로부미가 대사로 온다는 소식을 접하고 그가 한일의정서의 정신을 존중할 것을 기대한다는 논설을 실었다.[23] 그에 대한 기대가 컸다는 것도 여전히 일본의 한국 병탄정책 근본 의도를 파악하지 못한 데서 비롯된 것이라고 할 수 있다. 또한 다른 논설에서도 경부철도 사용권, 통신기관 사용권 등을 반환해주리라고 기대하면서, 재정고문 메가타의 월권행위를 금지시키도록 요청하기도 했다. 이와 함께 13도 인민대표자가 진술한 장서(長書)가 이토 히로부미의 이해를 얻게 되리라 희망하는 논지를 폈다.[24]

이와 같은 논설은 모두 을사보호조약이 일본의 강요로 체결되기 불과 며칠 전에 쓰여 진 것들이다. 물론 보는 이에 따라서는 나라의 운명을 그나마 연장시키려는 피나는 호소라고 해석할 수도 있을 것이다. 그러나 이토 히로부미의 한국 방문 자체가 무엇을 위한 것이었는지를 알고 있었다면, 이미 그 시기는 그와 같이 순진한 기대나 요청을 할 단계가 아니었다고 할 수 있다. 이 점에서도 당시 《신보》가 일제의 침략의도에 대한 확고한 판단을 하지 못했다고 볼 수밖에 없다. 다만 그러한 대일인식도 을사조약 이후에는 이토 히로부미를 강하게 비판하는 것으로 바뀐다.25)

셋째, 일본의 우리나라 보호에 대해서도 여전히 같은 수준의 인식을 하고 있었음을 알 수 있다. 앞에서 인용한 논설 〈일러강화담판〉에서 일본이 제의한 "일본이 한국을 보호함을 러시아가 인정할 것"에 대해 아무런 언급이 없었음은 이미 밝힌 바이다. 바로 그 다음날 일본이 강화회담에서 제시한 안에 대해 논평하는 논설에서는, 보호조약 자체가 한일 양국에 서로 균등하게 이익이 되지 못할 것이기에 반대한다는 의견을 제시하고 있다.26)

그러나 한 나라가 다른 나라의 보호 아래 있게 된다는 것 자체가 주권의 침탈을 뜻할 뿐 아니라, 균리(均利)할 가능성이 처음부터 없는 것이다. 따라서 이들 논설에서 우리는 악랄하고 예속적인 일본의 대한정책에 대해 《신보》가 신랄하게 비판하고 있음을 볼 수는 있으나, '보호'라는 그 자체에 대한 인식이 명확하지 못하다는 것 또한 지적하지 않을 수 없다. 만약 '보호'가 주권침탈이며, 보호자에 의해 피보호자의 이익이 철저히 침해될 것이라는 인식을 할 수 있었다면, '보호' 그 자체를 반대했을 것이다. 이 같은 지적은 제국주의 열강의 팽창주의에 대한 인식이 투철하지 못했었다는 점과 함께, 을사조약 이전의 우리나라 엘리트층이 세계를 보는 관점이 지나치게 자기중심적이며, 동시에 냉엄하지 못했다는 것을 뜻하는 것이기도 하다.

6) 친일세력과 매국노에 대한 태도

《신보》는 논설로써 일진회와 매국노들을 준엄하게 비판하고 있다. 《신보》는 이들 친일매국세력에 대해 그 자신의 의견을 논설로써 표명했을 뿐만 아니라, 그들을 꾸짖는 독자들의 투고(주로 시가형태)를 많이 싣고 있는 것이 특징이다. 친일매국집단인 일진회와 매국노들에 관한 《신보》의 논설은 을사조약 이전부터 등장하기 시작하여 한일합병론이 본격적으로 대두되던 1909년에 이르러 절정을 이룬다. 을사조약 이전인 1904년도의 그들에 대한 논설은 비교적 온건한 내용으로 매국노들의 자성을 촉구하고 있지만, 1909년에 이르러서는 그들에게 자성을 바라는 태도를 포기하고 준엄한 규탄의 논조를 펴고 있다. 온건한 내용의 경우는 《신보》 1908년 4월 2일자 논설 〈일본의 삼대충노(三大忠奴)〉에서 잘 나타난다.

> 제1충노(忠奴) 송병준은 일진회를 조직하여 5조약 때 선언서로 일등공신이 되어 수하 친병 40만으로 일본에 아부하여 자위단 토벌대로 전국을 소란케 하며, 제2충노 조중응은 동아개진교육회의 수령이 되어 80만 상인을 모아 이토 씨의 호령을 기다리며, 제3충노 신기선은 이토 씨의 만 원 돈으로 대동학회를 확장하여 유교 부지(扶持)한다고 하면서 일장 포고문으로 역내 유림을 위협하여 일본에 동화하도록 하였다.[27]

한편, 1909년 12월 8일자 일진회에 대한 논설 또한 신랄하기 짝이 없다.[28]

7) 의병에 대한 태도

1905년의 을사조약 전후로부터 1919년 3·1운동 발발에 이르는 민족운동 내지는 독립운동을 크게 나누면, 하나는 의병의 항일전이고 다른 하나는 애국계몽운동이라 부르는 민족운동이라 할 수 있다.[29] 구한말의 의병항쟁은 고종 32년(1895)의 을미사변 뒤 토왜(討倭)를 목적으로 하는 의병이 각처에서 봉기, 항쟁하다가 1년 뒤 해산한 바 있었다.[30] 을사조약이 체결될 때까지 이들 의병은 각지에서 여러 모습으로 항쟁을 계속했으나 그 세력은 미약했고, 많은 경우 주민들을 약탈하는 양상으로 바뀌기도 했다.[31] 그런 가운데 을사조약이 체결되자, 민종식, 최익현, 신돌석 등이 대규모 의병을 일으켜 반일항쟁을 벌임으로써 의병의 항일항쟁은 본격화되기 시작했다. 이어 1907년 8월에 한일신협약을 체결한 뒤 일본에 의해 한국군이 강제로 해산되자, 서울의 시위대 군인을 위시하여 지방의 진위대 군인이 완강히 저항하면서 의병의 항쟁은 본격화되기 시작하여 1914년까지 계속되었다.[32]

이 같은 의병들의 항일항쟁에 대해 《신보》는 초기에 비판적인 태도를 보였다. 한 예로 1905년 11월 2일자 논설은 '의병의 나라사랑하는 뜻은 잘 알겠지만 그 같은 방법보다 지식을 배워 힘을 기르는 것이 더 합당하다'는 의견을 나타낸다.

> 강원, 충청, 경상도 등의 소위 의병이라는 자들은 스스로 공자, 맹자, 주자학을 공부한다 하고 의를 위해 왜적을 토벌한다고 하나 사실은 비적들과 다름이 없다. …… 소위 나라를 구한다는 자가 그 반대로 나라를 욕보이고 백성을 구한다는 자는 백성의 재앙이다. …… 오늘날 대한 인사

가 진실로 피 끓는 애국심이 있거든 마땅히 세계에 먼저 지식을 구하여 정치와 경제와 법률 등을 배움으로써 자기 의견을 밝고 높게 하고 학교와 사회와 저술로서 중민(衆民)의 지각을 개발케 하고 ……33)

이와 같은 의병에 대한 태도는 을사조약 이후의 의병항쟁에 대해서도 계속된다.34)

그러나 이러한 《신보》의 태도도 1907년 8월 한국군의 해산에 따른 의병의 항일항쟁이 점차 격렬해지자 조금씩 바뀌기 시작한다. 예컨대 《신보》는 1907년 9월 18일자 논설에서 지방의 의병항쟁이 민간인에게 큰 피해를 주고 있다는 점을 거론하면서도, "수천 명의 백성이 일병(日兵)에게 집을 잃었으니 의병이 저만하기는 자연스런 형세"라고 하여 의병항쟁에 대해 변화된 태도를 보이기 시작했다.35)

8) 국민교육에 대한 태도

앞에서 언급했던 바와 같이, 애국계몽운동은 의병의 항일항쟁과 더불어 을사조약 이후 3·1운동이 일어날 때까지 민족운동 내지 독립운동의 양대 지주를 이룬다. 이 운동은 그 내용이 다양하여 그 시기의 구국적인 모든 정치활동을 비롯하여, 언론·출판·집회·결사 등의 활동을 통한 민족의식의 고취와 민족주의 교육의 보급, 민족경제의 육성을 통한 민족역량의 배양을 포함하고 있다. 그뿐만 아니라 국어와 국사 연구로써 전통문화의 보존과 계승을 기하고 새로운 외래문화의 한국적 수용을 도모하려는 문화적 측면에까지 미치고 있다고 보는 관점도 있다. 이러한 점에서 알 수 있듯이, 애국계몽운동의 영역은 매우 포괄적이다.36)

그러나 이 운동의 영역을 어떻게 파악하는가와 관계없이, 애국계
몽운동은 민족주의 교육을 통한 자력갱생운동이었다. 구체적으로 이
운동은 각종 정치·사회단체의 결성과 그들 단체들에 따른 민족교
육기관의 설립으로 나타났다. 《신보》는 각종 단체의 민족주의 교육
운동을 고무하고, 계몽잡지들의 간행을 지지하면서 그 내용을 지면
에 소개하였으며, 민족역량을 함양하기 위한 교육사업의 확대와 교
육의 필요성을 누누이 강조했다.

이 같은 《신보》의 입장은 국내문제를 다룬 논설 가운데서 교육을
강조한 논설이 가장 많았다는 분석결과에도 잘 나타나 있다. 앞에서
본 바와 같이 《신보》가 논설로써 '국권을 회복하고자 의병을 일으
켜 무력으로 항일운동을 하는 것도 좋지만, 그보다 앞서 고래(古來)
로부터의 지사(智士)와 의사(義士) 등의 사적을 참조하여 인내심을
갖고 자강의 실력을 길러야 한다'고 주장했던 것도 모두 애국계몽운
동을 강조한 태도를 반영하는 것이라 할 수 있다. 이러한 《신보》의
태도는 다음과 같은 논설에 잘 나타나 있다.

> 대저(大抵) 교육의 목적은 유약한 사람을 선도하여 독립자재(獨立自
> 裁)할 수 있도록 만들어 장래 사회에 나가서 능히 사람 된 직분을 완전
> 히 할 수 있게 함에 있다. 어릴 때부터 신체의 건전강장(健全強壯)한 발
> 달을 하게 하는 일이니 그것이 곧 체육(體育)이요, 도덕행위에 따르게 하
> 는 것이니 그것이 곧 덕육(德育)이다. 지식과 기술을 배우게 함이니 그것
> 이 곧 지육(知育)이다.[37]

여기서 말하고 있는 '사람 된 직분'이란 '자기·국가·사회·자연'
과의 관계 안에서 활동하는 데 대한 '의무를 원만히 하는 것'을 뜻하

며, 교육의 목적은 그와 같은 의무를 완전하게 하기 위한 준비를 하는 것이라고 보고 있다. 이와 같은 목적을 달성하는 방법이 곧 체육·덕육·지육이라는 것이다.

《신보》는 한자교육보다 한글교육을 강조하였으며, 유학보다 신학문을 가르칠 것을 주장했다.[38] 또한 무엇보다도 체육을 강조하고 있는데, 그 까닭은 신체가 강장하여야 생존경쟁에서 이길 수 있다고 보았기 때문이다.[39] 이와 함께 《신보》는 교육에 따른 국권회복을 철저하게 주장하는 태도를 취했다. 따라서 '애국'을 구시(仇視)하는 교육가를 가차 없이 비판하는가 하면, 이완용 내각이 교과서 검정과정에서 '국가의무'나 '애국사상' 등을 말살하려 하자 그 음모를 규탄하는 등, 민족주의 교육을 강조하는 데 조금도 인색치 않았다.[40]

또한 《신보》는 여성교육의 필요성을 누누이 강조하고, 여성들이 신교육을 받도록 고무했다. 여성교육과 관련된 《신보》의 관점은 "여자교육의 목적은 ① 지·덕·체의 신교육을 받아 건전한 인물이 되는 데 있고, ② 자녀를 옳은 방향으로 교도하여 가정교육을 진흥함에 있으며, ③ 부부가 확장하여 문명의 깃발을 환영하며 한편으로 사치스런 습관을 타파하여 건전한 여자사회를 만들라"와 같은 논설 속에 잘 드러나고 있다.[41]

9) 국채보상운동에 대한 태도

국채보상운동은 광무 11년(1907) 2월 중순 대구의 광문사라는 출판사의 사장 김광제와 부사장 서상돈 등이 중심이 되어 국채보상기성회를 조직함으로써 시작되었다. 이 운동이 시작되자 《신보》는 1907년 2월 21일자 잡보(雜報)란에 국채보상운동의 취지문으로 김광제와 서상돈 두 사람의 공함(公函)을 실었으며, 2월 28일에 〈국채보상의 대ᄒ야 경고동포(敬告同胞)〉란 글을 논설 대신 실어 이 운동에 국민들이 적극적으로 호응해 줄 것을 간접적으로 호소했다.[42]

그러나 《신보》가 처음부터 이 운동에 적극적으로 호응하고 나서서 일종의 프레스 캠페인을 벌였던 것은 아니다. 《신보》는 국채보상기성회가 취지서를 발표하고 수전소(收錢所)의 하나로 대한매일신보사를 지정한 데 대해, 1907년 2월 27일자 신문 잡보란에 〈선택실처〉(宜擇實處)라는 기사를 싣고 수전소를 맡을 수 없다는 뜻을 밝혔다. 곧, "국채보상금 모집 취지서를 잘 읽고 발기회원들이 본사를 수전소로 배정한 바, 그 취지에는 동의하나 모집되는 모든 돈을 임치할 적당한 수합치(收合處)를 결정하기 전까지 본사는 수전소 맡는 것을 사양한다"고 밝혔다.[43] 그러면서도 《신보》는 국채보상운동계획을 긍정적으로 보면서 중앙수합소가 결백하고 공정해야 할 것을 강조하고 있다.[44]

곧 국채보상운동의 취지에는 찬동하나, 믿을 만한 의연금의 수합처가 결정되기 전까지는 이 운동에 적극 참여할 뜻이 없다는 것이다. 그러한 《신보》의 태도는 전국에서 모여드는 의연금을 믿을 만한 곳에 수합치 않고 여기저기 흩어놓는 데서 발생할지도 모를 사고를 우려했기 때문이라고 할 수 있다. 이와 같이 《신보》는 그 밖의 몇 가지 이의를 내세워 국채보상운동 초기에 소극적인 태도를 보였다.

《신보》는 의연금 수합방법을 포함한 선후대책을 강구해야 할 것을 주장하면서, 일본에 상환해야 할 국채가 1,500만 원 미만이라 하더라도 화폐 유통상 그만한 금액을 현금으로 걷는 것은 불가능하며, 기백만 원을 걷더라도 그것이 결국 상업에 지장을 초래하게 될 것임을 경고하였다. 그러면서 모아진 돈으로 외국에 수출할 물품을 사서

수출하면 화폐의 국내유통을 돕고 외화를 획득할 수 있다는 대안을
제시하기도 했다. 또한 일본이 온갖 수단으로 이 운동을 방해할 것
이므로, 이에 대처하기 위해서라도 의연금을 취급하는 데 불미스런
일이 없도록 미리 대책을 세우는 것이 옳다는 주장을 폈다. 그러한
《신보》의 주장은 〈국채보상〉(1907년 3월 8일자)과 같은 논설에 잘 나
타나 있다.

그러나 이 같은 《신보》의 태도도 1907년 4월 1일 국채보상지원금
총합소(總合所)를 결성하여 그 사무소를 《대한매일신보》 사내에 설
치하게 된 뒤부터는 적극적인 것으로 바뀐다. 그 전까지 《신보》는
자기네 신문사에 의연금을 기탁하지 말아 달라는 광고를 실었으나,
4월 3일자 신문에 특별광고로 "국채보상의 의연금을 지금부터 본사
에서 수봉(收捧)하기로 정허엿스며 수봉허 대로 전액(錢額)과 씨명
(氏名)을 축일(逐日) 광고에 게포(揭布)허여 당일로 전기회사 내 은행
으로 고선저치(姑先貯置)ᄒ얏다가 거액에 달한 시에는 세계에 유신용
(有信用)ᄒ 회사나 은행의 결탁(結托)ᄒ야 선후방책(善後方策)을 원용
(援用)헐터"임을 밝혔다.

이와 같이 국채보상운동에 적극 참여하게 된 《신보》는 〈국채보상
운동의 문제(問題)로 외보(外報)의 논평(論評)〉이란 5월 8일자 논설에
서 "대한 인민의 애국사상이 깊고 견고하여 목적을 달성해서 전 세
계에 그들의 소망을 알리고 대한의 독립권능(獨立權能)을 회복하기로
십분절망(十分切望)한 뜻"을 밝혔다.[45]

10) 언론상황과 언론정책에 대한 태도

이 시대의 언론통제는 1907년 7월에 이른바 광무 신문지법이라

불리는 '신문지법'(新聞紙法)이 공포되기 이전과 이후로 나누어 볼 수 있다. 신문지법이 한국 정부에 의해 제정, 공포되기 전까지 언론에 대한 통제는 일본의 외교경로를 거친 탄압요구와 한국 주재 일군사령부의 직접 탄압으로 이루어졌다. 일본 측의 외교문서를 통한 언론 규제요청은 주로 러일전쟁에 대한 보도관제 압박으로, 이에 대해서는 이미 앞에서 언급한 바 있다. 러일전쟁 이후 일본은 한국주차일군사령부(韓國駐箚日軍司令部)를 내세워 그들의 대한 침략정책을 원활하게 수행하고자 언론탄압을 직접 실시했다. 더욱이 1905년 1월부터 서울과 그 일원의 치안을 한국 경찰 대신 일군사령부가 맡으면서 군령을 선포하고, 이를 근거로 언론을 통제하면서 한국 언론은 큰 수난을 당하게 되었다. 그 뒤 1907년 7월에 한국 정부가 신문지법을 만들면서 우리 정부에 의한 언론통제가 공식적으로 시작된다.

이 최초의 신문지법은 외국인이 한국 내에서 발행하는 신문과 한국인이 해외에서 발행하는 신문에 대한 규제조항이 없었기 때문에, 《신보》는 한국 정부의 직접적인 탄압은 받지 않았다. 위와 같은 신문들에 대한 규제의 필요성이 제기됨에 따라, 한국 정부는 1908년 4월에 이들을 규제할 수 있도록 하는 조항을 신설하고자 신문지법을 개정하게 된다. 이에 따라 《신보》도 정부의 통제를 직접 받기 시작했다.

신문지법이 개정된 뒤 1908년 4월부터 12월까지 《신보》는 모두 15건(한글판 7건, 국한문판 8건)의 발매반포금지 처분을 받았으며, 1909년에도 모두 14건(한글판 7건, 국한문판 7건)의 같은 조치를 당했다. 그뿐만 아니라 《신보》는 1908년 4월 이후 폐간당할 때까지 모두 19건의 기사를 압수당한 것으로 알려져 있다. 이때 압수당한 기사의 총 수는 논설 14건, 잡보 4건, 외신 1건이었다.[46]

이러한 상황 속에서 《신보》가 보았던 당시의 언론계 상황과 언론 통제에 대한 견해를 살펴보면 다음과 같다. 서론에서 언급하였듯이, 《신보》는 강한 자를 기리끼지 아니하고 공론을 세워 이 세상에 인간의 참된 도리가 제자리에 서도록 하고자 함을 목적으로 하는 한편, 문명을 창달하고 백성의 지혜를 계발하여 대한독립정신을 배양할 것을 목적으로 창간되었다. 《신보》의 사명관 속에 이 같은 신문 발행자의 언론관이 반영되어 있으며, '신문'이란 무엇인가에 대한 개념규정은 다음과 같은 글에 잘 나타나 있다.

> 然이나 新聞은 인민의 복리를 喚起ᄒᆞᄂᆞ 者며 국가의 문명을 喚起ᄒᆞᄂᆞ 者니 其責任이 如何히 重ᄒᆞ고[47]

곧, 《신보》는 신문의 구실이 인간의 복리증진과 문명의 창달이라고 본 것이다. 또한 《신보》는 언로를 터놓아 여러 사람의 의견을 듣고 시정해야 한다는 것을 역설하기도 했다.[48]

한편 《신보》는 창간 당시 우리나라의 신문들이 "모두 자유언권을 잃어 자기 집 상사(喪事)에도 곡성을 감히 크게 내지 못하는 가운데 소위 신문검열이 너무 심하여 신문지면은 온통 먹투성이일 뿐"[49]이라고 언론탄압 상황을 묘사하고 있다.

이와 같은 언론탄압은 1907년 신문지법 제정으로 더욱 심해졌다. 그때의 상황에 대해 《신보》는 "무릇 오늘날 한국과 같이 신문을 속박한 나라가 어디 있겠는가. 한 글자라도 가려서 쓰고 한 마디 말이라도 생각해서 써서 지극히 삼가고, 지극히 삼가는 태도로 앞을 보며 뒤를 살펴서 일만 개의 입으로 다 말하며 일만 개의 귀로 다 듣는 소문일지라도 게재치 못하고 참고 넘기는 것으로 능사를 삼건만

신문지면을 보면 검은 판으로 엎어놓은 것이 흔하다"⁵⁰⁾고 한탄하면
서 한국 언론계의 괴롭고 슬픈 처지는 이루 다 말할 수 없다고 진술
하고 있다.⁵¹⁾

이런 가운데 《신보》는 1908년 4월의 신문지법 개정이 무엇을 뜻
하는가에 대해 법조문 하나하나를 따져 반박했다. 그 논설의 전문
(全文)을 옮겨 보면 다음과 같다.

한국 정부에서 신문지법을 개정ᄒᆞᆫ 후로 본 신보를 애독ᄒᆞ시ᄂᆞᆫ 한국
동포들이 무단히 의심을 품고 날마다 투셔를 ᄒᆞ야 혹 새로 긔정ᄒᆞᆫ 신문
지법의 리허를 뭇ᄂᆞᆫ 이도 잇스며 혹 신문지법이 개정됨을 인ᄒᆞ야 본샤
에서 어디케 방침을 쓰ᄂᆞᆫ지 알고져 ᄒᆞᄂᆞᆫ 이도 잇기로 이에 수다스러옴
을 혐의치 아니ᄒᆞ고 그 신문지법의 리허와 본샤의 쓸쥬지를 ᄌᆞ셰히 셜
명ᄒᆞ야 의심을 품은 졔군ᄌᆞ에게 고ᄒᆞ노라.

긔정ᄒᆞᆫ 신문지법

뎨삼십ᄉᆞ됴 외국에셔나 외국인이 ᄂᆡ국에셔나 발힝ᄒᆞᄂᆞᆫ 국문 혹 국한
문 ᄯᅩᄂᆞᆫ 한문의 신문지로 치안을 방해ᄒᆞ며 ᄯᅩ 풍쇽을 괴란케 ᄒᆞᄂᆞᆫ줄노
아ᄂᆞᆫ ᄧᅢ에는 ᄂᆡ부 대신이 그 신문을 국ᄂᆡ에셔 발매ᄒᆞ야 반포홈을 금지
ᄒᆞ고 그 신문지ᄂᆞᆫ 압슈홈을 힝홈

이 됴건은 외국에셔 발힝ᄒᆞᄂᆞᆫ 신문지와 내국에셔 외국인이 발힝ᄒᆞᄂᆞᆫ
신문지를 구관ᄒᆞ고져 ᄒᆞᄂᆞᆫ 쥬의로 좃ᄎᆞ난 거시라 대개 국가의 쥬권은
ᄌᆞ긔 나라ᄉᆞ 령토 밧긔 넘어가지 못ᄒᆞᄂᆞᆫ고로 외국에셔 발힝ᄒᆞᄂᆞᆫ 신문
지에 대ᄒᆞ야 한국 신문지법을 능히 쓰지 못홀 거슨 의론도 말고 한국 안
에셔 발힝ᄒᆞᄂᆞᆫ 신문지라도 한국은 원래 외국인에게 대ᄒᆞ야 치외법권이
업슨즉 외국인이 발힝ᄒᆞᄂᆞᆫ 신문지에 대ᄒᆞ야 한국의 신문지법은 능히 스
지 못홀바ㅣ라. 그러나 지금 한국 당국쟈들은 지난희에 신문지법을 반포

ᄒᆞ야 인민 언론의 ᄌᆞ유를 제한ᄒᆞ고 ᄌᆞ긔의 ᄒᆡᆼ동을 ᄆᆞᄋᆞᆷ되로 ᄒᆞ고져 ᄒᆞ
엿ᄂᆞᆫ되 이 신문지법의 구관ᄒᆞᆷ을 밧지 아니ᄒᆞᄂᆞᆫ 신문지가 번번히 강직
ᄒᆞᆯ 말은 ᄒᆞ야 뎌이 계획을 ᄆᆞᄋᆞᆷ대로 ᄒᆡᆼᄒᆞᄂᆞᆫ대 방해됨이 저지 아니ᄒᆞᆫ기
라 그런고로 이 계교를 지어내여 이런 신문지에ᄭᆞ지 구관ᄒᆞᆯ 경영이라
그러나 이 나라 쥬권에 복죵치 아니ᄒᆞᄂᆞᆫ 신문지에 되ᄒᆞ야 그 발ᄒᆡᆼᄒᆞᆷ을
명지ᄒᆞᆫ다던지 금ᄒᆞᄂᆞᆫ거슨 능히 못ᄒᆞᆯ일인고로 다만 ᄂᆡ국에셔 발매ᄒᆞ야
반포ᄒᆞᆷ을 금지ᄒᆞ고 그 신문지를 압슈ᄒᆞᆫ다 규정을 명ᄒᆞᆫ바-오. 또 이런
됴관도 업시 이러ᄒᆞᆫ 제한을 ᄒᆡᆼᄒᆞ려ᄒᆞ면 사름의 권리를 릉답ᄒᆞᆷ이 넘어
심ᄒᆞᆫ고로 그 억졔ᄒᆞᆷ을 ᄒᆡᆼ하고져 ᄒᆞᆯ째에 그 신문지가 치안을 방해ᄒᆞ거
나 풍쇽을 괴란케 ᄒᆞᄂᆞᆫ줄노 아ᄂᆞᆫ시에 행ᄒᆞᄂᆞᆫ 쯧을 뵈인바-라.

　뎨삼십오됴 뎨이십ᄉᆞ됴의 금지ᄒᆞᆷ을 거역ᄒᆞ고 신문지를 불매ᄒᆞ야 반
포ᄒᆞᆫ 내국 사름은 삼ᄇᆡᆨ원 이내의 벌금에 쳐ᄒᆞᆷ

　이 됴건은 젼됴의 규정을 거역ᄒᆞᄂᆞᆫ 쟈에게 대ᄒᆞ야 억졔를 ᄒᆡᆼ코져 ᄒᆞ
ᄂᆞᆫ 쯧으로 좃차 나온쟈-니 대개 발매ᄒᆞ고 반포ᄒᆞᆷ을 금지ᄒᆞᄂᆞᆫ 것도 불
계ᄒᆞ고 그냥 발매ᄒᆞ고 반포ᄒᆞ여도 아모 억졔ᄒᆞᆷ이 업스면 이 규정ᄒᆞᆫ 됴
건은 필경에 실효가 업ᄂᆞᆫ되 니르겟ᄂᆞᆫ고로 이ᄀᆞᆺ치 극즁ᄒᆞᆫ 억졔를 ᄒᆡᆼ코
져ᄒᆞᆷ이라 그러나 이우혜 말ᄒᆞᆫ바와ᄀᆞᆺ치 외국인은 한국 법권에 복죵치 아
니ᄒᆞᄂᆞᆫ고로 ᄂᆡ국인이라고 분명히 말ᄒᆞᆫ바-오. ᄯᅩ ᄂᆡ국인이라도 발매나
반포ᄒᆞᄂᆞᆫ되 관계가 업ᄂᆞᆫ쟈 아모억졔ᄒᆞᆷ도 ᄒᆡᆼ할수 업ᄂᆞᆫ고로 특별히 발매
와 반포ᄒᆞᆫ ᄂᆡ국인이라고 게ᄌᆞᆨᄒᆞᆫ바-라.

　뎨삼십륙됴 ᄂᆡ국인이 뎨이십ᄉᆞ됴와ᄀᆞᆺ치 발매와 반포를 금지된 일을
알고도 그 신문지를 수운ᄒᆞ여 보내던지 포젼ᄒᆞᄂᆞᆫ 쟈ᄂᆞᆫ 오십환이ᄂᆡ에
벌금에 쳐ᄒᆞᆷ

　이 됴건은 발매ᄒᆞ고 반포ᄒᆞᄂᆞᆫ 직무가 업ᄂᆞᆫ ᄂᆡ국인이 금지된 ᄉᆞ실을
알고도 짐짓 수운ᄒᆞ여 보내던지 혹 젼포ᄒᆞᄂᆞᆫ 경우에ᄂᆞᆫ 억졔를 ᄒᆡᆼ코져

ᄒᆞᄂᆞᆫ 뜻에서 좃ᄎᆞ 나온 바ㅣ라. 대개 이우헤 말ᄒᆞᆫ 됴션의 규명이 잇셔도 금ᄒᆞᄂᆞᆫ 령을 밧지 아니ᄒᆞᆫ 쟈가 수운ᄒᆞ여 보대젼지 반포를 ᄒᆞ면 엇지ᄒᆞᆯ 수가 업ᄂᆞᆫ고로 직접 금지ᄒᆞᄂᆞᆫ 령을 밧지아니ᄒᆞ엿슬지라도 그 ᄉᆞ실을 알고 짐짓 수운ᄒᆞ여 보내고 반포ᄒᆞᄂᆞᆫ 쟈에게 ᄃᆡᄒᆞ야 억제를 ᄒᆡᆼ할 뜻으로 뵈임이라 噫ᄒᆞ다 이우헤 셰됴목에 규명은 극히 공교ᄒᆞ고 쥬밀홈을 드러내ᄂᆞᆫ도다 그러나 본긔쟈ᄂᆞᆫ 한국에 잇셔 치외법권아래잇ᄂᆞᆫ 당당ᄒᆞᆫ 대영국신민이라 우리대영국법을 명령에 촉범되지 아니ᄒᆞᄂᆞᆫ 씨ᄂᆞᆫ 영업의 ᄌᆞ유와 언론에 ᄌᆞ유ᄂᆞᆫ 그 권리가 ᄌᆞ직ᄒᆞ고로 이거슬 조곰도 념려치 아니ᄒᆞ엿더니 심ᄒᆞ다 한국 당국쟈들의 불법ᄒᆞᆫ 행위에 본보의 발매와 반포를 금지ᄒᆞᄂᆞᆫ ᄃᆡᄭᆞ지 니ᄅᆞ럿스니 엇지 놀ᄂᆡ고 탄식홀쟈가 아니리오 이ᄀᆞᆺ치 부당ᄒᆞᆫ 억륙의 압제를 ᄒᆡᆼ홈은 국제간에 영업의 ᄌᆞ유를 침해ᄒᆞ고 올흔 인도를 멸시홈이어니와 졔군ᄌᆞᄂᆞᆫ 무이히 신보를 구람홀 권리가 ᄌᆞ직ᄒᆞ니 엇던 관리던지 졔군ᄌᆞ를 방이ᄒᆞᄂᆞᆫ 쟈ㅣ잇거던 본샤에셔 한국 졍부의 행동에 ᄃᆡᄒᆞ야 질문ᄒᆞᄂᆞᆫ 권한이 ᄌᆞ직ᄒᆞ니 졔군ᄌᆞᄂᆞᆫ 조곰도 의려치말지어다 본보ᄂᆞᆫ 젼혀 한국을 위ᄒᆞ야 붓을 잡은거슨 졔군ᄌᆞ도 확실히 아ᄂᆞᆫ바ㅣ니 한국 인민은 반ᄃᆞ시 이 신보를 ᄃᆡᄒᆞ야 찬조ᄒᆞ며 더욱 만히 구람ᄒᆞ시고 무단히 의려ᄒᆞᄂᆞᆫ ᄆᆞ음을 자아내지 말지어다 그러나 혹 위협ᄒᆞᄂᆞᆫ 일이 잇거든 이런 폐단을 막ᄂᆞᆫ거슨 본샤의 칙임이니 즉시 본샤에 통긔ᄒᆞ기를 ᄇᆞ라노라.

이와 함께 《신보》는 정부가 신문을 압수하는 데 대해 또한 다음과 같이 비판하는 논설을 쓰는 등 언론자유를 위해 투쟁했다. 논설의 전문을 옮겨 보기로 한다.

ᄌᆞ릭로 ᄂᆡ부에셔 번쪅ᄒᆞ면 치안방해라 ᄒᆞ고 본보와 ᄯᅩ ᄒᆡ외에 거류

ㅎ는 한인 동포의 발힝ㅎ는 신문을 압슈ㅎ기에 우리는 뎌희들이 무엇을 치안방해라 ㅎ는지 몰나셔 심히 의아ㅎ며 심히 울울ㅎ엿더니 지금 내부 경무국에셔 발행ㅎ 륭희 삼년 경찰ᄉ무개요–라는 칙을 보니 그즁에 이 우혜 말ㅎ 각 신문을 압슈ㅎ 리허를 긔지ㅎ엿는딕 이 아래와 ᄀᆞᆺ더라

국권 회복ㅎ다는 일흠을 빙쟈ㅎ고 일본 보호를 반딕ㅎ야 반항ㅎ는 긔를 들게 고동ㅎ 쟈

일본의 보호를 지목ㅎ야 한국을 병탄ㅎ는 것이라고 무날ㅎ야 일반 한국 인민의 반항ㅎ는 감정이 니러나게ㅎ 쟈

무근지셜을 젼파ㅎ야 인심을 혹란케 ㅎ고 ᄯᅩ 무슴 일이든지 과대히 포쟝ㅎ야 국민을 분개케ㅎ야 관청의 셜힝ㅎ는 일을 방해ㅎ고 샤회의 질셔를 요란케ㅎ 쟈

국권의 회복은 국민이 공동일치ㅎ여야 흔ᄃᆞ ㅎ야 단톄조직ㅎ는 것을 권 쟝ㅎ 쟈

국권의 회복은 국민이 문명ㅎ여야 흔ᄃᆞㅎ야 신교육을 확쟝ㅎ기로 챵 도ㅎ 쟈

해슘위디방을 한인의 국권회복ㅎ는 단톄의 근거디로 슘기를 고동흔쟈

암살쟈를 의ᄉ–라 ㅎ는 ᄉ상을 고동ㅎ기로 힘쓰는 쟈

폭도를 지목ㅎ야 국가에 츙셩ㅎ는 쟈–라ㅎ야 이것을 위ㅎ고 도와주 는 쟈라–ㅎ엿더라

우리는 이것을 보고 긔괴망측흔 말이라고 아니홀 수 업노니 대뎌 뎌 희가 일본의 방면을 위ㅎ야 한국의 현상을 유지코져홀진딕 뎨삼됴이샹 과 뎨칠됴이하의 말흔 것은 부득볼 그러흔 ᄯᅳᆺ도ㅎ려니와 뎨ᄉ됴에 말 흔바 "국권회복은 국민이 공동일치ㅎ여야 흔ᄃᆞㅎ야 단톄죠직ㅎ기를 권 쟝흔쟈"–라 ㅎ야 압슈ㅎ엿다ㅎ며 뎨오됴에 말흔바 "국권회복은 국민의 문명개화ㅎ여야 흔다ㅎ야 신교육을 확쟝ㅎ기로 챵도흔 쟈"–라 ㅎ야 압

슈ᄒ엇다 ᄒ고

슳흐다 단례조직ᄒ기를 권쟝흠도 치안방해라 ᄒ며 신교육을 확쟝ᄒ
기로 챵됴흠도 치안방해라 흠은 진개 이샹ᄒ고 긔이ᄒ고 괴샹ᄒ 법이
로다 그런즉 단례를 환산케 흠이 치안이 되며 신교육을 방해흠이 치안
이 되겟ᄂᆞ가 뎌희 ᄆᆞ음속에 이런 ᄉᆞ샹이 잇슬지라도 엇지 이러튼시 발
길ᄒᄂᆞ뇨

오호–라 우리ᄂᆞ 이에 다른말을 홀 것이 업고 다만 긔괴망측ᄒ 일이
라고 홀수밧긔 다시 업도다.[52]

4. 결 론

이 글의 내용 분석결과를 요약하면 다음과 같다. 첫째, 《신보》의
논설을 주제별로 분석해 보면 한국 국내 문제에 대한 논설의 빈도수
가 가장 많고, 다음이 일본의 대한정책과 관련된 논설로 나타났다.
이를 연도별로 분석해 보면, 일본의 대한정책과 관련된 주제는 1906
년과 1907년에 가장 많이 다루어졌으며, 1908년부터는 급격히 줄어
드는 경향을 보이는 것과 달리, 한국 국내 문제에 대한 주제는 1908
년 이후에 급격히 증가되는 현상을 나타내고 있다. 이와 같은 경향
은 만함이 사장에 취임했던 1908년 5월 27일 이후 배일논조가 크게
둔화되었다는 사실을 반영하는 것이라 생각된다.

둘째, 국제관계와 관련된 주제는 세 번째로 많이 다루어졌으며,
전체 국제관계 주제 가운데서 러일전쟁관련 주제가 약 50퍼센트에
해당되고 있다. 그만큼 《신보》는 1904년과 1905년 사이에 러일전쟁
관련 논설을 많이 실었다는 것을 뜻한다. 주로 배설이 영문으로 논

설을 쓰고 한국 기자가 번역해 한글과 영문판에 실은 러일전쟁관련 논설은 친러적인 성격을 강하게 나타내고 있다.

셋째, 한국 국내 문제를 다룬 주제를 다시 하위주제로 분류해 보았을 때, 가장 많이 다룬 주제는 교육(개화)이며, 다음이 나라정신의 보존과 관련된 주제로 나타났다. 그 밖에 많이 다루어진 하위주제들은 친일언론에 대한 비판, 정부의 시책, 정부의 부패와 무능, 민족의 단결 등이다.

이러한 양적 분석을 토대로 몇 가지 주요한 주제에 대한 질적 분석을 시도했다. 질적 분석에서 특히 지적하고 싶은 점들은 다음과 같다.

첫째, 적어도 을사보호조약이 체결되기 전후의 《대한매일신보》의 논설을 주의 깊게 분석해 보면, 제국주의의 본질에 대해 투철한 인식을 지니지 못했던 것으로 보인다. 더욱이 제국주의 열강들 사이의 팽창정책과 식민지 확보를 위한 열강 사이의 묵계라는, 당시의 국제 정치상의 역학관계에 대해서는 더욱 인식이 확고하지 못했다는 약점을 노출하고 있다.

이와 같은 약점은 발행인이었던 배설 자신이 영국인이었으므로 그가 서구의 제국주의 열강에 대해 비교적 우호적인 태도를 지니고 있었다는 점과, 《신보》의 논설진을 이루고 있던 집필진들이 국제정치에 대해 이해가 부족했던 데 기인하는 것이 아닐까 생각된다. 배설이 서구 제국주의 열강들, 특히 영국을 비롯한 독일과 프랑스 등에 대해 호의적인 태도를 지니고 있었다는 증거는 《신보》의 논설 속에 자주 나타난다. 그러한 관점은 영국의 이집트 식민지 경영에 대한 의견이나 또는 서구 제국주의 열강이 일본의 한반도 식민지화를 견제해 주리라는 매우 낙관적이고 순진한 태도 표명에서도 잘 엿볼 수 있다.

둘째, 《신보》는 일본의 구체적인 대한침략정책들, 예컨대 보호를 내세운 이권침탈이라든지 또는 황무지개간권의 강청에서 드러내고 있는 한국 침탈 의도의 폭로와 일본 헌병의 강압적인 행동 등에 대해서는 철저히 비판하면서도, 고문통치나 보호 그 자체가 지니고 있는 본질적인 문제점에 대해서는 투철하게 비판하지 못하고 있다. 고문통치와 보호가 궁극적으로 한국의 병탄을 목적으로 하는 것임에도, 그러한 정책들이 한국을 도울 수 있다는 점에 미련을 보인다.

뿐만 아니라 이토 히로부미에 대해서도 그의 양심에 호소하는, 의리라는 도덕적 덕목을 내세워 그가 한국을 위해 힘써줄 것을 다분히 기대하는 논조를 오랫동안 띠고 있다. 여기에 《신보》 항일논조의 한계가 있었다고 하겠다. 그러나 이러한 논조도 일본의 대한 병탄정책이 노골화되는 1907년경부터는 강경한 배일논조 일변도로 전환되어 항일 언론의 선봉에 서게 된다.

셋째, 《신보》가 러일전쟁과 관련된 주제를 다루는 논설들에서 친러 일변도의 태도를 보인 까닭이 과연 어디에 있는지 의문이 아닐 수 없다. 이 같은 태도는 신문의 발행에 러시아가 자금을 지원했다는 설과의 깊은 관계를 반영하는 것인지, 아니면 배일태도의 단순한 반사적 반응이었는지 판단하기 어려운 일이다. 이 문제의 규명은 앞으로의 과제라 하겠다.

넷째, 가설이기는 하지만, 《신보》의 항일 내지 배일논조가 일본의 악랄한 대한침략정책의 수행에 상당한 방해가 되었으리라는 점을 지적할 수 있다. 영문판의 대외 영향력은 더욱 컸던 것으로 짐작된다. 그 증거의 하나로 국내의 친일계 신문들이나 또는 일본 국내에서 발행되는 일본 신문들이 《신보》의 반일논조를 매우 못마땅하게 생각하고, 틈만 있으면 《신보》를 비판했다는 사실을 들 수 있을 것이다.

끝으로 《신보》의 논설은 우리나라 언론사(言論史)로 볼 때 신문논설의 변환점이 되리라고 본다. 그것은 《독립신문》의 논설이 대부분 뉴스와 상관없는 계몽적인 주제를 다루었던 데 견주어, 《신보》의 논설은 대부분 뉴스에 바탕을 둔 주요 관심사를 논설의 주제로 삼았다는 점에서 그러하다.

《한국언론과 이데올로기》, 문학과 평론사, 1990

주(註)

1) 논설 〈보종책〉(保種策), 《대한매일신보》(국한문판) 1907년 7월 31일자.
2) 논설 〈일인하지〉(日人何知), 《대한매일신보》(국한문판) 1908년 4월 7일자.
3) 구대열, 《제국주의와 언론》, 서울 : 이화여대출판부, 1986, 355~369쪽.
4) 만함은 《상하이 타임즈》(Shanghai Times) 기자였으며, 1907년 4월에 서울에 와서 배설을 도와 영문판 편집을 돕고 있었다(구대열, 앞의 책, 289~290쪽).
5) 구대열, 앞의 책, 355~369쪽.
6) 논설 〈룬돈매일보(倫敦每日報)에 대ᄒ야 속론(續論)〉, 《대한매일신보》(국한문판) 1906년 10월 30일자.
7) 논설 〈보종책〉, 《대한매일신보》(국한문판) 1907년 7월 31일자.
8) 논설 〈정부당국자의 기량〉, 《대한매일신보》(국한문판) 1908년 4월 30일자; 논설 〈경고본보애독자군자〉(警告本報愛讀者君子), 《대한매일신보》(국한문판) 1908년 5월 8일자; 사설, 《대한매일신보》(국한문판) 1910년 6월 14일자.
9) 구대열, 앞의 책, 179~206쪽.
10) 《일안》(日案) 6권, 737쪽(文書番號 7866).
11) 《일안》(日案) 7권, 12쪽(文書番號 7957).
12) 논설 〈검찰관의 일〉, 《대한매일신보》 1904년 9월 27일자; 논설 〈자유전보〉, 1905년 2월 13일자 등을 참조할 것.
13) 논설 〈론돈 신문과 전쟁 사유〉, 《대한매일신보》 1904년 9월 23일자.
14) 최문형, 〈제국주의 열강의 한국침투와 그 영향〉, 한국사연구회 편, 《한국 근대 사회와 제국주의》, 서울 : 삼지원, 1985, 75~112쪽.
15) 최문형, 앞의 글, 108~109쪽.
16) 논설 〈합군즉강〉(合群則强), 《대한매일신보》 1905년 10월 25일자.
17) 논설 〈일로강화담판〉(日露講和談判), 《대한매일신보》 1905년 8월 22일자.
18) 논설 〈위재한일관계〉(危裁韓日關係), 《대한매일신보》 1905년 11월 22일자. 이

밖에 논설 〈한일관계〉, 1905년 10월 18일자; 논설 〈유예미결〉(猶豫未決), 1905년 10월 20일자; 논설 〈후운〉(後運), 1905년 12월 6일자 등을 참조할 것.

19) 논설 〈한일관계〉,《대한매일신보》1905년 10월 18일자.

20) 논설 〈로국의 민원〉,《대한매일신보》1905년 1월 30일자.

21) 논설 〈일본국과 한국〉,《대한매일신보》1905년 2월 24일자.

22) 고문관 고빙에 대해서는 논설 〈일한 양국간 신결합동〉,《대한매일신보》1904년 9월 16일자; 논설 〈한국에 고문관〉, 1904년 12월 31일자; 논설 〈고문의무〉(拷問義務), 1905년 11월 28일자 등을 참조할 것.

23) 논설 〈이토후〉(伊藤候),《대한매일신보》1905년 11월 11일자.

24) 논설 〈장서〉(長書),《대한매일신보》1905년 11월 14일자. 이와 함께 이토 히로부미에 대한 호의적인 논설로는 〈후운〉(後運), 1905년 12월 30일자를 참조할 것.

25) 예컨대 논설 〈이토후(伊藤候)와 한국〉,《대한매일신보》1907년 2월 12일자가 대표적으로 이토 히로부미에 대한 관점이 비판으로 전환된 것을 담고 있다.

26) 논설 〈시국정형〉(時局情形),《대한매일신보》1905년 8월 23일자.

27) 논설 〈일본의 삼대충노〉(三大忠奴),《대한매일신보》1908년 4월 2일자. 이 밖에 매국노들을 규탄한 논설들로는 〈탄유군무신〉(歎有君無臣), 1905년 11월 23일자; 〈송병준 씨의 자결기목〉(自抉其目), 1908년 11월 6일자; 〈송병준 씨의 심복(心腹)〉, 1908년 12월 8일자; 〈민충정공가(閔忠正公家)의 송병준〉, 1908년 12월 23일자; 〈신송(申宋) 양인(兩人)을 제(弔)홈〉, 1909년 3월 3일자; 〈송병준〉, 1909년 3월 7일자; 〈갈성매국자〉(喝醒賣國者), 1909년 7월 30일자; 〈갈성매국자 속(續)〉, 1909년 8월 1일자 등을 참조할 것.

28) 논설 〈재고한국동포〉(再告韓國同胞),《대한매일신보》1909년 12월 8일자. 이 밖에 일진회관련 논설들은 다음과 같다. 〈한 특별한 회라〉, 1904년 8월 27일자; 〈일진회 및 장삼 씨의 요구함이라〉, 1904년 9월 29일; 무제, 1904년 11월 19일자; 〈비밀사회〉, 1904년 12월 10일자; 〈일진회〉, 1905년 1월 2일자; 〈일본사람들과 일진회와 정책이라〉, 1905년 1월 18일자; 〈일진회의 행위〉, 1905년 2월 4일자; 〈일진회〉, 1906년 1월 18일자; 〈일진회〉, 1906년 4월 17일자; 〈일진회〉, 1906년 6월 15일자; 〈일진회〉, 1906년 9월 11일자; 〈일진회〉, 1907년 5월 29일자; 〈일진회면목〉(一進會面目), 1909년 2월 13일자; 〈일진회 해산령〉, 1909년 2월 23일자; 〈일진회를 애(哀)하노라〉, 1909년 11월 30일자; 〈일진회(一進會)아〉, 1909년 12월 5일자.

29) 윤병석, 〈제국주의 침략에 대한 한국의 저항〉, 한국사연구회 편,《한국근대사회와 제국주의》, 서울 : 삼지원, 1985, 161~187쪽.

30) 이광린,《한국사강좌》(근대편), 서울 : 일조각, 501~518쪽.

31) 이 점은 을사조약 이전의《대한매일신보》의 잡보(雜報)를 참조할 것.

32) 이광린, 앞의 책, 앞의 글; 윤병석, 앞의 책, 앞의 글.

33) 논설 〈공담하익〉(空談何益), 《대한매일신보》 1905년 11월 2일자.

34) 논설 〈의병〉(義兵), 《대한매일신보》 1906년 5월 30일자.

35) 논설 〈지방곤란〉(地方困難), 《대한매일신보》 1907년 9월 18일자.

36) 윤병석, 앞의 글, 173쪽.

37) 논설 〈교육의 목적〉, 《대한매일신보》 1909년 10월 3일자.

38) 논설 〈국문학교의 일증(日增)〉, 《대한매일신보》 1908년 1월 26일자; 논설 〈국한문의 경중(輕重)〉, 1908년 3월 17~19일자; 논설 〈국문연구에 대한 관견(管見)〉, 1908년 3월 1일자; 논설 〈유교확장에 대한 론(論)〉, 1909년 6월 16일자 등을 참조할 것.

39) 논설 〈지덕체교육(德智體三育)에 체육이 최급(最急)〉, 《대한매일신보》 1908년 2월 9일자.

40) 논설 〈애국이자(愛國二字)를 구시(仇視)하는 교육가〉, 《대한매일신보》 1909년 2월 8일자; 논설 〈국가를 멸망게 하는 학부(學部)〉, 1909년 3월 16일자.

41) 논설 〈여자 교육에 대한 일론(一論)〉, 《대한매일신보》 1909년 11월 17일자. 이밖에 논설 〈여학선흥〉(女學宣興), 1905년 12월 8일자; 논설 〈무망흥학〉(務望興學), 1906년 1월 6~7일; 논설 〈한국교육〉, 1906년 7월 4일자; 논설 〈여자급(及) 노동사회의 지식 보급할 길〉, 1908년 12월 29일자 등을 참조할 것.

42) 정은경은 《《대한매일신보》에 대한 고찰》(이화여대석사논문, 1965)에서 심의철이 기고한 기서(奇書) 〈국채보상의 대(對)ᄒ야 경고동포(敬告同胞)〉(1907년 2월 28일자)를 《신보》 자체의 의견으로 파악하고 있으나 이는 잘못이다. '기서'(奇書)란 독자의 투고를 지칭하므로 신문의 의견이라 할 수 없기 때문이다.

43) 잡보 〈선택실처〉(宣擇實處), 《대한매일신보》 1907년 2월 27일자.

44) 논설 〈개량〉(改良), 《대한매일신보》 1907년 3월 1일자.

45) 논설 〈국채보상운동의 문제로 외보의 논평〉, 《대한매일신보》 1907년 5월 8일자.

46) 정진석, 《한국언론사연구》, 서울 : 일조각, 1983, 64~104쪽.

47) 논설 〈경남일보를 축(祝)ᄒ노라〉, 《대한매일신보》, 1909년 11월 26일자.

48) 논설 〈하무일언응지(何無一言應旨)오〉, 《대한매일신보》 1905년 10월 10일자.

49) 논설 〈일인지하〉(日人之下), 《대한매일신보》, 1908년 4월 7일자.

50) 논설 〈신문계영향론비평〉, 《대한매일신보》 1908년 2월 6일자.

51) 논설 〈본보(本報)와 신문지법(新聞紙法)의 관계〉, 《대한매일신보》 1908년 5월 9일자.

52) 논설 〈소위 신문압수처분(新聞押收處分)〉, 《대한매일신보》 1910년 5월 14일자.

《독립신문》과 민주주의 가치 수용

1. 서 론

현대 산업사회가 지니고 있는 두드러진 특징 가운데 하나는 정부의 기능이 차츰 확대되고, 정치의 중요성이 계속 증대되고 있다는 점이다. 우리나라의 경우도 예외는 아니며, 우리는 현재 '삶의 질'을 향상시키고 '삶의 기회'를 확대하려는 이상들을 실현하고자 자유민주주의 정치체제를 추구하고 있다. 이 과정에서 우리는 심각한 갈등에 당면해 왔고, 지금 또한 그러하다. 이러한 갈등의 근원은 다양하겠지만, 중요한 요인의 하나는 우리 문화의 규범체계에 있다고 생각된다.

더욱이 가치체계가 문제의 핵심이라고 할 수 있다. 그 까닭은 한사회의 가치체계가 바로 그 사회의 정치질서의 기반이 되며, 개인의정치참여와 같은 정치행위는 물론, 정치적 집단의 유형을 규정하고그들 사이의 상호작용이라는 정치과정의 사회적 기초가 되기 때문이다. 사실상 정치제도를 포함한 모든 사회의 주요제도들은 가치와이상을 모두 포함하는 체계인 것이다. 그러므로 탤컷 파슨스(Talcott

Parsons)가 주장하는 바와 같이, 사회체계의 구성원들이 공통적으로 지니고 있는 가치지향의 체계가 사회체계의 구조와 과정을 분석하기 위한 주요준거점을 제공하게 된다.

이러한 가치체계는 그것을 진화론적 관점에서 파악하건, 사회의 역사로부터 도출해 내건 민족이나 집단의 오랜 경험에서 형성되고 전승된 것이다. 따라서 오늘의 우리나라 정치현상을 분석하는 데 기초가 되는 우리 사회의 가치체계를 이해하기 위한 한 가지 유용한 접근방식은 역사적인 고찰이라고 생각된다.

이런 뜻에서 주로 어떤 민주주의 가치가 어떻게 형성되어 왔으며, 그러한 과정에서 민주주의 가치가 전통가치와 어떻게 갈등을 빚으면서 받아들여져 왔는가를 밝히는 작업이 필요하다고 여겨진다. 대체로 가치의 측정은 선택과 관련된 진술이나 선호의 진술과 같은 평가적 진술을 분석하는 것으로 이루어지거나, 또는 어떤 사건과 관련하여 행해지는 개인이나 집단의 선택적 또는 선호적인 현재적 행동을 관찰함으로써 추론하는 방식으로 가능하다. 이와 같은 두 가지 방법 가운데서 가치체계의 역사적 분석은 말할 것도 없이 기록된 평가적 진술을 바탕으로 하게 된다.

이를 위해 이 연구는 신문이나 잡지와 같은 대중매체에 실린 평가적 진술을 분석의 대상으로 삼았다. 그리고 대중매체의 평가적 진술은 신문의 경우 일반 보도기사보다 논설이나 해설기사에 나타나게 마련이므로, 신문을 대상으로 한 가치분석은 논설·논평·시평·칼럼·해설기사 등을 자료로 선택하는 것이 타당할 것이다. 특히 우리나라 신문은 가치를 분석하기에 더 좋은 자료라 할 수 있다. 그 까닭은 다음과 같은 우리나라 신문의 발생과 성장과정에서 잘 엿볼 수 있다.

서구 근대적 신문이 정보유통에 대한 점증하는 사회적 요구, 그리고 테크놀로지의 발전과 함께 자연발생적으로 성장 발전해 온 것과 달리, 우리나라 근대적 신문은 그 시대의 사회적·정치적 목표를 달성하기 위한 수단으로 외국에서 이식되어 성장 발전해 왔다. 우리나라에 최초로 근대적 신문이 등장하였던 구한말에는 보수세력과 개화세력의 갈등 속에서 개화의 수단으로, 그리고 점차 노골적으로 진행되었던 제국주의 외세의 침략으로부터 국권을 보전하고 회복하기 위한 수단으로 이 나라에 신문이라는 신문물이 이식되었다. 그 뒤 일제의 식민통치시대에는 자주독립을 쟁취하기 위한 민족역량의 배양과 식민정책에 대한 저항의 수단으로 신문이 존재해 왔다.

우리나라 신문이 이와 같이 사회적·정치적 목표를 성취하기 위한 수단의 성격을 강하게 지니고 있는 것은 우리나라 신문들의 사명관에 더욱 명백하게 드러나고 있다. 1883년에 우리나라 최초의 근대적 신문이라고 할 수 있는 《한성순보》가 창간된 이래로 1948년 대한민국 정부가 수립될 때까지, 우리나라 신문은 나라의 자주독립을 성취하고, 국민을 계몽하며, 민주적인 민족국가를 수립할 것을 주된 사명으로 삼아왔다. 이와 같은 사명관은, 우리나라 신문으로 하여금 정보의 전달을 원초적인 기능으로 삼고 발전해 온 서구 신문과는 다른 기능을 수행토록 만들었다.

말하자면 서구 신문의 기능이 환경변화의 측면을 강조해 온 것과 달리, 우리나라 신문은 규범적 측면에 더욱 역점을 두어왔다고 할 수 있다. 이런 뜻에서 우리나라 신문, 더욱이 구한말과 일제 식민통치하의 민족신문들은 규범신문(規範新聞)이었다고 규정해도 좋을 것이다. 이 글은 이러한 배경을 전제로 하고, 우리나라 최초의 민간신문이었던 《독립신문》에 반영된 민주주의 가치를 분석한 것이다.

2. 연구의 범위와 방법

1) 《독립신문》의 성격

우리나라 최초의 민간신문인《독립신문》은 1896년 4월 7일 서재 필이 창간하였다.[1] 《독립신문》은 법률상으로는 서재필의 사유기업 으로 등록되었으나, 실제 내용을 보면 국내 개화파와 서재필의 합작 으로 한국 정부의 자금과 지원 아래, 한국의 필요에 따라서, 한국어 로 만들어진, 한국인의 신문임을 명백히 알 수 있다.[2]

《독립신문》은 창간사에서 ① 불편부당(不偏不黨)하며, ② 신분과 지방의 차별 없이 모든 백성을 평등하게 대하고, ③ 모든 백성을 공 평하게 대변하며, ④ 정부와 백성 사이의 의사소통기능을 하고, ⑤ 한글을 전용하고 띄어쓰기를 하는 한편, 신문구독료를 싸게 하여 모 든 백성이 신문을 읽도록 하며, ⑥ 부정부패·탐관오리·불법행위 등을 고발하고, ⑦ 백성에게 나라 안 사정을 알리며, ⑧ 외국 사정을 알리고, ⑨ 영문판을 발간하여 한국 사정을 세계에 알린다는 취지를 밝혔다.

이와 같은 취지로 창간된《독립신문》은 1899년 12월 4일자를 마 지막으로 폐간될 때까지 한글판 776호, 영문판 442호를 발간한 바, 창간 첫 해인 1896년에는 1주 3회, 1897년에는 격일간, 1898년부터 폐간 때까지는 일간으로 발행되었다. 창간호부터 시작하여 1898년 5 월 중순까지는 서재필이 주관하였고, 그 뒤부터 1899년 1월 초까지 는 윤치호가, 다시 그 뒤부터 폐간까지는 영국인 엠벌리(H. Emberley) 가 맡았으며, 서재필이 미국으로 돌아간 뒤 명의상의 발행인은 아펜 젤러(H. G. Appenzeller)였다.

《독립신문》은 창간 당시 약 300부를 인쇄하였고, 1898년 말경에 3,000부를 발행하였다고 하나, 확실한 발행부수는 명확치 않다. 이러한 발행부수는 지금의 기준으로 보면 대단히 보잘것없는 부수에 지나지 않지만,《독립신문》이 창간될 당시 일본 측에서 발행하던《한성신보》의 발행부수가 2,000부였다는 점에 견주어 보면 그때 기준으로는 결코 적다고 하기 어렵다. 또한《독립신문》1부를 약 200명이 돌려가며 보았다는 기록 등을 감안한다면, 많은 독자를 확보하고 있었다는 것도 추론할 수 있다.[3] 신용하는《독립신문》이 창간된 때부터 폐간될 때까지를 네 단계의 시기로 구분했다.[4]

제1기 : 1896년 4월 7일(창간)~1896년 7월 2일까지

제2기 : 1896년 7월 4일~1898년 5월 11일까지

제3기 : 1898년 5월 12일~1898년 12월 30일까지

제4기 : 1899년 1월 1일~1899년 12월 4일까지

그리고 위 각 시기의 특징을 아래와 같이 요약하고 있다.[5]

　① 제1기 :《독립신문》이 창간된 다음부터 독립협회가 창설될 때까지로, 이 기간에《독립신문》의 논설주제는 국민의 계몽을 주로 하였으며, 정부에 대하여 매우 협조적이었다.

　② 제2기 : 독립협회 창립 이후부터 1898년 5월 서재필이《독립신문》을 윤치호에게 인계하고 미국으로 돌아갈 때까지로, 독립협회의 독립문·독립공원·독립관 건립운동을 지원하고, 독립협회 회원과 국민의 계몽에 주력했다.

　③ 제3기 : 윤치호가《독립신문》의 주필이 된 이후부터 독립협회가 해산당할 때까지의 시기이다. 이 기간에는《독립신문》은 명실공히 독립협회의 기관지가 되어 자주·민권·자강운동을 지원하고 독립협회의 주장을 대변했다.

④ 제4기 : 독립협회가 해산당한 이후부터 《독립신문》이 폐간될 때까지로, 신문의 논조는 종래의 《독립신문》의 것을 원칙적으로 지속하였으나, 그 내용과 표현방식이 모두 온건하게 되었다. 또 정부의 정책비판보다 주로 국민의 교육계몽에 주력하였다.

이러한 《독립신문》의 공헌에 대해 이광린은 세 가지를 지적하고 있다.[6] 첫째, 1890년대 후반기 《독립신문》은 국민들에게 국가의 자주독립의식을 갖게 하고, 자주민권사상을 북돋아 주는 한편으로 여론 형성의 첫 횃불을 들게 했다. 다른 말로 표현한다면 《독립신문》은 개화운동의 대중적 기반을 확립하는 데 큰 공헌을 했다. 둘째, 국민들은 《독립신문》을 통해 언론의 중요성을 알게 되었다. 그렇기 때문에 이에 호응하여 1896년 12월에는 《대조선독립협회회보》, 1898년에는 《매일신문》, 《뎨국신문》, 《경성신문》, 《황성신문》, 《대한신보》, 《협성회회보》 등의 여러 가지 일간지와 주간지가 쏟아져 나왔던 것이다. 셋째, 《독립신문》으로 체득한 자주독립과 자유민권사상은 1900년대에 들어서면서 국민들 사이에 근대적인 교육과 문화를 보급하려는 애국계몽운동으로 한층 발전하였다.

한편 신용하는 《독립신문》이 당시 한국 사회의 발전을 위하여 수행한 계몽적 역할을 다음과 같이 정리하고 있다.[7]

첫째, 《독립신문》은 당시 한국의 '인민 개명 진보'에 지대한 계몽적 역할을 수행했다.

둘째, 자주독립과 국가이익의 수호에 매우 큰 역할을 수행하였다.

셋째, 국민의 이익을 대변하고 국민의 권리를 되찾아 수호하는 데 큰 역할을 했다.

넷째, 한글전용, 띄어쓰기, 쉬운 말 쓰기를 시작하여 민족언어와 문자의 발전에 크게 공헌했다.

다섯째, 관리들의 부정부패와 탐관오리들을 서슴없이 고발했다.

여섯째, 독립협회의 창립을 위한 일종의 사상적 준비 작업을 하고, 독립협회이 창립 뒤에는 그 기관지 구실을 하면서 독립협회의 사상의 형성과 자주민권·자강운동의 전개에 지대한 공헌을 했다.

일곱째, 1898년의 만민공동회운동의 기반을 형성하는 데 큰 역할을 했다.

여덟째, 한국 민중에게 사회적 역할과 그 중요성을 알게 하고, 여론과 공론을 형성하여 사회·정치활동을 전개하는 방식을 성립시켰으며, 광무 초기의 신문과 출판물들의 발흥에 지대한 영향을 미쳤다.

아홉째, 한국인에게 세계사정을 알게 하고, 국제정세의 변동 속에서 자기의 위치를 인식하게 하였으며, 세계 각국의 문물을 소개하여 한국인의 시야를 넓히는 데 큰 역할을 했다.

열째, 영문판인 《The Independent》는 당시의 한국 사정을 한국인의 입장에서 세계에 알리고, 한국인의 의견과 주장을 세계 각국 사람들에게 알리는 데 지대한 역할을 하였다.

이와 함께, 신용하는 《독립신문》의 한글전용과 띄어쓰기 및 국어쓰기 실행의 사상적 배경을 민주주의 사상과 민족주의 사상의 복합체로 규정하고 있다.[8]

한편 우리는 《독립신문》의 사상적 배경이나 또는 신문에 반영된 가치를 분석할 때 서재필의 사상이나 가치관을 생각하지 않으면 안 된다. 왜냐하면 《독립신문》은 그의 주관 아래 창간되었고, 또 간행되었으므로 서재필 개인의 영향이 막대했을 것이기 때문이다. 그는 매우 다양한 교육을 받았으나, 그 중에서도 미국 고등학교 3년 동안의 생활을 거치면서 18세기 이후 유럽사회에 영향을 끼쳤던 계몽사상과 미국의 민주주의 이념을 철저히 체득하게 되었다. 그리하여 그

는 《독립신문》의 논설과 기사로써 자유·평등·권리의 중요성을 가르쳤다고 보아야 할 것이다.[9]

2) 가치와 가치정향

(1) 가치개념의 내포와 외연

코넬대학교의 가치연구그룹이 지적했듯이, 우리가 일상적으로 사용하는 '가치'라는 용어는 내포와 외연이 다양하고도 광범위한 개념이며, 나아가 각 학문분야에서 쓰는 '가치'의 개념 또한 합의가 이루어지지 않은 상태에 있다.[10] 찰스 모리스(Charles Morris)의 경우 "가치에 관한 연구는 선호적 행위에 대한 과학"이라고 정의하고 있으나, 여러 문헌을 보면 '가치'란 태도·동기·목표, 측정 가능한 성질, 행위의 본질적 영역, 정감이 포함된 관습이나 전통, 또는 개인·집단·대상·사건들 사이의 관계로 생각하고 있다는 것을 알 수 있다고 할 만큼 개념이 혼재되어 있다.[11]

실제로 가치란 개념은 심리학의 태도·욕구·정조·성향·관심·선호·동기·고착 및 유인가 등의 개념과 인류학상의 문화형태·주제·의무·생활양식·에토스(ethos : 관습)와 같은 개념들이 관련되어 있으므로 더욱 개념상의 혼란이 더해지기도 한다.[12] 따라서 가치라는 개념은 사회과학의 다양한 분야를 수렴하는 접합점을 제공하는 동시에, 인문학의 연구를 통합하는 관건이기도 하지만, 일반화된 개념정의가 이루어지지 못했기 때문에 그러한 구실을 하는 데 문제가 있다고도 볼 수 있다. 이런 뜻에서 '가치'의 개념을 사회학의 관점으로 살펴보고, 다양한 개념정의들에 공통으로 내포되어 있는 아이디어를 추출해 보는 것이 유용할 것이다.

(2) 가치와 가치정향의 개념

몇 사람의 사회학자와 인류학자들의 가치개념에 대한 정의를 살펴보면 다음과 같다.

① 클럭혼(Clyde Kluckhohn) : '가치'란 현재적이든 또는 잠재적이든, 개인의 특질이든 또는 집단의 특성이든 상관없이, 이용 가능한 행동의 양식·목적·수단 등을 선택하는 데 영향을 주는 원망(願望)의 개념이다. 이 개념정의에서 강조되어야 할 요소는 정조적 원망, 인지적 개념 및 능동적 선택요소들이다.[13]

② 토머스와 즈나니에츠키(Thomas & Znaniecki) : '가치'란 어떤 사회집단의 구성원들에게 접근 가능한 경험적 내용을 가진 자료와 행동의 목표들에 관련된 뜻으로 이해하게끔 만드는 개념이다.[14]

③ 윌리엄 토머스(William I. Thomas) : 사회적 '가치'란 사회집단의 구성원들에게 접근 가능한 경험적 내용과 행동의 목표뿐 아니라, 행동의 목표가 될 수 있는 뜻을 담고 있는 자료를 가리킨다. 그러므로 '가치'는 행위자의 대상 또는 목표를 나타낸다.[15]

④ 파슨스 : '가치'는 집합체를 위하여 어떤 방향 또는 어떤 종류의 행위를 지지하고, 따라서 집합체 속에서의 개인의 역할을 이끌어내는 개인의 몰입으로 이해된다.[16]

⑤ 페퍼(Stephen C. Pepper) : '가치'란 용어는 관심·기쁨·취향·선호·임무·도덕적 의무·욕망·원망·필요·호오(好惡)와 같이 여러 가지 다른 형태의 선택 경향을 뜻한다.[17]

⑥ 페리(Ralph B. Perry) : '가치'란 인간의 관심을 갖게 되는 어떤

것이다.[18]

한편 파슨스는 세 가지 양상의 동기적 정향에 따라 문화유형을 관념의 체계(인지적 수월성), 표현적 상징체계(정조적 수월성), 가치정향의 표준체계(평가적 수월성) 등 세 가지로 구분한다.[19] 그에 따르면 인간의 구체적 행동은 인지적, 정조적, 평가적 구성요소를 포함한다는 것이다. 이들 범주는 상징체계를 분석하기 위한 주된 준거점이 된다. 인지적 기능을 가진 상징체계는 신념 또는 관념이라 부를 수 있다. 또 정조적 기능을 가진 상징체계는 표현적 상징들이라 할 수 있으며, 평가적 기능을 가진 상징체계는 규범적 아이디어 또는 규제적 상징들이라 부를 수 있다. 이들은 모두 가치정향의 표준 또는 체현되는 정향의 방식이다.

곧, 인지적 상징체계는 인지적 방식들로, 이는 외부의 상징적 대상에 따라 통제된다. 또한 표현적 상징체계는 감정을 주는 방식이며, 가치정향의 표준체계는 평가의 방식들, 곧 다양한 신념·소망·평가적 기제 사이의 갈등해소방식이다. 그러므로 세 번째 유형의 상징들(가치정향의 표준)은 다시 인지적 – 정조적 – 평가적 특성에 따라 하위범주로 분류할 수 있다. 곧 인지적 문제들을 해결하는 방식을 지닌 평가적 상징들은 인지적 표준으로, 순수한 평가적 문제들을 해결하는 방식을 가진 상징들은 도덕적 표준으로 분류되는 것이다. 이를 요약하면 가치정향의 표준유형은 인지적, 감성적, 도덕적 타입으로 분류된다.[20]

이 밖에 클라이드 클럭혼은 가치정향을 인간의 행위에 영향을 주는 자연, 자연과 인간과의 관계, 인간관계, 바람직한 것과 바람직하지 못한 것에 대한 일반화되고 조직된 개념으로 파악하고 있다.[21] 또 플로렌스 클럭혼(Florence Kluckhohn)은 모든 민족이 어느 때나 그에 대한 어떠한 해결책을 발견해야 하는 기본적인 인간의 공통문제가 있고, 그것의 해결방식을 규정하는 것으로 가치정향을 강조했다.[22]

위와 같은 '가치'나 '가치정향'의 개념정의를 볼 때, 어떤 하나의 기술적 정의도 우리가 인식할 수 있는 가치정향의 다양성과 모든 범위를 완전히 포괄할 수 없다는 것을 알 수 있다. 만약 우리가 '가치'의 개념을 광의로 정의한다면, 모든 행위에 내포된 가치 요소에 주목할 수 있다는 이익이 있는 것과 달리, 협의로 정의하면 구체성과 명확성을 기할 수 있을 것이다. 그러나 협의의 정의를 선택하면 그러한 장점이 있는 것과 달리, 가치의 관념에 밀접히 관련된 개인들이 배제되는 잘못을 저지를 수 있다는 점을 간과할 수 없다. 따라서 우리는 분석의 편의나 또는 실용성을 위해 '가치'나 '가치정향'의 개념을 포괄적으로 정의하는 편이 좋으리라고 생각한다.

대체로 '가치'나 '가치정향'의 다양한 개념정의를 보면, 선택적 행위에 영향을 미치는 평가적 상징으로 개인과 집단의 추상화된 원망(願望)이라는 공통점을 추출해 낼 수 있다. 이와 함께 '가치'를 사회적 행위의 궁극적인 목적, 목표 또는 의도한 표현으로 보고 있다는 점도 공통된 관점이라 할 수 있을 것이다.[23] 이와 같이 볼 때, 그러한 공통된 관점들을 '가치'나 '가치정향'에 대한 광의로 채택하는 것이 우리의 가치분석을 위해 유용하리라고 본다.

(3) 가치와 가치정향의 분류

분석을 위한 가치와 가치정향의 분류 또한 사회학자, 인류학자 및 심리학자들에 의해 다양하게 이루어졌다. 그 가운데서 플로렌스 클럭혼의 다섯 가지 가치정향—인간성, 인간과 자연과의 관계, 시간, 인간관계, 행동의 가치정향―은 널리 알려져 있다.[24] 이 밖에 몇 사람의 가치분류체계를 더 보면, 골라이틀리(C. Golightly)는 본질적 가치와 조작적 가치로, 루이스(C. I. Lewis)는 내재적 ‒ 외재적 가치, 본래적 ‒ 도덕적 가치로, 코넬대학교의 가치연구그룹은 원칙적 가치와 실용적 가치로, 페리는 긍정적 ‒ 부정적 가치, 진보적 ‒ 순환적 가치, 잠재적 ‒ 행동적 가치로 각각 분류한다.[25] 이러한 다양한 분류방식들 가운데서 가치를 여러 차원에 따라 세분한 것은 존 와이팅(John W. M. Whiting)의 방식일 것이다.[26] 그는 수학에서 사용하는 '차원'의 개념을 원용하여 가치를 다음과 같이 분류하고 있다.

① 양식(樣式)의 차원 : 긍정적 가치, 부정적 가치

② 내용의 차원 : 심미적 가치, 인지적 가치, 도덕적 가치

③ 의도의 차원 : 도구적 차원(조작적 가치), 목표가치(궁극적 가치 또는 본질적 가치)

④ 일반성의 차원 : 어떤 가치는 어떤 상황이나 내용의 영역에서 구체적이다(전형적인 예는 역할가치). 그러나 다른 가치들은 광범하고 다양한 상황에 적용된다. 이를 기준으로 구체적 가치와 일반적 가치로 분류할 수 있다.

⑤ 강도의 차원 : 가치의 강도는 내적이나 외적으로 적용된 제재를 관찰하거나, 또는 상태·대상·사건을 유지하거나 달성하고자 노력하는 정도를 관찰함으로써 결정할 수 있다. 강도에 따라 가치를 분류한 좋은 본보기는 플로렌스 클럭혼이 제시한 지배적 가치(dominant) ‒ 변이적 가치(variant) ‒ 일탈적 가치(deviant)로 가치를 유형화한 것일 것이다.

⑥ 현재성의 차원 : 현재적 가치, 내재적 가치

⑦ 범위의 차원 : 특유의 가치(idiosyncratic value), 개인적 가치, 집

단의 가치, 보편적 가치

⑧ 조직의 차원 : 가치가 얼마나 위계적으로 조직되어 있는지를 말하기는 어려우나, 가치를 생각할 때 위계적 개념은 거의 항상 존재한다. '보다 더'가 그러한 예이다. 가치의 한 가지 기본적 특질은 차별적 행위라는 점에 있다. 만약 가치에 위계가 없다면, 사람의 삶이란 오로지 물리적·생물학적 의미와 관련된 자극에 대한 일련의 반응에 지나지 않을 것이다.

위와 같이 몇 가지의 가치나 가치정향의 분류 방식을 살펴보았지만, '가치'나 '정향'의 개념과 마찬가지로 다양한 연구목적에 적용할 만한 단일한 분류체계는 마련되어 있지 않다. 따라서 가치와 가치정향의 분류는 연구자가 자신의 연구목적과 관련하여 선택하거나, 필요에 따라 새로운 방식을 개발하는 것이 마땅하리라고 생각된다.

3) 민주주의 가치

어떤 사회학자는 현대 산업사회의 여섯 가지 지배적 가치로 ① 물질주의, ② 성공, ③ 작업과 활동, ④ 진보, ⑤ 합리주의, ⑥ 민주주의를 들고 있다.[27] 현대 사회에서뿐만 아니라 역사적으로도 민주주의는 가치로 추구되어 왔다. 곧 민주주의는 그것 자체가 전체적인 진화적·사회적 역사로부터 도출된 가치라 할 수 있다. 그러나 민주주의는 그 이상들에서는 개념상의 일치를 보이나, 정치체제의 면에서는 다양성을 보이는 등 여러 관점의 차이를 드러낸다. 이러한 민주주의 개념의 다양성은 민주주의의 이상들이나 또는 민주주의 가치들 가운데서 어떤 것들을 강조하는가에서 연유하는 것이기도 하며, 그러한 이상들이나 가치들에 기반을 두고 그것의 실현을 위한 제도적 장치인 정치체제의 여러 형태에 따라 파생된 것으로 보아야 할 것이다.

따라서 민주주의 가치가 무엇인가를 규정하는 일은 쉽지 않다. 이런 뜻에서 민주주의 가치의 추출을 위해 이 연구에서는 민주주의를 자유민주주의에 한정시켜 보기로 했다. 학자들에 따라 민주주의에 대한 개념정의는 다양하지만 편의상 몇 가지 정의를 예시하면 다음과 같다.

① 민주주의란 문명을 지향하는 사회의 운동을 조정하는 정치체제이다. 곧 우리의 관계와 집단을 조화롭게 만드는 방식인 것이다. 그럼으로써 자유·평등·정의의 이상에 좀 더 근접해 가게 된다.[28]

② 어원으로 보나 역사적으로 보나 민주주의의 일차적 의미는 정부형태에 관련되어 있다. 고전적 정의에 따르면, 한 사람이나 소수에 의한 정부와 대조되는 것으로, 다수에 의한 정부를 뜻한다. 곧 인민에 의한 정부를 뜻한다. 전체 인민에게 귀속된 주권과 인민이 직접, 또는 그들에 의해 선출된 사람들(공무담임자)에게 지배되는 정부형태이다. 현대에는 세습되거나 인위적으로 만들어진 특권이나 계층의 차이 없이 모두가 평등한 권리를 가진 사회형태를 지칭하는 보다 포괄적인 뜻으로 사용된다.[29]

③ 민주주의란 용어는 일단의 이상들과 정치체제 양자를 지적하는 개념이다.[30]

위와 같은 민주주의에 대한 개념정의들 속에도 민주주의 가치가 무엇인가에 대한 암시가 내포되어 있다는 것을 알 수 있다. 곧 자유·평등·정의·주권재민 또는 넓은 의미의 민주주의의 이상들을 민주주의 가치로 추출할 수 있을 것이다. 그러나 민주주의 가치를 좀 더 명확히 추출하기 위해 구체적으로 몇몇 학자들의 논의를 보면 아래와 같다.

① 립슨(Leslie Lipson) : 민주주의를 포함한 모든 정치철학에서 고려하지 않으면 안 될 몇 가지 기본적인 화제가 있다. 그것은 첫째, 지역사회 안에서 차지하는 개인의 위치는 본질적으로 그의 자유의 문제이며, 개인들 사이의 관계는 '그들의 자유의 문제'에 귀결된다. 두 번째 화제인 개인과 정부, 집단과 정부와의 관계는 곧 정치적이다. 자유와 평등의 양자는 정부형태와 활동에 따라 깊이 영향을 받기 때문에 정치적 개념들이다. 그러나 정부 외에 다른 집단들에게서도 영향을 받으므로 사회적 개념이기도 하다.

자유와 평등이라는 한 쌍의 아이디어 없이 민주주의를 논의한다는 것은 불가능하다. 보통 이 둘을 분리해서 생각하나 그렇게 하는 것은 혼란의 원천이 될지도 모른다. 이 둘은 논리적으로는 구분이 가능하나, 실제로 분리해서는 의미 있게 취급할 수가 없다. 개인을 위한 자유는 전체 사회의 눈으로 볼 때 평등이 된다. 평등의 개념에는 획일적 평등과 비례적 평등이 포함되어 있다. 어떤 환경과 민주주의에서 어떤 평등을 강조할 것인가의 문제는 가치결정의 문제이다.

자유와 평등의 상호관계는 분명하다. 지위의 분화는 자유의 차이를 만들어 낸다. 그와 같은 자유의 차등은 또한 불평등이다. 기회의 평등이 이루어지면 자유도 평등화된다. 그러나 기회의 평등은 불평등한 능력의 발휘라는 문제에 부딪힌다. 이때 적용될 비례적 평등은 척도나 기준을 필요로 하며, 민주주의 사회에서 그러한 기준은 정당한 것으로 받아들여져야 한다. 획일적 평등이나 비례적 평등은 정의의 뜻에 따라야 하며, 모든 면에서 인간 존재의 존엄성이 기본이 된다. 다시 말해, 인간성에는 어떤 등급이나 계급을 허용치 않는다. 정치체제는 이러한 원칙에 입각해야만 한다. 민주정부는 평등한 참여를 보장함으로써 이 원칙을 채택해야 하는 것이다. 평등한 참여란 모든 성인시민이 선거권과 피선거권을 가지며 법정에서 공평하게 재판을 받을 권리를 가진다는 것을 뜻한다.[31]

또한 민주주의 철학의 정치적 기초는 권위의 원천으로서 인민의 주권에 있다. 인민의 자유와 평등은 국가 최고 권력이 그들의 손에 있을 때 보장된다. 그러나 실제 민주주의 사회에서는 소수의 개인들이 전체 인민의 이름으로 지배한다. 이것이 어떻게 민주적 원리에 따라 정당화되는가? 그것은 정치권력을 부여하는 데 전통적으로 사용된 개념인 도덕성 차원의 동의에 있다.[32]

② 페녹(J. Roland Pennock) : 자유와 평등이라는 민주주의의 쌍둥이 이상은 모두 인간의 존엄성과 자율이라는 개념에서 나온 것이다. 민주주의의 개인주의적 성격은 제3의 가치인 박애(fraternity)를 가지고 있다. 이때 박애라는 개념은 합의에 따른 결정이라는 뜻에서 강조되며, 커뮤니케이션의 중요성을 반영하는 것이다. 마지막으로 민주주의의 목적은 인간의 능력을 자유롭게 발전시키기 위한 조건을 마련하는 데 있고, 또한 사회의 모든 구성원들이 이를 평등하게 이룰 수 있게 하는 데 있기 때문에 인간의 발전이라는 가치를 내포하게 된다.[33]

③ 린지(A. D. Lindsay) : 권리의 옹호 뒤에 숨은 원칙은 인간 평등의 원칙이다. 선택과 책임 없이 인간이 될 수 없으므로, 권리 없이 인간이 될 수 없다. 권리란 자연권이다. 그리고 권리란 자유이다. 현대 민주사회의 원칙은 기독교적 평등과 자유이다.[34]

④ 다이아몬드(Martin Diamond) : 평등한 정치적 자유로서 자유와 평등은 미국 헌법의 밑바탕을 이루는 이상이다.[35]

⑤ 사르토리(Giovanni Sartori) : 민주주의의 유일한 공통분모인 정

통성은 권력이 오로지 인민의 권위로부터 나오고 인민의 동의에 바탕한다는 데 있다. 정부형태로서의 민주주의의 기준은 평등의 극대화를 지향하고 자유를 보장하는 데 있다.[36]

⑥ 머클(Peter H. Merkl) : 평등과 참여는 민주주의에 대한 고전적 개념의 핵심 아이디어이다. 평등은 어떤 민주주의에서나 선행조건이지만, 그것 하나만으로는 충분하지 않다. 민주주의가 요구하는 것은 평등과 마찬가지로 정치적 자유이다. 이 둘은 서구세계에서 같이 성장해 왔다.[37]

위와 같은 견해들을 종합해 보면 민주주의 가치로서 자유·평등·주권재민 등이 공통적으로 지적되고 있다고 할 수 있다. 그리고 이 세 가지 가치들은 각각 인지적·정조적·평가적 성격을 모두 지니고 있다고 생각된다. 비록 이 세 개의 가치들이 실제 수준에서는 각각 별개로 취급되기 어려운 성격을 가지고 있지만, 분석 수준에서는 각각을 분리해 보는 것이 타당하리라고 여긴다. 이 연구에서는 민주주의 가치로 이 세 가지를 분석하기로 한다.

4) 연구의 방법

과학적 연구방법인 내용분석방법은 첫째, 체계적이어야 하며, 둘째, 객관적이어야 하고, 셋째, 계량적일 것을 요구한다. 체계적이어야 한다는 요구는 ① 적절한 절차에 따라 표본을 선정해야 하고, ② 각 항목은 분석에 포함될 수 있는 균등한 기회를 가져야 하며, ③ 고려 대상이 되는 모든 내용은 정확하게 동일한 방식으로 다루어져야 한다는 것을 뜻한다. 또한 객관적이어야 한다는 것은 개인의 주관이 배제되어야 한다는 요청이다. 이를 위해 조작적 정의와 규칙을 명백히 해야만 한다.

이 연구는 기본적으로 내용분석방법에 의해 이루어졌으나, 과학적 방법이 요구하는 그러한 요청들을 엄밀하게 따르지 않기로 했다. 곧 내용분석에서 체계적이면서 되도록 객관성을 유지하도록 하고자 분석의 범주와 단위를 정하여 분석 절차에서 단일한 일련의 지침만을 따르고, 되도록 개인의 주관을 배제하려 노력했다. 다만 분석에서 자료를 계량화하지 않은 이유는 ① 분석단위로 삼은 주제가 실제 메시지 구조에서 계량화하기에 알맞지 않으며, ② 연구의 목적이 시대에 따른 경향을 보고자 하는 데 있지 않고, ③ 민주주의 가치와 다른 여러 가치들(예컨대 권위주의 가치나 사회주의 가치 등)과의 비교연구가 아니므로 상대적 평가를 위한 계량화가 필요하지 않았기 때문이다.

이를 위하여 앞에서 규정한 민주주의의 세 가지 가치인 자유·평등·주권재민 등을 분석의 범주로 삼았다. 이들 세 개의 범주에는 각각 다음과 같은 내용들(하위범주)이 포함된다.

(가) 자유(자유권적 기본권)

① 신체의 자유

② 사회적·경제적 자유 : 거주이전의 자유, 직업선택의 자유, 거주의 자유, 사생활의 자유, 통신의 자유, 재산권의 보장

③ 정신적 자유 : 양심의 자유, 종교의 자유, 학문과 예술의 자유, 표현의 자유

④ 정치적 자유 : 정치적 표현의 자유, 정당가입과 정당활동의 자유, 투표와 선거운동의 자유

(나) 평등(인간의 존엄, 행복추구권과 평등권)

① 인간의 존엄

② 평등

(다) 주권재민(참정권)

① 선거권

② 피선거권과 공무담임권

③ 국민투표권(직접참정권)

④ 대의제

한편 주제를 분석단위로 삼았다. 그러나 주제를 계산단위로 채택하지 않았으며, 하나의 문장이나 구절 또는 전체 논설에 하나 이상의 가치주제가 내포되어 있는 경우는 이를 각각 분리하여 주제로 분석했다.

3. 《독립신문》에 나타난 민주주의 가치

1) 자유

(1) 신체의 자유

신체의 자유(권)와 관련하여 《독립신문》은 죄의 유무는 재판정에서 법에 따라 판결을 받아 확정되어야 하며, 법에 따라 판결을 받기전에 죄인 취급을 하여 칼을 씌우는 등 형벌을 가하는 것은 옳지 않다고 주장했다. 곧 '죄형법정주의'를 제창한 셈이다.[38] 또한 《독립신문》은 상하귀천이나 대소죄인을 막론하고 재판을 공평하게 해야 하며,[39] 연좌제는 폐지하여야 하고 가능하면 형량은 관대하게 내려야 할 것을 주장했다.[40] 이와 함께 영장제도의 창설,[41]) 고문제도의 폐지,[42]) 재판의 신속한 신행과 공개재판,[43]) 증거에 의한 판결,[44]) 그리고 피의자가 재판에 의해 증거 불충분 등으로 석방될 때에는 이에 대한 보상제도를 둘 것을 주장했다.[45])

(2) 정신적 자유

정신적 자유(권) 가운데 《독립신문》에 반영된 것은 언론·출판·집회의 자유가 유일하다. 곧 《독립신문》은 언론의 자유와 함께 신문의 기능에 대해 강조하고 있다. 주로 언론의 교육적(계몽적) 기능을 가장 많이 강조하고 있으며, 신문의 여론형성기능을 중요하게 생각하고 있다. 이를 위해 전 국민의 의견을 공평하게 대변할 것과 비판의 기능을 강조하고 있다. 부정부패와 탐관오리에 대한 가차 없는 비판, 정부의 잘못하는 일에 대한 비판을 서슴지 않아야 한다고 주장했다. 요약하면 보도의 기능, 비판의 기능, 계몽적 기능 등을 신문이 수행해야 한다는 점을 강조한 셈이다.[46])

한편 《독립신문》은 결사의 자유가 보장되고 장려되면 공개토론이 이루어지고, 그로써 민권이 신장되며, 나라와 백성을 사랑하는 생각이 보급될 수 있다는 뜻에서 집회와 결사의 자유를 주장했다.[47])

(3) 정치적 자유

《독립신문》은 언론·출판·집회·결사의 자유 등 표현의 자유를 강조하는 가운데 정치적 표현의 자유도 함께 주장했다. 이와 함께 정당가입과 정당활동의 자유와 관련하여 정당의 필요성을 강조하는 한편, 양당제도의 필요성을 암시하고 있다. 정당결성의 자유와 그것의 장려를 주장하는 까닭은 공개정당의 형성에 따른 여론 정치의 실행이 바람직하다고 생각했기 때문이다.[48]

(4) 사회적·경제적 자유

다양한 사회적·경제적 자유 가운데서 《독립신문》은 재산권의 보장(자유)을 강조하고 있다. 재산권은 누구도 침범할 수 없는 권리이며, 따라서 정부는 마땅히 백성의 재산을 보호할 책무가 있다고 보았다. 이와 같은 재산권의 보호는 탐관오리들이 백성의 재산을 갈취하고, 벼슬아치들은 백성을 착취하는 현실을 강력하게 비판하는 논조에서 더욱 강조되고 있다.[49] 또한 재산권의 보호는 세금을 공평하게 부과하는 등의 조세제도 개선으로 이루어져야 한다고 주장했다.[50]

2) 평등

(1) 인간의 존엄

인간의 존엄성에 대한 가치는 공평한 재판을 받을 권리, 또는 사람은 누구나 평등한 존재로 보는 획일적 평등주의 등의 주장으로 잠재적으로 강조되었다고 보아도 좋을 것이다. 곧 사람을 누구나 평등한 존재로 보는 관점은 인간의 존엄성을 전제로 하고 있다고 보아야 하기 때문이다. 이렇게 볼 때 《독립신문》은 인간의 존엄성을 매우 강조했다고 할 수 있다.

(2) 평등

《독립신문》에 나타난 평등의 가치는 ① 신분의 평등, ② 남녀의 평등, ③ 사회적 평등의 세 하위범주로 나누어 볼 수 있다. 《독립신문》은 무엇보다도 신분상의 평등을 강력하게 주장했다. 신분상의 평등과 관련하여 평등을 하늘이 준 권리로 보고, 반상제도의 철폐, 노비제도의 철폐와 신분에 관계없이 개인의 능력에 따라 직업을 선택하고 관리가 되어야 할 것임을 강조하고 있다. 곧 기본적으로 《독립신문》은 획일적 평등의 가치를 추구하면서 누구나 평등한 기회를 가져야 한다는 점을 강조하고 있는 것이다. 그러나 능력에 따른 선택의 자유를 주장함으로써 비례적 평등의 개념도 암시하고 있다.51)

또한 《독립신문》은 남녀평등을 크게 강조하고 있다. 남녀평등과 관련하여 여성에 대한 억압적 구조─여성에 대한 폭력, 여성을 천하게 여기는 폐습, 축첩, 불평등한 교육의 기회─를 강력하게 비판한다. 이와 함께 무엇보다도 여성에게도 남성과 동등한 교육을 받을 기회를 주어야 마땅하다는 점을 누누이 강조하고 있다.52)

한편 사회적 평등에 대해서는 거의 강조하고 있지 않지만, 평등한 조세부담을 강조하고 공평하게 편의시설을 이용할 혜택을 누려야 한다는 점을 주장하고 있다.53)

3) 주권재민(참정권)

《독립신문》은 '인민이 나라의 근본이고 주인이라고 강조하면서 권력이 인민으로부터 나온다'는 것을 주장하는 국민주권론을 펴고 있다. "나라라 하는 것은 크든지 작든지 한 지면에 여러 사람이 모여 살면서 여러 사람들이 정부가 없이 살 수 없는 고로 정부를 배설하고 정부와 백성을 거느리는 직무는 임금께 드려 임금을 머리 삼아 가지고 …… 모두 합심하여 작정하기를 정부가 없으면 우리 혼자 살 수가 없는 고로 우리가 아무쪼록 정부를 보호하고 정부와 우리를 모두 거느린 임금을 충성으로 섬겨 그 임금과 그 정부가 우리를 도와주고 우리를 위하여" 모든 일을 공평히 해야 한다고 보았다.[54]

이 글을 보면 주권재민사상이 뚜렷하다는 것을 알 수 있다. 비록 군주제를 인정하고 있기는 하나, 군주제 자체도 그 권력이 군주로부터 나온다기보다 인민으로부터 나온다고 보고 있다는 점에 주목할 필요가 있다. 또한 인민이 만든 정부이므로 인민이 정부를 보호해야 하고, 정부는 인민을 위해야 한다는 것을 강조하고 있다.

이러한 주권재민사상은 인민이 주인이고 주권이 인민에게 있으므로 인민은 주인 행세를 해야 하며, 또한 탐관오리나 인민을 압제하는 관리는 심부름을 잘못한 관리이니 그들을 성토하여 파직시켜야 한다는 주장으로 이를 뒷받침하고 있다.[55] 그리고 《독립신문》은 관리가 '백성의 종'이라는 점을 누누이 설파함으로써 주권재민사상을 강조했다. 위와 같은 주권재민사상을 바탕으로 《독립신문》은 선거권과 피선거권(공무담임권), 대의제를 주장한다. 이를 살펴보면 다음과 같다.

(1) 선거권과 피선거권

《독립신문》은 나라의 대신들은 임금이 임명하되, 관찰사나 군수 등 지방관서의 장은 백성들이 직접 투표로 선출하여야 한다고 주장했다. 백성들이 지방관서의 장을 직접 투표로 뽑아야 할 까닭으로

《독립신문》은 다음과 같은 다섯 가지를 들고 있다.[56)]

① 투표로 선출된 지방관서의 장은 인민의 사랑을 받는 사람일 것이므로 인민의 원망이 없을 터이고, ② 유능하고 양심적인 인물이 뽑힐 것이며, ③ 지방 사정을 잘 알기 때문에 좋은 행정을 펼 수 있고, ④ 자기를 뽑아준 백성들을 위할 것이며, ⑤ 인민의 신임을 유지하고자 행정에 더욱 힘쓰게 되어 나라와 백성에게 유익할 것이다.

위의 이유에서 미루어 알 수 있듯이, 지방관서의 장은 일반 백성들 가운데서 선출할 것을 전제로 하고 있기 때문에, 자격 있는 사람이면 누구나 피선거권(공무담임권)을 가질 것을 주장한다.

(2) 대의제

《독립신문》은 1898년 4월 30일자 논설에서 의회설립의 필요성을 역설하고 있다. 그리고 1898년 7월 27일자 논설 〈하의원은 급치 안타〉에서 중추원을 상원으로 개편하는 일이 더 시급하며, 하원의 구성은 급하지 않다고 주장했다. 이와 같은 《독립신문》의 주장은 물론 당시의 독립협회의 정치적 의견을 반영한 것이다. 1898년 4월 30일자 논설의 내용은 여기 다시 요약하지 않고 중요부분 그대로를 미주에 싣기로 한다.[57)]

4. 결 론

이만갑의 논문 〈《독립신문》에 표시된 가치관념〉에 따르면, 표본으로 뽑힌 154편의 논설 가운데 목표로 강조된 가치로써 충군·애국에 해당되는 것이 51회로 가장 많고, 그 다음으로 학문·합리가 29회, 민주·평등 22회, 생활태도 22회, 진보 17회, 준법·공정 14회, 이세경쟁 13회, 기타 1회로 나타나 있다.[58] 이 분석에서 우리는 《독립신문》이 민주주의 가치를 상대적으로 많이 강조했다는 것을 알 수 있다. 이 논문에서 이만갑은 비록 군주에 대한 충성심을 존중하고 있는 것은 틀림없으나, 또한 그에 앞서 민족이 더 중요시되고 있으며, 국민들이 잘 살게 되어 국가가 튼튼하게 되도록 하는 길이 곧 충군하는 길이라는 생각이 《독립신문》의 논설에 흐르고 있는 기본 사상이라고 지적하고 있다.

사실상 《독립신문》의 논설을 보면 임금과 백성과 나라를 하나로 보고 있음이 명백히 드러난다. 이 점은 시각에 따라 달리 해석될 수 있겠으나 군주국가라는 당시의 정치체제를 감안해 볼 때, 그러한 인식은 백성을 군주의 신민으로 여기기보다 동등하게 여겼다는 점에서 주권재민의 사상이 그 밑바탕을 이루는 것으로 평가할 수 있으리라고 생각된다. 그리고 군주에 대한 충성을 강조한 것은 당시의 상황으로 보아 불가피했다는 전제를 인정하고 《독립신문》에 반영된 민주주의 가치를 이해해야 할 것이다. 이렇게 볼 때 《독립신문》이 강조한 민주주의 가치들은 자명한 한계를 지닐 수밖에 없었다는 것을 또한 전제해야 되리라고 본다.

그럼에도 앞에서 본 바와 같이 민주주의 가치를 주장했다는 것은 놀라운 일이라 하지 않을 수 없다. 더욱이 그 당시 우리 사회의 유교적 가치체계를 감안해 볼 때 민주주의 가치를 그만큼 추구했다는 것은 대단한 개혁의지의 발로라고 보아야 할 것이다. '군주제도'라는 정치체제, 그리고 '유교'라는 가치체계, 그 두 강력한 기존체제로부터 받을 수 있는 반발의 힘은 상상하기 어려울 만큼 컸을 것이라는 점을 고려해야 마땅하다. 사실상 거의 1세기 전에 《독립신문》이 강조했던 민주주의 가치가 오늘날 어느 하나 제대로 체현되지 못하고 있는 현실을 생각해 본다면, 《독립신문》은 지금도 우리를 깨우쳐 주고 있는지 모른다.

끝으로 《독립신문》에 나타난 민주주의 가치를 분석한 결과, 자유라는 가치보다 평등이라는 가치를 더 많이 강조했다는 점과, 평등의 가치들 가운데서 사회적 평등과 관련된 사회적 정의의 강조가 부족했다는 점을 지적할 수 있다. 바로 그러한 사실들이 당시의 정치체제와 가치체계가 주는 한계였을 것이다. 그러나 지방관서의 장을 보통·평등선거를 통해 선출하자는 주장은 그 당시로서는 매우 과격한 목표의 제시였다고 하지 않을 수 없다.

《동아연구》, 서강대 동아연구소, 1987

주(註)

1) 《독립신문》의 창간과 폐간경위 및 신문의 성격에 대해서는 다음 문헌을 참고할
   것. 이광린, 〈서재필의 《독립신문》 간행에 대하여〉, 《한국개화사상연구》, 서울 :
   일조각, 1979, 152~198쪽; 신용하, 〈《독립신문》의 창간과 그 계몽적 역할〉; 신용
   하, 《독립협회연구》, 서울 : 일조각, 1976, 1~80쪽.
2) 신용하, 앞의 책, 4쪽.
3) 이광린, 앞의 책, 177쪽.
4) 신용하, 앞의 책, 40쪽.
5) 신용하, 앞의 책, 40~45쪽.
6) 이광린, 앞의 책, 197~198쪽.
7) 신용하, 앞의 책, 45~54쪽.
8) 신용하, 앞의 책, 20쪽.
9) 이광린, 〈서재필의 개화사상〉, 앞의 책, 148쪽.
10) Kluckhohn, Clyde & Others, "Values and Value-Orientations", in Talcott Parsons
    and Edward A. Shils(eds.), *Toward a General Theory of Action*(New York, Harper &
    Row, 1951), pp.388~433
11) Ibid., p.390
12) Robin M. Williams, "The Concept of Values," in David L. Sills(ed.), *International
    Encyclopedia of the social Sciences*, Vol. 9(New York, The McMillan Co, & Free
    Press, 1968), pp.283~287
13) C. Kluckhohn, op. cit., p.355
14) Ibid., pp.388~433
15) Nicholar S. Timasheff & George A. Theodorson, *Sociological Theory : Its Nature and
    Growth*(New York, Random House, 1976).
16) Parsons & Shils, op. cit., pp.159~189

17) Stephen C. Pepper, *The Sources of Value*(Berkely, Univ. of California Press, 1958), p.7

18) Ralph B. Perry, *Realms of Value : Critique of Human Civilization*(Cambridge, Mass., Harvard Univ. Press, 1954), *International Encyclopedia of the Social Science*, op. cit., pp.283~287

19) Parsons & Shils, op. cit., pp.162~164

20) Ibid., pp.162~164

21) C. Kluckhohn, op. cit., p.411

22) Florence R. Kluckhohn & Fred L. Strodbeck, *Variations in Value Orientation*(Evanston, III, Row, Peterson and Co., 1961), pp.1~48

23) Alex Inkeles, *What is Sociology*(New York, Prentice Hall, 1964).

24) F. Kluckhohn, op. cit.

25) C. Kluckhohn, op. cit., pp.388~433

26) Ibid., pp.413~421

27) James W. Van den Zanden, *Sociology*(New York, John Wiley & Sons, 1979), pp.237~240

28) Leslie Lipson, *The Democratic Civilization*(New York, Oxford Univ. Press, 1964), pp.237~240

29) J. Roland Pennock, *Democratic Political Theory*(Princeton, NJ, Princeton Univ. Press, 1979), p.3

30) Giovanni Sartori, "Democracy," in David L. Sills(ed.), *International Encyclopedia of the Social Sciences*, Vol. 4(New York, The McMillan Co., & The Free Press, 1968), pp.112~121

31) Lipson, op. cit., pp.217~230

32) Ibid., pp.237~240

33) Pennock, *op cit.*, pp.3~58

34) A. D. Lindsay, *The Modern Democratic State*(New York, Oxford Univ. Press, 1962), pp.90~93

35) Martin Diamond, "The Declaration and the Constitution : Liberty, Democracy and the Founders", in Nathan Glazer & Irving Kristol(eds.), *The American Commonwealth* 1976(National Affairs Inc., 1976), pp.39~55

36) Sartori, op. cit., pp.112~121

37) Peter H. Merkl, *Political Continuity and Change*(2nd edition), (New York, Harper & Rows, 1972), pp.82~86

38) 논설, 《독립신문》(제1권 제76호) 1896년 9월 29일자; 논설, 《독립신문》(제2권 제

49호) 1897년 4월 27일자 참조. "누구던지 법샤에 잡히거드면 직판도 되기 젼에 발셔 죄인으로 다ᄉᆞ려 형벌을 유무죄를 직판ᄒᆞ기 젼에 미리 주어 칼을 쓰인다 착고를 치인다 못된 음식을 준다 쳐쇼가 겨울에는 참고 여름에는 더웁게 ᄒᆞ야 주니 이거슨 ᄇᆡᆨ셩을 ᄉᆞ랑ᄒᆞᄂᆞᆫ 거시 아니요 직판이 무어신줄을 모로ᄂᆞᆫ 거시라 셔령 사ᄅᆞᆷ이 죄가 잇ᄂᆞᆫ줄을 직판ᄒᆞ기 젼에 알드래도 직판관이 사실ᄒᆞ야 죄가 잇다고 션고ᄒᆞ기 젼에ᄂᆞᆫ 그 사ᄅᆞᆷ을 죄인으로 다ᄉᆞ리ᄂᆞᆫ 거슨 맛당치 안 ᄒᆞᆫ지라 직판 ᄒᆞ기 젼에 칼을 쓰인다 착고를 치인다 거쳐 음식을 발셔 직판ᄒᆞᆫ 죄인과 ᄀᆞᆺ치 ᄒᆞᄂᆞᆫ거슨 법률상에 무리ᄒᆞᆫ 일이요 만일 형벌을 미리 줄것 갓흐면 직판 ᄒᆞ야 쓸ᄃᆡ 업ᄂᆞᆫ지라 직판 ᄒᆞᄂᆞᆫ 쥬의ᄂᆞᆫ 직판관이 그 사ᄅᆞᆷ의 죄가 잇고 업ᄂᆞᆫ거슬 명ᄇᆡᆨ히 사실ᄒᆞ야 확실ᄒᆞᆫ 증거가 잇스면 그 죄에 맛당ᄒᆞᆫ 형벌을 법률책에 잇ᄂᆞᆫᄃᆡ로 마련ᄒᆞ자고 직판이란거시 ᄉᆡᆼ긴거시라."

39) 〈법관실수〉, 《독립신문》(제3권 제126호) 1898년 8월 29일자 참조. "직판 권리ᄂᆞᆫ 대쇼죄인의게 다 허락ᄒᆞᄂᆞᆫ 것이 국법에 맛당ᄒᆞ고 인민 ᄉᆡᆼ명 직산 보호에 관계가 큰일이라 김홍륙이라도 재판업시 류ᄇᆡᆨ 되지 아니ᄒᆞ리라고 ᄒᆞ엿노라."

40) 〈협회공론〉, 《독립신문》(제3권 제149호) 1898년 9월 27일자 참조. "역적 죄인이라도 다시ᄂᆞᆫ 로륙과 연좌를 쓰지 말고 또 무슴 죄던지 범람히 가두지 말고 범람히 형벌ᄒᆞ지 말나고 ᄒᆞ옵신…… 셩덕이 하늘과 갓치 크시고 어지시거ᄂᆞᆯ 도로 녯법을 회복ᄒᆞ야 로륙 법률과 연좌를 쓰ᄌᆞ고 ᄒᆞ엿다니 이ᄂᆞᆫ 곳…… 셩상 폐하의 셩칙을 억이고 거ᄉᆞ림이라. …… 무론 누구던지 죄가 잇스면 뎨ᄒᆞᆫ 몸에ᄆᆞᆫ 죄가 잇지 뎨 쳐ᄌᆞ 권쇽이야 무슴 죄가 잇단 말이요 우리나라에셔 이젼에 육시쳐참과 연좌ᄒᆞᄂᆞᆫ 법률을 썻스니 그 ᄯᅢ에ᄂᆞᆫ 역적이 죵죵 나지 아니 ᄒᆞ엿쇼 함경도 ᄇᆡᆨ셩들이 만히 아라샤로 가고 평안도 ᄇᆡᆨ셩들이 만히 일본으로 간 것은 우리나라 법률이 넘어 혹독ᄒᆞ야 견ᄃᆡ지 못ᄒᆞᆫ 연고라."

41) 〈협회에서 ᄒᆞᆯ 일〉, 《독립신문》(제3권 제105호) 1898년 8월 4일; 논셜, 《독립신문》(제1권 제76호) 1896년 9월 29일 참조. "첫ᄌᆡᄂᆞᆫ 졍부에셔 인민의 ᄉᆡᆼ명과 ᄌᆡ산에 당ᄒᆞᆫ 일을 어ᄃᆡ ᄭᅵ지던지 보호ᄒᆞᆫ 일 둘ᄌᆡᄂᆞᆫ 무단히 사ᄅᆞᆷ을 잡거나 구류ᄒᆞ지 못ᄒᆞ며 잡으랴면 그 사ᄅᆞᆷ 죄목을 분명히 공문에 써셔 그 사ᄅᆞᆷ의게 뵈이고라치 ᄒᆞᆯ 일 셋ᄌᆡᄂᆞᆫ 잡은 후에도 직판ᄒᆞ야 죄상이 현로ᄒᆞ기 젼에ᄂᆞᆫ 죄인으로 다ᄉᆞ리지 못ᄒᆞᆯ 일 넷ᄌᆡᄂᆞᆫ 잡힌 후에 가량 이십ᄉᆞ시 ᄂᆡ에 법관의게로 넘겨셔 재판을 쳥ᄒᆞᆯ 일 다셧ᄌᆡᄂᆞᆫ 누구던지 잡히면 그 당자나 그 당쟈의 친쳑이나 친구가 즉시 법관의게 말ᄒᆞ야 직판을 쳥할 일이 몃 가지던지 혹 그와 방문ᄒᆞᆫ 됴약을 뎡ᄒᆞ야 ᄌᆞ금 이왕으로ᄂᆞᆫ 졍부 관원들이 감히 억이지 못ᄒᆞ게 ᄒᆞ엿스면 무담히 죄도 몰으고 잡혀셔 몃ᄃᆞᆯ 몃ᄒᆡ식 ᄉᆡᄃᆞᆰ 업시 옥즁에셔 세월을 보ᄂᆡᄂᆞᆫ 폐단은 업슬지니."

42) 논설, 《독립신문》(제1권 제61호) 1896년 8월 25일자; 논셜, 《독립신문》(제1권 제 49호) 1897년 4월 27일자. "만일 죄인이 죄가 잇스면 법률대로 다ᄉ려 죽을 죄가 잇서 당쟝 죽이는 거슨 가커니와 사름을 살녀놋코 이 악형을 ᄒ야 산 사름의 다리 에 쎠가 드러나도록 째리고 또 그러케 죽게 된 사름을 또 더 째리랴으로 잡아오라 ᄒ는거슨 사름의 ᄆᆞᆷ 가진 사름은 몸에 쇼렴이 씨칠지라 이러케 마진 사름의 셩 명은 졍셩호라 ᄒ는 사름인대 죄인즉 즈긔 션산에 엇더ᄒ 사름이 뉴쟝ᄒ걸 굴총ᄒ 죄요 지금 이러케 째린거슨 말이 이왕에 이 사름이 비도라고 그리 ᄒ다니 이 일에 곡즉은 우리가 도모지 모로거니와 만일 죄가 잇스면 그 죄되로 즁역을 시킨다던지 죽언다던지 ᄒ는건 가커니와 산 사름을 이러케 악형을 ᄒ야 외국 사름들이 이걸 불샹히 넉혀 즈긔의 약으로 와셔 구완ᄒ여주니 남의 나라 사름은 죠션 사람을 불 샹히 넉혀 늘마다 와셔 병을 곳쳐 주되 졍부에 관인은 즈긔 나라 사름을 이러케 악독히 가쥭을 벗기니 이런 몹쓸 일 ᄒ는 사름들이야 엇지 평생을 편안이 기내며 죽은 후라도 엇지 이런 앙화를 밧지 아니 ᄒ리요 법부에셔 이 일을 자셔히 ᄉ실 ᄒ야 만일 증거를 즛고 십거던 신문샤로 긔빈ᄒ면 외국 사름 셋과 기의 죠션 사름 들이 가셔 지판쇼에셔 본대로 증거를 댈디이니 법부에서 이 일을 ᄉ실츰이 직무를 ᄒ는것 갓홀 터일너리."

앞의 글, 《독립신문》(제2권 제49호); 〈즁추원 쳥졍ᄉ〉, 《독립신문》(제3권 제148 호) 1896년 9월 29일자; 같은 글, 《독립신문》(제3권 제149호); 〈만국공론〉, 《독립 신문》(제3권 제158호) 1898년 10월 7일자 참조.

43) 같은 글, 《독립신문》(제3권 제510호).

44) 같은 글, 《독립신문》(제1권 제76호).

45) 같은 글, 《독립신문》(제3권 제148호).

46) 론셜, 《독립신문》(제1권 제1호) 1896년 4월 7일자; 론셜, 《독립신문》(제2권 제89 호) 1897년 7월 29일자; 론셜, 《독립신문》(제2권 제96호) 1897년 8월 14일자; 〈독 립협회 샹쇼쇼본〉, 《독립신문》(제3권 제23호) 1898년 2월 24일자; 〈반딩의 공격〉, 《독립신문》(제3권 제163호) 1898년 11월 7일자. "혹은 백셩이 졍부에 반딩ᄒ는 것 을 이상히 녁이나 반딩가 업스면 진보가 업나니 식가 공중에 나는 것을 보면 그 날기가 공긔를 쳐셔 그 공긔가 그 날기를 반딩ᄒ는 고로 졈졈 놉히 올으고 빅가 물에 행ᄒ는 것을 보면 노 졀제 마다 물이 반딩ᄒ야 배가 압흐로 나가니 졍치에도 반딩당 잇서셔 대쇼ᄉ를 술피고 시비ᄒ여야 졈졈 졍치가 발너 가니 반딩의 공력이 이와 갓흔지라 대한 빅셩들도 이 리치를 씨다라셔 졍부에셔 ᄒ는 일을 각별히 쥬 의ᄒ야 어느 째던지 잘못ᄒ는 일이 잇스면 ᄉ리지 말고 시비ᄒ며 반딩ᄒ야 졍부로 ᄒ야금 방심ᄒ는 폐단이 업게 홀지어다."

〈언권자유〉,《독립신문》(제4권 제5호) 1899년 1월 10일자. "말ᄒᆞᄂᆞᆫ 것이 사ᄅᆞᆷ의 특별ᄒᆞᆫ 권리라 말이 입스면 텬리의 오묘ᄒᆞᆷ을 궁구 흠슈 업고 오륜의 도리를 ᄀᆞᆯ ᄋ 칠 수 업슬터이라 하ᄂᆞᆯ이 만민을 내히실 ᄶᅢ에 부귀 영욕을 다 주지 아니 ᄒᆞᆺᄉᆞ나 말ᄒᆞᄂᆞᆫ 직죠ᄂᆞᆫ 다 주엇스니 부귀 영욕을 텬싱 권리라 ᄒᆞ지 못ᄒᆞ되 언권ᄌᆞ유ᄂᆞᆫ 텬 싱 권리라 하ᄂᆞᆯ이 주신 권리를 엇지 진즁히 보존치 아니ᄒᆞ리오. 어느 졍부던지 그 인민의 ᄉᆡᆼ명과 ᄌᆡ산과 권리를 보호ᄒᆞᆷ이 가장 큰 직분이오 또 언권ᄌᆞ유ᄒᆞᄂᆞᆫ 권리를 업시ᄒᆞ면 공론이 업셔지고 공론이 업셔지면 졍부 관인들이 긔탄이 업시 인민을 압 졔ᄒᆞ야 국가가 위틱ᄒᆞ게 되ᄂᆞᆫ지라."

론셜,《독립신문》(제2권 제119호) 1897년 10월 7일자; 론셜,《독립신문》(제2권 제150호) 1897년 12월 18일자; 론셜,《독립신문》(제3권 제43호) 1898년 4월 12일 자;〈신문 모로ᄂᆞᆫ 백셩〉,《독립신문》(제3권 제97호) 1897년 7월 26일자;〈신문갑 의론〉,《독립신문》(제3권 제131호) 1897년 9월 5일자; 론셜,《독립신문》(제3권 제 118호) 1897년 10월 5일자 참조.

47) 〈광무협회연셜〉,《독립신문》(제3권 제21호) 1898년 2월 19일자; 론셜,《독립신 문》(제2권 제144호) 1897년 12월 4일자 참조.

48) 론셜,《독립신문》(제1권 제63호, 64호, 68호) 1896년 8월 27일, 29일 및 9월 1일 자 참조. "나라마다 당이 잇서 셔로 ᄇᆞᆰ히고 서로 시비ᄒᆞ야 피차에 ᄒᆞᆫ 일을 서로 평 논ᄒᆞᄂᆞᆫ ᄉᆡᄃᆰ에 나라 일이 늘 그릇 되지 앗ᄂᆞᆫ거시 셔령 ᄒᆞᆫ 당이 권이 잇서 졍부를 차지ᄒᆞ고 잇서 그른 일을 ᄒᆞ고스퍼 다른 당이 그 그릇ᄒᆞᄂᆞᆫ 일을 시비ᄒᆞ고 텬하가 모도 알게 신문에 긔록ᄒᆞᄂᆞᆫ 까ᄃᆰ에 감이 그른 일을 ᄒᆞ고 스퍼도 못ᄒᆞᄂᆞᆫ지라 명치 당이 ᄉᆡᆼ기면 그 당에셔 그 당 본의와 방책을 그 당에 속ᄒᆞᆫ 사ᄅᆞᆷ들이 모혀 작졍ᄒᆞ 야 젼국 인민의게 알게ᄒᆞ되 만일 우리 당이 권이 잇서 졍부 일을 ᄒᆞ게 되면 우리 ᄂᆞᆫ 나라와 ᄇᆡᆨ셩을 위ᄒᆞ야 무슴 일들을 ᄒᆞ겟노라고 미리 광고를 ᄒᆞ여야 본국 인민 과 외국 사ᄅᆞᆷ들이 그 당이 권이 잇스면 무슴 일을 ᄒᆞᆯ줄을 미리 알고 안졋ᄂᆞᆫ지라 그런고로 그 당이 졍부를 맛하 가지고 일을 ᄒᆞ면 그 졍히 노흔 약죠와 ᄀᆞᆺ치 일을 ᄒᆞ지 안 ᄒᆞ여셔는 못ᄒᆞᆯ지라 죠션 명치당들은 그당에 본의와 ᄇᆡᆨ셩들이 모로ᄂᆞᆫ고로 이당이나 뎌당이나 다만 ᄇᆡᆨ셩들이 의심만 ᄒᆞ고 모도 졍부에 벼슬 ᄒᆞ난 사ᄅᆞᆷ은 ᄇᆡᆨ 셩들이 원슈 갓치 아ᄂᆞᆫ고로 외면으로 보기에ᄂᆞᆫ 졍부안에 당쵸에 당이 업ᄂᆞᆫ것 갓ᄒᆞ 되 실샹인즉 당이 아죠 잇서 서로 ᄉᆡᆨ긔하며 뮈워 ᄒᆞ고 서로 해롭게 ᄒᆞ랴고만 ᄒᆞ니 그즁에 혹 나라일을 위ᄒᆞ야 남과 시비ᄒᆞᄂᆞᆫ 사ᄅᆞᆷ도 잇거니와 외면으로 보면 그 사 ᄅᆞᆷ들이 모도 권리를 다토ᄂᆞᆫ 것 갓ᄒᆞᆫ지라 셔령 그 당이 들어 셔드래도 그 반대당의 ᄒᆞ던 일에셔 더 낫게 ᄒᆞᄂᆞᆫ 것도 업고 더 따르게 ᄒᆞᄂᆞᆫ 것도 업ᄂᆞᆫ지라 그러ᄒᆞᆫ즉 ᄇᆡᆨ 셩들 ᄉᆡᆼ각에ᄂᆞᆫ 이당이나 뎌당이나 일ᄒᆞᄂᆞᆫ대ᄂᆞᆫ 다름이 업고 다만 벼슬을 취ᄒᆞ야 싸

흠ᄒᄂ 것 갓흔지라 외면으로 당이 업다고 ᄒ되 속으로ᄂ 당이 아죠 잇스니 우리 싱각에ᄂ 명치 당이라 ᄒᄂ거슨 사ᄉ를 위ᄒ야 싱긴 당이 아니라 둘이 다ᄒ 님군 과 ᄒ 빅셩을 위해 싱긴 당들이니 당에 본의와 방칙을 은근이 남모로게 ᄒ잘 묘리 가 잇시리요 만일 그 본의와 칙방이 리치가 잇고 맛당ᄒ고 졍다오면 사름이 만히 알쇼록 그 당에 유죠 ᄒ지라 무슴 일이던지 남 모르게 ᄒ라ᄂ거슨 그 근본이 ᄭᅮ부 러졋기에 붓그러워서 남의게 알니지 못 ᄒ거신줄노 우리ᄂ 싱각ᄒ노라 만일 사름 빅명이 모혀 나라 일을 의론ᄒ면 빅명이 다 ᄒ 님군과 ᄒ 빅셩을 위ᄒᄂ 싱각은 갓ᄒ되 엇더케 ᄒ하야 그 님군과 그 빅셩이 뎨일 편하고 뎨일 부갑ᄒᆯ 방칙인즉 백 명이 다 갓치 생각ᄒᆯ 슈가 업ᄂ 고로 그즁에 몃츤 이러케 ᄒ여야 나라에 유죠 ᄒᆯ 줄오 싱각ᄒ고 그 남겨지 며츤 더러케 ᄒ여야 더 유죠 ᄒᆯ줄노 생각ᄒ야 의론이 달 나지고 의론 ᄀᆺ흔 사름들ᄭᅵ리 모혀야 당이 되ᄂ지라."

49) 론셜,《독립신문》(제1권 제104호) 1896년 12월 3일자;〈뱁새가 황새거름〉,《독립 신문》(제4권 제186호) 1899년 8월 15일자; 론셜,《독립신문》(제2권 제7호) 1897년 1월 19일자; 론셜,《독립신문》(제1권 제106호) 1896년 12월 8일자; 론셜,《독립신 문》(제2권 제21호) 1897년 2월 20일자; 론셜,《독립신문》(제2권 제28호) 1897년 2 월 28일자; 론셜,《독립신문》(제2권 제68호) 1897년 6월 10일자; 론셜,《독립신 문》(제2권 제95호) 1897년 8월 12일자. "첫ᄌᄂ 내 직산과 내 인명을 익기고 둘ᄌ ᄂ 나라를 위ᄒ여 국즁에 이런 무법ᄒ 일이 업도록 쥰비ᄒᄂ 것이 빅셩의 직무라 빅셩이 이루ᄀ지 싱각이 잇서 일심이 되어 사름ᄆ다 뎨 직산과 인명을 보호 ᄒ려 ᄒᆯ진ᄃᆡ 나라에 분란ᄒ 일이 업도록 ᄒ여야 ᄒᆯ 것이요 나라에 란이 입게 ᄒ려 ᄒ거 드면 나라에 못된 일ᄒ고 십허ᄒᄂ 사름들이 못된 일을 못 ᄒ도록 ᄒ여야 ᄒᆯ터이 라 이것 막기ᄂ 어렵지 아니 ᄒ 것이 밧지믄 아니 ᄒᆼ엿시면 못 ᄒᆯ지라 밧지 안키 가 죠곰 죠션 사름의 싱각에ᄂ 어려울 듯 ᄒ나 그 어려온 것은 다름이 아니라 약 ᄒ 싯닭이니 약ᄒ 싯닭은 고단ᄒ 싯닭이요 고단한 싯닭은 인민들의 일심이 못된 싯닭이요 일심이 못된 싯닭은 학문이 업셔 일심이 아니 되면 구슴해가 ᄌ귀의 몸 에 잇ᄂ 싯닭을 모로ᄂ 싯닭이라 만일 어느 고을이던지 그 고을원이 그 고을 안에 사ᄂ 백성 ᄒ나를 구리ᄒ매 얼거 형벌을 ᄒ던지 돈을 ᄲᅢ스려 ᄒ거던 그 일을 그 고을 인민들이 그 사름 혼ᄌ 일노 알지를 말고 온고을에 잇ᄂ 남녀로쇼가 다 당ᄒ 것을 싱각ᄒ야 일심으로 원의게 가셔 원이 무법ᄒ게 ᄒ 말을 공손ᄒ게 경비에 밋 당ᄒ게 도리에 ᄶᅥᆺᄶᅥᆺᄒ게 말ᄒ거드면 그 원이 암ᄆᆫ 못된 사름이라도 감히 다시ᄂ 무법ᄒ 일을 그 고을 안에셔 겁이나 못ᄒ지라";〈협회에서 할 일〉,《독립신문》(제 3권 제105호) 1898년 8월 4일자 참조.

50) 론셜,《독립신문》(제3권 제32호) 1898년 3월 17일자; 론셜,《독립신문》(제3권 제

42호) 1898년 4월 9일자 참조.

51) 〈평안북도 ……〉, 《독립신문》(제3권 제30호) 1898년 3월 12일자; 〈독립협회 회원 윤 긔진씨 ……〉, 《독립신문》(제3권 제38호) 1898년 3월 31일자; 론셜, 《독립신문》 (제2권 제123호) 1897년 10월 16일자. "하ᄂᆞ님씌셔 내신 사름이어늘 엇지 사름이 사름을 ᄉᆞ름으로 대졉지 안코 즘승과 갓치 대졉ᄒᆞ야 사다가 불일 도리가 잇스리요 이런 풍쇽이 우리나라에 잇고ᄂᆞ 텬복을 밧기ᄂᆞ 서로히 반다시 텬벌을 면치 못ᄒᆞ겟 스나 긔어히 이 풍쇽을 업셰야 사름된 즉분을 ᄒᆞ겟다 ᄒᆞ고 의리를 목숨과 재산보 다 더 즁히 녁이고 나셔셔 남방과 여러해 동안을 싸와 듸어히 남방을 익이고 그 죵들을 다 쇽쇽ᄒᆞ여 주엇ᄂᆞ지라 다문 이 일뿐 아니요 이 나라에셔 의리로 쥬쟝을 숨고 명치샹과 권리샹에 모든 일들을 텬리와 인졍에 합당ᄒᆞ게 믄든 풍쇽과 슈업이 만흔 코로 텬복을 밧아 지금의 나라가 부ᄒᆞ기도 셰계에 뎨일이요 화평흔 복을 누 리기도 셰계에 뎨일이다. 이 나라가 사름들이 그 죵들 쇽탕흔 것은 남을 사름으로 대졉ᄒᆞ여야 나도 남에게 사름으로 대졉을 밧겟스니⁷ 그 사름들을 넉넉히 잡아다 가 부릴 계계가 잇슬지라도 그 사름의 사름된 권리를 뺏앗지안코 사름을 동등으로 대졉하쟈ᄂᆞ 말이로대 그대 미국에셔 죵노릇ᄒᆞ던 사름들이 즈긔 나라 사름들도 아 닐 ᄲᅳᆫ더러 인죵도 다른 인죵이로듸 이럿케 대졉을 ᄒᆞ엿거늘 엇지 우리 대한국 사 름들은 흔 텬즈 밋히셔 빅셩 노릇ᄒᆞᄂᆞ 동포 형뎨들이 혹 셰력이니 지산이 셰력잇 다고 잔악흔 형뎨를 불샹히 녁이고 구졔ᄒᆞ여 줄 ᄉᆡᆼ각은 아니ᄒᆞ고 도로혀 그 빈약 흔 형뎨를 긔와 도야지 ᄀᆞᆺ치 돈푼 주고 문셔 ᄒᆞ아 사다가 두고 물건 모양으로 부 리며 ᄯᅩ ᄯᆞᆯ듬을 시집 보낸다 ᄒᆞ고 몃 빅량 몃 쳔량식들 밧고 팔아 먹으니 이런 풍 쇽들은 다 텬리와 인졍에 합당치 아니흔 풍쇽들이라 행실이 챡흔 사름은 내가 셰 력과 지산이 남보다 만트릭도 나의 셰력으로 남의 권리를 무리ᄒᆞ게 쎄앗지도 아니 흘 ᄲᅳᆫ더러 간난ᄒᆞ고 약흔 사름을 아모죠록 구졔ᄒᆞ여 주며 셜령 내가 간난ᄒᆞ드래도 나의 간난흔 것으로 남을 방ᄒᆞ롭게 아니ᄒᆞ거늘 엇지 내가 셰력과 지산이 좀 있다 고 남의 텬싱 권리를 쎄앗으며 내가 좀 간난ᄒᆞ다고 ᄌᆞ식을 팔아 먹ᄂᆞ 무도흔 인죵 이 어듸 잇스리요 셰샹 물건을 다 사름이 팔고 사고흘 권리가 잇스되 사름이 사름 을 사고팔고 흘 권리ᄂᆞ 업ᄂᆞ 것은 쳔흔 사름이나 귀흔 사름이나 하ᄂᆞ님씌셔 밧은 사름의 권리ᄂᆞ 다 ᄀᆞᆺ흔 ᄯᆖᆯ이다."; 론셜, 《독립신문》(제2권 제63호) 1897년 5월 29일자; 론셜, 《독립신문》(제1권 제112호) 1896년 12월 22일자; 〈유지각흔 친구의 글〉, 《독립신문》(제3권 제144호) 1898년 9월 21일자; 〈개탄론〉, 《독립신문》(제3권 제165호) 1898년 10월 15일자 참조.

52) 론셜, 《독립신문》(제1권 제7호) 1896년 4월 21자. "셰샹에 불샹흔 인싱은 죠션녀 편네내 우리가 오늘날 이 불샹흔 녀편네들을 위ᄒᆞ야 죠션 인민의게 말ᄒᆞ노라 녀편

네가 사나희보다 조곰도 나진 인싱이 아닌대 사나희들이 쳔딕ᄒᆞᄂᆞᆫ 거슨 다름이 아니라 사나희들이 문명 기화가 못되야 리치와 인졍은 싱각지 안코 다만 ᄌᆞ긔의 팔심만 밋고 압졔ᄒᆞ랴ᄂᆞᆫ 거시니 엇지 야만에셔 다름이 잇스리요 사름이 야만과 다른 거슨 졍의와 례법과 의리를 알아 힝신을 ᄒᆞᄂᆞᆫ 거시어늘 죠션 사나희가 녀편네 딕졉ᄒᆞᄂᆞᆫ 거슬 보거드면 졍도 업고 의도 업고 례도 업고 참 ᄉᆞ랑ᄒᆞᄂᆞᆫ ᄆᆞᄋᆞᆷ도 업시 대졉ᄒᆞ기를 사나희보다 쳔ᄒᆞᆫ 사름으로 ᄒᆞ고 무리ᄒᆞ게 압졔ᄒᆞᄂᆞᆫ 풍쇽과 억지와 위엄으로 힝ᄒᆞᄂᆞᆫ 일이 만히 잇스니 그 녀편네들을 딕ᄒᆞ야 엇지 불샹ᄒᆞ고 분ᄒᆞᆫ ᄆᆞᄋᆞᆷ이 업스리요 쟝부라 ᄒᆞᄂᆞᆫ 거슨 강ᄒᆞ고 교만ᄒᆞᆫ 사름을 업수히 녁이고 약ᄒᆞ고 곤ᄒᆞᆫ 인생을 놉히고 위ᄒᆞ 주ᄂᆞᆫ 법인딕 녀편네ᄂᆞᆫ 거슨 사나희보다 약ᄒᆞ니 쟝부의 도리에 약ᄒᆞᆫ 이를 존경ᄒᆞ고 위ᄒᆞᄂᆞᆫ 거시 놉고 맛당ᄒᆞᆫ 일이라 죠션 녀편네들이 흔한고로 ᄌᆞ유ᄒᆞᆫ 권이 업서졋고 딕졉밧기를 옥에 갓친 죄인 ᄀᆞᆺ치 ᄒᆞ니 그 사나희들의 무리ᄒᆞᆫ 죄샹을 싱각ᄒᆞ면 믜우 쳔ᄒᆞ고 쾌씸ᄒᆞ더라 죠션 남녀의 행실을 비교ᄒᆞ여 볼진딕 녀편네가 사나희보다 빅비가 나흔거시 쳣지ᄂᆞᆫ 사나희 즁에 음힝ᄒᆞᄂᆞᆫ 쟈이 더 만코 쳡둔 사름이 만히잇시되 녀편네 즁에ᄂᆞᆫ 음힝ᄒᆞᄂᆞᆫ 이도 젹고 간부 둔 녀편네도 젹은즉 엇시 사나희보다 놉고 셩결치 안ᄒᆞ리요 무리ᄒᆞᆫ 사나희들이 풍쇽 ᄆᆞᆫ들기를 더희ᄂᆞᆫ 음힝ᄒᆞ며 쟝가든 후 쳡을 두어도 붓그림이 업고 ᄌᆞ긔 안해ᄂᆞᆫ 음힝이 잇든지 간부가 잇스면 대변으로 아니 그런 고로지 못ᄒᆞᆯ 일이 엇지 이스리요 ᄌᆞ긔 힝실이 올코 졍결ᄒᆞᆫ 후 ᄌᆞ긔 안히가 힝실이 그르면 그쌔ᄂᆞᆫ 그 안히를 쫓ᄂᆞᆫ다든지 법률노 다스리ᄂᆞᆫ 거슨 맛당ᄒᆞᆫ 거니와 ᄌᆞ긔 힝실이 그른즉 ᄌᆞ긔 안히 칙망ᄒᆞᄂᆞᆫ 권력이 업ᄂᆞᆫ지라 죠션 사나희 즁에 음힝을 ᄒᆞ든지 쳡을 두ᄂᆞᆫ 쟈ᄂᆞᆫ 음힝잇ᄂᆞᆫ 여편네 다스리ᄂᆞᆫ 법률노 다스리ᄂᆞᆫ 거시 맛당ᄒᆞ니라 죠션 쳔ᄒᆞᆫ 사나희 싱각에 ᄌᆞ긔 안히가 못 밋어워 문밧긔 임의로 나가지 못ᄒᆞ게 ᄒᆞ고 닉외ᄒᆞᄂᆞᆫ 풍쇽을 마련ᄒᆞ야 죄인ᄀᆞᆺ치 집에 가두어 두고 부리기를 죵ᄀᆞᆺ치 ᄒᆞ고 쳔딕ᄒᆞ기를 ᄌᆞ긔보다 나진 사름으로 넉이니 엇지 분치 아니ᄒᆞ리요 안히가 죽으면 후취ᄒᆞᄂᆞᆫ 거슨 더희들이 올흔 법으로 쟉졍ᄒᆞ엿고 셔방이 죽으면 ᄀᆞ가 ᄒᆞ여 가ᄂᆞᆫ거슨 쳔히 녁이니 그거슨 무슴 의린지 몰을너라 가ᄂᆞᆫ흔 녀편네가 쇼년에 과부가 되면 ᄀᆞ가 ᄒᆞ여도 무방ᄒᆞ고 샤나희도 쇼년에 샹쳐ᄒᆞ면 후취ᄒᆞᄂᆞᆫ 거시 맛당ᄒᆞ니라 죠션 부인네들도 ᄎᆞᄎᆞ 학문이 놉하지고 지식이 널너지면 부인의 권리가 사나희 권리와 ᄀᆞᆺ흔 줄을 알고 무리ᄒᆞᆫ 사나희들을 계어ᄒᆞᄂᆞᆫ 방법을 알나 그러키에 우리ᄂᆞᆫ 부인네들의 권ᄒᆞ노니 아모쪼록 학문을 놉히빅화 사나희들보다 힝실도 더 놉고 지식도 더 널펴 부인의 권리를 찻고 어리셕고 무리ᄒᆞᆫ 사나희들을 교휵ᄒᆞ기를 ᄇᆞ라노라.”; 론셜, 《독립신문》(제3권 제1호) 1898년 1월 4일자; 〈상목재 문답〉, 《독립신문》(제3권 제205호) 1898년 12월 2일자; 론셜, 《독립신문》(제3권 제18호) 1898년 2월 12일자 참조.

53) 론셜, 《독립신문》(제1권 제28호) 1896년 6월 9일자 참조.

54) 론셜, 《독립신문》(제2권 제45호) 1897년 4월 17일자 참조. "나라라 ᄒᆞᄂᆞᆫ 거슨 젹 던지 혼 디면에 여러 사름이 모아 살면셔 여러 사름들이 정부가 업시 살 슈가 업 ᄂᆞᆫ 고로 정부를 비셜ᄒᆞ고 정부와 빅셩을 모도 거나리ᄂᆞᆫ 직무ᄂᆞᆫ 님군의 듸려 님군 을 머리를 삼아 가지고 빅셩들이 강ᄒᆞ고 약하고 병들고 싱ᄒᆞ고 부ᄌᆞ롭고 간난ᄒᆞ고 늙고 졈고 사나희고 녀편네고 모도 합심ᄒᆞ야 작졍ᄒᆞ기를 우리 혼ᄌᆞ 정부가 업스면 살 슈가 업ᄂᆞᆫ 고로 우리가 아모죠록 졍부를 보호로 ᄒᆞ고 정부와 우리를 모도 거나 린 님군을 츙셩으로 섬겨 그 님군과 그 정부가 우리를 도와주고 우리를 위ᄒᆞ야 공 평혼 법률을 ᄆᆞ련ᄒᆞ고 군ᄉᆞ를 길너 외국이 침범치 못ᄒᆞ게 ᄒᆞ며 슌검을 비셜ᄒᆞ야 도적을 금ᄒᆞ며 위싱에 관계 되ᄂᆞᆫ 일을 슬펴며 외국과 교계ᄒᆞ야 외국 빅셩들과 동 샹ᄒᆞ야 국즁에 샹무가 느러가게 ᄒᆞ며 우리 즁에 시비가 싱기거드면 법관의게 가셔 말ᄒᆞ거드면 그 법관이 공평졍즉ᄒᆞ게 시비를 결졍ᄒᆞ여 주게ᄒᆞ며 이 일을 모도 ᄒᆞ쟈 니ᄉᆞᆫ 불가불 경비가 잇셔야 홀지라 그런 고로 우리 빅셩들이 일년에 얼마큼식 ᄌᆞ긔형셰ᄃᆡ로 돈을 츌렴ᄒᆞ야 그 정부에 보내여 그 정부에셔 그 돈을 가지고 우리 일 ᄒᆞ여 주ᄂᆞᆫ 각색 관원과 균검과 군ᄉᆞ들을 월급을 주어 그 사름들은 다른 싱이홀 틀 이 업슨즉 이 월급을 먹고 우리 일을 ᄒᆞ여 둘나ᄂᆞᆫ 쯧스로 츌렴을 내ᄂᆞᄃᆡ 고르게 낼슈가 업스니ᄉᆞᆫ 디셰라는 거슬 ᄆᆞᆫ드러 쌍만히 버ᄂᆞᆫ 사름은 셰를 만히 내게 ᄒᆞ고 쌍젹은 사름은 셰를 젹게 내게 ᄒᆞ며 쟝ᄉᆞᄒᆞᄂᆞᆫ 사름은 쟈본 다쇼를 인연ᄒᆞ야 셰를 물게 ᄒᆞᄂᆞᆫ거시라 그러ᄒᆞᆫ즉 당쵸에 나라 싱긴 본의ᄂᆞᆫ 여러 사름이 의론들 ᄒᆞ야 젼 국에 잇ᄂᆞᆫ 인민을 위ᄒᆞ야 각식 일을 ᄆᆞ련 ᄒᆞᆫ거시오 각색 관원도 빅셩을 위ᄒᆞ야 ᄆᆞᆫ든 거시며 빅셩이 정부에 셰밧치ᄂᆞᆫ 것도 빅셩들이 ᄌᆞ긔 일을 위하여 밧치ᄂᆞᆫ 거 시라 그러ᄒᆞᆫ즉 나라 흥망과 생쇠와 법률에 공평ᄒᆞ고 공평치 아니혼 것과 관인의 션불션과 군ᄉᆞ의 용밍잇고 업ᄂᆞᆫ 것과 슌검의 경찰 잘ᄒᆞ고 잘못ᄒᆞᄂᆞᆫ 것과 외국과 교계 잘ᄒᆞ고 잘못ᄒᆞᄂᆞᆫ 것과 농무와 공무와 샹무와 각식 인민의 지식이 느러 가고 아니 느러 가ᄂᆞᆫ 거시 모도 빅셩의 걱정이요 빅셩의게 관계가 잇ᄂᆞᆫ 거시라."

55) 론셜, 《독립신문》(제1권 제97호) 1896년 11월 17일자; 론셜, 《독립신문》(제3권 제97호) 1898년 1월 11일자. "나라이 흥ᄒᆞ고 망ᄒᆞᄂᆞᆫ 것은 그 나라 빅싱들이 빅싱 의 직무를 ᄒᆞ고 아니 ᄒᆞᄂᆞᆫᄃᆡ 잇ᄂᆞᆫ 것이라 빅싱의 직무ᄂᆞᆫ 다른 것이 아니라 뎨일 정부가 익군익민ᄒᆞᄂᆞᆫ 정부인지 아닌지 그것을 볼켜셔 만일 정부에셔 ᄒᆞᄂᆞᆫ 일이 우 회로ᄂᆞᆫ 님군을 존경ᄒᆞ고 아래로ᄂᆞᆫ 빅싱을 ᄉᆞ랑ᄒᆞ야 사름ᄆᆞ다 싱이가 잇고 직업이 잇서 안락 하게 살도록 법률과 규칙을 ᄆᆞᆫ드며 그런 법률과 규칙을 ᄆᆞᆫ든ᄃᆡ로 츄호 라도 억인 업시 시행 ᄒᆞᄂᆞᆫ 것을 슬펴야 ᄒᆞ며 밧그로ᄂᆞᆫ 외국과 교제를 잘ᄒᆞ야 통샹 제국들과 친밀ᄒᆞ게 지내여 샹당혼 대졉과 신의를 둇헙게 ᄒᆞᄂᆞᆫ 것이 익군익민ᄒᆞᄂᆞᆫ

정부라 그런 정부에서 ᄒᆞᄂᆞᆫ 명령은 죠곰치도 억임 업시 시행 ᄒᆞᄂᆞᆫ 것이 빅셩의 직무요 만일 빅셩들이 알기에 정부가 익군익민ᄒᆞᄂᆞᆫ 슈업을 못홀 디경이면 그 쇼이연을 법률에 ᄆᆞᆺ당ᄒᆞ게 말ᄒᆞ야 아모죠록 익군희민ᄒᆞᄂᆞᆫ 정부가 셔도록 ᄒᆞᄂᆞᆫ 것이 빅셩의 직무라 그런 연고로 세계 각국 빅셩들은 다 ᄌᆞ긔의 직무들을 ᄒᆞ야 정부가 다 바르고 법률과 규칙이 시힝이 되야 나라이 졈졈 부강ᄒᆞ여 가며 인민의 의식과 직업이 넉넉ᄒᆞ야 가거니와 청국은 인민들이 빅셩의 직무를 못ᄒᆞᄂᆞᆫ 고로 오날놀 분파가 되야 가니 그 외에 더 확실ᄒᆞᆫ 증거가 어딕 잇시리요 청국은 디면이 광대ᄒᆞ고 인구가 만히 잇서 세계에 일대국이어놀 만일 인민의 직분을 홀 것 ᄀᆞᆺᄒᆞ면 그 나라이 오날 세계에 뎨일 가는 나라이 될터이나 빅셩들이 당쵸에 정부가 올코 그른것도 상관 아니ᄒᆞ고 정부가 글너 빅셩의게 학경을 ᄒᆞ며 젼국 ᄌᆞ쥬 독립 권리를 남의 나라에 주며 토디를 외국으로 모도 션물ᄒᆞ되 빅셩들은 죠곰치도 샹관아니ᄒᆞ고 물그럼히 보고 잇시며 셜령 정부에서 죠흔 법률을 ᄆᆞ련ᄒᆞ여도 빅셩들이 그 법률을 시힝홀 생각도 아니ᄒᆞ며 정부를 뎌의 정부로 넉이지 아니 ᄒᆞ고 남의 일노 보고 잇시니 암문 나라이 크고 인구가 만트릭도 그 빅셩들이 빅셩의 직무를 아니흔 담에야 몃배가 더 잇서도 쓸대가 업ᄂᆞᆫ지라 빅셩의 직무가 다문 안져 정부를 시비ᄒᆞᄂᆞᆫ대 근치ᄂᆞᆫ 것이 아니라 만일 정부에서 나라에 해로온 일을 ᄒᆞ거드면 기어히 그런 일을 못도록 ᄒᆞᄂᆞᆫ 것이 빅셩의 직분이요 ᄯᅩ 정부에서 익군익민ᄒᆞ야 ᄆᆞᆫ든 법령을 흐굴 ᄀᆞᆺ치 시행ᄒᆞᄂᆞᆫ 것이 직분이요 ᄯᅩ 나문 올흔 빅셩이 될 ᄲᅮᆫ이 아니라 젼국 인민이 다 나와 ᄀᆞᆺ치 올흔 빅셩이 되도록 권면ᄒᆞᄂᆞᆫ 것이 ᄯᅩᄒᆞᆫ 직분이니 청국 빅셩은 이 세 가지를 다 못ᄒᆞᄂᆞᆫ 빅셩인 즉 엇지 그 나라이 오늘놀 당ᄒᆞᄂᆞᆫ 욕을 면ᄒᆞ리요 지국 청국 스셰가 대단히 칙은ᄒᆞ야 동양 졔국들이 청국을 위ᄒᆞ야 한탄홀본흔지라 대한 인민은 목젼에 이런 증거가 잇시니 더옥 더 싱각ᄒᆞ야 사름ᄆᆞ다 이 세 가지 직무를 ᄒᆞ여야 대한이 ᄌᆞ쥬 독립국으로 지탱을 ᄒᆞ지 만일 청국 빅셩 모양으로 안져 정부문 남으라고 ᄌᆞ긔 직무들은 아니 홀 것 ᄀᆞᆺᄒᆞ면 정부에는 암문 유명흔 대신들이 잇서도 나라 일을 못홀터이니 이걸 싱각ᄒᆞ야 경향 간에 나라이 지탱ᄒᆞ기를 ᄇᆞ라ᄂᆞᆫ 사름들은 이 세 가지 직무를 ᄒᆞ여야 홀터일너라.";〈내부에서 ……〉, 《독립신문》(제2권 제52호) 1897년 5월 4일자;〈졔손씨 편지〉,《독립신문》(제3권 제191, 192호) 1898년 11월 16~17일자; 론셜,《독립신문》(제2권 제6호) 1897년 1월 16일자 참조.

56) 론셜,《독립신문》(제1권 제4호) 1896년 4월 14일자. "사름 골으는 법이 대단히 어려온 거시니 흔 사름이 쳔거ᄒᆞᄂᆞᆫ 사름은 암만 ᄒᆞ여도 밋기가 어려온 거시 그 쳔거ᄅᆞᄂᆞᆫ 사름이 쳔거홀 째는 그 사름이 올키에 쳔거흔 거시려니와 만일 잘못 알아수면 국가에 큰 랑픽에 쳔쥬의게 불행흔 일이니 그런 즁흔 일은 누가 담당ᄒᆞ기를

그리 죠하ᄒ리요 만일 몸 죠심ᄒᄂᆞᆫ 사ᄅᆞᆷ은 이런 일ᄒᆞ기를 죠하 아니ᄒᆞᆯᄃᆞᆺ ᄒᆞ더라 이런 ᄉᆞᆼᄃᆞᆨ으로 외국셔ᄂᆞᆫ 관찰ᄉᆞ와 원ᄀᆞᆺᄒᆞᆫ 것과 정부 속에 잇ᄂᆞᆫ 관원들을 빅셩을 식여 쌥게 ᄒᆞ니 셔령 그 관원들이 잘못 ᄒᆞ드라도 빅셩들이 님군을 원망 아니ᄒᆞ고 ᄌᆞᄀᆡ가 ᄌᆞᄀᆡ를 꾸짓고 그런 사ᄅᆞᆷ은 다시 투표ᄒᆞ야 미관 말직도 식이지 아니ᄒᆞ니 벌을 정부에셔 주기 전에 빅셩이 그 ᄉᆞ람을 망신을 식이니 그 관원이 정부에셔 벌 주ᄂᆞᆫ 것 보다도 두렵게 넉일터이요. ᄯᅩ 쳥ᄒᆞ야 쌔질 도리도 업실 터이라 ᄂᆡ각 대신과 협판은 님군이 친히 ᄲᆞᆸ부시ᄂᆞᆫ거시 맛당ᄒᆞ고 외임은 그 도와 그 골 빅셩으로 식여 인망잇ᄂᆞᆫ 사ᄅᆞᆷ들을 투표ᄒᆞ야 그즁에 표 만히 밧은 이를 ᄲᆞᆸ바 관찰ᄉᆞ와 군슈들을 식이거드면 빅셩이 정부를 원망ᄒᆞᆷ이 업슬거시오 ᄯᅩ 그러케 ᄲᆞᆸ분 사ᄅᆞᆷ들이 셔울셔 ᄒᆞ나나 두 사ᄅᆞᆷ의 쳔거로 식인 사ᄅᆞᆷ보다 일을 낫게ᄒᆞᆯ터이요 그 사ᄅᆞᆷ이 그 도나 그 군에 산 사ᄅᆞᆷ인즉 거긔 일을 셔울셔 가ᄂᆞᆫ ᄉᆞᄅᆞᆷ보다 자셰히 알터이요 거의 빅셩들 ᄉᆞᆼᄃᆞᆯ게 원이든지 관찰ᄉᆞ를 ᄒᆞ엿스니 그 ᄉᆞ람이 그 빅셩들을 위ᄒᆞᆯ 싱각이며 잇스리라 정부에 관인이란거ᄂᆞᆫ 님군의 신하요 빅셩의 죵이니 우희로 님군을 셤기고 아ᄅᆡ로ᄂᆞᆫ 빅셩을 셤기ᄂᆞᆫ 거시라 나라 규모가 이러케 되면 님군의 권력이 놉하지고 빅셩의 형셰가 편할 터이니 국즁에 무슴 변이 잇스며 원망과 불평ᄒᆞᆫ 쇼래가 엇지 잇스리요 우리가 ᄇᆞ라건대 정부에 계신 이들은 몸죠심도 ᄒᆞ고 나라가 되기도 ᄇᆞ라거든 관찰ᄉᆞ와 군슈들을 ᄌᆞᄀᆡ들이 쳔거 말고 각 디방 인민으로 ᄒᆞ야곰 그 디방에 쌥게 ᄒᆞ면 국민간에 유익ᄒᆞᆫ 일이 잇ᄂᆞᆫ 거슬 불과 일이면 동안이면 가히 알리라."; 론셜, 《독립신문》(제1권 제5호) 1896년 4월 16일자; 론셜, 《독립신문》(제2권 제6호) 1897년 1월 16일자 참조.

57) 론셜, 《독립신문》(제3권 제51호) 1898년 4월 30일자. "그런 고로 대한도 ᄎᆞᄎᆞ 일 뎡 규모를 정부에 셰의이 혼잡ᄒᆞ고 규측업ᄂᆞᆫ 일을 업셰랴면 불가불 의졍원이 ᄯᆞ로 잇셔 국즁에 그 즁 학문 잇고 지혜 잇고 죠흔 싱각 잇ᄂᆞᆫ 사ᄅᆞᆷ들을 ᄲᆞᆸ아 그 사ᄅᆞᆷ들을 힝졍ᄒᆞᄂᆞᆫ 권리ᄂᆞᆫ 주지 말고 의론ᄒᆞ야 쟉뎡ᄒᆞᄂᆞᆫ 권리ᄆᆞᆫ 주어 죠흔 싱각과 죠흔 의론을 늘마다 공평ᄒᆞ게 토론ᄒᆞ야 리히 손익을 공변되게 토론ᄒᆞ여 쟉뎡ᄒᆞ야 …… 대황뎨 폐하ᄭᅴ 이 여러 사ᄅᆞᆷ의 토론ᄒᆞ여 쟉뎡ᄒᆞᆫ ᄯᅳᆺ을 품ᄒᆞ야 재가를 무른 후에ᄂᆞᆫ 그 일을 ᄂᆡ각으로 넘겨 ᄂᆡ각셔 그 쟉뎡ᄒᆞᆫ 의ᄉᆞ를 가지고 규측대로 시힝ᄆᆞᆫ ᄒᆞᆯ 것 ᄀᆞᆺᄒᆞ면 두 가지 일을 젼슈히 되고 ᄂᆡ각 안에 분잡ᄒᆞᆫ 일이 업슬터이라 ᄯᅩ 이럿케 일을 ᄒᆞ거드면 다ᄆᆞᆫ 일ᄆᆞᆫ 올게 될 ᄲᆞᆫ 아니라 대황뎨 폐하ᄭᅴ ᄆᆡ우 편리ᄒᆞᆫ 경계가 만히 잇슬것라 …… 만일 힝졍ᄒᆞᄂᆞᆫ 일 외에 의졍ᄒᆞᄂᆞᆫ 일 ᄭᆞ지 ᄆᆞᆺᄒᆞ 놋커드면 그 대신이 셰상에 업ᄂᆞᆫ 총명과 지릉이 잇드리도 두 가지 일을 다 번번히 올케 ᄒᆞᆯ슈다 업ᄂᆞᆫ지라 만일 학문 잇고 지혜 잇ᄂᆞᆫ 사ᄅᆞᆷ이 여럿이 모혀 공평ᄒᆞ게 토론ᄒᆞ야 쟉뎡ᄒᆞᆫ 일일것 ᄀᆞᆺᄒᆞ면 ᄌᆞᄀᆡ 혼ᄌᆞ 생각ᄒᆞ야 쟉뎡ᄒᆞᆫ 일 보다 ᄆᆞ음에 더 튼튼ᄒᆞᆯ

터이요 일이 더 바르게 쟝명이 되엿슬 터이라 이러케 쟉뎡해 노흔 일을 직릉을 가지고 못당ᄒ게 시행믄 홀 것 굿ᄒ면 위션 일이 랑픠도 아니 되려니와 틈이 잇서 힝졍ᄒᄂᄃᆨ 뎔력을 ᄒ게 될지라 인민의게ᄂᆫ 한량 업시 유죠흔 일이 만히 잇슬 것은 무엇인고 ᄒ니 무론 무ᄉᆷ 일이고 좌우편 ᄉ졍을 다 참쟉흔 뒤에 쟉뎡이 되엿슨즉 좌우편이 다 그일 신돍에 희를 당홀 리가 업고 ᄯᅩ 셜령 희를 등ᄒᄂᆫ 사ᄅᆷ이 잇드래도 몃이 못 될터이요 그 신돍에 국즁에 리 보는 사ᄅᆷ은 몃백만명이 될 터이며 ᄯᅩ 졍부에서 무ᄉᆷ 쥬견으로 무ᄉᆷ 리희를 헤아려 그 일을 그럿게 쟉뎡흔 줄을 사ᄅᆷ마다 알터인즉 위션 ᄉ람이 셰상에 좌우편 시비와 리희와 션불션을 좌우편 말을 다 듯고 분긔가 나셔서 릉히 경계 잇고 쪽쪽ᄒ게 말을 홀터이니 병신노릇도 아니하려니와 뎨일 사ᄅᆷ마다 졍부 일에 ᄆᆞᄋᆷ이 더 친밀히 되야 졍부에서 ᄒ시ᄂᆫ 일을 내 일과 굿치 싱각ᄒ고 졍부와 빅싱 ᄉ이에 업던 졍분이 날터이며 나라 ᄉᆞ랑ᄒᄂᆫ ᄆᆞᄋᆷ이 이왕 보다 배가 더 홀터이며 내가 원통ᄒ고 내가 속에 잇는 ᄆᆞᄋᆷ을 사ᄅᆷ마다 릉히 졍부에 말ᄒ야 좌우 간에 공평되게 결명홀 길이 싱길지라 그리고 본즉 의졍관과 힝졍관의 직분을 이러케 분간ᄒ야 놋커드면 ᄌ연히 일이 잘 될터이니 위션젼국에 유죠도 ᄒ려니와 ……."

58)《한우근 박사 정년기념 사학논총》, 서울 : 지식산업사, 1981, 593~623쪽.

서구 언론의 개념 수용과 민주주의 가치관

1. 머리말

현대 민주주의에서 민주적 기본질서를 형성하는 뿌리인 자유권적 기본권 가운데 언론과 출판의 자유 및 집회와 결사의 자유를 포함하는 표현의 자유는 정신적 자유권의 핵심이라고 할 수 있다. 종교·양심·학문·예술을 외부적으로 표현하는 자유가 곧 표현의 자유이기 때문에, 만약 이 자유가 보장되지 않는다면 다른 정신적 자유권도 확보될 수 없기 때문이다. 더욱이 현대 민주정치는 정치적 신념·의견의 표현과 형성을 토대로 이루어지는 것이므로, 민주주의의 생명선에 대한 소극적·방어적 권리를 뜻하였던 언론·출판의 자유를, 이제는 참정권과 함께 국가질서형성의 적극적 권리로 보는 까닭이 여기에 있는 것이다.

이와 같이 민주주의의 뼈대가 되는 언론과 출판의 자유에 대한 개념은 영미의 자유주의 전통에서 형성되었다. 이 글은 이러한 언론의 자유에 대한 개념이 우리나라에 수용된 과정과, 그것이 우리나라의 민주화에 미친 영향을 살펴보고자 한 것이다.

이를 위해 우리나라 최초의 근대적 신문인 《한성순보》가 창간되었던 1883년 전후부터 1930년대까지, 발행되었던 민족지들에 수용된 언론자유의 개념과, 민족지들이 수용하고 전파한 민주적 가치 및 민주적 제도를 밝혀보고자 했다.

그러나 이 글은 연구의 범위와 해석에서 몇 가지 제한을 지니고 있다. 곧, 민주적 가치와 제도의 수용과 전파는 주로 구한말의 민족지들에 실린 것에 한정되었다는 점이 그 하나이며, 그것이 우리나라의 민주화에 미친 영향은 인과관계로 설명될 수 없다는 점이 나머지 하나이다.

또한 연구 대상이 된 시대에서 언론매체는 신문이 유일한 것이었으므로, 언론에 관한 논의는 곧 신문에 한정될 수밖에 없었다는 점을 밝혀두고자 한다. 따라서 서구 언론의 개념수용은 신문이라는 매체개념의 수용에 한정되나, 언론자유의 개념은 특정매체에 국한되는 것이 아니므로, 언론활동 그 자체와 연관되어 수용되었다는 점을 지적해야 하겠다.

2. 서구 언론의 개념 수용

1) 신문매체에 대한 인식

(1) 근대 신문의 존재에 대한 인지

언제부터 우리나라에 서양이나 중국 또는 일본 등지에서 발행되고 있었던 근대 신문이 수입되거나 소개되었는지에 대한 명확한 자료는 밝혀지지 않고 있다. 현재까지 알려진 바로는 서양 근대 신문과의 최초 접촉은 신미양요(辛未洋擾) 때로 추정된다. 1871년 5월 30일 로저스(John Rodgers) 소장이 거느리는 미국 아시아 함대가 인천 앞바다의 작약도와 율도 사이에 정박하였을 즈음, 수 명의 조선 측 전령이 접근하였다. 미국 측은 이들을 함상으로 영접하여 주효로 환대한 뒤, 10여 개의 맥주병과 보스턴에서 발행되던 신문《에브리 새터데이》(Every Saturday) 한 부를 선사했다고 한다.[1] 그러나 이때 조선의 조정에서 이 신문에 대해 어떤 관심을 표명했었는지에 대한 기록은 없다.

그 뒤 일본과 강화도조약(병자수호조약)이 체결된 직후 수신사 김기수(金綺秀)가 일본을 다녀와서 쓴《일동기유》(日東記游)라는 견문기 속에 다음과 같은 신문에 대한 소개가 들어있다. 당시 수신사 일행 75명은 1876년 4월 4일에 서울을 출발하여 일본을 방문한 뒤 6월 1일에 서울에 돌아왔다. 일본 측은 이들에게 정부기관을 비롯하여 육·해군의 학교와 병기창, 생산공장 등 자신들의 개화문명의 모습과 국력을 과시하는 시찰 일정을 마련하여 응접했다고 한다.

　　소위 신문지라는 것이 있어서 날마다 활자 인쇄를 하는데, 신문 없는 곳이 없고, 공사의 견문과 가항(街巷)의 담설을 입에 침이 마르기도 전에 사방에 비전(飛傳)한다. 이것을 만드는 자도 일대 사업으로 생각하고, 기사에 실리는 자도 일대 영욕으로 생각한다. 또 그 글자는 깨알 같이 잘아 정교하기 비할 데가 없다.[2]

위와 같은 기록이 있으나, 당시 관리들이나 개화파를 비롯한 지식층에서는 1870년대에 이르러 근대 신문에 대해 알고 있었으리라고 짐작된다. 어쩌면 1860년대에도 우리나라에 중국에서 발행되었던 신문들이 수입되었거나 또는 알려졌을 가능성이 있다.

중국에서는 이미 모리슨(R. Morrison)이 말라카(Malacca)에서 1815년 8월 5일에 《찰세속매월통기전》(察世俗每月統紀傳;《*Chinese Monthly Magazine*》)을 창간한 것을 비롯해, 1850년대까지 여러 종류의 중문 정기간행물들이 외국선교사 등에 의해 발행되고 있었다. 1858년에는 홍콩에서 영문지 《*Daily Press*》의 중국어판인 《중외신보》(中外新報)가 일간신문으로 발행되었고, 1872년에는 상해에서 영국인 메이저(E. Major)가 중문일간지 《신보》(申報)를 창간했다. 그리고 1873년에 이르러 한커우(漢口)에서 중국인의 손에 의해 나온 최초의 민영일간지인 《소문신보》(昭文新報)가 애소매(艾小梅)에 의해 창간되는 등 많은 종류의 신문들이 간행되고 있었다. 때문에 중국을 다녀왔던 관리나 민간인들에 의해 이들 신문이 국내에 수입되거나 알려졌을 가능성이 크다. 더욱이 《신보》와 같은 신문은 당시 우리나라 개화사상가들에게 많은 영향을 준 것으로 알려져 있기에 더욱 그와 같은 추론을 가능하게 한다.[3]

한편 일본의 경우는 중국보다 신문의 중요성을 더 빨리 인식하고 주저 없이 서구의 근대 신문을 적극적으로 수용했다. 일본은 1857년에 도쿠가와 막부(德川幕府)에서 번서조소(蕃書調所)라는 기관을 두어 서양을 비롯한 중국 등 외국에서 발행된 서적이나 정기간행물을 번역하여 보급하기 시작했다. 1862년에 번서조소는 양서조소(洋書調所)로 개편되어 서양의 학문과 언어를 연구 번역 또는 교육하는 기관이 되었다. 이곳에서 네덜란드 본국과 그 식민지 바타비아에서 발행되고 있던 난지(蘭紙; 《*Javasche Courant*》나 《*Java Bode*》와 같은 격주간지 등)를 번역 발행케 했다. 이것을 《관판(官板) 바타비아 신문》이라고 부른다.

이 양서조소의 교수였던 영문학자 야나가와 슌산(柳河春三)이 중심이 되어 회역사(會譯社)란 단체를 조직하여 1863년부터 요코하마(橫濱)의 《Japan Commercial news》를 번역하여 도쿄에서 필사신문으로 발행하기 시작했다. 1868년부터 이것을 《중외신문》(中外新聞)이라 불렀다.4) 이로부터 일본에서는 1870년 12월에 시마다 다케부(島田風宝)에 의해 창간된 일본 최초의 일간신문인 《요코하마마이니치신문》(橫濱每日新聞)을 비롯한 근대 신문이 일본 민간인에 의해 여러 종류 발행되기 시작했다. 그리하여 수신사 김기수가 일본에 갔을 때에는 그가 말한 것처럼 "신문이 없는 곳이 없을"만큼 여러 종류의 신문들이 각 지방에서 발행되었던 것이다. 그 가운데서 특히 우리나라의 근대 신문의 발생에 결정적인 영향을 미친 것은 후쿠자와 유키치(福澤諭吉)로, 그는 1882년 3월에 《시사신보》(時事新報)를 창간한 사람이기도 하다.

그러나 우리나라에서 서양 근대 신문에 대해 가장 체계적으로, 또 자세한 내용을 담아 공개적으로 소개한 사람은 유길준일 것이다. 유길준은 1889년에 탈고하고 1895년에 발행된 《서유견문》(西遊見聞) 제17편에서 신문지(新聞紙)에 대해 소개하고 있다. 이 글에서 그는 서양에서의 신문발달과정, 신문사의 기구, 신문에 실리는 기사의 종류와 내용, 신문의 기능과 역할 등에 대해 비교적 자세히 해설했다. 또 유길준은 《서유견문》을 쓰기 10여 년 전에 이미 《한성순보》의 창간사를 준비한 가운데 다음과 같은 신문을 소개하는 내용을 담았으나, 정변으로 말미암아 그는 《한성순보》의 창간사업에 참여하지 못하게 되었다. 결국 그의 《한성순보》 창간사는 햇빛을 보지 못하고 사장되고 말았고, 당시에는 그 내용이 공개되지 못했다.

금부(今夫) 신문지(新聞紙)라 칭(稱)ㅎ는 자는 문명제국에 성행ㅎ야
기공효(其功效)를 불황매거(不遑枚擧)르듸 기대개(其大槪)를 논변(論辯)혼
즉(則) 태무애제(殆無涯際)ㅎ나 그러ㅎ나 기묘령은 일국인민의 지견(智
見)을 확대(擴大)ㅎ는데 과(過)치 아니 ㅎㄴ니 대즉(大則) 만국정치사리
(萬國政治事理)로부터 소즉(小則) 일신일가(一身一家)의 수제(修齊)에 이르
히 일신우신(日新又新)ㅎ야 기비루(其卑陋)혼 습속을 탈(脫)ㅎ며 개명혼
화운(化運)에 하(何)ㅎ야 폐해를 제(除)ㅎ고 정리(正理)를 귀(歸)ㅎ며 불
편을 사(捨)ㅎ고 유익에 취(就)ㅎ야 기국(其國)의 문명을 증진ㅎ게 ㅎ는
데 불출(不出)ㅎㄴ니 ……5)

한편 《한성순보》가 지면에 인용하거나 기사를 번역해 실은 외국
신문들을 참고로 제시해 보면 다음과 같다. 이로써 우리는 《한성순
보》가 창간되어 발행되던 1883년 전후에 어떤 외국신문들이 우리나
라에 수입되고 있었는지를 짐작할 수 있다.

중국 : 《상해신보》(上海新報), 《신보》(申報), 《자림호보》(字林滬報),
《향항서자보》(香港西字報), 《향항중외료문》(香港中外料聞), 《향항유신
보》(香港維新報), 《화자일보》(華字日報), 《상해화도신보》(上海畫圖新報),
《만국공보》(萬國公報), 《향항순환보》(香港循環報), 《향항보》(香港報),
《호보》(滬報)

일본 : 《동경시사신보》(東京時事新報), 《동경일일신문》(東京日日新
聞), 《일본우편보지신문》(日本郵便報知新聞)

기타 : 《서공법자신보》(西貢法字新報), 《덕국일보》(德國日報), 《륜돈
기립신보》(倫敦㞐笠新報), 《륜돈시사신보》(倫敦時事新報), 《뉴약신문》
(紐約新聞), 《인도문무일보》(印度文武日報), 《서공서자보》(西貢西字報),
《법국일보》(法國日報), 《뉴육부시사신문》(紐育府時事新聞)

(2) 신문의 개념

앞에서도 언급한 바와 같이, 우리나라에 서양 근대 신문의 개념을 비교적 자세하게 소개한 것은 유길준의 《서유견문》 제17편의 '신문지' 항이라 할 수 있다. 그가 서술한 신문지의 주요 내용을 인용해 보면 다음과 같다.

신문지

신문지는 여러 사람이 회사를 만든 다음, 일정한 국을 두고 세상의 새로운 이야기 거리를 탐지하여 인쇄 발행함으로써 온 천하에 널리 펴 내는 일을 하는 곳이다. 조정의 정사와 관가의 명령 및 관리들의 진퇴로부터 시작하여 거리의 풍문이라든가, 상업의 성쇠와 농작물의 흉풍 및 물가의 높낮이와 각 학교에서 공부시키는 형편과 학자들의 연구하는 업적과 일반 사람들의 고락과 생사라든가, 외국의 풍문에 이르기까지 실지 경치와 참된 모양, 기이한 일이나 말 가운데서 족히 세상 사람의 견문을 넓힐 만한 것을 골라내어 문인은 글을 짓고 명화가는 그림을 그려서 모르는 이가 없게끔 만들어 낸다. 또 다른 일에 관해서도 집회하는 소식, 개시(開市)하는 상호 및 기차 · 기선의 출발 · 도착과 대지 · 집기류의 매매라든가 유실물을 주워서 그 주인을 찾아주는 일 및 가게를 내며, 나그네를 유치하는 것 등을 다 신문사에 부탁하여 그 상세한 연유를 보도하도록 한다. 그런 까닭으로 시골에 살며 친구와의 거래가 거의 없는 사람이거나 만리타향에 살며 고국의 소식이 막연한 이도 신문지를 한번 보면 사람들의 움직이는 모습이 눈앞에 완연하여 실제의 사물을 친히 접할 때와 같은 느낌을 준다. ……

신문지는 매일 발행하는 것[일간(日刊)]도 있고, 매 7일마다 발행하는 것[주간(週刊)]도 있으며, 매달 혹은 네 계절마다 한 번 발행하는 것[순간(旬刊)・계간(季刊)]도 있다. …… 2백 년 전에 이르러 신문발행이 성행하게 되자, 조정의 법령을 따지는 자도 있고, 민간의 악습을 비난하는 자도 있으며, 농업・상업에 관한 일을 널리 알리는 자도 있고, 군사적인 문제나 학자의 연구에 대해서 이야기하는 자도 있으며, 법률과 기계문제라든가 어린아이와 여성에 대한 기사만을 내는 신문지도 있게 되었다. 외국 사정에 관한 것만 하더라도 정치・습속・국민・풍토 및 여러 사물을 명백하게 옮겨 실어서 세상의 물정을 빠짐없이 포괄하고 온 세계 안의 모든 일을 다 총괄하고 있음을 본다. 따라서 그 번성함도 극진하려니와 광대하기도 견줄 데가 없을 지경이다. 근세 서양 여러 나라 가운데서 영국의 런던과 미국의 뉴욕신문이 가장 번창하다. ……

대체로 신문지를 발행하는 데는 꼭 필요한 여러 기구가 있다. 옛날에는 사람이 베껴 썼으나, 철주자(鐵鑄字)가 생긴 뒤부터는 비로소 기계를 사용하게 되었지만 오히려 인력을 더 소비하게 되었다. 오늘날 큰 회사는 발동기계를 써서 한 시간에 3만여 장을 인쇄하니 그 신속함과 굉장함은 사람을 놀라게 하기에 족하다고 하겠다. 이처럼 여러 기구가 많은 만큼 그 비용 또한 적지 않은데, 어떤 이가 부질없이 자기의 재산을 내어 놓고서 신문발행에 쓰라고 하겠는가. 신문지를 구독하는 이가 있은 다음에야 판매를 할 수 있게 된다. 이로 미루어 보면 신문사업 또한 장사의 한 가지라고 할 수밖에 없다. ……

또 이처럼 여러 가지 번잡한 일이 세계 여러 나라와 멀고 가까운 곳에서 일어나기 때문에 신문사의 간부인들 앉아서 어찌 다 견문할 수 있단 말인가. 그런 까닭으로 여러 곳에 특파원을 파견하여 긴급한 사정은 전보로 알리고 늦어도 괜찮은 일은 서신으로 전하게 하여 인쇄 발행토록 하고 있다. 신문사는 빠른 보도를 하기 위하여 구독하는 사람 또한 사실을 빨리 전달받아 알게 되기를 즐겁게 여긴다.

　정부도 법령의 빠른 전달을 위하여 정부에서 모임이 있거나 법원에서 판결이 있는 날에는 신문사 특파원이 참석할 수 있도록 허락한다. 이렇게 특파되는 기자들은 신문사의 월급을 받으며 또 화가라든가 문인의 손을 빌어서 발행하는 각 조항에 쓴 일정한 이론이나 그림이 나타나기 때문에 역시 그들에게 사례금을 지급하는 것이다. 이런 점에서 본다면 신문사의 잡비도 적지 않은 셈이다.6)

　이 글을 보면 근대 신문의 개념이 잘 소개되어 있다는 것을 알 수 있다. 곧 신문이란 이 세상에서 일어나고 있는 여러 일들을 신속히 알리며 각종 정보를 제공하는 매체라고 규정하고 있다. 또 신문의 종류를 간별(刊別)로 구분해 소개함과 동시에, 전문지까지 있다는 것과 특파원을 두는 등 취재의 실제까지 밝히고 있다. 따라서 유길준의 '신문지'는 근대 신문의 개념을 명확하게 우리나라에 도입한 글이라 할 수 있다. 이 밖에 구한말의 민족지들에 수용된 신문의 개념들을 몇 가지 더 인용해 보면 다음과 같다.

　오늘날 지구의 6주에는 만국이 나열하여 있으며, 면적은 1억 9천만 방리(方里)나 되며, 사람은 14억 명이나 되는데, 천성도 각각 다르며 하는 일도 각각 다르며 생활도 같지 않으며 사태의 변함도 하루에 수만 가지나 되어서, 한 사람의 눈으로는 모두 살펴볼 수 없으며, 한 사람의 귀로는 모두 들을 수 없다. 어떻게 하면 6주의 넓은 곳을, 또는 만국의 대중을 한 눈과 귀로 모두 듣고 살필 수 있겠는가. 한 가지 방법이 있으니 6주와 전신(電信)을 통하고 만국과 문호를 개방하여 널리 묻고 널리 자료를 수집하여 날로 이목을 새롭게 하는 것은 오직 신보뿐이다.7)

신문이라 ᄒᄂᆞ 자ᄂᆞ 새로 듯ᄂᆞ 말을 새로 알게ᄒᄂᆞ 뜻이니 어제 듯ᄂᆞ 말은 어제 드러 알게하고 오날 듯ᄂᆞ 말은 오날 드러 알게하고 일년의 듯ᄂᆞ 말은 일년에 드러 알게ᄒ고 십년의 듯ᄂᆞ 말은 십년에 드러 알게ᄒᄋᆞ 그 듯지 못ᄒ던 거슬 드러셔 그 알지 못ᄒ던 거슬 알게 ᄒᄂᆞ고로 그 션 ᄒᆞ 말을 드르면 션ᄒᆞ대로 알게ᄒᄋᆞ 션ᄒᆞ 거슬 본밧게 ᄒ고 그 악ᄒᆞ 말을 드르면 악ᄒᆞ대로 알게ᄒᄋᆞ 악한 거슬 증계케 ᄒᆞ이 신문의 본 쥬의라 이 러ᄒᆞ으로 정부의 ᄉᆞ무 득실과 슈령의 졍치 션악과 인민의 빈부와 국가의 강약을 듯ᄂᆞ대로 일일이 알게ᄒᆞ이 겨울에 씍글이 업고, 물에 물결이 업 시 붉게 빗최ᄂᆞ 가온ᄃᆡ 만물의 형샹이 크고 적고 고옵고 드러온 거시 숨 기지 못ᄒᆞ과 갓지 ᄒᄋᆞ 날마다 새말이오, ᄒᆡ마다 새말노 새롭게 지식을 널넉 올흔 일은 권면ᄒ게 ᄒ고 그른 일은 회기ᄒ게 ᄒᆞ이요.[8]

대저 신문은 공론직필(公論直筆)을 의무로 한 고로 정치의 득실과 사 행(事行)의 선악을 일에 따라 묘사하야 권선징악하는 벌을 주는 것이니 …… 비유컨대 명경(明鏡)이 물건을 비추는 것과 같이 연추미악(妍醜美惡) 이 형체에 따라 비치는 것과 같으며 …… 신문이란 것은 곧 사회상 일대 명경이오 일대 사진기구(寫眞機具)인 것이다.[9]

위와 같은 글들에서도 신문을 환경의 감시자로 파악하여 사회의 실상을 비추는 밝은 거울에 비유하고 있는 등, 19세기 말에 우리나 라에 수용된 신문의 개념은 근대 신문의 성격을 정확하게 파악한 것 이라 할 수 있겠다.

한편 이 시기에 관보(官報)와 사보(私報)를 구분하고 있는 점이 주 목된다. 아래 소개하는 글은 《한성주보》에 실린 것으로, 당시 우리 나라에는 《한성순보》와 《한성주보》 등 관에서 발행하는 신문 밖에 없었음에도 관보와 사보(민간 신문)의 기능을 구별하고 있다는 것은, 그 시기에 수용된 신문의 개념이 이미 분화되어 있었다는 것을 뜻하는 것이다. 더욱이 사보가 있기에 민의가 상달될 수 있다고 본 것은 언론의 가장 중요한 기능 가운데 하나를 파악하고 있었다는 것을 뜻한다.

> 대체로 관보가 하는 일은 정사(政事)의 발표와 명령을 시행하는 것이며, 민보가 하는 일은 풍속을 관찰하고 채집하는 것이니 관보에 조규(條規)가 있고 민보 역시 체모가 있어야 하는 것은 바로 선왕(先王) 시서(詩書)의 유의(遺意)이다. 민에 사보가 있으면 하정(下情)을 상달케 할 수 있으며, 외사(外事)가 상세하게 기술되는 것을 볼 수 있어서 농공상업이 저마다 편리함을 얻을 수 있는 것인데, 게다가 공보가 있어서 이로 인하여 명령과 교계(敎戒)가 행해지고, 이로 말미암아 상형(賞刑)의 신실(信實)하고 명확함이 드러남이겠는가. 국가계획의 제반 사무와 상무(商務)의 장단굴신(長短屈伸)과 산림택수(山林澤藪)와 관문세항(關門稅項), 기선출입(汽船出入)에 이르기까지 소상하게 기재되지 않은 것이 없어서, 한번 눈에 거쳤다 하면 손바닥 들여다보듯 밝으니, 6주가 아무리 넓다 하고 만국이 많다 한들, 앉아서 볼 수 있으며 누워서도 구경할 수 있는 것이다.[10]

(3) 문명과 신문과의 관계에 대한 인식

구한말의 서양 근대 신문에 대한 인식은 개화를 위해 서양의 문물과 제도를 도입하려 했던 노력과 궤를 같이 한다. 곧, 신문의 필요성을 역설하면서 그것이 문명의 수준을 재는 척도라는 점을 강조하고 있는 것이다. 말하자면 우리나라가 문명국이 되려면 신문이 있어야 하며, 신문이 번성함으로써 문명 진보를 이룩할 수 있다고 보았다. 이러한 관점은 《한성순보》의 창간사인 〈순보 서〉(旬報 序)에도 잘 나타나 있다.

〈순보 서〉는 앞에서 인용한 바와 같이 "금부(今夫) 신문지(新聞紙)라 칭ᄒᆞᄂᆞᆫ 자는 문명 제국에 성행ᄒᆞ야 기공효(其功效)를 불황매거(不遑枚擧)"라 했다. 《한성주보》 또한 "신보(新報) 개설의 이익됨이 어찌 견문을 넓히는 데만 국한되겠는가. 저 구주 각국들은 땅이 그다지 넓지도 못하며, 백성도 그다지 많지 않은데도 부강을 독점하여 6주를 위압하는 것은 역시 신보를 통해 백성을 깨우쳐 날마다 발전하여 만국의 좋은 것을 듣고 보게 하여 총명을 집중시켜 새로운 것을 도모하게 한 때문이다"라고 강조하고 있다.[11]

유길준의 《서유견문》 또한 영국의 런던이나 미국의 뉴욕 같은 서양 문명국의 도시들에서 신문이 크게 번성하고 있다는 점을 소개하였다. 《독립신문》도 "당금은 세계 도처에 신문이 공론을 통ᄒᆞᄂᆞᆫ 대로가 되야 신문이 만흘쇼록 국가가 흥왕ᄒᆞ고 국가가 흥왕홀쇼록 신문이 만ᄒᆞ여지나니"라고 하며, 영국은 나라가 작으나 번성하고, 중국은 큰 나라지만 외국사람에게 노예같이 천대받고 백성이 도탄에 빠진 까닭을 신문, 곧 언로가 열리고 막힌 것으로 설명하고 있다.[12]

《황성신문》도 마찬가지로 "신문은 문명의 어머니요 자유의 매체다. 이러한 신문 없이 말로만 문명, 문명 하면 이는 귀머거리문명이요 소경문화이며, 말로만 자유, 자유 하면 이는 질곡의 자유니 어찌 문명이요 자유라 말할 수 있겠는가"하고 주장했다.[13] 《매일신문》이 "대범 셔양 제국져은 죽즁에 신문 다소를 가지고 그 나라 열니고 열니지 못흠을 비교"한다고 본 것도 같은 관점이라 하겠다.[14]

신문과 문명과의 관계에 대한 이와 같은 인식은 곧 신문을 문명 개화의 수단이나 도구로 그 역할을 규정하게끔 만들었다고 할 수 있다. 바로 이 점은 뒤에서 자세히 논의하겠지만, 우리나라에서 신문의 발생이 정보 제공을 통해 상업성을 추구하면서 등장하게 되었던 서구 신문의 발생과정과 성격을 달리하는 가장 현저한 차이라고 하겠다. 이러한 인식은 다음과 같은 《동아일보》의 주장에서 극명하게 드러난다. 곧 언론의 존재이유는 문화 발달에 있다는 관점을 크게 강조하고 있는 것이다.

> 문화가 발달된 곳에 언론이 존중되고, 문화가 유치하면 언론을 학대하는 것이다. 그러므로 언론의 자유는 문명국의 헌즉(憲則)이요, 현대인의 표치(標幟)다. 문화를 사랑하고 언론을 존중하지 아니함은 그 자체의 큰 모순이니 언론은 폭력을 배제하는 이성의 작용이요 사역인 까닭이다. 언론을 떠나서 독행하는 정치는 폭력을 조장시킬 위험이 있고 언론을 무시하는 문화는 비판을 회피하는 오류를 면치 못하나니 문명국에서 언론을 존중하는 것은 문화를 사랑하는 결과요, 폭력의 정치를 피하는 도리의 소이연이라고 할 것이다. 언론이 언론을 위하여 있는 것이 아니라 문화의 발달을 위하여 있고 인간의 합의한 생활에 공헌하는 의미에서 가치가 있는 것이다.[15]

그러나 그 같은 인식은 구한말의 우리 국민들이 신문에 대해 올바른 판단을 제대로 하지 못하고, 또 신문구독에 열의를 보이지 않았던 점을 비판하게 만들기도 했다. 곧 "서양 각국에는 국내에 신문사가 누천(累千)으로 헤아리는데, 신문을 사서 보는 사람들은 차라리 밥은 못 먹어도 신문은 하루라도 빠져서는 안 된다고들 한다. 그런 까닭으로 비록 촌부촌부(村夫村婦)라도 그때그때의 세계 소식이나 국내 소식을 알지 못하는 사람은 없다. …… 그렇건만 우리 대한으로 말하면 신문사가 불과 4, 5처뿐이고, 전국의 신문을 구독하는 사람을 계산해도 겨우 삼천 명도 되지 못한다”는 현실을 한탄하고 있는 것이 좋은 예이다.16) 다음과 같은 《대한매일신보》의 논설도 그러하다.

> 대범(大凡) 보지지성행어국중자(報紙之盛行於國中者)는 기민(其民)이 필문명(必文明)하고 기국(其國)이 필부강(必富强)하나니 개비보지지확장(盖非報紙之擴張)이면 국민지지식(國民之智識)이 무유이진의(無由以進矣)오 비민지지점개(非民智之漸開)이면 보지지발행(報紙之發行)이 역무이광의(亦無以廣矣)니 보관지관계어국민정도(報館之關係於國民程度)가 과하여재(果何如哉)아.17)

그리하여 많은 사람들이 신문을 보아 백성들이 깨우치게 되면 백성이 날로 부유해질 것이며, 국가도 날로 강해져서 장차 천하를 호령하는 수레를 타고 저 서인(西人)들의 앞에 달릴 수 있게 될 것이라고 신문 읽기를 부추기기도 했다.18)

2) 신문의 사명과 기능

(1) 신문의 사명

앞에서 살펴본 바와 같이 신문을 문명진보의 필수적 도구로 본 신문과 문명의 관계에 대한 기본인식은, 우리나라에서 신문을 수용할 때 그 사명이나 목적을 나라의 문명개화나 개화자강에 두게 하였다. 물론 제국주의 열강의 침탈로부터 나라의 주권을 수호하고 자주독립국가의 기틀을 공고히 하고자 했던 것도 신문발행의 궁극적 사명이자 목표였지만, 근대 신문이 발생하던 초창기 신문의 사명이나 목표는 문명개화나 개화자강에 있었음은 분명하다. 또한 그 같은 목표와 사명은 주권의 수호와 자주독립국가의 토대를 견고하게 하는 일과 뗄 수 없는 관계로 파악했던 것이다.

근대 신문이 발생했던 초창기 신문의 사명과 목적이 문명개화나 개화자강에 있었다는 점은 다음과 같은 기록들에서 충분히 알 수 있다. 예컨대 박영효의 적극적인 후원을 받아 우리나라 최초의 근대 신문을 창간하기 위해 신문발간작업을 맡아 추진했던 유길준이 작성했던 신문 창간사를 보면 "대조선개국 사백구십이년 계미 월 일에 국(局)을 창건ᄒ고 …… 을 발행ᄒ니 …… 기간도수(其刊度數)ᄂ 매월 회(回)로써 고위정례(枯爲定例)ᄒ나 연(然)이나 자금(自今)으로 개화문명의 진보를 종(從)ᄒ며"라 하였고, 또 "기요령은 일국인민(一國人民)의 지견(智見)을 확대ᄒᄂ데 과(過)치 아니ᄒᄂ니"라 하여 신문발간의 목적이 문명개화에 있음을 명백히 하고 있다.[19]

유길준 등에 따른 신문발간작업이 박영효의 돌연한 좌천으로 중단된 뒤, 점진적 개화주의자로 알려진 김만식 등의 인사들이 창간한 《한성순보》의 〈순보 서〉, 곧 창간사를 보아도 《한성순보》의 발간목적이 문명개화라는 것을 알 수 있다. "박문국(博文局)을 설치하고 관리를 두어 외보(外報)를 폭넓게 번역하고 아울러 내사(內事)까지 기재하여 국중(國中)에 알리는 동시에 열국에까지 반포하기도 하고, 이름을 '순보'라 하여 견문을 넓히고, 여러 가지 의문점을 풀어주고, 상리(商利)에도 도움을 주고자 하였으니 …… 세계 속의 방위(方位)·진침

(鎭浸)・정령(政令)・법도(法度)・부고(府庫)・기계(器械)・빈부(貧富)
・기아(飢餓)에서 인품의 악덕, 물가의 고저까지를 사실대로 정확히
실어 밝게 알 수 있을 뿐 아니라 그 사이사이에 포폄권징(褒貶勸懲)의
뜻도 들어 있다"고 밝힌 것이 곧 그와 같은 의도를 표출한 것이다.[20]

이와 같이 신문의 사명이나 목표를 문명개화나 개화자강을 꾀하
기 위한 국민의 계몽에 둔 것은《독립신문》의 경우는 말할 것도 없
고,《제국신문》,《매일신문》,《황성신문》,《대한매일신보》등 구한
말의 민족지들에서 공통적으로 드러나고 있다. 이들 신문이 천명하
고 있는 문명개화나 개화자강의 사명이나 목적들을 인용해 보면 다
음과 같다.

> 그러므로 신문의 목적은 옛것을 익혀 새것을 알고, 근본을 밝혀 응용
> 에 도달하는 것으로 일세(一世)의 목탁을 위해 가하지 않은 것은 없다고
> 하리라.[21]

> 신문사를 창설한 목적은 …… 실로 인민 개명하기를 주의함이요, 이익
> 도취(利益徒取)함은 아니라.[22]

> 아모조록 우리 신문이 문명 진보에 큰 긔쵸가 되기를 우리는 간절히
> 바라노라.[23]

> 신문을 만들어 날마다 세계의 소문과 사람의 선악을 일일이 기재하여
> 학교에 갈 수 없는 사람이나, 생애에 골몰하여 세상일을 모르는 친구들이
> 틈틈이 보아서 아는 일이 있게 하는 것인즉, 신문이 사람을 시비하고 칭
> 찬하는 것만 아니라, 곧 사람을 가르치는 학교나 다름이 없어서 ……[24]

그러나 위와 같은 신문의 사명이나 목적은 1920년대나 1930년대에 이르면 좀 더 현대 언론의 성격과 관행에 적합한 것으로 구체화되는 경향을 보인다. 곧 문명개화나 개화지강이라는 포괄적이며 계몽주의적인 사명이나 목적보다는, 언론(신문)이 수행할 수 있고, 또 그렇게 해야만 하는 현실적 기능과 관련된 여론형성 또는 사회개조 등, 더 현실적이며 구체적이고, 언론(저널리즘)의 현대적 역할과 관련하여 적합성을 지닌 목표들로 현재화되고 있는 것이다. 예컨대 다음과 같은 《동아일보》나 《조선일보》의 관점들이 그와 같은 경향을 반영한다.

언론기관의 사명에는 두 가지가 있다. 하나는 여론을 일으키어 민중을 지도하는 일이요, 또 하나는 민중의 여론을 가장 정확하게 또는 가장 신속하게 보도하는 일이다. 문명한 사회일수록 그 사회가 가진 언론기관은 그 지도적 임무보다도 보도기관으로의 임무가 더 크게 되는 것이다. 민중의 정당한 여론이 부단히 양성되고 진전되고 실천화되는 사회에서는 그 사회가 가진 언론기관의 가장 중대한 사명은 곧 그 여론을 조직화하고 체계화하여서 널리 보도함으로써 그 여론의 민족적 통일을 촉성하는 동시에 그 실효를 강화하는 데 있는 것이다. 그래서 그러한 사회의 신문지는 진정한 의미에서의 민성(民聲)의 대표자로서 대내·대외에 그 민중여론을 선포하는 역할을 하는 것이다.[25]

가령 현 사회, 더욱이 정치가 완전무결하다면 언론의 필요가 존재하지 않을 뿐 아니라, 그 자유가 금압될 필요도 무(無)할 것이다. 그러나 현 사회제도에 허다한 결함이 있고 따라서 정치적 기제에 무수한 폐막(弊瘼)이 혼잡한 현상에 있어 언론의 자유는 그 병폐를 광정 또 개혁함에 유력한 임무를 가지고 있는 것이다. 바꾸어 말하면, 누구나 현대인으로서 현 사회조직이 완전무결이라고 망신방신(妄信放言)할 자는 무(無)할 것이다.

그러면 언론에 의하여 비평이 자존케 하고, 진리를 구명케 하여 사회의 진보 발전을 도하며 아울러 인간생활을 합리적으로 개조 향상케 하는 것은 필요 불가결의 사(事)가 될 것이다. 여기에 사회가 언론기관에 기대하는 바 사명과 인간이 그의 자유를 요구하는 바 의의가 있는 것이다.[26]

이러한 신문의 사명과 목적설정은 우리나라 근대 신문이 서양의 그것과 신문의 본질에서 차별된 성격을 지니게끔 만들었다고 할 수 있다. 다시 말해 서양 근대 신문이 상업이나 무역과 관련된 정보를 비롯해 각종 정보와 뉴스를 상품으로 삼아 이윤을 추구하고자 통보업자(通報業者)들에 의해 발생되었던 것과 달리, 우리나라의 경우는 문명개화나 개화자강을 위한 계몽주의적 목적을 성취하고자 영리와는 상관없이 발간된 것이다. 그리하여 초창기 우리나라 근대 신문들은 뉴스 보도나 그것에 대한 해설과 논평을 제공하기보다 국민을 계몽하기 위한 논설 또는 문명국들의 제도나 과학기술의 발전 및 새로운 학문들을 소개하는 데 더 많은 지면을 할애했다. 나아가 세계 각국의 뉴스보도 또한 국민들의 견문을 넓히려는 목적에 부응하는 일종의 교재로 파악하였다.

따라서 구한말 민족지들을 발간한 사람들의 기본적인 발상은, 당시 여러 사회단체와 학회들을 만들어 국민교육을 위한 학회지나 잡지를 발간했던 애국지사나 지식층의 생각과 그 맥을 같이 하는 것이라 할 수 있다. 말하자면 우리나라 근대 신문의 발행은 비영리사업인 계몽사업 또는 교육사업이었던 셈이다. 이 같은 성격은《한성순보》나 《한성주보》를 관비로 발행했다는 점 이외에 여러 민간지의 경우에도 마찬가지로 잘 드러나고 있다.

예컨대 《독립신문》은 "우리가 이 신문 출판ᄒ기ᄂ 취리ᄒ랴ᄂ게 아닌고로 갑슬 헐허도록 ᄒ엿고"라고 창간호 논설에서 밝히고 있으며, "본샤 신문은 본듸 인민의 이목을 ᄀ명ᄒ고쟈 ᄒ야 셜시ᄒ 것이요 쟝ᄉ홀 의ᄉᄂ 죠곰도 업ᄂ고로 쟈본이 업셔셔 겨오 신문갑을 밧아샤 본샤 소용이나 지팅ᄒ야 가ᄂ고로 과히 밋져 가며셔ᄂ 이 신문을 출판홀 슈 업노라"고 하여 이윤을 남기려 하지는 않지만 신문의 운영을 위해 최소한의 구독료를 받으니 이를 주지하여 구독료를 비싸다고 비난하지 말고, 제때 신문 값을 지불해 주기를 바란다는 기사도 보인다.[27] 《황성신문》 또한 "신문사를 창설한 목적은 …… 실로 인민 개명하기를 주의함이요, 이익도취(利益徒取)함은 아니라"고 했다.[28]

이 같은 초창기 신문들의 전통은 1920년에 창간된 《동아일보》나 《조선일보》 등에도 그대로 이어진다. 예컨대 "오늘날 조선에 있어서 우리 언론기관의 사명은 심상(尋常) 이상의 특수한 의의가 있는 것은, 그것이 단순한 영리기관의 대상이 아닌 것은 물론이요 …… 조선 민중의 표현기관인 동시에 또 구체적 생활 그것이다"라고 인식하고 있다든지,[29] 또는 "언론기관을 '사회의 목탁'이니 '공론(公論)의 명경(明鏡)'이니 '공평무사(公平無私)'이니 하는 등 객관적 실상과는 전혀 착오된 인식으로 조선에서도 신문지를 상품화하거나 잡지쟁이의 잡지를 발행함은 조선의 현실을 무시함이 이보다 더 할 수 없겠다"고 언론의 상업주의화를 비판하는 입장들에서 그 같은 맥이 이어져 왔다는 점을 알 수 있다.[30]

그러나 구한말의 민족지들은 바로 그와 같은 비영리적 경영과 신문에 대한 국민들의 인식 부족 및 신문구독료를 지불할 경제적 능력을 갖춘 계층이 매우 한정적이던 상황들로 말미암아 경영상의 난관은 물론, 폐간되는 운명을 겪어야만 했다는 사실도 간과할 수 없다.

(2) 신문의 기능

논자들에 따라 언론(신문)의 기능을 분류하는 방식이 다르기는 하지만, 대체로 언론은 ① 환경감시의 기능, ② 상관조정의 기능, ③ 사회화의 기능, ④ 오락의 기능 등을 수행한다고 보고 있다. 여기서 말하는 환경감시의 기능이란, 언론이 이 세계, 곧 인간이 삶을 영위하는 자연환경과 문화환경에서 일어나고 있는 일들을 알려주는 기능을 말한다. 상관조정의 기능이란 사건들에 대한 선별·평가·해설을 제공하는 기능으로 환경감시활동에 질서를 잡아주고 보도되는 사건들의 상대적인 중요성을 제시해 주는 것이다. 때때로 이 기능은 환경의 변화에 대응하게끔 해주는 처방전을 마련해 주는 것으로 해석되기도 하며, 여론형성의 기능이라고 부르기도 한다. 그리고 사회화의 기능이란 한 사회의 문화를 다음 세대에게 전승하는 기능을 뜻하는 것으로, 주로 그 사회의 규범이나 가치를 사회 구성원들, 특히 새 세대에게 내면화시키거나 보강해 주는 기능을 말한다.

이와 같은 언론의 일반적인 기능들과 관련하여, 우리나라 근대 신문의 발생 동기나 그 이후 일제 식민통치하에 이르기까지 언론의 기능은 무엇이라고 생각했는지 분석해 보자. 당시 신문들은 상기한 바와 같은 기능들을 모두 포괄하고 있지만, 오락적 기능은 배제하고 있거나 거의 중요하게 여기지 않고 있다. 이와 달리 환경감시기능과 사회화의 기능은 더욱 강조하고 있다. 더욱이 구한말 신문의 경우

오락적 기능은 철저히 배제되고 있는 반면, 어떤 기능보다도 사회화의 기능이 가장 두드러지고 있다는 것을 알 수 있다.

이와 같은 신문의 기능에 대한 우리나라 근대 신문들의 인식은 말할 것도 없이 이 시기의 우리 신문들이 추구하고자 했던 신문의 사명이나 목적을 반영한 것이다. 즉, 문명개화나 개화자강을 위한 계몽주의적 성격은 당시의 신문들로 하여금 사회화의 기능을 강조하게 만들었다고 하겠다. 이런 뜻에서 우리나라 근대 신문은 규범신문의 성격을 지닌다고 규정해도 좋을 것이다.

그뿐만 아니라 구한말 민족지의 경우, 오늘 우리가 환경감시의 기능으로 보는 뉴스 보도 자체까지 국민의 눈을 뜨게 하고 귀를 열게 하려는 계도적 의도로 행했다는 점을 감안한다면 규범신문의 성격이 더욱 두드러진다고 하겠다. 다음과 같은 관점들이 신문의 기능을 그처럼 파악하고 있다는 것을 드러내 주는 보기라고 할 수 있다.

국가의 경사나 법령에 올바르지 못한 것이 있으면, 이를 따져서 정부의 심사숙고가 있기를 바라며, 국민들이 좋아하는 것과 원하는 것이 있으면 정부에게 그 시행을 촉구하기도 한다. 그러므로 정부도 명령과 정사를 실시하는 데 있어서 근신하게 되며, 국민들의 행실과 세계 각국의 습속을 비판하여 칭찬할 만한 것은 칭찬하고 나무랄 것은 나무라는 까닭에 사람들 또한 행실을 단정히 하며 풍속도 자연히 가다듬어져서 뒷일을 근심하게 된다. 또 어떠한 사물에 관한 일이든지 제도의 편리 여부라든가, 규모의 선악 여부에 대해서 논박의 대상이 되지 않은 것이 없기 때문에 생계와 사업을 경영하는 사람치고 몸이 신칙하며 근신하지 않는 자가 없게 된다. 이러한 점에 입각해서 본다면 신문사의 역할이 국가를 위하여서는 간관(諫官)의 직책을 다하고 있으며, 우리 사회를 향하여서

는 사필(史筆)의 구실을 다하고 있다고 해도 거짓은 아닐 것이다.[31)]

　신문이라 ᄒᆞᄂᆞᆫ 것이 나라에 크게 관계가 되는 것이 세 가지 목적이 잇스니, 첫지 학문이오, 둘지 경계요, 셋지 합심이라. …… 틱서 제국에 이전 ᄉᆞᄀᆡ와 요ᄉᆞ이 새로나는 신문을 광구ᄒᆞ여 고금을 비교ᄒᆞ며, 그 근원을 궁구ᄒᆞ야 신문에 긔직ᄒᆞ여 가지고, 국민의 이목을 날로 새롭게 ᄒᆞ니 이것이 일은바 신문이 학문에 관계된다 ᄒᆞ이오. …… 대져 공졍ᄒᆞ기는 신문에 지날 것이 업는 것은 당초에 신문이 ᄒᆞᆫ두 사름을 위ᄒᆞ여 조용ᄒᆞᆫ 구석에서 감안히 보라는 것이 아니라 셰상에 드러닉놋코 널니 젼ᄒᆞ기로 쥬장ᄒᆞ니 그 여러 사름 등은 다 고르게 위ᄒᆞ잔즉 말이 공평홀 수밧게 업는지라, 공평ᄒᆞᆫ 말이 셰상에 행하면 그 결심은 필경 법강과 졍셰가 발니셜지니 이것이 일은바 신문이 경계에 관계된다 ᄒᆞᆷ이오.[32)]

　한 사람의 잘못한 까닭으로 여러 사람이 해를 입기 때문에 그 잘못한 행위를 세상에 공포하여 타인을 경계하는 것이오, 잘한 일을 포장하여 사람마다 그 잘못한 사람의 행정을 모본하여 사람마다 칭찬 듣기를 힘쓰고 시비 듣기를 싫어하도록 하자는 것인즉, 전국 사람에게 다시없는 친구다.[33)]

한편 신문의 기능과 관련하여 신문을 사회의 혈관으로 파악하고 있다는 점을 지적하지 않을 수 없다. 곧 "나라에 신문이 있는 것은 비유하건대 사람의 몸에 혈관이 있는 것과 같다. 단전(丹田)을 거슬러, 육부(六腑)를 거쳐 올라가서 신경계로 들어가고, 사지(四肢)·백체(百體)를 남김없이 두루 돈다. 이렇게 매일 쉴 새 없이 되풀이하여, 그런 연후에라야 그 피는 썩지 않고, 그 기운은 꺾이지 않는다"고 했다.[34)] 이 같은 신문의 사회적 기능에 대한 인식은 신문이 환경감시자 구실을 하지 않으면 안 된다는 관점에 연관된다. 그리하여 "나라에 신문이 있는 것은 어둔 방에 등불이 있는 것과 같고, 사람이 신문을 보는 것은 맑은 밤에 종이 울리는 것과 같다"고 보았다.[35]

신문의 환경감시기능은 특히 탐관오리들을 고발하는 일에 집중해서 수행되어야 한다는 것을 강조하고 있다는 점도 주목된다. 그 같은 생각은 "정부 관원이라도 잘못ᄒᆞᄂᆞᆫ 이 잇스면 우리가 말ᄒᆞᆯ 터이요 탐관오리들을 알면 세상에 그 사ᄅᆞᆷ의 행적을 폐일 터이요"라고 선언한 《독립신문》 창간호를 비롯해서, 이 시대 민족지들이 다 같이 지니고, 또 실천했던 것이다. 사실상 구한말 민족지들은 오히려 오늘의 신문들보다 더 강력하게 정부의 잘못과 탐관오리들을 고발했다고 평가해도 결코 지나친 말이 아닐 만큼 환경감시자의 역할을 충실히 수행했다.

위와 같은 신문의 기능에 대한 인식과 함께 근대 신문이 발생했던 구한말의 민족지들은 신문이 여론을 대변해야 하며, 그것을 통해 제도의 개선은 물론 사회적 통합을 이룰 수 있다고 파악하였다. 이는 현대 민주주의 정치에서 언론의 핵심적 기능이라 지적되는 여론형성과 국민적 합의의 도출과 문맥을 같이 하는 것이라 주목된다.

《독립신문》이 창간사에서 "정부에셔 ᄒᆞ시ᄂᆞᆫ 일을 ᄇᆡᆨ셩의게 젼ᄒᆞᆯ 터이요 ᄇᆡᆨ셩의 졍셰를 졍부에 젼ᄒᆞᆯ 터이니 만일 ᄇᆡᆨ셩이 졍부 일을 자셰히 알고 졍부에셔 ᄇᆡᆨ셩에 일을 자셰히 아시면 피ᄎᆞ에 유익ᄒᆞᆫ 일만히 잇슬 터이요 불평ᄒᆞᆫ ᄆᆞᄋᆞᆷ과 의심ᄒᆞᄂᆞᆫ 생각이 업서질 터이옴"이라고 주창한 것을 비롯해 다음과 같은 신문들의 견해가 모두 여론형성과 국민적 통합의 기능을 중요하게 여겼다는 것을 증명하는 것이다.

신문지에는 또 하나의 커다란 구실이 있는바, 어떠한 사람이든지 좋은 의견이 있으면 기사를 만들어 신문사로 보내면 신문사에서도 사양치 않고 반드시 지상에 실어 세상에 전파를 한다. 그러므로 나라를 존중하고 임금을 사랑하는 데 무한한 정성을 다한 글은 세상 사람들의 충성심을 고무시키게 된다. 또 자기 나라가 다른 나라에 미치지 않는 일이 있을 것 같으면 신문지를 통한 논평으로 국민들의 공분심을 불러일으키게 되기 때문에 신문지를 보는 사람마다 좋은 도리를 짜내어 발표해 주기를 바라고 있다. 또 신문지로 말미암아 그들의 훌륭한 이론을 국민들에게 서로 통하게 할 수도 있는 것이다. 국민들의 마음을 하나로 합치게 할 수 있는 기관은 신문보다 더한 것이 없기 때문에 어떤 사람은 신문이야말로 개화에 큰 두움을 주는 것이라고 말한 일까지 있다.[36]

덕틱이 엇던 것신지 몰으고 혹 탐관오리의 쥰민고티ᄒᆞᄂᆞᆫ 허물을 인ᄒᆞ야 어지신 황상을 원망ᄒᆞ며, 쏘흔 나라에 무슴 경사나 걱정이 잇슴을 서로 통긔홀 도리가 업서 일성지내며 서로 쇼문과 의견이 스람마다 다르니, 흠을며 하향궁촌에 안즌 빅셩들은 나라 일에 져승갓치 막혀잇셔 동편에 큰 일이 잇스되 셔편셔는 잠만 자니 그런 빅셩은 업ᄂᆞᆫ 이만 못ᄒᆞ지라. 이째 쏘흔 적국이 ᄉᆞ면에 엿보며 귀틀을 차즈니 보호홀 방책은 다만 빅셩이 합심ᄒᆞ기에 잇ᄂᆞᆫ지라.[37]

무릇 전국민의 흉중(胸中)에 결(結)하여 말하고저 한 바를 신문이 아니면 누가 말할 수 있으며, 전국민의 설단(舌端)에 맴돌며 토로코져 한 바를 언론이 토로하지 아니하면 누가 토로할 것이며, 국민의 강개비분과 국민의 질통참달(疾痛慘怛)을 신문이 아니면 누가 진술할 수 있으며 독립불굴의 정신을 누가 선양하고 경쟝 진취의 사상을 누가 고취할 것인

가. 일우일락(一憂一樂)이 동포의 충정이 아님이 없고 일가일곡(一歌一哭)이 국가의 성쇠와 직결되어 있다.[38]

(3) 신문기자의 사명

신문기자의 사명은 말할 것도 없이 신문의 목적과 기능의 수행을 충실히 하는 데 있을 것이나, 이를 위해 각별한 사명감과 자질을 갖추어야만 한다. 이러한 신문기자의 사명과 자질에 대해 구한말의 근대 신문들은 여러 논설 속에서 단편적인 언급을 많이 하고 있지만, 그 가운데 가장 자세한 것은 《독립신문》에서 찾아볼 수 있다. 《독립신문》은 중임을 맡은 기자들이 해야만 할 구실을 크게 여섯 가지로 구분하여 제시하고 있다.

첫째는 인민의 권익을 보호하고 향상하는 구실을 해야 한다는 것이다. 이를 위해 신문기자는 ① 인민의 생활향상을 도모하도록 힘써야 하며, ② 인민의 권리를 보호하고 향상시키며, ③ 특히 가난하고 권세 없는 사람들의 권익을 보호해야 한다고 강조하고 있다. 둘째, 신문기자는 공정성을 유지해야만 한다고 강조하고 있다. 이를 위해 기자는 ① 공평한 것 하나만 가지고 말해야 하고, ② 인민들에게 필요한 정보만 제공해야 하며, ③ 진실을 알려야 한다고 했다. 셋째, 신문기자는 항상 인민에게 봉사해야 하며, 아무쪼록 기사를 모든 사람들이 알아볼 수 있게 쉽게 쓸 것을 당부하고 있다. 넷째, 기자는 환경감시자의 역할을 해야 하고, 다섯째, 기자는 계몽자의 역할을 해야 한다고 보았다. 여섯째, 위와 같은 구실을 하려면 신문기자는 마음을 천하고 비루하게 가져서는 안 되며, 사사로운 감정과 욕심에 사로잡혀서도 안 될 뿐만 아니라, 남이 듣고 공부가 되도록 말해 줄

수 있는 학문이 없어서도 안 될 것이라고 강조하고 있다.

다시 말해, 신문기자는 그 사명을 다하기 위해 고상한 인품과 품격을 갖추고 유지해야 하며, 사사로운 이해관계에 얽매여서는 안 되고, 공부를 많이 해야 한다는 등의 자질을 지녀야 한다고 본 것이다. 이 같은《독립신문》의 관점을 피력한 논설의 주요 내용을 인용하면 다음과 같다. 이와 같은 기자의 사명과 자질에 대한 관점은 현재의 언론기자들에게도 그대로 적용되는 것이라 하겠다.

> 오늘 우리가 별노히 ᄒᆞᄂᆞᆫ 말은 각쳐 긔ᄌᆞ들을 위ᄒᆞ야 말ᄒᆞ노니 이 즁림을 못흔 졔군ᄌᆞᄂᆞᆫ 우리 말을 쟈셰히 듯고 아모죠록 신문긔ᄌᆞ의 목젹을 이져버리지 아니ᄒᆞ기를 볼ᄋᆞ노라. 신문의 복젹은 매일 인민을 위ᄒᆞ야 인민의 의복과 음식과 재산과 목숨과 권리와 디위와 행실과 쳐디를 다믄 보호ᄒᆞ여 줄 쑨이 아니라 졈졈 더 나아가게 ᄒᆞ여 주어 그 인민들이 더 부요ᄒᆞ고 그 인민의 의복 음식 거처가 졈졈 학문 잇게 되야 가게 ᄒᆞ며 그 인민의 권리를 아모라도 히롭게 안케ᄒᆞ여 주며 인민의 힝실들이 졈졈 놉고 졍직ᄒᆞ야 세계에 졈존흔 사ᄅᆞᆷ들이 되게 ᄒᆞ여주며 아모죠록 약ᄒᆞ고 간란ᄒᆞ고 궁ᄒᆞ고 셰업ᄂᆞᆫ 사ᄅᆞᆷ을 보호ᄒᆞ며 역성ᄒᆞ야 인민들이 모도 의리 잇고 츙심 잇게 되도록 ᄒᆞ며 둘직ᄂᆞᆫ 죠곰치라도 샤심(私心)이 업ᄂᆞᆫ 론인 졍단홀 쌔에 공평흔 것 ᄒᆞ나믄 가지고 말을 ᄒᆞ며 결단코 인민이 드러셔 쓸대 업ᄂᆞᆫ 말을 내지 말며 헛되고 뜻 업ᄂᆞᆫ 말을 긔재 말며 아모죠록 글을 알아보기 쉽도록 간단ᄒᆞ고도 긴흔 것을 쎅지 말고 말을 믄드러 글ᄌᆞ 흔 ᄌᆞ와 흔 줄이 쓸듸 업ᄂᆞᆫ 일에 허비ᄒᆞ지 안토록 ᄒᆞ여야 홀터이며 일의론 홀 때에 언졔던지 신문의 뎨일 목젹을 이져버리지 말고 인민을 위ᄒᆞ야 언졔던지 그 ᄆᆞ음 ᄒᆞ나를 가지고 의론ᄒᆞ며 젼국 졍치와 샤회샹 일을 각 집안 이약이와 갓치 ᄒᆞ야 젼국 인민이 샤실샹 일

과 정부 샹 일이 ᄌ긔 집안 일갓치 알도록 말을 ᄒ여 주어야 ᄒ며 ᄉ룸을 칭찬ᄒ되 실샹을 가지고 칭찬ᄒ고 누구를 시비홀 때에 실샹흔 일을 가지고 무슴 일을 엇더케 ᄒ엿다고 자셰히 재긔ᄒ야 시비ᄒ지 아니 ᄒ여셔ᄂ 시비를 ᄒ여도 증계가 아니 되고 칭찬을 ᄒ여도 찬양이 아니 될 터이라. 신문의 직무와 권리가 세계 샹에 대단히 놉고 크다ᄂ 것은 다름이 아니라 신문이 나라에 등즌불 ᄀᄒ 것이요 인민의 션생이라 몃 만명의 션생노릇ᄒᄂ 직무가 엇지 가븨합다고 말을 ᄒ리요. 만일 그 션생이다른 사룸들보다 ᄆ음을 천 ᄒ고 비루ᄒ게 먹ᄂ다던지 샤졍과 욕심에걸녀 종노릇을 흔다던지 남이 듯고 공부되도록 말을 ᄒ여 줄 학문이 업다던지 ᄒ거드면 그 신문이 등즌 불ᄀ치 붉혀 주ᄂ 힘도 업고 션생 ᄀ치 여너 주ᄂ 효엄도 업고 ……39)

한편 다른 신문들의 기자에 대한 관념도 《독립신문》의 그것과 같은 것이지만 특히 기자는 공평해야 한다는 점을 많이 강조하고 있다. 예컨대 "사실 신문기자는 지위도 없고 권력도 없지만 세상일에 눈을 부릅뜨고 시대의 근심에 눈을 돌린다. 그리하여 그 논리의 전개는 공정하고, 그 사실의 논평은 온당하며, 권세 있는 자를 피하지 않고, 남을 지배하려는 간특한 야심가들을 겁내지도 않는다"고 한 것을 보아도 그 같은 기자에 대한 관점이 내포되어 있다는 것을 알 수 있다.40) 또한 논설 집필자의 구실도 다음과 같은 글을 통해 어떠해야 하리라고 보았는지를 짐작할 수 있을 것이다.41)

논설이라 하는 것은 무엇인고 하니 오(吾)의 국(國)의 성쇠를 우(憂)하야 성(盛)하기를 원하고 쇠함은 불원하난 말이오, 논설이란 것은 무엇인고 하니 오(吾)의 관인(官人)의 사정(邪正)을 변(辨)함이니 정(正)하기

를 권(勸)하고 사(邪)함은 박(駁)하난 말이오, 논설이라 하난 것은 무엇
인고 하니 오(吾)의 국민의 현우(賢愚)를 논함이니 우(愚)한 자를 도(導)
하여 현(賢)하도록 하고자 함이라.

3) 언론의 자유에 대한 인식

(1) 언론자유의 개념

　언론자유의 개념은 사상체계에 따라 다르게 정의된다. 예컨대 자
유주의와 공산주의 사상체계에서 언론자유의 개념은 다르다. 그러나
전통적인 언론자유의 개념은 영미의 자유주의 전통에서 찾아야 한
다. 따라서 우리의 관심은 우리나라 근대 신문의 발생과 함께 어떤
언론자유의 개념이 수용되었는가에 모아지며, 그것은 우리가 서양
근대 신문을 수용했다는 점에서 영미의 자유주의 전통과 어떻게 연
관되었는가를 밝혀보는 작업이 될 것이다.
　영미의 자유주의 전통에 입각한 언론자유의 개념은 크게 둘로 나
눌 수 있다. 하나는 고전적 자유주의에 입각한 개념이고, 나머지 하
나는 신자유주의의 영향을 받은 개념이라 할 수 있다. 이러한 두 가
지 언론자유의 개념을 신문이론에서는 각각 자유주의이론(자유주의
개념)과 사회책임이론(신자유주의 개념)이라 부른다. 이 두 가지 언론
자유의 개념이 지니고 있는 차이점을 간략하게 요약해 보면 다음과
같다.
　자유주의 개념은 고전적 자유주의의 관점과 마찬가지로 자유 그
자체를 절대적인 것으로 인식한다. 그 같은 인식에서 언론의 자유는
말하는 사람의 자유를 주로 강조하게 된다. 곧 어떤 사람이든 누구

나 자신이 생각하는 바(진실)를 말할 수 있는 권리로 파악한다. 그뿐만 아니라 무엇이든 말하는 것이 좋은 것이라고 본다. 그것은 진리가 사회 내에서 자율적 교정작용을 거쳐 스스로 떠오른다는 신념에 근거하는, 곧 사상의 자유시장이라는 개념에 입각하고 있다. 따라서 언론자유개념(신문의 자유)의 핵심은 발행인의 자유, 인쇄의 자유, 누구나 원하는 것을 인쇄할 수 있는 권리가 된다.

이와 견주어 사회책임이론은 자유 자체를 상대적인 것으로 인식한다. 이러한 관점에 입각한 언론의 자유는 말하는 사람의 자유보다 듣는 사람의 자유를 더 강조하게 된다. 그리고 사람은 자신의 목적을 달성하기 위해 진실을 왜곡할 수도 있으므로, 말하고 싶은 것을 모두 말하는 것이 좋은 것이 아니며, 진리가 항상 자율교정작용에 따라 떠오르는 것만은 아니라고 본다. 이러한 관점은 인간을 이성의 동물이자 감성적 존재로 인식하며, 개인보다 사회(집단)의 공익을 더 중요하게 여기는 관념에 근거를 두는 것이다. 따라서 언론자유개념의 핵심은 수용자(신문 독자)의 자유, 정보의 자유, 사회가 필요로 하는 것을 인쇄할 의무로 이루어진다.

이와 같은 영미의 자유주의 전통에 입각한 언론자유의 개념이 크게 두 개의 상이한 관점을 드러내기는 하나 그 뿌리는 하나이며, 사회책임이론(신자유주의이론)도 어디까지나 고전적 자유주의이론에 대한 수정이라는 점을 명확히 해야 할 것이다. 한 마디로 말해서 고전적 자유주의에 입각한 언론의 자유는 말하는 사람의 자유가 핵심이므로, 어떠한 간섭이나 허가 및 검열 등 통제당하지 않을 자유, 곧 '~으로부터의 자유'가 되며, 사회책임이론에서 보는 언론자유는 듣는 사람의 자유가 핵심이므로 '~을 위한 자유'를 추구하게 된다고 요약할 수 있다.

이와 같은 언론자유에 대한 개념을 전제하고 볼 때, 우리나라에 수용된 초기의 개념은 고전적 자유주의의 관점에 입각한 것이라고 할 수 있다. 그것은 다음과 같이 언론 자신들이 인식한 언론자유와 관련된 관점에서 명확히 알 수 있다.

먼저 《독립신문》을 보면 "언권자유는 텬성 권리라 하늘이 주신 권리를 엇지 진중히 보존치 아니 ᄒ리오"라고 주장하면서, "말ᄒᄂ 것이 사름의 특별ᄒ 권리라 말이 업스면 텬리의 오묘흠을 궁흘슈 업고 오륜의 도리를 ᄀᆞ칠 슈 업을터이라"고 보고 있다.[42] 다시 말해 언론의 자유는 천부의 자연권이며, 언론의 자유로 하여 진리(천리)에 도달할 수 있다는 관점이라 하겠다.

이와 같이 언론의 자유를 천부권으로 인식하는 관점들은 구한말 민족지들에서뿐만 아니라 일제하의 《동아일보》나 《조선일보》에서도 명백히 드러난다.[43] 이러한 인식은 자유를 천부권으로 보는 개념의 수용과 맥락을 같이하는 것이다.

어느 나라와 어느 사름이던지 자유의 권리는 하느님이 주신 바니 눔의 자유를 쌕앗는 쟈는 하느님의 죄인이오 저의 자유를 눔의게 쌕앗긴 쟈는 죄가 더 크다 ᄒ엿스니 ......[44]

그리고 언론의 자유를 문화발전의 전제조건으로 파악하고 있다. 이 같은 관점은 신문을 문명의 발달을 가늠하는 척도로 인식하고 있는 관점의 연장이 되는 셈이다. 문화의 발전에서 언론자유가 필수적인 요건이라는 주장의 보기를 들면 다음과 같다.

현금 세계에 있어서 언론의 자유를 말하자면, 영국을 첫째로 치고 있었으나 당초에는 영국에서도 세금을 부과하고 권리를 억제하야 여러 모로 곤란한 사정이 있었더니 신문의 자유가 늘어남에 따라 국가의 발전도 늘어나 육수(六洲)를 능가(凌駕)하고 열국(列國)을 종횡(縱橫)하게 되었으니, 영국으로 보드래도 신문의 자유를 인정하지 아니하면 그 나라가 문명의 자유를 누리지 못할 것이오, 문명의 자유를 속박하면 그 나라가 어떻게 쇠퇴치 않겠는가? 이러하고도 그 나라를 진흥코저 한다면 뒷걸음을 치면서 앞으로 나아가기를 바람과 무엇이 다르랴?[45]

언론의 자유는 모든 문화발전의 전제다. 언론의 자유가 없는 곳에 어찌 공정한 비판이 있을 수 있으며, 공정한 비판이 없이 사회의 향상과 발전을 기망할 수 있으랴. 그러므로 전진하는 사회에서는 언론을 존중하고 그 자유를 보장하기에 노력하는 것이다.[46]

위와 같은 언론자유의 본질에 대한 인식을 전제로 그 개념과 관련한 구체적 관점들은 어떤 것인지를 지적해 보면 다음과 같다.

첫째, 언론의 자유를 언로(言路)의 개방과 연장선상에서 파악하는 관점을 들 수 있다. 예컨대 "대언로(大言路)의 통새(通塞)은 치란유관(治亂攸關)인 고로 자고원치지주(自古願治之主)가 막불대개언로(莫不大開言路)하고 광람군책(廣攬群策)하야 시우서정(施于庶政)이면 천하지선(天下之善)이 개기선야(皆其善也)오 천하지재(天下之才)가 개기재야(皆其才也)니 …… 연이폭군암주(然而暴君暗主)는 오연자성(傲然自聖)하야 위인막기약(謂人莫己若)하는지라 이독지위명(以獨智爲明)하고 이독단위능(以獨斷爲能)하야 직언(直言)을 오문(誤聞)하고 중의(衆議)를 불채(不采)하야 이위천하지권(以爲天下之權)이 전재어상(專在於上)이라하나 실불화(實不和)되 권(權)이 음이어소소근습지배(陰移於宵小近習之輩)라 비정학

검(秕政虐歛)이 유독사해(流毒四海)하야 만성(萬姓)이 원자(怨咨)하고"가 그러하다.

둘째, 사상의 자유시장에 대한 신봉이 나타나고 있다는 점을 지적할 수 있다. 이 같은 신념은 존 스튜어트 밀(John Stuart Mill)의 《자유론》의 관점과 함께 주장되고 있다. 다음과 같은 내용이 본보기가 될 것이다.[47]

> 각인(各人)으로 하여금 자유로 각인의 진리를 주장케 하라. 그리하면 진리의 생존경쟁이 격렬히 된 끝에 적자생존의 원리에 의하여 가장 가치가 높은 진리만 생존하고 그 나머지는 혹은 전사하고 혹은 도피하고 혹은 항복하여 비록 그 지리에 군도를 찬 심판관이 없다 하더라도, 사이비 지사의 호령이 없다 하더라도 진리는 스스로 심판될 것이다.
>
> 만일 그렇지 아니하고 전혀 각인의 자유의 사상표현을 금지한다 하면 전혀 진리의 가치를 결한 이매망량(魑魅魍魎)이 소위 항설(巷說)・미신・유언・비어의 형식을 취하여 사회의 침침한 뒷골목으로 복포도약(匐葡跳躍)함으로 민중은 두독(蠹毒)되고 그야말로 치안은 방해될 것이며, 또 만일 사상의 자유 토론을 간섭하여 어떤 것만 허하고 어떤 것을 허하지 아니할 때에는 사상은 병적으로 발육하여 그 결과는 또한 민중을 두독(蠹毒)하고 치안을 방해하며 인류의 건전한 진화를 저해하게 될 것이다.

셋째, 언론의 자유를 어떤 기본권보다 선행하는 권리로 파악한 시각도 보인다. 곧, "이십세긔 이 세계에 문명흔 곳이 혁혁ᄒ게 그 광치를 드러나게 ᄒᄂ 것은 그 무엇의 공인가. 글ᄋ대 세 가지 ᄌ유의 공이니라. 세 가지 ᄌ유ᄂ 무엇을 닐음인가. 글ᄋ대 첫재ᄂ 언론의 ᄌ유니 우리 사ᄅᆷ은 언론으로써 ᄉ상을 발달ᄒᄂ ᄌ유가 잇음이오, 둘

재는 져술호는 조유니 우리 사름은 문조로써 소상을 발표호는 자유가 잇슴이오, 셋재는 출판호는 조유니 우리 사름은 인쇄호는 것으로써 소상을 광포호는 조유가 잇슴이니라. 이 세 가지 조유가 잇슴으로써 교육과 실업과 정치와 문무의 교화와 기술 각종 학업과 각종 제도가 날마다 진보호며 날마다 쟝대호여 필경에 오늘날 이십세긔 문명을 문드러 내였더니 오호라 이 세 가지 조유는 문명의 근원이오 문명의 어미오 문명의 종자라 불리로다"고 본 것이다.[48] 이러한 언론과 출판의 자유에 대한 인식과 함께 표현의 자유도 강조하고 있다. "인간사회는 언제든지 언론집회의 자유를 향수함으로써 정상한 발전을 기대할 수 있는 것이다. 그러므로 언론집회의 자유는 원칙상 누구나 부인하지 못하는 것"이라는 주장이 그와 같은 관점을 반영하는 보기라 하겠다.[49]

넷째, 언론의 자유와 관련하여 보도의 자유와 비판의 자유 및 논평과 토론의 자유를 강조하고 있다는 것을 지적할 수 있다. "동서양을 두루 살펴보면 보도의 자유를 인정치 않는 나라는 쇠체(衰替)치 않는 나라가 없으니" 보도의 자유가 보장되어야 한다는 것이다.[50] 또한 "빅셩들이 항상 정부에서 호는 일을 쥬목호야 죠곰이라도 잘못되는 일이 잇스면 곳 불평호 의론이 불등호야 정부로 호야금 잠시라도 방심호고 글은 일을 못호게 호나니 긔화호 나라일쇼록 시비호는 공론이 만코 시비가 만흘쇼록 긔화가 점점 잘 되나니" 그러므로 비판의 자유가 보장되어야 하며, 그래야 나라의 발전이 이루어진다는 관점을 비롯해 신문들은 비판의 자유를 강조하고 있다.[51]

이 같은 비판의 자유가 보장되어야 한다는 주장은 신문의 비판적 논평이나 기사에 대한 당사자나 정부의 항의, 또는 규제 움직임에 대응하는 형식으로 더욱 많이 나타난다. 그러면서 신문들은 언론에 대한 비판 또한 어떤 불리적인 힘이나 정부에 의한 규제로 이루어져서는 안 되고, 어디까지나 "언론에 대한 선의의 비판과 진퇴의 계쟁(係爭)은 오직 언론으로써 하지 않으면 안 된다"고 강조한다.52) 이와 함께 "사회생활의 진보와 향상이 오직 언론에 의한 자유논평·자유토론에 있다"는 점도 마찬가지로 주장되고 있으며, 이러한 관점은 후술하는 바와 같이 그것을 통한 여론의 형성과 관련되어 있는 것이다.53)

다섯째, 발행의 자유가 보장되어야 한다는 것도 주장하고 있다. 이 같은 주장은 언론탄압이 더욱 극심했던 일제하의 민족지들에서 강하게 표출된다. 발행의 허가제가 폐지되어야 한다는 다음과 같은 주장이 그 보기라 하겠다.54)

조선인의 신문지 발행도 당연히 인가주의(認可主義)를 원칙으로 하여 언론기관의 자유발달을 기도하도록 하는 것이 요망된다. 물론 당국으로서는 허가주의의 제한성은 자유경쟁을 방지하여 소수의 언론기관을 보호하는 효과가 있다고 할지는 모르지만, 언론기관의 자유발달이 보장되지 못하는 한은 특히 허가된 기관의 존속성이 오로지 당국의 의사에 의존케 되는 경(傾)을 가지게 되므로 신문지의 발행은 역시 원칙상으로 인가주의에 의할 것이 요망되는 바이다.

여섯째, 위와 같은 외연과 내포를 지닌 언론자유의 개념과 관련하여 그것을 절대적인 자유로 보기보다는 상대적 자유로 파악하는 관점도 드러난다. 예컨대 명예훼손이나 날조 등은 제한되어야 한다는 《독립신문》의 주장이라든지, 또는 언론의 자유는 헌법이 인정하는 범위 내에서 보장된다는 실정법의 제한을 받아들이는 입장 및 언론자유라는 미명을 빙자하여 민족적 요구에 배치되는 언론을 펴는 것은 용납할 수 없다는 것 등의 주장이 그러한 개념을 반영하는 것이라 할 수 있다. 다음의 인용이 그 같은 입장을 드러내고 있다.

> 그러ᄒᆞ나 ᄌᆞ유라 ᄒᆞᄂᆞᆫ 것은 우리 ᄆᆞᄋᆞᆷ에 잇ᄂᆞᆫ 욕심대로 ᄒᆞᄂᆞᆫ 것이 아니오 욕심을 릉히 어거 ᄒᆞ야 죠흔 일이면 나의 ᄆᆞᄋᆞᆷ대로 ᄒᆞ고 글은 일이면 ᄒᆞ지 아니 ᄒᆞᄂᆞᆫ 것이 실샹 ᄌᆞ유의 본의라 언권ᄌᆞ유가 잇다 하고 신문에던지 연셜에 빙자ᄒᆞᆫ 말을 ᄒᆞ거나 허랑ᄒᆞᆫ 말을 ᄒᆞ거나 ᄉᆞ혐을 인ᄒᆞ야 남의 권리와 명예를 손샹ᄒᆞᆨ게 말ᄒᆞ거나 음담패셜노 풍쇽과 긔강을 어지럽게 ᄒᆞᄂᆞᆫ 것은 언권을 몹시 쓰ᄂᆞᆫ것이요 ᄌᆞ유를 직히ᄂᆞᆫ 것이 아니라 이러ᄒᆞᆫ 폐단이 잇ᄂᆞᆫ 고로 비록 구미 각국ᄀᆞ치 긔화ᄒᆞᆫ 나라이라도 신문 죠례가 잇셔셔 언권을 몹시 쓰ᄂᆞᆫ 폐단을 막나니 미긔화ᄒᆞᆫ 나라에야 더욱 그러ᄒᆞᆫ 폐단이 업도록 흠이 죠흘줄 누가 몰으리오.55)

> 어느 나라에서든지 언론의 자유에는 일정한 한도가 있는 것이다. 헌법에는 대개 법률의 범위 내에 있어서 언론의 자유를 인정한다 하는 것이 상례이다. 그러므로 언론의 자유라는 것도 필경은 그 당시의 지배계급의 의사 여하에 의하여 결정되는 것이다. 그런 까닭으로 절대 자유라 하는 것은 실현하기가 물론 어려울 것이다.56)

끝으로 언론자유는 언론이나 국민 스스로가 지키지 않으면 안 된다는 점을 누누이 강조하고 있다는 것을 지적할 수 있다.

(2) 언론자유를 위한 투쟁

우리나라에서 언론에 대한 탄압은 1884년 12월 4일 급진적인 개화파 세력의 몰락에 따라 일어났다. 곧 갑신정변이 삼일천하로 막을 내리자, 바로 수구파 세력이 박문국을 습격하여 방화함으로써 《한성순보》를 발행하던 모든 시설이 불타버린 사건에서부터 시작되었다고 볼 수 있다. 그리고 우리나라 최초의 민간지인 《독립신문》이 1898년 4월 7일에 창간된 뒤부터 본격적인 언론탄압이 시작되었다. 이때의 민족지들에 대한 탄압은 아직 신문지법 등이 제정되기 이전에 이루어진 것으로, 정부나 관리를 비판하는 언론을 못마땅하게 생각한 구(舊) 한국 정부와, 제국주의 열강의 한국 침탈을 비판하는 언론으로 말미암아 대한 침략정책에 막대한 지장이 초래되고 있다고 판단한 일본·러시아 등의 외세가 합작하여 수행된 것이다. 이러한 탄압 때문에 《독립신문》을 발행하던 서재필은 결국 1896년 5월 14일에 서울을 떠나 미국으로 돌아가게 된다. 아마 이것이 언론탄압에 따라 신문발행인이 추방된 첫 사례일 것이다. 이로부터 구 한국 정부에 의한 언론인 탄압이 본격적으로 시작된다.

그런 가운데 러일전쟁이 발발하자, 한반도에서 실권을 장악한 일본군이 전쟁 수행을 이유로 "집회나 신문이 치안을 방해한다고 인정될 때는 그 정지를 명하고 관계자를 처벌한다"는 조항이 포함된 군사경찰순령을 1904년 7월 24일에 제정, 집행하기 시작함으로써 본격적이며 공식적인 언론탄압이 이루어진다. 그 해 10월 9일에는 이 훈령의 시행에 관한 내훈을 제정, "집회·신문·잡지·광고 등이 치안을 방해한다고 인정될 때 이를 해산·정지 또는 금지시킬 수 있다"(제12항1)고 규정하였다. 이에 따라 《제국신문》의 10월 13일자 논설 〈일본군략상(日本軍略上)의 어구(語句)〉가 내훈에 저촉되었다고 하여 10월 15일자로 정간시켜 버리는 등 탄압이 자행되기 시작했다.[57]

이렇게 일제의 강요로 시작된 구한말의 민족지에 대한 탄압은

1905년을 전후하여 더욱 심해졌고, 마침내 이완용 내각은 최악의 언론관계 악법인 '신문지법'을 1907년 7월 24일자로 제정, 공포하기에 이른다. 그리고 1908년 4월 29일에는 이 법의 일부를 개정하여 한국 내에서 발행되는 외국인 명의의 신문과, 해외에서 교포들이 발행하는 신문지의 국내 수입을 규제하는 조항까지 추가했다. 이로써 《대한매일신보》와 같이 외국인 명의로 발행되던 민족지나 연해주와 미주 등지의 교포신문에 대한 국내에서의 탄압도 본격적으로 시작되었다. 이른바 '광무 신문지법'은 1952년 3월 19일자로 폐기되기까지 약 45년 동안, 즉 구한말과 일제 식민통치시대를 거쳐 대한민국 건국 초기에 이르는 기간에 걸쳐 언론통제의 수단으로 오·남용되어온 것이다. 위와 같은 맥락 속에서 우리 언론들이 전개한 언론의 자유를 위한 투쟁을 간략하게 소개하면 다음과 같다.

1899년 당시 정부가 신문지법의 제정을 검토하자 《독립신문》은 "언권을 남용하거나 오용하는 폐단이 있다하여 이를 탄압하기 위한 법을 만드는 것이 바람직하지 못하다"고 비판했다.[58] 이와 같이 《독립신문》을 비롯한 구한말의 민족지들이 언론탄압을 비판하는 글들로써 언론자유를 확보하려는 투쟁을 전개했지만, 그 중에서도 언론자유를 위한 투쟁의 선봉에 섰던 것은 《대한매일신보》였다고 할 수 있다. 이 신문이 격렬한 투쟁을 할 수 있었던 이유는 발행인이었던 배설이 영국인이었기 때문이었다. 《대한매일신보》는 광무 신문지법이 제정되기 이전부터 정부의 언론탄압을 강력하게 항의하는 논조를 굽히지 않았다.

1905년 11월 17일에 이른바 을사보호조약이 체결되자, 《황성신문》은 11월 20일에 이 조약의 무효를 주장하는 비분강개의 대표적 논설인 장지연의 〈시일야방성대곡〉(是日也放聲大哭)을 비롯해, 〈오건

조약청체전말〉(五件條約請締顚末)이라는 제목으로 이 조약이 강제로 맺어지기까지의 경위를 폭로하는 기사를 일본군의 검열을 받지 않고 실었다. 이 일로 사장 장지연을 비롯한 10명의 사원이 체포되고 신문은 정간처분을 당하게 되었다. 또 이듬해에는 《중앙신보》가 정간당했다. 이 두 사건에 대해 《대한매일신보》는 언론탄압을 한탄하고 규탄하는 다음과 같은 논설을 실었다. 이것은 신문지법 제정 이전에 이 신문이 언론탄압에 저항한 여러 논설들 가운데 대표적인 것이라 할 수 있을 것이다.

> 차시한국(此時韓國)이 유시초매풍기(猶是草昧風氣)라 신문의 의무여하(義務如何)와 효력여하(效力如何)를 지자(知者)가 절무(絶無)홀 쁜더러 완고지심자(頑固之甚者)는 이단사설(異端邪說)과 동시(同視)ᄒ야 반사저척(反肆詆斥)ᄒ니 기창입야(其創立也)에 무한난고(無限難苦)를 비상(備嘗)ᄒ얏고 팔년지간(八年之間)에 일일조관(日日操管)ᄒ고 편편연론(篇篇衍論)ᄒ임이 설(舌)이 폐(弊)ᄒ고 필(筆)이 독(禿)하도록 정치의 개명을 지성풍유(至誠諷諭)ᄒ며 민지(民智)의 발달(發達)을 간절희망(懇切希望)하나 …… 금(今)에 한국황성기자(韓國皇城記者)는 …… 왕왕히 야만풍습이 유(有)흔 경관의히 무단히 호래촉거(呼來促去)ᄒ는 수치를 몽수(蒙受) 하얏고 …… 언론을 자유케 ᄒ고져 하며 사업을 권진(勸進)코져 하면 해사영업(該社營業)이 가면어구폐(可免於久廢)어니와 수년간 행동을 관(觀)한즉 한인의 생활을 더욱 고난케 하며 이목을 도새(塗塞)ᄒ며 언론을 방알(防遏)하며 ……59)

> 미방임언론지자유(未放任言論之自由)ᄒ며 신장인민지관능자(伸張人民之權能者)는 문명국정치의 제일정도지가시자(第一程度之可視者)오 …… 약이

방국이속박언론(若以邦國而束薄言論)ᄒᆞ고 압제인권(壓制人權)ᄒᆞ야 치사보
관문자(致使報舘文字)도 실기자유(失其自由)케 ᄒᆞ며 결불가문위명지국(決
不可文謂明之國)이오 내족문명지마장(乃足文明之魔障)이라 위(謂)ᄒᆞᆯ 거시오
······ 개민유지권(盖民有之權)이 즉시국유지권(卽是國有地權)이니 개인지권
(箇人之權)이 약기불장(若其不張)이면 국권이 역불능장(亦不能張)이라 ······
황보관지필(況報舘之筆)은 전세계지이목(全世界之耳目)이오 일반공중지약
석(一般公衆之藥石)이라 집필상언지사(執筆尚言之士)가 혹기출어우분(或其
出於憂憤)이던지 출어충애(出於忠愛)이던지 직언강론(直言講論)이 설유과
격자(說有過激者)라도 주지정무지인(主持政務之人)이 고당려연이수(固當黎
然而受)ᄒᆞ고 상연반성(惕然反省)ᄒᆞ야 유공기언지불절(惟恐其言之不切)ᄒᆞ고
문지불다(聞之不多)가 가야(可也)라 ······60)

또한 《대한매일신보》는 광무 신문지법이 제정된 뒤에도 이에 위
축되지 않고 계속 언론자유를 위해 투쟁했다. 신문지법이 시행된 뒤
의 우리나라 언론상황에 대해 《대한매일신보》는 다음과 같이 표현
하고 있다.

무릇 오늘날 한국과 갓치 신문을 속박ᄒᆞᆫ 나리이 어데잇셧ᄂᆞᆫ가. 흔주
라도 갈히여 쓰며 흔 말이라도 생각ᄒᆞ야 써셔 지극히 삼가고 지극히 삼
가ᄂᆞᆫ 틱도로 압흘 보며 뒤를 숨혀셔 일만 입으로 다 믈하며 일만 귀로
다 듯ᄂᆞᆫ 소문도 게지치 못ᄒᆞ고 츰고 넘기ᄂᆞᆫ 거스로 능ᄉᆞ를 삼건마ᄂᆞᆫ 그
이튼날 신문지면을 보면 검은 판으로 입혀 노흔거시 흔ᄒᆞ며 ······61)

국민의 이목되ᄂᆞᆫ 각 신문샤도 모다 ᄌᆞ유권을 일혀 ᄌᆞ긔집 상ᄉᆞ에도
곡셩을 감히 크게 내지 못ᄒᆞ며 ᄌᆞ긔의 신병에도 알ᄂᆞᆫ 소리를 감히 크게

내지 못ᄒᄂ 즁에 소위 신문검열로 구속이 태심ᄒᄆ 신문 젼폭이 모두 먹투성이 ᄲᅮᆫ이니 압제정치하에 갓쳐 잇ᄂ 빅셩이 쟝ᄎ 무엇을 빙쟈ᄒ 야 그 지식을 기명ᄒᄅ오 본긔쟈ᄂᆫ 실노 이것을 개탄히 녁이며 이것을 익셕히 녁이어 개연이 붓을 잡고 니러나 본보를 발간ᄒᄆ ……62)

이러한 언론탄압 속에서 신문들이 당국의 검열로 빠지는 기사를 신문제작 시간상 다른 기사로 대체해 넣지 못하고, 검열 당국에게 삭제요구를 받은 기사를 빼버린 채 신문을 인쇄하는 일이 예사로 일어났다. 그 결과 신문지면이 시커먼 먹투성이로 보이게 되었다. 이런 모습의 신문을 '벽돌신문'이라고 불렀다. 《대한매일신보》는 1908년 4월 29일에 앞서 말한 바와 같은 신문지법의 개정이 이루어지자, 이에 대해 개정조항 하나하나를 비판하는 논설을 실어 "인민 언론의 ᄌᆞ유를 제한하는" 악법을 규탄했다.63) 다음과 같은 이 신문의 언론자유를 위한 절규는 당시의 언론탄압 아래에서 매우 용기 있는 투쟁이라 하겠다.64)

대뎌 언론을 ᄌᆞ유로 ᄒᄂ 것은 원릭 하ᄂ님이 주신 권리어늘 …… 신문은 사람의 이목이어늘 …… 오늘날 국민된 쟈의 급급히 강구ᄒ 것은 오직 피를 ᄲᅮᆷ고 눈물을 흘니여 ᄌᆞ유권을 사 드릴지니 만일 이러케 아니ᄒ면 …… 필경 다른 사ᄅᆷ의 노예가 되고 말지니 …… ᄌᆞ유ᄒ면 영화스럽고 ᄌᆞ유치 못하면 비참ᄒ 줄은 불가불 알지니라.

《대한매일신보》는 이 같은 일관된 언론자유에 대한 신념으로 일제에 의해 한국 병탄이 이루어지기 직전까지 언론통제에 저항했다. 신문압수처분의 근거가 되는 경찰사무개요를 조목조목 비판했는가 하면,[65] 외국에서 발행되어 국내에 수입되는 신문의 압수를 규정한 신문지법을 반대하면서 "너희가 한 장 신문지는 압수할지언정 신문 보기를 사랑하는 사람의 정신은 압수치 못하리라"고 했다.[66]

위와 같은 언론자유를 위한 구한말 민족지들의 투쟁에도 아랑곳하지 않고, 1910년 한일병탄 뒤 모든 민족지들은 폐간되고 만다. 그 후 1919년 3·1운동 뒤 일제가 이른바 문화통치로 대한식민정책을 전환함에 따라, 1920년에 《동아일보》 등 민족지를 다시 식민당국이 허가할 때까지 약 10년 동안은 민족언론의 암흑시대가 되었다. 1920년부터 몇 개의 민족지들이 발행되었지만, 일제 식민통치하였던 만큼 아무리 문화통치를 표방했더라도 언론의 자유는 보장될 수 없었다. 그러한 상황 속에서도 민족언론들은 언론자유의 보장을 위한 투쟁을 계속했다. 일제 치하에서 전개되었던 언론자유를 쟁취하려는 민족지들의 투쟁을 신문사설의 주장을 중심으로 요약해 보면 다음과 같다.[67]

첫째, 신문발행의 허가제와 신문기사에 대한 검열의 철폐를 주장했다. 둘째, 신문지법과 출판법의 개악을 반대하는 여론을 일으켰다. 셋째, 조선의 신문지법이나 출판법의 시행이 한국인과 일본인에게 차별적으로 적용되는 것에 대해 반대했다. 넷째, 신문지법 등에 의한 행정처분과 사법적 처분이 오용되고 남용되는 현실을 규탄했다.

한편 언론통제에 대해 "경우에 의하여 사실은 가히 제지할지언정 그에 종생(從生)하는 사상과 언론은 도저히 절멸하지 못하나니 만일 지리(至理)를 무시하고 고압(高壓)을 시(試)하면 그 궤도를 탈리(脫離)하여 암중(暗中)에 만연하고 비밀히 발로하여 구경에는 범위 외의 행동까지 감위(敢爲)할 것은 일정한 순서적(循序的)의 영향이라"고 경고하는 등 언론탄압이 종국적으로 초래할 위험을 들어 언론자유의 보장을 강조하고 있다.[68] 만약 그렇지 않고 언론을 계속 탄압하게 되면 일어날 사태는 "요컨대 폭동이며 폭동의 신동이니 차(此) 폭동을 미연에 방지하는 유일한 방법은 오직 언론의 자유" 보장일 뿐이라고 설득하기도 했다.[69]

이 같은 관점은 언론이 정부의 정책을 비판하고 관리들의 부정부패를 고발함으로써 평화적으로 사회가 개혁될 수 있으나, 만약 그렇지 않고 언론이 통제되어 알려져야 할 것이 알려지지 못하고 비판기능도 발휘하지 못하게 되면 사회적 불만이 누적되어 결국은 혁명적 방법이나 수단에 호소하여 사회개혁을 이루지 않을 수 없게 된다는 것이다. 이런 점에서 언론의 자유가 필요하다는 제퍼슨(Thomas Jefferson)의 주장과 유사한 맥락인 것으로 볼 수 있다.

3. 한국의 민주화에 미친 영향

1) 민주주의와 언론과의 관계에 대한 인식

구한말 민족지의 경우 '민주주의'라는 정치적 상징을 사용한 사례는 거의 없다. 때에 따라 '민주'라는 용어는 사용했다. 그러나 그러한 정치적 상징의 사용과 상관없이 민주주의 정치제도, 예컨대 대의제도나 지방자치제도 등은 자세히 소개하고 있을 뿐만 아니라, 그러한 제도의 필요성도 주장하고 있다. 나아가 민주주의가 지향하거나 또는 그 기초가 되는 가치들을 매우 강조했다. 비록 '민주주의'라는 정치적 상징은 일제하에 이르러서야 민족지들에 의해 자주 사용되었고 구한말에는 거의 쓰이지 않았지만, 언론이 민주주의와 민주적 가치를 충분히 인지하고 있었다는 것은 명백하다.

앞에서 본 바와 같이 언론의 자유를 추구한 것도 민주주의를 묵시적으로 전제한 것이라 할 수 있다. 그리고 "인민이 있은 연후에 국가가 있고, 국가가 있은 연후에 정부가 있으니, 정부는 즉 인민의 대표"70)라고 보았으며, 그러한 인식 위에서 정부는 국민의 여론을 듣고 그 기능을 수행해야 한다는 주장을 폈다. 이처럼 언론이 국민의 여론을 대변하는 구실을 해야만 한다고 파악한 것은 바로 민주주의와 언론과의 관계에 대한 핵심적 관점을 충분히 자각했기 때문이라고 보아야 할 것이다. 이에 대한 민족지들의 관점을 몇 가지 소개해 보면 다음과 같다.

《황성신문》은 "신문이란 일인(一人)의 언론이 아니오 곧 국민의 언론을 대변하는 것"이라고 했다.71) 《동아일보》는 "세계에 도의의 력(力)을 확립하여 민주주의의 입지를 견실히 하는 소이가 무엇이오. '데모크라시'를 옹호할 무력도 그의 하나이며 금전도 또한 그의 하나이다. 그러나 그 근본은 어디까지든지 인류의 양심과 자각을 촉진하는 언론에 재(在)하나니, 대(大)하도다 언론의 력이여. 필(筆)의 력이 칼의 력보다 강하다 함이 어찌 오인(吾人)을 기(欺)하는 바이리오"라 하여, 민주주의는 언론에 의해 정립되는 것임을 분명히 하고 있다. 그러므로 "오인(吾人) 동아일보사 동인(同人)은 …… 민주주의의 승리를 기하기 위하여" 노력하고 있으며, 무한한 고난을 겪으면서 노력해 왔다고 자부했다.72) 또한 다음과 같은 《조선일보》의 관점도 마찬가지라 하겠다.

국가의 정치가 인민 일반의 행복과 향상을 목적으로 한다 하면 그 정치를 수(受)하는 피치자 일반의 의사를 존중하지 아니치 못할지어다. 환언(換言) 그러므로 민중을 위하는 정치는 반드시 이 민중 전체의 의사인 여론에 충분히 조화된 후에야 비로소 그 효과를 주(奏)할 것이로다. 이와 같이 정치가 여론화하여 여론이 정치화한 시대에만 민중의 생활안전과 향상발달을 가도(可圖)하였나니, 민중의 여론을 무시한 국가의 정치는 항상 그 멸망을 초할 뿐이었도다. 보라! 역사가 차(此)를 예증하지 아니하였는가. 여사히 민중의 의사를 무시한 과거 정체(政體)의 변천기에는 반드시 그 시대의 민중의사는 정치의 조화를 득(得)하지 못하여 필경 그 비등(沸騰)된 여론은 혁명화하였나니, 어찌 민중의 여론에 배리(背理)되며 무시하는 정치로써 그 효과를 득하리오, 오직 혁명을 야기할 뿐이로다.[73]

표현하는 의사가 민중 전체의 의사를 대표함이 아니면 그 언론은 공론이 아니라 사론(私論)인 동시에 결코 가치 있는 언론기관의 언론이 아니라 할지로다.[74]

2) 민주적 가치의 전파

정치학자들의 여러 저작에 나타난 민주주의 가치를 종합해 보면 자유·평등·주권재민(국민참정)의 세 가지로 집약된다. 이들 세 가지 가치에 대해 구한말의 민족지들이 더욱 강조한 하위가치나 내용들이 어떠한 것들이었는지를 정리해 보면 다음과 같다.

(1) 자유

앞에서도 지적한 바와 같이, 민족지들은 자유를 천부권으로 파악했다. 그러므로 자유는 보장되어야 하며, 만약 자유를 상실하면 노예로 전락한다는 점을 경고하면서, 피를 흘려서라도 우리 국민이 자

유를 지키고 실현해야 한다고 주장했다. 또한 자유가 문명의 모태라
는 인식도 했다. 다음과 같은 진술이 그 같은 관점을 반영하는 보기
이다.

> 오늘날갓치 문명의 쏫치 찬란ᄒ고 부강의 실력이 굉장ᄒ 이십세긔
> 복락시대를 ᄆᆫ드러낸 쟈는 이 ᄌᆞ유의 신령이라. ᄌᆞ유의 신령의 공이 실
> 노 광대ᄒ도다.[75]

그러나 우리 국민들은 자유에 대한 인식이 부족할 뿐만 아니라,
자유를 지키지도 못하는 상태임을 지적하면서 외국(서양)을 배워 자
유를 지킬 능력을 갖추자고 주장하기도 했다.[76]

> 지금 우리나라 사름은 다만 자유를 직히지 못홀 쑨 아니라 됴흔쥴도
> 몰라셔 직하ᄌᆞᄂᆞ 유구무언이라고 ᄒ면 경계에 합당ᄒ쥴노 아니 이 빅
> 싱의게 엇지 ᄌᆞ유가 당ᄒ리오. 만일 이거슬 보고 제 몸과 제 슈족을 가
> 지고 임의로 못ᄒᄂᆞ 거슬 분하게 넉여온져 ᄒ 사름 노릇들을 ᄒ고 십것
> 던 외국 사름의 인졍과 학문을 좀 빈화 ᄌᆞ유권 직힐만ᄒ 백성들이 되어
> 봅시다.

위와 같은 자유에 대한 인식 아래 주장된 내용들을 요약해 보면
다음과 같다.
① 신체의 자유 : 신체의 자유는 법의 공정한 집행과 죄형법정주
의, 연좌제 폐지, 영장제도의 창설, 고문의 폐지, 신속한 재판의 진행
과 공개재판, 증거에 의한 재판 등이 이루어져야 한다는 주장으로 더
욱 구체화되어 나타났다. 이와 같이 신체의 자유와 관련된 갖가지 제

도적 장치의 필요성을 주장하거나 계몽한 것은《독립신문》이 가장 적극적이었으며, 그 밖의 민족지들은 이보다 주장의 빈도가 낮기는 하지만 같은 가치를 추구하고 있다는 것은 분명하다.77)

② 정신적 자유 : 정신적 자유와 관련하여 구한말 민족지들이 주장한 가치들은 표현의 자유인 언론·출판·집회의 자유에 집중되어 있다. 주로 이 가운데서 언론의 자유와 출판의 자유가 강조되고 있으며, 집회의 자유는《독립신문》에서 상대적으로 더 많이 주장되는 경향을 보인다. 이 밖에 언론·출판의 자유와 관련하여 사상의 자유가 일제하 민족지들에게서 강조되고 있다. 이들 자유에 대해서는 앞에서 충분히 논의했으므로 자세한 언급은 생략한다.78)

(2) 평등

평등에 대한 가치는 '만인이 평등하다'는 인간관에 바탕을 두고 주장되고 있다. 그러면서 평등주의를 행하는 나라는 반드시 흥하고, 그렇지 못한 나라는 도덕도, 정치도, 법률도, 학술도, 무력도 망하여 민생은 멸절이 되고 만다고 보기도 했다.79) 이러한 기본인식 아래 주장된 평등에 대한 가치의 내용들을 정리해 보면 다음과 같다.

① 신분의 평등 : 신분의 평등과 관련하여 평등은 하늘이 준 권리라고 보고, 반상제도의 철폐, 노비제도의 철폐, 관민 사이의 차별 철폐, 사농공상 등 사민 사이의 차별철폐, 남녀 사이의 차별철폐 등이 강조되었다. 이 같은 신분의 평등은 다른 민족지들에 견주어《독립신문》이 가장 많이 주장했다.《독립신문》은 반상제도, 노비제도, 남녀차별의 철폐를 주로 강조한 것으로 나타났다.80) 신분의 평등에 대한 관점들 가운데 사민 사이의 차별철폐와 관련된 주장을 소개하면

다음과 같다. 이러한 주장은 직업에 대한 귀천의식을 배제하여 산업을 일으키려는 자강의 목적과 연관되는 것이기도 하다.[81]

> 스민이라 ㅎ는 쟈는 즉 션븨와 농민과 쟝스와 공쟝 네 가지 인민을 구별ㅎ는 쟈니 이 제도가 흔번 뎡흔 이후로는 굴ᄋ대 션비라는 거슨 나라의 원긔라 ㅎ고 농사라 ㅎ는 거슨 텬하에 큰 근본이라 ㅎ야 국가에서 권쟝홈도 이 사름들에게는 편벽되히 즁ㅎ게 ㅎ며 민간에서 듸덤홈도 …… 다르게 ㅎ여 인ㅎ여 젼국 민심으로 ㅎ여곰 션비라 농민이라 ㅎ는 칭호만 엇을지라도 크게 영귀흔 것으로 알게ㅎ고 이것을 반대ㅎ여 국가에 경제졍칙에 제일 즁요흔 디의로 뎜령흔 쟈는 쟝스와 공쟝이어늘 이것을 다만 범홀히 만 홀 쑨 아니라 도로혀 낫게 녁이고 쳔히녁인 식듥으로 샹업과 공업으로 ㅎ여곰 쇠폐케 ㅎ엿스며 샹업과 공업을 경영ㅎ는 쟈로 ㅎ여곰 그 쟝스이니 공쟝이니 ㅎ는 일홈을 듯기에도 붓그러운 것으로 알게 ㅎ엿는지라.

② 남녀평등 : 평등의 가치들 가운데서 가장 많이 강조된 것이 남녀평등일 것이다. 남녀에 대한 평등한 교육기회의 부여, 여성을 천하게 여기는 폐습, 남성들의 축첩, 과부의 재혼을 불허하는 관습 등 여성에게 불평등하며 억압적인 구조를 타파하거나 철폐해야 한다는 것이다.[82] 이러한 남녀평등론은 또한 실용주의적 관점과 관련되어 나타나기도 한다. 곧 여성에게 남성과 동등한 교육의 기회를 부여하여야 한다는 주장의 이유로, 여성이 배워야 남성의 교육도 잘 될 수 있고, 그래야만 나라가 개명하여 개화자강이 촉진될 수 있기 때문이라는 관점이 그러하다. 이 같은 실용주의적 관점과 인간의 존엄성에 대한 인식 등이 혼합되어 강조된 것이 구한말의 남녀평등론이라 하겠다.

(3) 주권재민

주권재민은 인민이 나라의 근본이요, 주인이라는 신념이다. 이 같은 신념은 앞에서 인용한 바 있는 《대한매일신보》의 논설 〈정부와 인민의 관계〉에서 주장하는 "인민이 있은 연후에 국가가 있고, 국가가 있은 연후에 정부가 있으니 정부는 즉 인민의 대표가 아닌가"라는 관점이나, 또는 인민이 나라의 근본이고 주인이라고 강조하면서 권력이 인민으로부터 나온다고 주장한 《독립신문》의 관점 등에 잘 표현되어 있다.[83] 다음과 같은 《한성순보》에 소개된 〈각국근사〉(各國近事)의 내용도 마찬가지라 하겠다.[84]

상고하건대 서양 각국에서 행한 여러 가지 제도의 가장 중요한 요점으로 움직일 수 없는 기초는 나라를 다스리는 주권이 국민에게 있고, 모든 권력이 국민에게서 나와 시행되는 것이다. …… 이를 보아 나라를 다스리는 법 역시 백성들에게서 나와야지, 한 사람이 주관하는 것이 아니다.

이러한 주장들이 군주체제하에서 이루어졌다는 것은 놀라운 일이며, 국가와 정부의 개념을 분화하여 인식하고 있다는 점도 주목된다. 이와 같이 주권이 인민에게 있으므로 "자유하는 나라는 그 나라 인민의 생명과 재산을 보호하기 위하여 법률과 장정"을 만드는 것이라고 보았다.[85]

3) 민주주의 제도의 소개와 제도화를 위한 주장

민주주의 제도와 관련하여 주로 소개되거나 그 실현을 주장한 것은 대의제도와 지방자치제 및 법제도라 할 수 있다. 이러한 제도들이 모두 구미의 입헌정체(立憲政體)를 모범으로 삼았던 것임은 두말할 필요조차 없다. 이들 제도 가운데서 법제도는 앞에서 다룬 신체의 자유에서 언급되었으므로 생략하고, 여기서는 대의제와 지방자치제에 대해서만 간략하게 다루고자 한다.

① 대의제(의회정치제도) : 대의제도에 대해 최초로 소개한 것은 관보였던 《한성순보》이다. 구미 입헌정체에 대한 종합적이고 자세한 소개 속에 이 제도가 포함되어 있다. 《한성순보》의 해당기사 가운데 개요만을 인용해 보면 다음과 같다.[86]

> 구미(歐美) 양주(兩洲)는 건국은 비록 많아도 치국의 요점은 다만 2단(端)이 있을 뿐이니, 즉 '군민동치'(君民同治)와 '합중공화'(合衆共和)인데, 모두가 이를 '입헌정체'라 일컫는다. 대체로 입헌정체는 3대권(大權)이 있으니, 첫째는 입법권으로서 법률을 제정하여 입법부로 하여금 이를 관장하도록 한다. 둘째는 행정권으로서 입법관이 제정한 법률에 의거하여 정치를 행하는 것인데, 이는 행정부로 하여금 관장하도록 한다. 셋째는 사법권으로서 입법관이 제정한 법률에 의거하여 형법을 시행하고 송옥을 처결하는 일을 사법부로 하여금 관장하도록 한다. 그러나 3대부의 조직이 나라마다 각기 다르기 때문에 다음과 같이 개론하여 채택에 이바지할까 한다.
>
> 입법부로 말하면, 나라 안에 회의하는 장소가 있는데, 이를 나누어 둘로 만들었으니 상원, 하원이 바로 이것이다. 하원은 일명 민선의원인데, 이는 전국 대의사(代議士)로 조직된다. 대체로 입헌정체는 전국 인민이 모두 국사를 함께 의논할 수 있는 것을 주지(主旨)로 삼는다. 그러나 전국 인민이 형세상 다 참여하여 회의하기가 어렵기 때문에 모든 주, 군에

서 특별히 학식이 높은 자를 의정체(議政體)로 가려 뽑아서 대의사라 이름한다.

상원은 일명 원로의원인데, 군민통치(君民同治)를 정치체제로 삼는 나라의 경우는 왕족이나 귀족이 그 의원이 되고, 합중공화를 정치체제로 삼는 나라는 학식과 덕망이 높고 오랫동안 정무에 근속한 사람이 그 의원이 되는데, 그 의장은 하원에서 선거하는 예와 한가지다. 그리고 군주국가는 모두 그 직위를 세습하는데, 오직 합중공화를 정치체제로 삼는 국가는 본디 세습하는 예가 없기 때문에 대통령이 그를 대신하되, 임직(任職)에는 역시 연한이 있다. ……

대저 3대부(大府)의 권리를 확정하고, 3대관(大官)의 조직을 담당하여 국전(國典)으로 삼는 것이 곧 헌법이다. ……

서인(西人 : 서양인)이 말하기를 "이 헌법이 있은 이후로 입법관은 입법만 할 뿐 행정은 할 수 없고, 행정관은 행정만 할 뿐 입법은 할 수 없으므로 사욕을 품은 자가 그 욕망을 마음대로 펴지 못하고, 죄가 있는 자 및 소송하는 자가 모두 사법관의 관할을 받되, 사법관은 입법과 행정 양관(兩官)의 지촉(指囑 : 지시와 촉탁)을 받지 않고서 오직 법에 의해 형벌을 시행하고 의(義)에 의거해서 일을 처리하기 때문에, 무고한 사람을 벌주려 하는 자가 감히 그 독을 부리지 못하나, 이는 실로 삼대권 분립의 제일 이익이다. 예로부터 재상들이 흔히 적임자가 아니어서 정치가 거행되지 못하고 백성이 편안치 못했던 것은, 혹은 문벌, 혹은 당여(黨與)로 사람을 등용하고 일찍이 군자를 널리 뽑아서 정치를 맡기지 않았기 때문이다. 지금 이 입헌정체는 민선을 근본으로 삼아 일체 그의 뜻을 따르기 때문에 국중(國中)의 현능(賢能)한 자는 누구나 그 의원이 될 수 있고, 또한 누구나 그 재상이 될 수 있으니, 어찌 소인이 임금을 불의에 빠뜨리는 일이 있겠는가. 이것이 또한 입헌정체의 제일 이익이다" 하였다.

그러나 인민에 슬기가 없으면 함께 의논할 수 없는 것은 당연하다. 인민들에 슬기가 많아서 국가의 치란(治亂)과 득실의 연유를 안 다음에야 이런 일을 거행할 수 있다.

그 이후《독립신문》을 비롯한 다른 민족지들도 대의제를 소개하거나 주장하고 있지만, 이를 가장 강조한 것 또한《독립신문》이다. 그러나 이 당시 모든 신문들이 주장했던 대의제는 입헌군주제하의 것이며, 그렇기 때문에 군주체제하에서 받아들여질 수 있는 범위 내에서의 제도화를 구상할 수밖에 없었던 제한이 있었음을 명확히 할 필요가 있다. 이러한 성격의 대의제에 대해서는 이미 수많은 연구문헌이 나와 있으므로 여기서는 자세한 중복 언급을 피하고자 한다.[87]

이와 함께 대의제와 관련하여 선거제도는 우리나라의 경우 신라시대부터 있었다는 견해도 피력되고 있으며,[88] 우리는 왜 그러한 좋은 제도를 되찾아 실현할 생각을 못 하는지를 반문하기도 했다는 것을 밝혀둔다.[89]

② 지방자치제 : 지방자치제에 대한 소개 또한《한성순보》에 최초로 실려 있다. 그 내용의 개요를 인용하면 다음과 같다.[90]

대저 구미의 지방정치는 비록 곳곳마다 같지는 않지만 국(國)은 주(州)로 나누고, 주를 군(郡)으로 나누고, 군을 촌(村)으로 나누는 것은 다르지 않다. 주에는 주장(州長)이 있고, 군에는 군장(郡長)이 있으며, 촌에는 촌장(村長)이 있고, 또 회소의원(會所議員)이 있어 지방사무를 처리하여 잘 해나가기를 기약하니 이것이 지방정치이다. 각 주와 군, 촌에는 모두 하나의 회소(會所)가 있는데, 모두 그 주와 군, 촌 사람들이 함께 의원을 선출하여 혹 수 명 내지는 수십 명에 이르기도 한다. 또 회소에서 별도로 한 사람을 뽑아 의상으로 삼는다. 또 회소 혹은 인민들이 한 사람을 특별히 뽑아 일을 보게 하는데, 이를 주장, 군장, 촌장이라 한다. 만일 어느 군에서 도랑을 파는 공사를 하려면 그곳 군장이 그 사유와 비용을 갖춰 적은 의안을 군회의원으로 하여금 회의에 부쳐 가부를 결정하게 한다. 만약 찬성하는 의원이 많으면 반드시 그 역사(役事)를 하고, 불가하다고 반대하는 의원이 많으면 그 역사는 할 수가 없다. 그래서 찬성하는 의원이 많으면 군장이 실시하되, 군회의원은 간섭을 하지 못하고 반드시 군장과 그의 관사들에게 책임지운다. 또 군장이나 관리의 시행이 회소에서 결정한 것과 상반될 때는 회소의 의원은 법정에다 고소하여 군장의 죄를 진술, 법정으로 하여금 심판하게 해서 범한 죄에 따라 법률로 다스린다.

…… 그래서 서양의 각 주, 각 군, 각 촌의 정치는 모두 그 지상의 이해를 따지되 다른 지방에 해를 끼치지 않고, 비록 국정부(國政府 : 연방정부)라 할지라도 각 지방자치정부의 권한을 조금도 저지하지 않는다. 그러나 지방자치권이 너무 지나치게 성하여 그치지 않으면, 나라정부의 명령이 두 갈래가 되거나 시행되지 않는 일이 생기기 때문에 한 나라정부가 반드시 주정부를 감독한다.

앞에서 언급한 대의제의 경우와 마찬가지로 지방자치제에 대한 논의와 주장도 구한말 민족지들에 고루 나타나고 있으나, 이 또한 《독립신문》에서 가장 많이 다루고 있다. 이에 대한 연구 또한 많이 이루어졌으므로 중복을 피하고자 한다. 그러나 한 가지 지적할 것은 이 당시의 지방자치제란 지방의회의 구성까지 포함한 제도가 아니라 지방의 행정관을 지방민이 직접 뽑는 것에 한정된 개념이라는 점이다.[91]

4. 맺는말

우리나라 근대 신문은 문명개화 또는 개화자강을 목적으로 한 개화의 수단으로 탄생했다. 이 점은 서양 근대 신문이 상업상의 정보와 뉴스의 보도를 통해 영리를 추구하고자 했던 통보업자(通報業者)들에 의해 발생된 것과 성격을 달리하는 것이다. 곧 서양 근대 신문이 뉴스 보도 그 자체를 일차적 기능으로 삼았던 것과 달리, 우리나라 근대 신문은 국민의 계몽을 원초적 기능으로 받아들였다. 또 서양 근대 신문이 뉴스(또는 기사)를 상품으로 인식하고 출발한 것과 달리, 우리나라 근대 신문은 그것을 국민교육의 창구로 생각한 것이다. 따라서 우리나라 근대 신문은 규범신문으로 그 성격을 규정할 수 있고, 구미 민주주의 가치나 제도를 우리나라에 수용할 때 근대 신문이 선도적 구실을 할 수 있었던 것은 바로 그러한 성격에 말미암은 것이라 할 수 있다.

비록 우리나라 근대 신문의 성격과 추구하고자 했던 목적이 서양과 다르기는 하지만, 신문에 대한 기본개념은 서양의 것이었다. 더욱이 언론의 자유와 관련한 개념은 영미의 자유주의 전통 속에서 형성된 것을 그대로 수용했다. 바로 이 자체가 구미 민주주의 가치와 제도의 수용이라 할 수 있다.

위와 같은 점들을 전제로 우리나라 근대 신문이 우리나라의 민주화에 미친 영향을 요약하면 다음과 같다.

첫째, 우리나라 근대 신문은 발생 초기부터 구 한국 정부나 일본 제국주의에게 통제받았다. 이에 민족지들은 언론자유의 수호와 실현을 위한 투쟁을 전개해 왔다. 이러한 과정 속에서 끊임없이 추구해 온 언론자유라는 민주적 가치가 우리 사회에 깊이 내면화되었고, 그것은 우리나라 민주화의 전제로 인식되면서 민주화를 촉진하는 구실을 하게 되었다고 볼 수 있다.

둘째, 언론이 여론을 형성하는 기능을 수행한다는 영미의 개념 수용 또한 민주적 정치질서의 정착에 기여했다고 생각된다. 민주주의는 여론의 정치라는 인식이 1920년대에 이르러 신문에 의해 표출되지만, 구한말의 경우에도 비록 민주주의라는 정치적 상징을 내세우지는 않았어도 여론을 수렴한 시정(施政)을 강조했다는 점에서 그렇게 볼 수 있다.

셋째, 언론이 환경의 감시자, 특히 정부나 관리들을 감시하고 비판하는 기능을 해야 한다는 개념의 수용과, 그에 따른 기능의 수행 또한 우리나라 민주화에 영향을 주었다고 보아야 할 것이다. 우리 근대 신문의 발생 이후부터 지금까지 언론과 정치권력(정부) 사이의 관계가 언론의 환경감시기능에 대한 끊임없는 도전과 응전의 순환처럼 보이는 까닭에, 민주주의의 실현이라는 발전가치의 구현에 언론이 기여한 바가 분명하게 보이지는 않는다. 그러나 그러한 순환의 과정이 발전가치를 향해 움직여 왔다는 점은 인정해도 좋을 것이다.

넷째, 우리나라 근대 신문은 앞에서 논의한 바와 같이 민주주의 가치와 민주주의제도를 소개하고 그것의 실현 필요성을 강조했다는 점에서 우리나라의 민주화에 기여했다고 볼 수 있다. 이러한 주장은 근대 신문이 민주주의 가치와 제도를 국민들에게 계몽하는 과정 속에서 적어도 그것에 대해 인지하게끔 하고, 가치를 내면화시켰다는 데 근거를 둔 것이다.

《동아연구》, 서강대 동아연구소, 1988

주(註)

1) Griffis, W. E., *The Hermit Nation*, New York, 1882, pp.406~408

2) 김기수, 《일동기유》, 송상조, 《수신기록》(둘 다 원문은 한문), 천관우 역; 천관우, 〈한국신문 80년의 발자취〉, 《한국신문연감 1968》, 한국신문협회, 1968, 28쪽에서 재인용.

3) 이광린, 《한국개화사연구》, 서울 : 일조각, 1969, 33쪽.

4) 임근수, 〈동양에 있어서의 근대 신문의 생성과정에 대한 비교사적 연구〉, 《임근수 박사 논총집 언론과 역사》, 서울 : 정음사, 1984, 53~55쪽.

5) 이광린, 앞의 책, 53쪽. 이광린에 따르면 이 희귀한 사료는 진기홍이 소장하고 있는데 몇 개의 유길준 자필의 문서를 합쳐서 《저사집역》(苧社輯譯)이라는 표제를 붙이고 있다고 한다.

6) 유길준, 《서유견문》, 동경 : 교순사, 1895. 여기 인용한 글은 채훈 역, 《서유견문》, 서울 : 대양서적, 1975, 291~294쪽을 옮긴 것이다. 원문은 국한문 혼용이나, 주로 한문으로 쓰여 있다.

7) 사의(私議), 〈신보론〉, 《한성순보》(제24호) 1886년 8월 16일자. 원문은 국한문 혼용이나 여기 인용한 것은 이를 번역한 것으로, 관훈클럽 신영연구기금이 1983년에 출간한 번역판이다.

8) 논설, 《뎨국신문》 1898년 4월 14일자.

9) 논설 〈하만세신보간〉(賀萬歲新報刊), 《황성신문》 1906년 6월 20일자. 원문은 한문이나 여기 인용은 번역임.

10) 《한성순보》, 앞의 글.

11) 《한성순보》, 앞의 글.

12) 론셜 〈언권ᄌ유〉, 《독립신문》(제4권 제5호) 1899년 1월 10일자.

13) 논설 〈보필(報筆)의 자유로 이관국지성쇠(以觀國之盛衰)〉, 《황성신문》 1906년 10월 16일자.

14) 논설, 《ᄆᆡ일신문》 1898년 4월 9일자.

15) 사설 〈언론과 문화와의 관계〉, 《동아일보》 1928년 1월 17일자.

16) 논설 〈신문과 독자〉, 《황성신문》 1899년 1월 12일자(한문으로 쓰인 원문을 번역한 것임).

17) 론셜 〈각보(各報)의 평품(評品)과 국문보(國文報)의 발행취지〉, 《대한매일신보》(제523호) 1907년 5월 28일자.

18) 《한성순보》, 앞의 글.

19) 유길준, 〈창간사〉; 이광린, 앞의 책, 53쪽.

20) 〈순보서〉, 《한성순보》 1883년 10월 31일자.

21) 논설 〈신문과 그 사명〉, 《황성신문》 1898년 9월 6일자(한문으로 쓰인 원문을 번역한 것임).

22) 논설 〈신문을 기피하는 공주관찰사 정주영 씨〉, 《황성신문》 1898년 10월 19일자(한문으로 쓰인 원문을 번역한 것임).

23) 논설, 《ᄆᆡ일신문》(창간호) 1898년 4월 9일자.

24) 논설 〈신문과 사명〉, 《뎨국신문》 1900년 5월 30일자.

25) 사설 〈민중과 여론, 여론 없는 사회는 죽은 사회〉, 《동아일보》 1934년 1월 6일자.

26) 사설 〈신문지법 개정에 제(際)하여〉, 《조선일보》 1925년 6월 14일자.

27) 론셜 〈신문갑 의론〉, 《독립신문》(제3권 제131호) 1897년 9월 5일자.

28) 《황성신문》, 앞의 글.

29) 사설 〈조선기자대회 개최에 임하여〉, 《조선일보》 1925년 4월 15일자.

30) 사설 〈언론기관정책의 필요〉, 《조선일보》 1928년 2월 4일자.

31) 유길준, 《서유견문》.

32) 논설, 《ᄆᆡ일신문》 1898년 4월 12일자.

33) 논설 〈신문의 사명〉, 《뎨국신문》 1900년 5월 30일자.

34) 논설 〈신문과 그 사명〉, 《황성신문》 1898년 9월 6일자(한문으로 쓰인 원문을 번역한 것임).

35) 《황성신문》, 앞의 글.

36) 유길준, 《서유견문》.

37) 논설, 《ᄆᆡ일신문》 1898년 4월 12일자.

38) 논설 〈보필의 자유로 이관국지성쇠(以觀國之盛衰)〉, 《황성신문》 1906년 10월 16일자(한문으로 쓰인 원문을 번역한 것임).

39) 론셜, 《독립신문》(제3권 제43호) 1898년 4월 12일자.

40) 논설 〈신문과 그 사명〉, 《황성신문》 1898년 9월 6일자(한문으로 쓰인 원문을

번역한 것임).

41) 논설 〈신문의 논설〉, 《황성신문》 1899년 2월 24일자.

42) 논설 〈언권ᄌ유〉, 《독립신문》(제4권 제5호) 1899년 4월 7일자.

43) 사설 〈신문지법 개정에 제(際)하여〉, 《조선일보》 1925년 6월 14일자, "인민천부(天賦)의 언론자유는 ……"; 사설 〈언론자유에 철저하라〉, 《동아일보》 1922년 1월 17일자, "민중에게 대한 신성한 권리로 인정하는 언론자유를 ……"등.

44) 논설 〈ᄌ유론〉, 《대한매일신보(한글판)》(제162호) 1907년 10월 25일자.

45) 논설 〈보필의 자유로 이관국지성쇠(以觀國之盛衰)〉, 《황성신문》 1906년 10월 16일자(한문으로 쓰인 원문을 번역한 것임).

46) 논설 〈하무일언응지(何無一言應旨)오〉, 《대한매일신보(국한문판)》(제49호) 1905년 10월 10일자.

47) 사설 〈언론의 자유〉, 《동아일보》 1924년 2월 2일자.

48) 논설 〈세 가지 ᄌ유의 큰 공〉, 《대한매일신보(한글판)》(제520호) 1909년 3월 10일자.

49) 사설 〈경찰의 자유재량〉, 《조선일보》 1929년 8월 8일자.

50) 논설 〈보필의 자유로 이관국지성쇠(以觀國之盛衰)〉, 《황성신문》 1906년 10월 16일자.

51) 론셜 〈반디의 공력〉, 《독립신문》(제3권 제183호) 1908년 1월 7일자.

52) 사설 〈언론의 자유〉, 《동아일보》 1924년 2월 2일자.

53) 사설 〈신문지법 개정에 제(際)하여〉, 《조선일보》 1925년 6월 14일자.

54) 사설 〈경찰의 자유재량〉, 《조선일보》 1929년 8월 8일자.

55) 론셜 〈언권ᄌ유〉, 《독립신문》(제4권 제5호) 1899년 4월 7일자.

56) 사설 〈언론의 자유〉, 《조선일보》 1926년 1월 22일자.

57) 정진석, 《일제하 한국 언론 투쟁사》, 서울 : 정음사, 1972, 24~25쪽.

58) 론셜 〈언권ᄌ유〉, 《독립신문》(제4권 제5호) 1899년 4월 7일자.

59) 논설 〈황성긍린〉(皇城矜憐), 《대한매일신보(국한문판)》(제86호) 1905년 11월 25일자.

60) 논설 〈탄중앙신보정간〉(歎中央新報停刊), 《대한매일신보(국한문판)》(제225호) 1906년 5월 22일자.

61) 논설 〈신문계 영향론을 평론홈〉, 《대한매일신보(한글판)》(제201호) 1908년 2월 7일자.

62) 논설 〈일인이 엇지 알니오〉, 《대한매일신보(한글판)》(제54호) 1908년 4월 10일자.

63) 논설 〈본보와 신문지법의 관계〉, 《대한매일신보(한글판)》 1908년 5월 10일자.

64) 논설 〈벽돌신문 닑는 법〉, 《대한매일신보(한글판)》(제266호) 1908년 4월 26일자.

65) 논설 〈소위 신문 압슈의 처분〉, 《대한매일신보(한글판)》(제863호) 1910년 5월 14
일자.

66) 논설 〈외국에셔 셜립흔 한국 ᄉ름의 신문샤에 듸ᄒ여 권고홈〉, 《대한매일신보(한
글판)》(제674호) 1909년 9월 15일자.

67) 사설 〈언론의 자유〉, 《동아일보》 1924년 2월 2일자; 사설 〈언론기관에 대하여〉,
1925년 4월 5일자; 사설 〈언론자유여 철저하라〉, 1922년 1월 17일자 및 사설 〈언
론과 사상에 대한 당국의 정책〉, 《조선일보》 1922년 12월 24일자; 사설 〈조선신문
지법 급(及) 출판사 개정에 대하여〉, 1925년 3월 21일자; 사설 〈신문지법 개정에
제하여〉, 1925년 6월 14일자; 사설 〈언론취지의 신경향〉, 1925년 12월 7일자 등을
참조할 것.

68) 사설 〈언론과 사상에 대한 당국의 정책〉, 《조선일보》 1922년 12월 24일자.

69) 사설 〈언론자유여 철저하라〉, 《동아일보》 1922년 1월 17일자; 사설 〈언론과 문화
의 관계〉, 1925년 1월 27일자.

70) 논설 〈정부와 인민의 관계〉, 《대한매일신보(한글판)》(제879호) 1910년 6월 3일자.

71) 논설 〈보필의 자유로 이관국지성쇠(以觀國之盛衰)〉, 《황성신문》 1906년 10월 16
일자.

72) 사설 〈세계기자대회에 기(寄)하노라〉, 《동아일보》 1921년 9월 23일자.

73) 사설 〈국가의 정치와 민중의 여론〉, 《조선일보》 1923년 8월 3일자.

74) 사설 〈언론기관과 일반의 여론〉, 《조선일보》 1923년 8월 7일자.

75) 논설 〈ᄌ유의 신령이 활동ᄒᄂ 시되〉, 《대한매일신보(한글판)》(제591호) 1909년
6월 5일자.

76) 논설 〈자유와 압제〉, 《뎨국신문》 1898년 8월 17일자.

77) 《독립신문》에 대해서는 유재천, 〈한국신문을 통해서 본 민주주의 가치수용〉, 《동
아연구》 제12집, 서강대 동아연구소, 1987. 9, 44~45쪽을 참조할 것. 그 밖에 사의
〈논법률〉(論法律), 《한성주보》 1886년 7월 5일자; 논설 〈법의 공평〉, 《뎨국신문》
1899년 4월 4일자 등을 참조할 것.

78) 《독립신문》에 관해서는 유재천, 앞의 글을 참조할 것.

79) 논설, 《황성신문》 1900년 1월 19일자.

80) 유재천, 앞의 글을 참조할 것.

81) 논설, 《대한매일신보(한글판)》, 1910년 5월 27일자.

82) 신용하, 《독립협회연구》, 서울 : 일조각, 1976, 194~196쪽.

83) 논설, 《독립신문》(제2권 제45호) 1897년 4월 17일자.

84) 각국근사(各國近事), 《한성순보》 1884년 2월 7일자(한문으로 쓰인 원문을 번역한
것임).

85) 논설 〈ᄌ유론〉, 《대한매일신보(한글판)》(제162호) 1907년 12월 13일자.

86) 각국근사(各國近事), 〈구미입헌정체〉(歐米立憲政體), 《한성순보》(제10호) 1884년 1월 30일자(한문으로 쓰인 원문을 번역한 것임).

87) 신용하의 앞의 책과 유재천의 앞의 글을 참조할 것.

88) 별보, 《황성신문》 1902년 12월 3일자; 김민환, 《개화기 민족지의 사회사상》, 서울 : 나남, 1988, 145쪽에서 재인용.

89) 논설, 《대한매일신보》 1909년 7월 3일자. 앞의 책에서 재인용.

90) 각국근사(各國近事), 〈구미(歐米)지방정치〉, 《한성순보》(제11호) 1884년 2월 7일자.

91) 신용하의 앞의 책과 유재천 앞의 글을 참조할 것.

일제하 한국 신문의
공산주의 수용에 관한 연구

1. 서 론

공산주의는 민족주의, 민주주의와 함께 우리 현대사를 지배해 온 이데올로기 가운데 하나이다. 대한제국이 일제에 병탄되어 식민지가 된 뒤, 이르쿠츠크, 블라디보스토크와 상해 등지의 해외에 망명하여 조국의 독립운동을 전개하던 한국인들 사이에 공산주의자들이 등장하기 시작했다. 이들은 1918년 10월 혁명으로 러시아에 공산주의 정권이 수립된 뒤 더욱 활발한 공산주의운동을 펼칠 태세를 갖추게 된다. 한편 일본에서도 유학생을 중심으로 당시 일본을 풍미하던 공산주의 이념과 그 운동에 심취하거나 동조하는 집단이 형성되었다. 이들은 모두 한국에 공산주의운동조직을 만들 것을 시도하였다. 그러나 일제의 무단통치로 말미암아 국내에서의 조직활동은 마음먹은 대로 되지 않았다.

그런 가운데 일제는 3·1운동 이후 한국인에 대한 회유책으로 식민통치정책을 무단통치에서 이른바 문화통치로 전환하였다. 이에 따라 국내에서 《동아일보》 등 민족언론이 등장하게 되면서 각종 사상 운동이 활기차게 전개되기 시작했다. 이때의 사상운동은 민족주의를 바탕으로 한 것이었으나, 당시의 진보적 사상인 사회주의적 성격을 내포한 운동이 주류를 이루었다고 할 수 있다. 이와 때를 같이 하여 일본 유학생중심의 공산주의자들이 국내에 들어와 사회주의 사상운 동단체를 조직하게 되며, 러시아와 상해 등지의 공산주의운동가들도 공산당 조직을 위해 속속 국내에 잠입함으로써 공산주의운동이 본 격적으로 전개되기에 이른다. 따라서 국내에서 공산주의의 수용은 1920년대 초반에 일어난 이와 같은 움직임에 따라 이루어지기 시작 했다고 할 수 있다.

이렇게 시작된 공산주의의 수용은 다양한 방식으로 전개되었다. 몇 가지 수용통로를 알아보면 다음과 같다.

첫째, 사상운동단체들과 공산주의를 지향하는 사회운동조직을 거 쳐 수용되었다. 여기에는 조선공산당의 조직과 활동이 포함된다.

둘째, 해외로부터 들어온 각종 출판물과 잡지 및 소책자로 수용되 었다. 출판물은 일본에서 간행된 것이, 정기간행물의 경우 1920년대 전후에 러시아어로 인쇄된 것이 주류를 이루었다. 러시아어로 인쇄된 출판물은 《콤소몰스카야 프라우다》(*Komsomolskaya Pravda*), 《볼셰비 키》(*Bolsheviki*), 《크라스노예 즈나먀》(*Krasnoye Zna Mya*), 《티호케안스 카야 즈비에쯔다》(*Tihookeanskya Zviezda*) 등이 들어왔지만, 언어장애와 일제 식민통치 당국의 검열과 제재로 말미암아 극히 일부의 사람들에 게만 전달될 수밖에 없었다. 따라서 초기에 밀수입된 문서들에 의한 외부로부터의 영향은 한정된 것이었다.

셋째, 국내의 공산주의 사상단체나 조선공산당 또는 사회운동단 체들의 기관지로 수용되었다. 그러나 조직의 성격상 지하출판물의 한계를 빗어날 수 없는 데다, 경찰의 부단하고도 강력한 단속 때문에 대부분의 간행물들은 대중화될 수 없었다.

넷째, 일반 잡지와 일간신문 등의 정기간행물로 수용되었다. 총독부의 허가를 받아 간행되던 잡지와 신문들은 3·1운동 이후의 문화통치 시기부터 적어도 1931년 만주사변이 일어나기 전까지는 일제 식민통치 당국의 언론통제가 완화된 상태였으므로, 제한된 범위 내에서나마 공산주의를 공개적으로 소개할 수 있었다. 따라서 일제하에서 일반 대중이 공산주의를 합법적으로, 또 공개적으로 애용할 수 있었던 통로는 이들 공공매체였다고 할 수 있다.

2. 일제 식민통치의 언론정책

1910년의 한일병탄 이후 일제는 민족언론을 말살하고 헌병경찰제도를 도입하여 무단정치를 실시해 왔다. 그러나 3·1운동을 계기로 일제는 무단통치 대신 이른바 문화통치로 그들의 식민정책을 전환한다. 무단통치가 결코 현명한 식민통치술이 될 수 없다는 것을 깨달았기 때문이다. 이러한 정책전환은 강압 대신 회유로 방향을 바꾼 것뿐으로, 그들의 대한식민정책에 어떤 본질적인 변화가 생긴 것은 결코 아니었다. 다만 일제가 3·1운동 이후 이와 같이 정책변화를 하게 된 배경에는 다음과 같은 두 가지의 일본 국내 상황이 작용했다는 점에 유의할 필요가 있다.

하나는 일본 내 정치적 상황의 변동을 들 수 있다. 당시 일본 국내에서도 국제적인 정세의 변화로 말미암은 민주주의운동의 진전과 노동운동의 급속한 전개 등에 따라, 대규모의 대중적 반체제세력이 나타나기 시작하고 있었다. 1919년 8월에 이른바 '쌀소동'이 전국적인 규모로 발발하자, 경찰력과 군대로써 겨우 그 폭동을 진압하였으나, 그 이후 데라우치(寺內) 관료내각이 붕괴되기에 이른다. 그 뒤를 이어 수상으로 취임한 정우회 총재 하라 다카시(原敬)는 그때까지의 관료내각 대신에 정당내각을 조직하여 일본에 정당정치의 단서를 마련하게 되었다.

이러한 변화는 야마가타 아리토모(山縣有朋)와 데라우치의 무단적 관료통치의 후퇴와 진보적인 사이온지 긴모치(西園寺公望) 일파의 대리인이었던 평민 하라 다카시에 의한 시민정당정치의 등장이라고 볼 수 있다. 하라는 소장파(少壯派) 관리 때부터 식민통치에 대해 관심과 일가견을 가지고 있었으며, 3·1운동이 일어나기 전부터 조선의 정황에 유의하여 무단통치에 비판적인 태도를 취하고 있었다. 따라서 3·1운동 이후 대한식민정책의 변화는 이러한 하라 내각의 성격과 무관하지 않을 것이다.1)

나머지 하나는 3·1운동 이후 일본 내 여론의 향배를 들 수 있겠다. 예컨대 《도쿄아사히신문》은 1919년 7월 27일자 사설에서 다음과 같이 주장했다.

> 이번의 조선 민중봉기는 일본 대한정책의 실패를 증명하는 것이다. 현대의 식민정책은 옛날과 달라 무단으로써 시종될 것이 아니라 교화를 주안으로 한 문화정책으로써 달성되어야 한다. 강압적인 방법은 가장 졸렬한 수단이다. 이번의 조선 민중봉기는 가혹한 무단정치에 대한 일본의 태도를 오해받게 하는 데 도움이 될 뿐이다. 이것을 계기로 일본의 지금까지 대한정책이 반성되고 시급히 시정되지 않으면 아니 될 것이다.2)

이 밖에도 이 신문은 '소란'(3 · 1운동)의 유력한 원인이 총독정치의 결함에 있다고 반성하면서, 조선에서의 언론억압은 세계에 그 예가 없어 어용신문 이외에는 발간을 불허하고 있는 실정을 폭로하였다. 또한 요시노 사쿠조(吉野作造)는 《중앙공론》 1919년 6월호에 실린 〈조선에 있어서의 언론자유〉라는 글에서, "조선인의 언론자유를 일본과 같은 정도로 허한다는 것은 일한(日韓) 양민(兩民)의 평등을 허하는 것"이라고 지적했다. 그는 또 그 해 6월에 여명회 주최의 '조선문제토론회' 석상에서 조선 정치에 대한 최소한의 요구로 ① 민족차별의 철폐, ② 무인정치의 철폐, ③ 동화정책의 철폐, ④ 언론자유의 어느 정도의 보장 등 4개의 조건을 제언하기도 했다.3)

이런 상황에서 하세가와 요시미치(長谷川好道)의 후임으로 사이토 마코토(齋藤實)가 1919년 9월 2일에 제3대 총독으로 부임하게 된다. 그는 부임한 다음날인 9월 3일 총독부와 소속관서에 대한 훈시에서 "시대의 진운과 민심의 귀향에 감상하여 행정 · 사법 사무 전반에 걸쳐 다음의 개선"을 실행할 것을 밝혔다. 이때 언급된 4개항의 개선책 가운데 "언론 · 집회 · 출판 등에 대해서는 질서와 공안유지에 무방한 한 상당히 고려를 가하여 민의의 창달을 기하여야 한다"는 조항이 포함되어 있다.4)

이와 같은 신임총독의 훈시는 말할 것도 없이 3 · 1운동 뒤 일본 정부가 세운 '조선 통치의 방침'에 근거한 문화통치의 내용이다. 이에 따라 신임총독은 헌병경찰제도를 폐지하고 보통경찰제도로 바꾸는 등 총독부의 관제를 재정비하나, 이것은 모두 지난 무단통치 때와 똑같은 목적을 추구하고자 그 방법만 달리한 것에 지나지 않음은 말할 필요조차 없다.

앞에서 본 바와 같이 사이토 마코토가 취임훈시에서 "질서와 공안유지에 무방한 한" 민간신문을 허가할 뜻이 있음을 밝힌 뒤, 여러 개인과 단체들이 1919년 10월부터 신문발행의 허가를 신청하기에 이른다. 이때 신문발행을 신청한 건수는 10여 건에 달했으나, 총독부 당국은 1920년 1월 6일자 민족진영의 《동아일보》와 친일계의 《조선일보》와 《시사신문》 등 3개지의 발행만을 허가했다. 당시 친일단체였던 대정실업친목회가 발행허가를 얻어 창간한 《조선일보》는, 1924년에 이르러 민족진영의 신석우 등이 송병준으로부터 경영권을 인수하고 같은 해 9월 13일에 이상재가 사장에 취임함으로써 민족지로 탈바꿈하게 된다.

이와 같이 민간신문들이 창간된 뒤 이른바 문화통치기간 동안 총독부 당국의 언론통제는 어느 정도 완화되었다. 이때의 언론통제의 한계에 대한 총독부의 방침을 보면 다음과 같다. 당시 언론단속의 직접 책임자였던 보안과장 겸 도서과장이던 다나카 다케오(田中武雄)의 회고담에 언론단속 기본방침이 밝혀져 있는데, 그 내용은 아래와 같다.5)

① 기관지·식민지지·민족지 어느 것을 막론하고 취재활동에 관해서는 전혀 구속하지 않았다. 다만 기사인쇄의 경우에 데스크와 최고 간부에 그 기사가 '통치의 대전제'의 취지에 위반되는 여부를 살피는 책임을 과했다.

② 어떠한 신문에 대해서도 당국에 아부하는 기사를 쓰는 것을 환영하지 않았다. 더욱이 '단순히 마음에 안 들었다'는 이유로 압박하는 것을 되도록 피했다.

③ 취체 당국의 태도에 대해 직접 다른 관리 또는 일반 민간인이 비판을 시도한 기사라도 내버려 두었다.

④ 언문지(민족지)에 배치되는 것을 제외하고 문맹퇴치·교육확장·농촌진흥 등의 실력향상운동은 용인하였다.

그러나 이와 같은 언론완화정책도 1920년대 후반에 접어들면서 또다시 언론에 대한 억압정책으로 전환된다. 그것은 일본 국내에서의 다이쇼(大政) 데모크라시의 후퇴, 파쇼체제의 대두, 대륙침략계획의 구체화와 더불어 진행되었다. 이러한 추세 속에서 1925년 4월에는 '치안유지법'이 제정되어 '국체를 변혁하는 것을 목적으로 결사를 조직하는 자, …… 사유재산제도를 부인하는 것을 목적으로 결사를 조직하는 자'를 처벌하는 근거를 마련한다. 그리하여 1931년의 만주사변과 37년의 중일전쟁 발발을 계기로 '내선일체'와 조선의 '대륙병참기지화'정책이 강행되면서 모든 언론은 국민총동원 태세의 기수로 전락하고 만다.

위와 같은 일제의 언론정책 가운데 주목할 사항은 해외간행물의 한반도 반입을 철저히 봉쇄했다는 점이라 할 수 있다. 이러한 일제의 정책은 다음과 같은 언론통제관계 법률조항으로 구체화되었다. 즉, 신문지법 개정에 관한 건(법률 제8호, 융희 2년 4월 20일) 제34조 '출판법(법률 제6호, 융희 3년 2월 23일)', 제12조 '신문지법(법률 제41호, 42년 5월 5일)', 제24조 '경찰범처벌규칙(조선총독부령 제40호, 45년 3월 25일)', 제20조 '불온문서임시취체법(법률 제45호, 쇼와 11년 6월 13일)' 등이다.

이 같은 상황 아래서 공산주의나 사회주의의 신사상이 해외의 간행물을 거쳐 한국에 수용되기는 매우 어려웠다. 물론 1920년대 전후에 러시아어로 인쇄된 문서들, 예컨대 모스크바에서 간행되었던 《콤소몰스카야 프라우다》, 《볼셰비키》 등과 블라디보스토크에서 발행되었던 《크라스노예 즈나먀》, 하바로프스크에서 《티호케안스카야 즈비에쯔다》 등이 들어오기는 했다. 그러나 이 문서들은 언어장애와 일본의 검열, 경찰의 제재로 말미암아 극히 일부의 사람들에게만 전달될 수밖에 없었다. 이에 견주어 이해하기 쉬운 한국어로 된 문서인 이르쿠츠크의 《적기》, 하바로프스크의 《선봉》 등이 시베리아와 중국의 여러 지역에서 발행되었지만 이들 문서 또한 수입하기가 극히 곤란했다.6) 따라서 밀수입된 문서들에 따른 외부로부터의 영향은 단지 초기에 한정된 것이었다.

그 대신 1920년대 초에 등장했던 일간신문들은 모두 대중에게 무언가 새로운 것을 전파하는 급진주의자들의 영향을 받고 있었다. 마르크스-레닌주의를 논할 수 있는 능력과 공산주의를 선전할 수 있는 용기가 '지식인'이라는 명칭에서는 필수불가결한 선결조건으로 생각되었다. 그들이 얼마나 마르크스-레닌주의를 이해하고 전파할 수 있었는지는 의문이지만, 거의 모든 지식인들은 신사상에 호의적이었다. 그리하여 《동아일보》와 《조선일보》와 같은 일간신문과 《개벽》, 《조선지광》, 《신천지》 등의 잡지가 한국에 공산주의 사상을 소개하는 데 기여했다.7)

이에 대해 코민테른은 제6차 대회(1928년 12월 10일) 직후에 한국의 공산주의자들에게 보낸 12월 테제에서 "당 문제의 토의와 당의 품위에 불신을 초래할지도 모를 논쟁에서 자유주의적인 부르조아 신문을 이용하였다"고 한국 공산주의자를 비난했다. 그러나 한국의 현실은 일본 경찰의 검열 때문에 공산당의 출판물이 결코 발행될 수 없는 상황이었다. 결국 한국 공산주의자들이 자유주의적인 부르주아 잡지를 이용했던 것은 자금난 때문이 아니라, 오히려 이들 잡지를 이용하는 것이 전술적으로 대중에게 접근할 수 있는 가장 좋은 수단

이었기 때문이었다.[8]

　그러므로 공산주의의 한국 내 수용을 알아보기 위해서는 1920년 대와 1930년대의 민족진영 신문이나 잡지 등을 분석해 보는 작업이 필요하다. 이 연구는 일차적으로 1920년에서 1935년 사이의 《동아일보》와 《조선일보》 지면에 나타난 공산주의 수용을 분석한 것이다. 분석 대상 시기를 1935년까지로 정한 것은 한국 언론이 1936년부터 일제의 탄압으로 말미암아 제2의 언론 암흑기로 접어들면서, 자유로 운 언론활동이 불가능해졌기 때문이다.[9]

　이 연구는 공산주의나 사회주의 운동의 전개과정이나 실천과정 ― 조직·인물·행동 ― 등을 연구하기 위한 것이 아니라, 공산주의 나 사회주의와 관련된 어떤 개념이나 관점들이 신문이나 잡지와 같 은 대중매체를 통해 어떻게 한국에 수용되었는가를 알아보려는 것 이다. 따라서 분석의 대상은 기사 가운데 사설이나 논설이 된다. 이 당시 신문지면구성은 현재와 달라 1면에 뉴스를 보도하지 않고 사 설과 논설을 실었다. 이들 사설이나 논설 가운데서 공산주의나 사회 주의 이념과 관련된 것들만 분석 대상으로 삼았다. 그리고 이들 이 념을 비판한 사설이나 논설들은 분석에서 참고만 하기로 했다. 한편 이 연구는 양적 분석과 질적 분석(서술적 분석)으로 이루어졌다는 것 을 밝혀두는 바이다.

3. 《동아일보》와 《조선일보》의 공산주의 수용 추세

1) 양적 분석방법

이 연구는 일제 식민통치하에서 우리나라 신문으로 수용된 공산
주의에 대한 경향 분석에 일차적인 목적을 두고 이루어졌다. 이를
위해 《동아일보》와 《조선일보》에 실린 논설·시평·해설·기획물
가운데 공산주의(사회주의)를 다룬 기사를 대상으로 내용분석방법을
적용하여 연구하였다.

연구의 목적이 경향 분석이었으므로 양적 분석을 이용했다. 분석
대상 시기는 1920년에서 1932년으로 삼았다. 그것은 1931년의 만주
사변 이후 일제의 언론정책이 또다시 엄격한 통제로 회귀했던 까닭
에, 신문에는 공산주의관계 기사를 거의 실을 수 없었기 때문이다.
또한 사상통제와 사회운동에 대한 철저한 탄압으로 말미암아 1932
년 이후 국내에서의 공산주의운동은 그 명맥이 거의 끊어지다시피
했기 때문이기도 하다.

내용 분석에서는 기사제목을 분석단위로 삼았으며, 분석의 범주
는 다음과 같이 설정하였다.

(가) 신문의 범주 : 《동아일보》, 《조선일보》

(나) 집필자의 소속단체별 범주 : 서울청년회, 북풍회, 화요회, 상
해파 고려공산당, 화요회계 조선공산당, ML계 조선공산당, 조선공제
회, 카프, 기타

(다) 주제별 범주 : 유물론, 변증법, 헤겔철학, 유물사관, 노동문
제, 계급론, 문화론(상부구조), 자본의 분석, 공산주의(사회주의) 소개,
운동론, 기타

(라) (운동론의 경우) 운동별 범주

① 운동의 유형 : 공산당운동, 노동운동, 농민운동, 여성운동, 문예운동, 종교운동, 청년운동, 학생운동, 민중운동, 혁명, 일반 사회운동, 기타

② 기사의 형태 : 일반론, 구체론(사례와 실천)

③ 운동이 발생한 국가 : 소련, 중국, 인도, 일본, 기타 공산국가, 구미, 한국, 기타

(마) 기타 : 무기명기사, 기명기사

위와 같은 범주에 따라 분석된 기사의 계산단위는 연재 횟수에 상관없이 기사 1편을 하나의 단위로 삼기로 했다. 또한 하나의 기사 가운데 여러 주제가 포함될 수 있으나 분석단위를 제목으로 규정함으로써 분석상의 혼란을 배제키로 했다.

2) 분석결과

(1) 연도별 게재 건수

《동아일보》와 《조선일보》에 실린 공산주의관계 논평·사설·해설·기획물 등의 게재 건수는 1920년에서 1932년까지 모두 450건에 이른다. 연 평균 약 35건씩 게재된 셈이다. 〈표-1〉을 보면, 가장 많이 실렸던 연도는 1925년으로 모두 79건이 게재되었다는 것을 알 수 있다.

13년 동안 실린 논설 등의 건수 추세를 보면, 1923년에서 1927년에 이르는 5년 사이에 집중적으로 많이 게재되었다는 것을 알 수 있으며, 1928년 이후에는 크게 감소하고 있는 것으로 나타났다.

연 도	1920	1921	1922	1923	1924	1925	1926	1927	1928	1929	1930	1931	1932	계
건수(건)	12	16	27	69	46	79	52	54	21	20	14	21	19	450
비율(%)	2.7	3.6	6.0	15.3	10.2	17.6	11.6	12.0	4.7	4.4	3.1	4.7	4.2	100.0

〈표-1〉 연도별 게재 건수

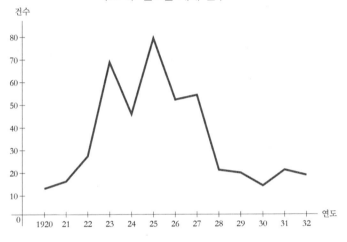

〈그림〉 연도별 게재 건수 증감 추세

위와 같은 게재 건수를 신문별로 분석해 본 것이 〈표-2〉이다. 이를 보면 《동아일보》에 게재된 총 기사수는 154건이며, 《조선일보》는 모두 296건이다. 《조선일보》가 《동아일보》에 견주어 거의 2배 정도 더 많은 공산주의관계 논·사설 등을 게재한 것으로 나타난 까닭은 당시 두 신문의 이데올로기 지향을 반영한 것이라 볼 수 있다. 곧, 《동아일보》는 우파 민족주의를 지향한 것과 달리, 《조선일보》는 좌파 민족주의를 표방했던 것이다. 따라서 《조선일보》가 사회주의 사상을 더 적극적으로 수용했다고 할 수 있다.

이와 함께 《조선일보》는 조선공산당이 결성되는 과정에서 야체이카(세포)가 조직되어 있었고, 또 제1, 2차 조선공산당사건 때 검거

신 문	1920	1921	1922	1923	1924	1925	1926
《동아》	12 (7.8)	6 (3.9)	20 (12.9)	28 (18.2)	21 (13.6)	22 (14.3)	13 (8.4)
《조선》	–	10 (3.4)	7 (2.4)	41 (13.8)	25 (8.4)	57 (19.3)	39 (13.2)
계	12 (2.7)	16 (3.6)	27 (6.0)	69 (15.3)	46 (10.2)	79 (17.6)	52 (11.6)

신 문	1927	1928	1929	1930	1931	1932	계
《동아》	10 (6.5)	3 (1.9)	8 (5.2)	3 (1.9)	5 (3.2)	3 (1.9)	154 (100.0)
《조선》	44 (14.9)	18 (6.1)	12 (4.1)	11 (3.7)	16 (5.4)	16 (5.4)	296 (100.0)
계	54 (12.0)	21 (4.7)	20 (4.4)	14 (3.1)	21 (4.7)	19 (4.2)	450 (100.0)

〈표-2〉 신문별 게재 건수(괄호 안 단위는 %)

된 인원의 숫자 또한 다른 신문에 견주어 월등히 많은 것은 신문사 안에 공산주의자들이 많이 침투해 있었기 때문이기도 하다. 이 시기 의 《조선일보》는 공공연하게 사회주의 신문이라고 불리기도 했다.

또한 〈표-2〉를 보면 다음과 같은 현상을 볼 수 있다. 곧, 《동아 일보》의 논·사설 게재 건수가 많았던 기간은 1922년에서 1925년 사이이며, 《조선일보》는 1925년에서 1927년 사이로 나타난다. 이것 은 《동아일보》가 조선공산당의 결성 이전 사상운동·청년운동 등 이 활발하게 전개된 시기에 주로 공산주의관계 논·사설을 게재했 다는 것을 뜻하기도 하며, 《조선일보》는 상대적으로 당 결성 이후 그 같은 경향을 보였다고 해석할 수 있다.

더욱이, 《조선일보》의 경우 이러한 경향을 보인 이유를 신간회의 조직과 결부시켜 볼 수 있다. 당시 《조선일보》를 중심으로 한 좌파

신 문	직 위	성 명	재임기간	관련사회운동단체
《동아》	주 필	장덕수	1920. 4.~1923. 4.	서울 청년회 화요회
		홍명희	1924. 5.~1925. 4.	
		송진우	1925. 4.~1927. 10.	
		김준연	1935. 3.~1936. 8.	ML계 조선공산당
	논설반	이상협	1920. 4.~1924. 4.	서울 청년회 화요회
		장덕준	1920. 4.~1920. 11.	
		태학문	1920. 4.~1920. 6.	
		김명식	1920. 4.~1921. 2.	
		박일승	1920. 4. ~1920. 4.	
		김양수	1922. 10.~1924. 5.	
		정인보	1924. 5.~1925. 8.	
		윤홍렬	1924. 5.~1926. 11.	
		이봉수	1924. 4.~1924. 9.	상해파 고려공산당 화요회
		조동우	1924. 5.~1925. 5.	
		최원순	1925. 8.~1927. 3.	
		함상훈	1929. 5.~1933. 9.	
		주요한	1929. 12.~1930. 11.	
《조선》	주 필	안재홍	1924. 9.~1928. 9.	
		신일용	1932. 6.~1933. 6.	
	논설위원	안재홍	1924. 9.~미상	
		김준연	1924. 9.~미상	ML계 조선공산당
		신일용	1924. 9.~1925. 9.	

〈표-3〉 신문별 논·사설 필진[10]

이 름	건 수	이 름	건 수	이 름	건 수
임화	11	변희용	2	염상섭	3
김준연	5	이순택	2	장적파(張赤波)	2
배성룡	5	신태악	2	양자강(楊子江)	2
박영희	4	허건	2	최익한	2
유진희	3	선우전	2	함대훈	2
박원희	3	신일용	2	산천균(山川均)	2

〈표-4〉 조선일보의 필진(기명 논·사설의 경우)

연 도	이 름(건수)
1920	유진희(2) 염상섭(1) 鐵民生(1) 如是觀(1) 조자(1) 雙眼中啞子(1) 김우평(1)
1921	류우근(1) 변희용(1)
1922	이순택(2) 김준연(1) 晩悟生(1)
1923	이성태(1) 주종건(1) 나공민(1) 강택진(1) 윤영남(1) 신태악(1) 남농(2) 선우전(2) 홍이균(1) 최창익(1)
1924	고리끼(1) 한신교(1)
1925	赤城山人(1) 山川均(1) 一民生(1)
1926	배성룡(2) 星山學人(1)
1927	乎于生(1) 김영식(1) 한설야(1) 염상섭(1)
1928	三角山人(1)
1929	김장환(1) 김동진(1) 김기석(1) 김윤양(1) 함상훈(1)
1930	이지휘(1) 박완식(1) 함대훈(1)
1931	박영희(1)

〈표-5〉 동아일보의 필진(기명 논·사설의 경우)

민족주의자들이 주도권을 가지고 신간회가 결성되었으며,《조선일보》는 그에 따라 신간회의 기관지 구실을 했었기 때문이다. 신간회는 1927년 1월 14일에 정식 발족된 민족통일전선조직이며, 창설될 때까지 《조선일보》가 그 산파 역할을 담당했던 것이다.

(2) 필진 분석

당시 《동아일보》와 《조선일보》에 게재되었던 공산주의관계 기명 논·사설 등의 필진 가운데 신문사 논설반(위원)에 소속되어 있던 사람들의 명단은 〈표-3〉과 같다.

그러나 이 명단은 접근 가능한 자료라는 한계 안에서 확인한 것이므로 완전한 것은 아니다. 논설반 소속이 아닌 평기자의 명단은

연 도	이 름(건수)
1921	樂園生(1) 文慶(1) 송진우(1)
1922	장철(1)
1923	정재욱(1) 황지생(1) 장적파(2) 권석규(1) 배성룡(2) 김상철(1) 楊子江(2) 정춘계(1) 정두은(1) 新島(1)강영원(1) 이종모(1) 山川均(1)
1924	日塘(1) 조병철(1) 堺利彦(1) 크라라쎄트 킴(1) 虛堂(1) 신일용(1)
1925	정백(1) 신일용(1) 최주(1) 박원희(2) 김준연(2) 박영희(1) 中西伊之助(1)
1926	高津正道(1) 변희용(10 김준연(2)
1927	燕京校人(1) 박영희(1) 염상섭(1) 안광천(2) 김준연(2) 신일성(1) 류자명(1) 박원희(1) 양명(1) 布施長浩(1) 임화(1) 강철환(1)
1928	이성환(1) 권태석(1) 박영희(1) 장일성(1) 김만규(1) 최익한(1) 최익환(1)
1929	배성룡(1) 한별(1) 이여성(1)
1930	송타린(1) 김형준(1)
1931	이정근(1) 野牛(1) 진상주(1)
1932	김명식(1) 임화(10) 一步生(1) 함대훈(1) 이관용(1) 오삼봉(1)

〈표-6〉 주요필진

표에서 제외하였다.

한편, 각 신문에 실린 기명 논·사설 등의 필자를 연도별로 정리한 것이 〈표-4〉와 〈표-5〉이다. 《조선일보》의 경우 필자의 수가 많은 이유는 그만큼 공산주의관계 논·사설 등이 많이 게재되었다는 것을 반영하는 것이다. 이들 표에서 보듯, 야마가와 히토시(山川均)나 사카이 도시히코(堺利彦)와 같이 일본 공산주의운동을 주도하던 인물들의 글이 게재되었다는 것을 알 수 있다. 그리고 〈표-6〉은 기명 논·사설 등을 2편 이상 집필한 필자들의 명단이다.

이들 가운데서 임화의 집필빈도가 가장 높은 것은 그가 카프운동과 관련된 글을 많이 집필했다는 사실을 반영하는 것이며, 뒤에서 나오겠지만 1925년 이후 문화와 관련된 주제가 가장 많이 실렸다는 것과도 연관되는 것이라 할 수 있다.

운동단체	이 름(건수)
서울청년회	박원희(3) 정백(1) 최창익(1) 한신교(1) 강우진(1) 김명식(1)
북풍회	변희용(2) 이여성(1)
화요회	배성룡(5)
상해파 고려공산당	주종건(1)
화요회계 조선공산당	유진희(2)
ML계 조선공산당	김준연(5) 양명(1) 안광천(1) 최익한(2) 권태석(1) 晩悟生(1)
카프	박영희(4) 임화(1) 한설야(1)

〈표-7〉 필진들의 당시 사회주의 운동 관련 분류(기명 논·사설의 경우)

운동단체	1920~24	1925~29	1930~32	계
서울청년회	3	5		8
북풍회	1	2		3
화요회	2	3		5
상해파 고려공산당	1			1
화요회계 조선공산당	2			2
ML계 조선공산당	2	9		11
카 프		5	11	16
계	11	24	11	46

〈표-8〉 필진의 사회주의 운동 관련성에 따른 연도별 분류(기명 논·사설 경우)

위와 같은 기명 논·사설 필자들의 공산주의운동단체 소속계열을 밝힌 것이 〈표-7〉이다. 이 표에 따르면 서울청년회계와 ML파 계열의 필자들이 가장 많이 신문에 글을 실은 것으로 나타나 있다. 또 필자들의 소속계보를 연도별로 분석해 본 것이 〈표-8〉이다. 〈표-8〉을 보면 필자들의 소속계보별 빈도수에서 1920~1924년 사이의 5년 동안은 별다른 특징이 나타나지 않고 있으나, 1925~1929년 사이에서는 서울청년회계와 ML파계 및 카프운동자들이 많은 집필을 한

운동단체	《동아일보》	《조선일보》	계
서울청년회	3	5	8
북풍회	1	2	3
화요회	2	3	5
상해파 고려공산당	1		1
화요회계 조선공산당	2		2
ML계 조선공산당	2	9	11
카 프	2	14	16
계	13	33	46

〈표-9〉 필진의 사회주의 운동 관련성에 따른 신문별 분류(기명 논·사설의 경우)

것으로 보이며, 1930년 이후에는 카프운동자들만 나타나고 있다. 그것은 1930년 이후, 즉 1931년의 만주사변과 함께 일제의 사상운동에 대한 탄압이 더욱 심해졌기 때문에 문학운동만이 신문에 실릴 수 있었던 상황을 반영하는 것이다.

이를 다시 신문별 소속계열로 분석해 보면 〈표-9〉와 같다. 〈표-9〉를 보면 《동아일보》의 경우에는 특징적 경향이 드러나지 않고 있으나, 《조선일보》에서는 ML파계와 카프운동계 필자가 월등히 많았다는 것을 알 수 있다. 이것은 그 당시 《조선일보》의 공산주의 관계 논·사설의 게재 건수가 1925년 이후 《동아일보》보다 월등히 많았다는 것을 나타내는 것이라 생각된다. 곧, 1925년 이후 ML파계와 카프운동계의 필자가 많이 등장했으며, 이 시기에는 《조선일보》가 《동아일보》보다 몇 배가 많은 공산주의관계 논·사설을 게재했던 것이다. 이 같은 해석은 〈표-10〉에서 5년 간격의 연도별 기명 논·사설의 필자수가 《조선일보》의 경우 1925년 이후 《동아일보》에서보다 2배 내지 5배나 많은 것으로 나타나고 있다는

주제 \ 빈도·방향	빈 도		방 향		
	빈 도	백분율	+	○	-
황무지 개간권	5	6.4			5
일본 언론의 대한관	9	11.5			9
일본 헌병의 행동	2	2.5			2
일본의 대한강압·수탈정책	21	26.9			21
고문관 파견	8	10.3			8
일본의 한국 지배욕	30	38.5			30
한국인 역부모집	3	3.8	3		
합 계	78	100.0	3	0	75

〈표-10〉 일본의 대한정책 주제별 빈도수(1904~1905)

주 제 \ 빈도·방향	빈 도		방 향					
	빈도	백분율	+	○	-	반일	친일	친러
러일전 전황	42	66.7		14		1	3	24
전쟁보도의 편파성	2	3.2			2			
전쟁보도의 검열	2	3.2			2			
러일전쟁과 평화	5	7.9	1	1	3			
발트함대	4	6.3		1				3
강화조약	8	12.7	1	7				
합 계	63	100.0	2	23	7	1	3	27

〈표-11〉 러일전쟁 주제별 빈도수(1904~1905)

데서 알 수 있다.

참고로 두 신문에 실린 논·사설 등 기사의 기명·무기명 게재 건수를 분석해 본 것이 〈표-11〉이다. 전체적으로 볼 때 기명기사 건수는 약 31퍼센트이며, 무기명기사 건수는 69퍼센트에 해당된다. 이와 같이 무기명기사 건수가 월등하게 많은 까닭은 언론검열 때문이었거나, 또는 외국필자들의 글을 번역하여 게재한 경우가 많았던 데서 기인한다고 볼 수 있을 것이다.

(3) 주제 분석

두 신문에 실린 공산주의관계 논·사설 등의 주제를 분석해 본 결과 총 게재 종수 가운데서 공산주의운동론이 약 43퍼센트로 가장 많았으며, 다음이 문화론으로 약 13퍼센트, 노동문제 약 11퍼센트, 공산주의(사회주의) 소개가 약 11퍼센트의 순으로 나타났다(〈표-12〉 참조). 이를 다시 연도별로 분석한 것이 〈표-13〉이다.

주 제	유물론	변증법	헤겔철학	유물사관	노동문제	계급론
건 수	2	1	1	5	49	40
비 율	0.5	0.2	0.2	1.2	11.4	9.3
주 제	문화론	자본주의 분석	사회주의 공산주의 소개	운동론	기 타	계
건 수	56	10	45	183	58	450
비 율	13. 0	2. 3	10. 5	42. 5	13. 1	100. 0

〈표-12〉 주제별 분류

이에 따르면 1920~1924년 사이에는 공산주의운동론이 약 35퍼센트로 가장 많이 게재됐고, 다음으로 계급론이 약 15퍼센트, 노동문제와 공산주의(사회주의) 소개가 각각 약 12퍼센트의 순으로 실린 것으로 나타났다. 이에 견주어 1925~1929년의 기간에는 공산주의운동론이 약 49퍼센트로 가장 많았고, 다음으로 문화론이 약 16퍼센트, 공산주의 소개가 약 10퍼센트로 밝혀졌다. 또 1930년 이후를 보면 공산주의운동론이 약 22퍼센트로 가장 많고, 다음이 노동문제로 약 17퍼센트, 문화론 약 13퍼센트의 순이다. 이 시기에서 가장 두드

주 제	1920~1924	1925~1929	1930~1932	계
유물론	2(1.2)			2(0.5)
변증법	1(0.6)			1(0.2)
헤겔철학			1(1.9)	1(0.2)
유물사관	5(2.9)			5(1.2)
노동문제	20(11.8)	20(8.8)	9(16.7)	49(11.4)
계급론	25(14.7)	14(6.2)	1(1.9)	40(9.3)
문화론	13(7.6)	36(15.9)	7(12.9)	56(13.0)
자본주의 분석	9(5.3)	1(0.4)		10(2.3)
사회주의·공산주의 소개	20(11.8)	23(10.2)	2(3.7)	45(10.3)
운동론	10(35.3)	111(49.1)	12(22.2)	183(42.5)
기타	15(8.8)	21(9.3)	22(40.7)	58(13.1)
계	170(100.0)	226(100.0)	54(100.0)	450(100.0)

〈표-13〉 주제에 따른 연도별 건수(5년 단위, 단위 : %)

러진 현상은 기타 항목이 약 41퍼센트로 어느 시기보다 게재 비율이 높다는 것을 알 수 있다.

이 같은 분석결과를 놓고 볼 때 다음과 같은 해석이 가능하리라 고 생각된다. 곧 1925~29년 사이에 공산주의운동론이 어느 시기에 서보다, 또 같은 기간 내에 실린 어느 주제보다 압도적으로 많았던 것은, 비밀결사였지만 조선공산당의 조직활동이 왕성하였다는 것과 연관시켜 이해할 수 있다. 1925년 이후 문화론의 게재 비율이 상승 하게 되는 것은 카프의 신문예운동이 1924년부터 1934년에 이르는 10년 동안 왕성하게 전개되었다는 점, 그리고 1925년의 보안법 발효 이후 문화론은 사상검열을 상대적으로 덜 받았다는 점을 반영하는 것으로 볼 수 있을 것이다. 또한 1930년 이후 기타로 분류되는

주 제	《동아일보》	《조선일보》	계
유물론		2(0.7)	2(0.7)
변증법	1(0.6)		1(0.2)
헤겔철학		1(0.3)	1(0.2)
유물사관	2(1.3)	3(1.0)	5(1.2)
노동문제	17(11.0)	32(10.8)	49(11.4)
계급론	15(9.7)	25(8.4)	40(9.3)
문화론	25(16.2)	31(10.5)	56(13.0)
자본주의 분석	5(3.2)	5(1.7)	10(2.3)
사회주의·공산주의 소개	12(7.8)	33(11.1)	45(10.5)
운동론	57(37.0)	126(42.6)	183(42.5)
기 타	20(12.9)	38(12.8)	58(13.1)
계	154(100.0)	296(100.0)	430(100.0)

〈표-14〉 주제에 따른 신문별 건수(괄호 안 단위는 %)

글들이 많이 실렸다는 것은 그만큼 일제 식민통치 당국의 사상탄압과 노동운동탄압 및 언론에 대한 검열 강화를 나타내는 것이라 볼 수 있다.

한편, 〈표-14〉에 나타난 신문별 주제분석에 따르면, 《동아일보》의 경우 공산주의운동론이 37퍼센트로 가장 많이 실렸고, 다음으로 문화론(약 16%), 노동문제(11%), 계급론(10%)의 순으로 나타났다. 이에 견주어 《조선일보》는 공산주의운동론이 약 43퍼센트로 가장 많았으며, 다음으로는 공산주의(사회주의) 소개가 약 11퍼센트, 그 뒤를 이어 노동문제(약 11%), 문화론(약 11%)의 순으로 실렸다.

여기에서 《동아일보》가 상대적으로 문화론을 더 많이 게재한 것과 달리 《조선일보》는 공산주의 소개를 상대적으로 더 많이 실었다는 차이가 보인다. 이 같은 차이는 물론 당시 두 신문의 이념적 토대를

운 동	공산당운동	노동운동	농민운동	여성운동	문예운동	청년운동
건 수	18	56	28	1	3	7
비 율	9.8	30.6	15.3	0.5	1.6	3.8
운 동	학생운동	민중운동	혁 명	일반사회운동	기 타	계
건 수	1	10	10	44	5	183
비 율	0.5	5.5	5.5	24.0	2.8	100.0

〈표-15〉 운동의 분류(운동론의 경우)

운 동	1920~1924	1925~1929	1930·1932	계
공산당운동	2(3.4)	16(14.3)		18(9.8)
노동운동	21(35.6)	30(26.8)	5	56(30.6)
농민운동	9(15.3)	14(12.5)	5	28(15.3)
여성운동	1(1.7)			1(0.5)
문예운동	1(1.7)	1(0.8)	1	3(1.6)
청년운동	4(6.8)	3(2.7)		7(3.8)
학생운동	1(1.7)			1(0.5)
민중운동	4(6.8)	6(5.4)		10(5.5)
혁 명	3(5.0)	7(6.3)		10(5.5)
일반사회운동	12(20.3)	31(27.6)	1	44(24.0)
기 타	1(1.7)	4(3.6)		5(2.8)
계	59(100.0)	112(100.0)	12	183(100.0)

〈표-16〉 운동론의 종류에 따른 연도별 건수(5년 단위, 괄호 안 단위는 %)

반영하는 것이다.

앞에서 본 바와 같이 공산주의운동과 관련된 논·사설 등이 가장 많이 게재된 것으로 나타났는데, 이를 운동의 종류별로 분석한 것이 〈표-15〉이다. 이에 따르면 전체 183건의 기사 가운데 노동운동이 약 31퍼센트로 가장 많이 실렸으며, 그 다음으로 일반 사회운동

(24%), 농민운동(약 15%), 공산당운동(약 10%)의 순으로 실렸다. 이를 다시 연도별로 분석해 보면 1920~1924년 사이에는 노동운동이 약 36퍼센트로 가장 많았으며, 다음으로 일반 사회운동 약 20퍼센트, 농민운동 약 15퍼센트의 순으로 나타났고, 1925~1929년 사이에는 일반 사회운동이 약 28퍼센트로 가장 많았으며, 다음으로 노동운동이 약 27퍼센트, 공산당운동이 약 14퍼센트, 그리고 농민운동 약 13퍼센트의 순이었다. 1930년대 이후에는 운동론은 거의 찾아볼 수 없다(〈표-16〉 참조).

이 같은 연도별 운동론의 종류 분석결과를 보면 다음과 같은 점들을 지적할 수 있다. 1920~1924년의 기간 동안보다 1925~1929년 사이에 노동운동이나 농민운동에 대한 게재 건수가 상대적으로 줄어들고, 대신 일반 사회운동론이 증가된 것 또한 1925년의 보안법 시행으로 노동·농민운동에 대한 탄압과 검열이 강화된 것을 반영하는 것이다. 또 1925~1929년 사이에 공산당운동에 관한 기사가 증가한 것은 이 기간 동안의 조선공산당의 결성과 관련되었다고 생각할 수 있다. 그리고 1930년 이후 운동론이 전반적으로 위축된 현상은 31년의 만주사변으로 일제의 탄압과 언론통제가 가중된 결과일 것이다.

한편 이 당시에 두 신문에 실린 공산주의운동론이 일반론에 머물렀는지, 아니면 구체론(실천론)이었는지를 분석해 본 결과, 일반론이 약 54퍼센트, 구체론(실천론)이 약 46퍼센트로서 일반론이 약간 더 많았다(〈표-17〉 참조).

이 같은 분석결과를 다시 연도별로 보면 1920~1924년 사이에는 일반론이 약 42퍼센트, 구체론(실천론)이 약 58퍼센트로 오히려 구체론이 더 많았던 것과 달리, 1925~1929년 사이에는 그와 반대로 일

운동의 성격	일반론	구체적 케이스	계
건 수	98	85	183
비 율	53.6	46.4	100.0

〈표-17〉 운동의 성격에 따른 분류

운동의 성격	1920~1924	1925~1929	1930~1932	계
일반론	25(42.4)	67(59.8)	6	98(53.6)
구체적 케이스	34(57.6)	45(40.2)	6	85(46.4)
계	59(100.0)	112(100.0)	12	183(100.0)

〈표-18〉 운동의 성격에 따른 연도별 분류(5년 단위, 괄호 안은 %)

운동의 성격	《동아일보》	《조선일보》	계
일반론	32(57.1)	66(51.9)	98(53.6)
구체적 케이스	24(42.9)	61(49.1)	85(46.1)
계	56(100.0)	127(100.0)	183(100.0)

〈표-19〉 운동의 성격에 따른 신문별 분류

반론이 약 60퍼센트, 구체론(실천론)이 약 40퍼센트로 나타났다(〈표-18〉 참조). 이것은 앞에서 말한 보안법의 영향으로 볼 수 있을 것이다. 그리고 이것을 신문별로 분석해 보면 《동아일보》의 경우는 일반론이 약 57퍼센트, 구체론(실천론)이 약 49퍼센트였다(〈표-19〉 참조). 그다지 큰 차이는 없으나, 《조선일보》가 《동아일보》보다 구체론을 좀 더 많이 실었다.

이 시기 신문은 부면 운동론을 게재하는 데서 외국의 사례들을 자주 소개하고 있다는 것을 알 수 있다. 이런 상황을 감안하여 국가별 소개

국가명	소 련	중 국	일 본	일반세계 공산국가	구 미	한 국	계
건 수	3	10	8	3	6	85	113
비 율	0.3	8.8	7.1	0.1	5.3	75.4	100.0

〈표-20〉 운동의 소개 대상국가

비율을 알아본 결과, 한국을 제외한 경우 중국·일본·구미의 운동론
이 주로 소개된 것으로 나타났다(〈표-20〉 참조). 이를 다시 연도별로
분석해 보면 1925~1929년 사이에 외국에서 전개된 운동론의 소개가
주로 이루어졌으며, 신문별로 보면 《동아일보》보다 《조선일보》가 더
적극적으로 외국의 운동사례를 실은 것으로 밝혀졌다.(〈표-21〉과 〈표
-22〉 참조).

국 가	1920~1924	1925~1929	1930~1932	계
소 련	1	2		3
중 국		10		10
일 본	1	7		8
일반공산국가	1			6
구 미	2	4		1
한 국	33	45	7	85
계	38	68	7	113

〈표-21〉 연도별 운동의 소개 대상 국가(5년 단위)

국 가	소 련	중 국	일 본	일반 공산국가	구 미	한 국	계
《동아일보》	2		1	1		31	35
《조선일보》	1	10	7		6	54	78

〈표-22〉 신문별 운동의 소개 대상 국가

4. 《동아일보》의 공산주의 수용

1) 노동운동의 개념과 방법

노동운동의 개념과 방법은 공산주의나 사회주의의 구체적 실현과 관련된 전략과 전술을 표출하는 것이다. 《동아일보》에 실린 이 관계 논설의 주요 내용을 요약해 소개하면 다음과 같다.[11]

(1) 노동운동의 개념

우선 노동운동을 오로지 노동시간·임금 및 기타 고용자와 피고용자 사이의 계약조건을 개선하는 데만 국한해서 생각하는 것은 잘못이라고 보고 있다. 노동운동이란 자기 자신과 전 인류를 해방시키려는 운동이다. 곧, 불합리한 모든 조직을 밑바닥으로부터 타파하여, 인성의 근본요구를 바탕으로 한 신(新) 경제조직을 재건할 때까지 일체에 대하여 선전포고하고, 최후의 승리를 획득할 때까지 응전하는 행위로 파악된다.

따라서 노동운동은 지식이나 학문에 상관없이 일체 무산계급자가 다 한가지로 참여해야 하는 것이다. 지식계급자도 경제적 지위를 보면 결국 무산계급에 속하니, 무산계급과 자기 사이의 밀접한 이해관계를 자각하고 그들과 공통 심리를 가지는 것은 조금도 이상할 것이 없다고 본다. 공장에서 자체적인 고용관계로 지배계급에게 노력을 파는 사람들은 육체노동과 정신노동을 막론하고 다 같이 노동계급에 포함된다고 본다.

말하자면 산업적 전체주의를 타파하고 민주화한 산업조직 아래서

자유 독립의 생산자로 사회에 공헌함과 동시에, 이전부터 고정된 채
였던 문명을 깨뜨리고, 다시 양양한 신문명을 창조할 무한의 가능성
을 잉태함을 뜻한다. 한미디로 말해서, 지본기에게 예속된 상태를
벗어나 무산계급의 사회를 만들려는 운동으로, 이는 단순히 경제조
직의 개혁에서 그치는 것이 아니라, 정치권력의 획득도 불가피한 것
이다. 결국 노동운동의 궁극적인 목적은 기본적인 공업을 사회주의
화하는 데 있다. 그것은 산업의 관리지배권을 국유화하고 그 관리권
전부와 경영상 주요권한을 노동자의 손에 돌려주는 것이다.

(2) 노동운동의 전개방향

《동아일보》에서는 노동운동의 전개방향과 관련하여 세계 노동운
동의 유형을 소개하고 있다. 영국에서 발생한 직공조합주의, 프랑스
의 생디칼리슴, 마르크스와 라살레의 정신·이상이 포함된 독일의
사회민주조합, 아나키즘이 그 예이다. 그러면서 노동운동에 지식계
급도 적극적으로 참여해야 한다는 논리를 편다.
한편, 노동운동의 방향과 관련하여 조선의 노동운동은 실리주의
를 배격해야 하며, 노동운동을 공장주와 노동자 사이의 문제로만 생
각하는 것은 크게 잘못된 것이라고 주장한다. 왜냐하면 오늘의 국제
정치·사회·교육·종교 등 모든 것이 노동자에게 생활상의 고통을
안겨주는 데 직접적으로 관계를 가지지 않은 것이 없으므로, 전부
개선하지 않고는 결코 해결될 문제가 아니기 때문이다.
곧, 장래의 노동문제를 해결하려면 온갖 계급의 사람들이 현재 생
활문제를 자각하고, 인류를 사랑하는 넓고 큰 양심으로써 현재 상태
를 개조해야 한다는 것이다. 그리하여 과거에 발생했던 불합리한 악

덕의 암흑에서 인류의 정신을 해방하고, 사회연대의 정신으로써 새로운 세상을 만들어야 한다는 것이다. 그러면서 조선에서 노동운동이 일어날 소지로서 네 가지를 들고 있다.

첫째, 조선에는 양반상한(兩班常漢), 관존민비 및 노동천시의 반동적 계급사상이 있고, 둘째, 선진국 산업제도의 모방에 따라 자본이 집중하고 있으며, 셋째, 빈곤문제가 있고, 넷째, 구미의 노동문제와 노동운동은 대개 공장 노동자에 한하지만, 우리나라는 소작인이 대다수라는 점에 주목해야 할 것을 지적하고 있다.

이러한 상황에서 사회적 사업과 시설로써 화근을 미연에 방지해야 하며, 이는 관민협력으로 이루어져야 한다는 주장도 보인다. 이런 관점에서 지식인은 우선 노동자의 질적 개선, 곧 그들의 교양수준을 높여줌과 동시에, 노동문제의 연구와 해결을 위해 십분 노력해야 한다는 입장을 취하는 경우도 보인다. 이러한 관점은 사회문제와 사회운동을 정치문제와 정치운동에서 분리시켜야 한다는 주장이기도 하다.

(3) 사회주의와 농업노동

코민테른 제6차 대회 직후에 채택된 '12월 테제'에는 조선공산당이 직면한 문제가 지적되어 있었다. 우선 한국 산업이 원시적 단계라 수많은 농민이 있는 데 견주어 공업 노동자의 수는 훨씬 적다고 보았다. 이 때문에 당이 농민들을 자극해 계급의식을 심어주는 데 실패하였고, 이것이 한국에서의 혁명에 지장을 가져왔다는 내용이다. 또한 조선공산당이 농민과 그들의 토지를 둘러싼 혁명투쟁을 무시함으로써, 한국에서 있었던 민족부르주아지운동의 실패와 똑같은 오류를 범했다는 것이다.

그러나 농민이 노동운동의 주요세력이 되어야 할 것이라는 시각이 없었던 것은 아니다. 그러한 대표적인 논설로 1923년 8월 30일부터 약 10회에 걸쳐 연재된 〈사회주의와 농업문제〉를 본보기로 들 수 있다. 사노 마나부(佐野學)의 논문을 번역한 이 논설의 내용은 다음과 같다.

모두 6장으로 서술된 이 논문에서는 먼저 '왜 농민문제가 사회주의의 중심문제가 되지 못했는가'를 규명한다. 그 이유로 첫째, 사회혁명의 지도적 세력이 도시의 노동계급이라고 보았기 때문임을 지적하고 있다. 이들이 농민계급보다 훨씬 계급의식과 집단력, 건설력이 좋기 때문이라는 것이다. 둘째, 농공업의 유기적 관계가 철저히 이해되지 못했다는 사실을 들고 있다. 셋째, 농민계급 사이에 계급의식이 예민치 못할 뿐만 아니라, 도리어 구시대의 보수적 정신이 상존한다는 사실을 지적했다. 넷째, 자본주의 경제조직 아래서 도시 노동자와 농민 사이의 이해가 다른 점이 적지 않다는 사실이다. 다섯째, 농민계급이 지리적으로 분산되어 있다는 사실을 들고 있다.

그러면서 이 글은 농민문제와 사회주의와의 깊은 관계를 설파한다. 113자가 삭제당한 채 신문에 소개된 내용은, ① 농민계급이 도시 노동자와 같이 무산계급의 기본적 요소를 형성, 자본가의 착취를 당하는 것은 공통이라는 점, ② 근대 경제조직 아래서는 농공업의 반이(反離)가 심하지만, 사회주의 사회의 경제조직은 양자 사이의 진정한 조화에 기초하지 않으면 안 되며, ③ 농민계급이 왕왕 반동적 세력에 이용당한다는 점 등이었다. 그러면서 사회주의 사회에서의 농업은 토지의 공유화, 생산의 사회화, 경영의 사회화, 대농조직(對農組織)과 과학의 극도 응용, 도시와 농촌의 접근으로 그 성격을 규정했다.

그러나 이 같은 사회주의 농업에 도달하는 데는 여러 장애가 있다. 그러한 장애들은 다음과 같은 것들이다. 첫째, 농촌의 복잡한 계급관계, 둘째, 토지소유가 비교적 용이한 사실, 셋째, 농업의 형태가 다종다양하다는 사실, 넷째, 기계화의 진보가 느린 사실, 다섯째, 보수적 정신이 상존한다는 사실 등이다.

2) 마르크스 사상과 사회주의 수용

마르크스 사상과 사회주의에 대한 소개는 주로 외국저자들의 저서나 논문을 번역하여 이루어졌다.[12] 이에 대한 비판도 물론 제기되었다. 이러한 논쟁 가운데 대표적인 것은 1922년의 마르크스 노동가치설을 둘러싼 상호비판이라 할 수 있다. 여기서는 《동아일보》에 소개된 마르크스 사상의 대강과 사회주의에 대한 개념 가운데 주요한 부분만 살펴보기로 하겠다.

(1) 마르크스 사상의 소개

마르크스 사상을 소개한 논설 가운데 비교적 체계적으로 정리한 것은 가와카미 하지메(河上肇)의 글을 이순택이 번역하거나 초역한 〈마르크스 사상의 개요〉와 〈마르크스의 유물사관〉이라 할 수 있다. 이 글들의 내용을 살피기 위해 두 논문의 소항목들을 소개해 보면 다음과 같다.

① 〈마르크스 사상의 개요〉(《동아일보》 1면에 37회에 걸쳐 연재)

제1장 사회주의 경제학의 성립

제2장 유물사관

　세1절 서 언

　제2절 사회진화론

　제3절 계급투쟁설

　제4절 총 괄

제3장 자본주의적 경제조직의 비평

　제3절 잉여가치설

　제4절 자본주의적 경제조직의 필연적 붕괴

제4장 사회민주주의

② 〈마르크스의 유물사관〉(《동아일보》 1면에 18회에 걸쳐 연재)

제1편 《공산당선언》에 나타난 유물사관

　제1절 사회조직진화론

　　계급투쟁의 개념으로 파악, 사회의 유물적 생산력이 어느 정도 이상으로 발전하면 그에 따라 사회의 경제조직도 변한다. 이것이 마르크스 사회조직진화론의 중심사상이다.

　제2절 정신생활의 물질적 설명

　　일단, 사회조직이 변하면 종교나 예술·철학 등이 또한 이에 따라 변동하지 않을 수 없다.

제2편 《자본론》 상의 유물사관

(2) 사회주의 개념

사회주의란 다음과 같은 특성을 지닌 이념으로 소개되고 있다.

① 물질적 생산기관의 공유 : 지대와 이자를 개인이 향유함을 폐

지한다. 사회라는 협동단체가 개인 또는 개인적 단체를 대신하여 토지나 자본의 소유자가 됨을 뜻한다. 그리하여 모든 이익이 다시 사회로 환원된다.

② 생산의 공공적 경영 : 이윤은 인민 전체의 소득이 된다.

③ 공공적 권력자에 의한 수익의 배분 : 이것은 사회주의의 알파이며 오메가이다. 절대 기계적 평등, 생시몽 일파가 주장하는 평등주의, 능력에 맞게 노동하고 필요에 맞는 보수를 취하자는 루이프린의 주장, 수입의 평등 등을 설명하였다. 또 사회주의는 사해동포주의로, 세계에는 주인도 없을 것이고 노예도 없을 것임을 확신하고 있다.

이 밖에 사회주의가 어떻게 변천하여 왔는가를 소개하는 글도 있고, 《공산당선언》의 핵심이 무엇인지를 밝힌 논설도 있다. 개량파 사회주의, 혁명적 생디칼리슴, 사회민주주의 등 다양한 사회주의 계보와 그것의 역사적 생성단계도 소개하였다. 한편, 이러한 여러 종류의 사회주의에 대해 마르크스 사회주의를 과학적 사회주의라고 부르고 있다.

(3) 사회주의와 민족운동

자본주의 체제붕괴현상이 세계적으로 확산되는 경향을 보이는 가운데, 사회주의와 민족주의와의 관계 정립도 약소민족의 해방과 사회주의의 확산이라는 목표 아래에서 매우 중요한 과제로 떠오른다. 이 문제에 대한 인식은 다음과 같은 〈사회주의와 민족운동〉(신태악)이라는 논설의 내용으로 미루어 볼 수 있을 것이다.

민족주의 운동은 아시아·아프리카 등의 민족중심으로 전개되고 있으며, 사회주의적 욕구를 포함한 프롤레타리아적 운동으로 변해왔다. 그것은 단순한 정치적 독립의 요구가 아니라 자기 해방의 원리로, 사회주의적 국제사회의 건설 요구를 포함한 것이다. 그러므로 최근 약소민족의 민족운동은 자본주의기 통제력을 잃은 데 말미암아 일어난 것인 동시에 자본주의의 붕괴와 필연적 관계가 있다.

사회주의도 민족문제를 충분히 해결하지 않고는 신사회를 건설할수 없다. 국내의 프롤레타리아 해방만으로 사회주의의 실현을 바라기는 분명히 불가능하다. 국제적 프롤레타리아 혁명은 약소민족 사이의 프롤레타리아와 공동적 행동을 취함으로써 완성될 것이며, 그 결과로 한 자본국가 내의 혁명은 그 나라 노동계급의 단결과 동시에 그 나라가 지배하는 약소민족의 혁명분자와 손잡지 않으면 도저히 달성할 수 없을 것이다.

사회주의 민족운동의 기본토대는 '프롤레타리아는 계급적으로 모두 형제'라는 전제에 있다. 사회주의는 민족이 문화적 단위임은 인정하나, 정치적 단위임은 부인한다. 정치적으로는 지구에 하나의 '세계공화국'만 있도록 하는 것이 목표다. 사회주의는 또한 민족동권(民族同權)을 인정하고 있다. 예를 들면 사회주의는 일체의 민족운동에 대해 충실히 원조하며, 약소민족의 모든 운동에 사회주의적 성격을 부여하도록 노력하고, 약소민족 내부에 존재하는 일체의 구 요소를 무너뜨리기 위해 전력을 다한다.

또한 약소민족은 농민운동의 발흥과 발달에 크게 노력하지 않으면 안 될 이유가 있다. 그것은 농민이 인구의 대다수를 차지하고 있기 때문이다. 그러므로 농민운동이 유일한 가능성을 지닌다. 약소민족은 '국가적 생활을 허용한다'는 강대국의 부르주아적 꾐에 빠져서는 안 되며, 사회주의는 프티부르주아적 국민주의와 싸울 것이다. 사회주의적 민족운동은 대아시아주의 또는 범회교주의와 같은 운동과는 절대로 함께하지 못하며, 사회주의적 민족운동은 필연적으로 반군국주의와 결속할 것이다.

5.《조선일보》의 공산주의 수용

1) 각종 결사와 조직운동에 대한《조선일보》의 사상적 입장

《조선일보》는 공산주의운동과 관련된 각종 결사체의 형성과 그들이 전개한 공산주의 세력의 통일전선 모색을 위한 움직임에 대해 보도하고 사설로써 사상적 입장을 표명했다. 이로써 우리는《조선일보》의 사상적 위상을 충분히 짐작할 수 있다. 각 결사체의 형성과 공산주의운동을 위한 통일전선을 모색하고자 각종 대회에 임하는《조선일보》의 사설 내용을 간단히 간추려보면 다음과 같다.

(1) 각급 결사(조직)에 대한 입장

'조선노농총동맹'에 대하여
《조선일보》는 무산대중이 온갖 착취와 모든 속박에서 해방되어 자유롭게 되는 방법은 무엇보다도 무산대중이 단결하는 데 있다고 주장한다. 이런 관점에서《조선일보》는 우리 사회에서 무산계급운동의 역사가 비록 일천하지만, 도시의 노동운동과 농촌의 소작운동이 이미 전통적 자본주의에 젖어있는 사회에 큰 자극을 주었음에도, 운동세력이 분열되어 있있나는 것을 유감스러워 하고 있다. 따라서 '조선노농총동맹'의 성립은 조선의 무산대중이 단결한 것으로, 조선

노동운동사에서 영원히 기념할 날이라고 찬사를 보냈다. 또한《조선일보》는 조선에 극소수의 특권과 부를 가진 자가 있더라도 그것은 오직 변태적인 예외에 지나지 않으며, 조선의 대중은 모두 무산대중이라고 보았다. 그러므로 조선에 민중운동이 있다면 그것은 무산대중의 운동일 수밖에 없다는 결론에 이르고 있다.13)

'조선청년총동맹'의 창립에 대하여

1924년 4월 23일에 창립된 '조선청년총동맹'에 대하여 《조선일보》는 사설에서 청년민중의 단결로 말미암아 청년운동의 통일을 도모하여 대중본위인 신사회의 건설이 촉진되었다는 것을 강조했다. 《조선일보》 1924년 4월 24일자 사설 〈조선청년동맹 창립대회에 대하여 — 오즉 위대한 촉망을 갖고〉는 조선청년동맹이 "대중 본위의 사회건설을 추구한다"는 목적성을 분명히 하고, 나아가 "조선민중해방운동의 선구자가 되기를 염원한다"는 강령을 채택한 단체임을 강조한다. 사설은 민중해방운동이 조선 사회에서만 염원되는 특수한 현상이 아니라, 전 세계에 통용되는 보편적인 시대사조임을 강조하고 있다.14)

'북풍회' 조직에 대하여

《조선일보》는 인류의 역사를 창조와 변혁의 반복을 거친 진보로 보고, 그러한 변증법적 진보의 중추적 동기가 되는 것은 경제적 조건이라고 했다. 따라서 경제적 조건에 따른 유산계급 대 무산계급의 계급적 이해가 목표가 되어 모든 문화가 창조되고 모든 투쟁이 전개된다는 것이다. 그러므로 자본가와 아울러 그를 옹호하는 중간계급들의 보수적·타협적 문화와 노동계급의 창조적·변혁적 문화가 현대 문화의 일반적 특징이라는 것이다.

그러나 조선의 문화는 아직 뒤떨어져 있고, 그만큼 사회운동도 역사가 길지 못하고 유치한 단계에 있다. 이러한 상황 속에서 새로 조직된 사상단체인 '북풍회'의 출현은 우리나라 사회운동의 일대 전환기가 될 것이며, 이를 계기로 주의와 사상을 같이하는 모든 세력이 통일을 이루어 최후의 목적을 달성하고자 한마음으로 힘을 모으기를 바란다고 격려하고 있다.15)

'전조선민중운동자대회'에 대하여

화요회가 주동이 되어 개최 준비를 했던 '전조선민중운동자대회'에 대하여《조선일보》는 사설에서 이 대회의 목적이 항구적 회의를 조직코자 하는 것이 되어서는 안 될 것임을 강조하고 있다. 그 이유는 기존의 단체가 이미 조직되어 있는 현실에서 '전조선민중운동자대회'가 기성단체들의 옥상옥(屋上屋)처럼 운영되지 않기를 염원했기 때문이다. 또한 보통 사회운동의 핵심으로 간주되는 노동자·농민·청년운동 및 여성운동의 범주 이외에도, 조선의 교육·종교·경제 및 언론 등의 기타 다양한 방면의 총합된 의사를 대표할 만한 전민중적(全民衆的) 회합을 절실히 기대하고 있었음을 강조하면서, '전조선민중운동자대회'가 전반적인 민중을 표방하는 각각의 개별 방면의 노력을 규합하는 계기가 되기를 당부하였다.16)

(2) 조선공산당사건에 대하여

1925년 11월에 일어났던 이른바 '신의주 사건'으로 말미암아 조선 안에 공산주의 비밀결사가 조직되어 있다는 사실이 발각되었다. 이에 따라 조선공산당 책임비서 김재봉과 고려공산청년회의(이하 '공청') 책임비서 박헌영을 비롯한 당과 공청의 간부는 물론, 그 조직구성원들이 전국적으로 대거 검거되는 사건이 일어났다. 1925년 12월 22일의 제1차 검거가 시작된 이래로 1926년 9월 7일에 검사국으로 사건이 송치될 때까지 검거에 걸린 일수가 300일에 이르며, 검거된 인원이 220여 명에 달하고, 공판에 넘어온 사람만 101명이었다. 이 사건의 예심취조기록은 4만여 페이지에 달했다고 한다.[17]

이 사건에 대한 보도와 논평은 1927년 3월 31일의 예심이 끝나는 날까지 일체 금지되었다. 그 이후 이 사건에 대한 '일부 발표의 자유'를 얻게 되자, 《조선일보》는 즉각 사설로써 공산당조직의 완비함에 대해 놀라움을 표시하고, 공산당조직이 국제적으로 연결되어 있었다는 점에서 조선의 운동이 조선만의 운동이 아니라 세계운동의 일부분이란 것을 생각할 수 있게 된다고 밝혔다. 또한 이 조직에 가담한 사람들은 남다른 신념을 가졌을 것이기 때문에, 이들의 사상을 바꿀 수 있을지 의문이라고 의견을 표시하였다. 그러면서도 비밀운동에 종사하는 사람이 술 때문에 조직을 발각되게 만들었다는 점은 생각해 볼 문제라고 논평하고 있다.[18]

또한 《조선일보》는 1927년 9월 14일자 사설 〈개인과 결사〉에서 "금년에 들어서 전 세계 무산계급의 격동을 일으킨 사건이 있다고 하면, 하나는 지난 달 22일에 미국 백색공포정치에 희생되고 만 '삭코', '반제틔' 사형사건을 들 수 있고, 또 하나는 어제 아침에 공판이 개정된 조선공산당사건"이라고 말하였다. 이와 함께 《조선일보》는 조선공산당사건에 대한 전 세계의 관심이 이 재판에 쏠리고 있다는 점을 주지시키면서 재판을 공개할 것을 촉구하고, 나아가 공정한 재판과 변호인들의 희생적인 봉사를 강조했다.[19]

《조선일보》는 공산당사건의 공판결심을 보고 "우리는 이러한 외형으로 나타난 사건의 규모를 보아 놀라운 바도 업지 못하나 그보다도 중대한 의미를 차지랴고 할진대 공산당사건 자체의 우리에게 제시하는 역사적 의미가 하나이며, 다음에는 공산당 자체의 정치적 활동보다도 공산당 공판이 전 사회의 인심을 고발시킨 그것이며, 그 다음에는 변호인의 결속적 항쟁이 직업적 소부르조아지의 의식을 떠나서 공정을 위하야 얼마나 만흔 폭로선을 지속하여 왔든가가 마지막 우리의 흥미를 끄는 것이다"라고 논평했다.[20]

그러면서 "공산 공판은 이에 결심이 되었다. 그러나 이번 공판의 경향은 날이 지날수록 새로운 기억을 더하야 장구히 계속될 것을 의심치 아니한다. 피고인의 범죄 사실 여하는 그 판결을 기다려 판명되겠스나 그 판명 여부가 우리에게 문제되는 것은 아니다. 다만 여기서 문제되는 것은 그 판결에 이르기까지의 정치적 맥락이 엇더한 것인가를 깨닷는 데 있는 것이다"라고 결론을 제시하고 있다.[21]

2) 민족주의와 사회주의

1924년부터 1927년의 신간회 결성에 이르기까지 《조선일보》의 사설은 민족주의(민족운동)와 사회주의(사회운동)의 양자 사이의 관계와 협동전선의 형성문제를 빈번하게 다루고 있다. 이러한 문제와 관련된 당시 사설들의 주된 관점들을 간략하게 살펴보면 다음과 같다.

첫째, 민족의식과 계급의식은 엄연히 별개로 존재한다는 관점이 제시되고 있다. 곧, 세계의 조류는 노동계급의 해방운동과 약소민족의 해방운동이 서로 손을 잡아 인류를 완전히 해방하려는 방향으로 나아가고 있기는 하다. 하지만 계급적 해방은 필연적으로 민족적 해방을 요구하는 것과 달리, 민족적 해방은 반드시 계급적 해방을 요구한다고 할 수 없다는 데 사회주의자와 민족주의자의 차이가 있는 것이다. 그러나 세계단일국가의 이상은 민족주의이 실현의 단계를 기쳐야만 한다는 것을 계급해방을 요구하는 사람들이 인정하는 바이므로, 민족적 해방을 요구하는 데까지는 계급해방운동가나 민족해방운동가가 협동해야 할 것이라고 보고 있다. 다만 그와 같은 목적이 달성된 뒤에 사회조직을 어떻게 할 것인가에 대해서는 양자 사이에 견해 차이가 있을 수 있다는 것이다.[22]

둘째, 민족운동과 사회운동은 각기 해방하려는 대상은 다르지만 그 방법이 반드시 다르다고는 보지 않는다. 예를 들어, 어느 경우에는 민족해방을 위해 사회개조의 전략을 채택할 수도 있으며, 사회개조 또는 계급적 해방을 목표로 삼는 일일지라도 결과적으로는 한 민족을 하나의 단위로 삼을 수도 있기 때문인 것이다.[23]

셋째, 제국주의와 항쟁하는 것은 민족운동과 사회운동의 임무이다. 제국주의는 자본주의의 최종단계로, 자본주의가 필연적으로 도달할 단계이기 때문이다. 그러므로 사회운동가와 민족운동가의 힘을 제국주의 타도라는 동일한 목적에 집중하는 것은 조선에서 무엇보다도 필요한 일이라는 결론에 이르고 있다. 곧, 민족운동가가 자본가 출신이라 할지라도, 그 철저한 민족운동이 필연적으로 자본주의인 제국주의를 약하게 할 것이기 때문에, 이에 사회운동가는 협조할 의무가 있다. 또 막대한 무산자가 존재하는 민족의 해방을 꾀하는 사람은 그 계급적 해방도 고려하지 않을 수 없을 것이므로, 진정한 민족운동가라면 또한 사회운동에 참여해야 한다는 것이다.[24]

넷째, 민족좌익전선 형성이 필요하며, 해방전선에서 민족좌익전선이 주역을 담당하고 사회주의 운동자들은 지원세력이 되어야 한다

고 주장하고 있다. 곧, 민족주의 좌익전선을 형성하여 변동하는 시
국에 대응하는 자세가 필요하다는 것이 당시 조선의 시대의식이라
고 보고 있다. 그 까닭은 타락을 뜻하는 기회주의(예컨대 대동단 같은
세력)와 우경적인 타협운동이 대중의 목적의식을 마비시키고 투쟁력
을 소모시켜 식민통치자의 의도에 부응하게 될 위험이 있기 때문이
다. 그러므로 비타협적인 민족주의 좌익전선을 형성하여 먼저 대중
의 견고한 단결을 도모하고, 정치적 훈련과 투쟁을 병행함이 옳다는
것이다. 이런 뜻에서 자치운동을 하는 우파 민족주의를 배격하고 있
다. 또한 사회주의 운동과의 관계에 대해 다음과 같은 견해를 표명
하고 있는 것이다.[25]

> 左翼民族戰線은 當然히 最左翼인 社會運動戰線과 聯結하게 될 것이다.
> 그는 어쩌한 物的聯合이 잇거나 업거나 그 鬪爭이 共同한 目標를 向하야
> 되는 날까지에는 반듯이 그리될 必然性이 잇는 것이오. 또 當爲의 일이
> 되는 것이다. 그리고 思想的 分野에 잇서서 社會運動戰線이 그의 第一線에
> 잇슴에 不計하고 現下의 實戰場의 平面的排置에서는 左翼民族戰線으로 하
> 야금 그 正面의 主力部隊로서 第一線에 나서야할 것과 社會運動戰線으로
> 서는 그의 側面에서 應援의 砲火 및 突喊을 보내여 주어야 할 것은 前者
> 에도 말한 바가 잇섯다.

위와 같은 논조는 모두 민족주의 운동세력과 사회주의 운동세력
의 협동전선형성의 필요성을 강조하고 있다. 다만 그와 같은 필요성
을 강조하는 민족주의 세력과 사회주의자들 각각 궁극적 목표를 달
리하고 있다는 점이 지적될 수 있겠다.

민족협동전선을 형성하는 데 우파 민족주의자들을 배세해야 할

것이라는 주장은 당시 《조선일보》를 중심으로 한 민족주의자들의
입장을 반영하는 것인 동시에, 신간회 결성에 참여하는 좌파 민족주
의 세력의 태도를 천명하는 것이라 할 수 있다. 1924년부터 1927년
사이의 이와 같은 《조선일보》의 논조는 신간회의 결성을 촉진하고
자 여론을 형성하는 작업이라고 볼 수 있을 것이다. 이때 민족운동
과 사회운동의 공동전선형성의 필요성을 강조한 대표적인 논설 가
운데 하나를 소개해 보면 다음과 같다.[26]

現下朝鮮의 思想界에는 民族主義, 社會主義의 二大潮流가 合流한다. 三
一運動을 新紀元으로하야 最高度로 沸騰하얏든 民族的意識이 그 運動線上
의 自然한 支障으로 因하야 時日의 遷延을 免치 못하는 同時에 社會主義의
激瀾이 滔天襄陵의 勢로 半島江山에 汎濫함애 絶望中에도 오히려 새로운
무엇을 憧憬하든 大衆 特히 資本階級의 搾取를 當하고 飢餓困憊에 呼泣하
든 無産大衆이 率先하야 이 主義를 信奉하게 되얏다. 그리하야 固有의 民
族主義와 新來의 社會主義와의 思想衝突이 생기여서로 反目, 嫉妬, 排斥이
날로 激烈하여짐은 回避할 수 업는 自然의 趨勢이다. 이에 思想界는 混亂
狀態에 싸지어 不安恐怖, 絶望, 悲哀, 疲勞의 陰慘한 雰圍氣가 社會를 包圍
하얏다. 이와 갓흔 思想의 動搖로 因하야 一般人心은 民族意識이 斬薄할
샌더러 階級意識도 아직 微弱하야 그 歸趣할 바를 알지 못하고 岐路에서
彷徨하게 되얏다. ……

元來 民族主義와 社會主義와는 셔로 兩立하지 못할 形勢로 잇셔 日本의
赤化防止團對 社會主義者의 衝突, 英國 社會主義者의 印度民族解放을 幇助하
는 等 實例가 證明하는 바어이니와 우리 朝鮮과 갓흔 弱小民族에 限하야는
며 强大民族內의 그것과 갓치 氷炭不相容의 理由를 發見할 수 없다. 强大民
族의 民族主義는 利己排他的 軍國主義의 色彩를 씨엿슴에 反하야 우리 弱

小民族의 要求는 單純한 民族的 解放에 不外한 것이며 强大民族의 社會主義의 敵인 資本階級은 그 民族自體內에 存在하지마는 被征服民族의 搾取階級은 民族自體內에 잇다하기보다 차라리 征服民族內에 잇다함이 穩當한 見解가 안인가? 詳密히 解剖하면 小弱民族自體內에도 資本階級이 업는 것은 아니나 極少數에 不過할 뿐더러 征服國의 支配階級에 依附하야 겨우 殘喘을 保存하는 무리라 社會主義로써 그것을 敵對의 階級으로 볼 價値도 업고 民族主義로 보아도 그것은 叛逆者로 排斥할 것이다. 그러면 우리 朝鮮의 民族主義와 社會主義와의 衝突되는 理由가 어대 잇는가. 强大民族의 支配階級, 즉 資本階級은 自階級의 存續과 利益을 爲하야 쏘는 國內에 在한 社會問題의 紛糾를 穩和하기 爲하야 軍國主義로써 新市場을 海外에 開拓하고 小弱民族에 向하야 經濟的 搾取를 肆行함으로 國際的 紛糾와 民族的 軋轢이 모다 이에서 由生하는 것이다. 이로써 보면 被征服民族에 잇서는 民族主義나 社會主義를 不問하고, 그 目標가 모다 征服者의 經濟的 搾取와 政治的 壓迫으로부터 解放함에 잇다 할 수 잇스니 셔로 反目 嫉視할 理由가 무엇인가. 그러나 그 內部를 解剖的으로 細察하면 兩者間의 顯著한 差違가 잇슴을 發見하겠다. 前者는 政治的 解放을 要求함에 反하야 後者는 經濟的 解放을 要求하며, 前者는 民族一致를 高調함에 反하야 後者는 階級意識을 絕叫하나니 卽 前者는 抽象的 觀念이오 後者는 具體的 現實이다. 그런데 征服者가 强大民族 中 資本階級임에 不拘하고 그 民族內에서도 우리와 同一한 搾取를 當하는 無産階級까지 敵視함은 民族主義者의 謬見이 아니라 할 수 업스며 民族全體가 共通한 利害關係가 잇슴에 不拘하고 同墻相鬩으로 自體부터 分裂코서함은 社會主義者의 誤算이 아니라 할 수 업다. 그러면 兩者의 見解上 差違와 政略의 誤謬를 考察하야 多少의 修正을 加할 必要가 잇다.

民族主義者 中에는 弱小民族의 政治的 壓迫이 根本原因이 經濟的 搾取에 잇슴을 忘却하고 國粹的 情神 民族的 反感에 疾走하야 階級意識을 無視하

고 安協的으로 民族一致를 强調하는 일이 만타. 그리고 社會主義者 中에는 實際를 輕視하고 理論에 偏傾하야 地方的 特殊事情을 考慮치안코 先進國의 實例들 그대로 適用하랴는 悌의 업지 안타. 쏘 民族이 解體를 絶叫히아 共同線上에선 戰友를 驅逐함이 政略의 錯誤이다. 日本의 護憲派와 英國의 勞働 自由 兩黨의 提携를 照하여도 政略上 一時協同할 必要가 잇지 안는가. 그러면 前者는 主義에 修正을 加하고 後者는 政略을 應變하야 民族的 階級的의 大同團結로써 共同戰線에 并進함이 現下의 得策인 줄로 思惟한다.

3) 노동운동과 농민운동

(1) 노동운동

이 시기 신문은 사회조직이나 사회문제 또는 사회운동이라는 개념들을 자주 사용하고 있다. 이러한 개념들은 오늘의 사회과학에서 이해하고 있는 같은 용어들과 개념상의 외연과 내포에서 차이를 보인다.

이 당시 사용하고 있던 사회조직이란 말은 체제를 뜻하며, 이것은 좁은 뜻으로 자본주의체제와 사회주의체제를 지칭하는 것이다. 같은 맥락에서 사회문제는 사회조직에서 파생되는 체제구조적인 문제가 되며, 구체적으로는 유산계급과 무산계급의 문제로 압축되고, 나아가 무산계급의 해방문제로 귀결된다. 따라서 사회운동은 사회주의 운동을 뜻하며, 그것은 곧 무산계급의 해방운동을 뜻한다. 그러므로 사회운동은 자본주의체제인 사회조직을 개조하려는 노동운동과 동일시되는 경향이 짙다. 물론 사회운동은 넓은 뜻에서 노동운동과 농민운동을 다 같이 포괄하는 것이나, 대개의 경우 노동운동의 뜻으로 쓰고 있다.

《조선일보》의 사설이나 논설은 노동문제를 요컨대 계급투쟁으로 인식하고, 무산계급의 해방을 전제로 삼아 이 문제에 접근한다. 그리하여 노동문제의 해결방안을 자본주의체제를 타파하고 일체의 생산기관과 소비기관을 공유 또는 국유화하여 공산주의적 사회조직으로 개조하는 것으로 귀결시키고 있다. 따라서 자본주의체제를 시인하고 자유주의의 경제조직을 유지하면서 생활의 진보와 발달을 도모하려는 사회개량주의는 배격된다.

곧, 노동운동은 "무산대중의 노동을 착취하는 유산계급의 가혹한 와중을 초탈하여 피등의 생존권을 회복하고 인류공존의 무대에서 만인 평등의 생활안전과 향상을 도(圖)코저 하는 운동이니 이 운동은 근대 공업문명의 발달에 반(伴)하는 자본주의적 생산조직하에서는 도저히 피할 수 없는 필연의 경로에서 출래하는 운동이다. 그리하여 이 운동은 그 이상을 실현하며 목적을 달성하기 위하여 먼저 그 수단으로 계급투쟁을 합한다. 이 노동운동의 원인이 산업적 사회조직의 불합리함에 있으므로 먼저 이 조직의 개조가 필요하다"는 것이다.[27]

이와 같은 목적을 달성하려는 노동운동은 불가피하게 노자쟁의(勞資爭議)로 현실화된다.《조선일보》는 노자쟁의를 근대자본주의 문명이 산출한 사회문제의 중심으로 본다. 노동계급이 자본가의 횡포를 철주(掣肘)하기 위한 무기와 전략을 정하게 되면서 노자쟁의도 구체화되고 심각해지지 않을 수 없게 됐다는 것이다. 이러한 관점을 제시하고 있는 예를 하나 들어보면 다음과 같다.[28]

그런데 勞資爭議를 이르키는 直接動機는 두 가지가 잇스니 첫재는 資

本家가 社會的으로 優越한 地位와 權力을 가지고 잇슴으로 勞働者의 모든 勞働條件을 自身의 利潤慾을 充分하기에 가장 有利하도록 任意로 制定하야 勞働者에게 이것을 强要하게 된다. 그러면 勞働者는 여기에 無條件屈從이 아니면 反抗밧게 道理가 업다.

그 다음은 勞働階級이 階級的 利益이란 것을 意識하게 되는 것이 動機가 되나니 다시 말하면 모든 社會的 生産이 直接自階級의 手中에서 生産됨에 不拘하고 自階級은 一生派동안 窮乏悲慘한 生活을 하게 되는 反面에 資本家는 資本이란 特殊物을 利用하야 莫大한 利潤을 搾取하여 가지고 浪費享樂生活을 하게 되는 것을 理解하게 되는 째에 經濟組織 그것에 根本的 不滿을 품고 이것의 變革을 目的으로 하고 이러나는 것이다. ……

그러면 勞働者는 宿命的으로 永遠히 資本家의 暴力下에서 呻吟하게 될 것인가. 이에 勞働階級은 資本家의게 對抗할 鬪爭的 武器로서 '團結'이 唯一의 武器임을 發見하는 同時에 一步를 進하야 資本主義的 經濟組織의 指導原理가 온대 包藏되야 잇는 非理와 缺陷을 指摘하면서 獨特한 自階級의 新文化를 創造하야 遠大한 階級戰의 目標를 確立하고 一面으로는 當面問題의 解決策으로 經濟的 直接行動을 取하기까지 到達한 것이다.

나아가 《조선일보》는 1925년 3월 10일자 사설 〈노자쟁의와 직접행동의 가치와 의의(하)〉에서 노자쟁의가 불가피한 이상, 노자쟁의를 할 때는 노동계급의 투쟁무기로써 경제적 직접행동인 동맹파공(同盟罷工)의 실행을 주장한다.

한편, 이 시기의 《조선일보》에는 노동문제와 노동운동에 대한 계몽을 목적으로 한 글들이 많이 실리고 있다. 1923년 7월 7일부터 같은 해 10월 23일까지 약 3개월 반 동안 연재되었던 하야시 기미오(林癸未夫)의 〈국제노동운동사〉(一記者 역), 1923년 10월 18일부터 1924년 1월 5일까지 약 2개월 반 동안 연재되었던 기타자와 신지로(北澤新次郎)의 〈신사회의 건설〉(강영원 역), 1921년 9월 16일부터 9월 20일까지 실렸던 송근우의 〈노동문제의 원리〉 등이 좋은 예일 것이다. 이 가운데서 〈국제노동운동사〉의 목차를 주석에 소개해 둔다.[29]

(2) 농민운동

농민운동은 농촌문제가 일반 사회문제의 일부분이자 노동문제의 일부분이라는 시각으로 다루어지고 있다. 상공업이 발달되지 않은 조선사회에서 농촌문제는 사회문제 가운데 가장 중요한 지위를 차지하고 있을 뿐만 아니라, 노동문제의 거의 전부가 되므로, 농촌문제를 떠나서 조선의 대중문제를 논의하는 것은 허위가 아니면 매우 작고 부분적인 것이 될 수밖에 없다는 것이다. 이런 뜻에서 농민운동은 인류해방운동으로서, 농민 대 사회, 농촌 대 도시, 무산계급 대 유산계급의 운동이 된다. 이러한 농민운동의 첫걸음은 지주 대 소작인의 알력과 투쟁이라 보고 있다. 특히 이 당시에 발생하기 시작한 소작쟁의에 그 관심이 모아졌다.

그러나 소작쟁의에 대해 《조선일보》는 농민운동이 급격하게 정치적 경향으로 나아가는 것을 반대하고, 농촌문제의 근본 원인을 탐구하여 정확한 목표를 확립한 뒤 최후의 승리를 위해 점진적으로 나아가야 한다고 강조한다. 왜냐하면 농민운동의 최종 목적은 단지 소작료를 얼마쯤 경감하는 데 있는 것이 아니라, 그 이상의 목적(무산자 해방이나 신사회의 건설을 의미)이 있기 때문이다. 그런데 일시적인 기습 승리를 꾀하거나, 또 훈련과 조직이 불완전하고 처순한 단체행동으로 최후의 목표에 도달하리라고 생각하는 것은 망상이 아니면 경신(輕信)이 아닌지 의심치 않을 수 없는 것이다. 그러므로 농민운동은 모름지기 농민의 생활을 불안케 한 근본적 사실에 집중하여 계급적 자각을 촉진하는 동시에, 단체훈련 및 조직에 노력하지 않으면 안 된다는 주장이다.[30]

말하자면 궁극적인 목표를 성취하려면 제1단계 농민운동이 제2단계의 농민운동을 준비하기 위한 계급적 자각을 촉진하는 동시에, 단결로써 사회적 생산 증가를 도모하고, 농촌 불안의 근본적 원인이 되는 경작권을 우선 확보하며, 소작료를 경감하도록 노력하면서 최후의 승리를 목표로 돌진하여야 한다는 것이다. 이런 관점은 한편으로 산업조합운동과 같은 건설적 방면에서도 마음 깊이 새겨야 할 것임을 강조하고 있다.

한마디로 요약한다면, 농민운동의 제1차적 목표는 농민들의 자체 역량을 기르는 데 두어야 한다는 것이다. 다음과 같은 사설을 통해 우리는 그러한 주장을 확인할 수 있다.[31]

分配問題를 이르킨 社會組織의 原理 原則을 變革하기 前에는 到底히 分配問題로 이러나는 바 鬪爭을 根絕할 수 업는 것은 多言을 要할바이 아니라. ……

一社會單位로서 共同生活體인 農村이 평화, 自由의 本色을 일케된 것은 勿論 그 原因은 土地의 資本化일 것이다. 그러나 現在農村에 잇서 小作人과 地主 사이에 이러나는 分配問題는 결코 根本的 意味를 씌이고 發生하는 者 아니기 째문에 分配의 比率을 相當히 制定하야 小作人의 努力까지를 搾取하다 는 弊害를 防遏할 것과 不當한 負擔하게 할 것이며 仲介人-舍音-制度를 撤廢하고 小作料를 '金納制'로 採用함이 可할가한다. 그리고 地主는 小作人에게 低利의 農資를 供給하며 農果乃至 土地의 改良을 企圖

하여야될 바이다.

吾人은 이것이 姑息임을 아나 破滅狀態에 잇는 農村을 爲하야 이에 一
言치 아니할 수 업다.

위와 같은 전략적 관점에서 소작문제의 해결을 위해 다음과 같은
해결방향을 제시하면서, 계급적 이익인 소작제도의 개혁을 통해 제2
차 운동의 시기를 촉진하여야 한다고 주장하고 있다.[32]

그러면 如何한 小作制度의 統一로써 危機에 凝한 農村을 匡救할 수 잇
슬가. 吾人의 所見으로하면

第一, 小作制度는 可及的 年期를 防止하고 '永久'를 樹立할 일

第二, 土地로 因하야 發生하는 負擔 즉, 地稅改良에 要하는 費用 等은 一
切 地主의 負擔으로 할 일

第三, 分配問題에 잇서서는 小作人의 投資와 勞賃을 計算하야 純利益을
分配하되 全納制를 採用할 일

第四, 舍音制度를 撤廢하고 그의 가름하는 小作組合을 遺漏업시 設置
할 일

第五, 前記諸項을 實行하기 爲하야 地主가 小作組合의 團體交涉權을 承
認할 것은 勿論 이에 關係한 立法을 要求할 일

第六, 農村頹廢한 原因이 農民過剩에 잇는 자이니 農民勞動者의 侵入을
絕對로 排斥할 일들이라 할 것이다. 그리고 以上에 말한 바 以外에 間接手
段으로 産業共同購買消費金融等의 組合을 小作組合으로 하야금 運營케 하
여야 할 것이다. ……

그린데 吾人의 所論에 對하야 一部의 論者들은 合法的 或은 漸進的이라
指鎖할 가한다. 그러나 그것은 誤謬이다. 모든 條件이 郡市勞動者運動과

다르고 또한 階級意識이 比較的 더 필요한 農民運動에 잇서 一時的 氣分的
으로 이러나는 運動을 너머 樂觀하고 偉大한 歷史的 使命을 卒嗟間에 達
할 것으로 빗는 것은 決定的 勝利를 目標하는 者의 取할 바가 아니다. 그
리고 吾人은 世界勞動運動史를 披할 째 步一步階級的利益을 獲得하는 運動
이 隨落되지 안는 것이 事實임을 記憶한다. 그러면 우리의 小作運動도 그
必然의 階段으로 目前의 切迫한 問題를 段一段解決함을 必要로 하여야 할
것이다.

그럼으로 吾人은 斷言한다. 朝鮮 小作人들은 團體를 組織하거든 氣分感
情에서 한 거름 나어가 階級的 利益인 小作制度의 改革으로 突進하야 第二
次的 運動의 時期를 促進하여야 한다.

한편 농민운동에 대한 글들을 보면 노동운동과는 달리 계몽적인
논설들은 거의 볼 수 없고, 주로 사설로서 소작쟁의를 많이 다루고
있다는 점이 특이하다. 외국인의 저작이나 논문의 번역 소개도 많지
않아, 《도쿄아사히신문》에 실렸고 배성룡이 번역한 가와다 시로(河
田嗣浪)의 〈농민운동의 현재 및 장래〉(1923년 7월 12~24일자)가 눈에
띄는 정도라 하겠다.

5) 마르크스 사상과 사회주의의 수용

(1) 마르크스 사상의 수용

一八八三年 三月 十四日에 倫敦에서 카를 맑쓰는 肺疾로 因하야 렌헨
老嫗과 親友 엥겔쓰의 臨終으로 고요히 不歸의 客이 되고 말엇다.
科學者 더욱히 經濟學上 新紀元을 劃한 經濟學者로서 社會哲學上 新眞理

의 探究者로서 不巧의 功績을 쌋고 思想家로서 革命家로서 百代의 師表가 되고 坯한 勞働階級運動의 指導原理의 啓示者로서 愛와 義를 爲하야는 萬乘君主의 威勢와 三旬九食의 貧困에서도 百折不屈하고 勇戰力鬪하든 革命家로서 千萬 푸로레타리아트의 推仰과 尊敬을 밧든 저의 靈驗은 이에 永遠히 塵世를 리별하엿다.

윗글은 《조선일보》 1925년 3월 14일자 사설 〈맑스의 42주기〉의 첫 부분이다. 이 글로 미루어 짐작할 수 있듯이, 《조선일보》는 마르크스 사상을 소개하는 데 많은 지면을 할애하고 있다.

몇 가지 예를 들어보면, 〈맑스 학설의 경개〉(新島, 1923년 10월 7~10일), 〈유물사관요령기〉(사카이 도시히코, 日塘 역, 1924년 1월 9~11일), 〈유물사관의 해설과 계급투쟁사론〉(사카이 도시히코, 《사회주의 학설대요》 발췌 번역, 1924년 1월 15~24일), 〈유물사관의 필연론〉(가와가미 하지메, 《유물사관연구》 발췌 번역, 1924년 7월 11~14일) 등이다.

이 밖에 사노 마나부의 《자본주의 사회》를 발췌 번역하여 소개한 〈자본주의사회의 학술적 고찰〉(1923년 9월 16일~11월 16일)과 같이 직접 마르크스 사상을 다루지는 않았으나, 마르크스 사상에 근거하여 자본주의 이념이나 체제를 다루었거나 또는 유산계급과 무산계급 사이의 계급투쟁을 논의한 많은 글들 속에서 마르크스 사상이 소개되고 있다.

(2) 사회주의의 수용

이 당시의 사회주의의 수용은 이념 그 자체보다 사회주의 운동(사회운동)과 사회문제에 대한 수많은 논설과 사설로써 더 많이 이루어졌다고 할 수 있다. 그런 가운데 사회주의를 소개한 글들을 예로 들어보면 다음과 같은 것들을 꼽을 수 있다.

〈현 자본주의제도와 경제조직의 악페〉(김성칠, 1923년 8월 11~18일), 〈신사회의 건설〉(기타자와 신지로, 강영원 역, 1923년 10월 18일~1924년 1월 5일), 〈사회주의의 학술적 고찰〉(필자 미상, 1923년 11월 2~27일), 〈자본주의로부터 공산주의에 이르기까지〉(이종모, 《사회문제연구》에서 발췌 번역, 1923년 11월 24~29일), 〈서양사회주의개관〉(조병철 역, 1924년 1월 12~14일), 〈사회제도의 제 연구〉(사노 마나부, 허당생 역, 1924년 5월 2~8일), 〈스탈린의 레닌 급 레닌주의론〉(김준연, 1926년 2월 12~26일) 등이다.

이와 같은 사회주의를 해설하고 있는 글들에서 짐작할 수 있듯이, 단편적으로나마 서구에서 전개되어 온 다양한 사회주의 사상이 소개되고 있는 것을 볼 수 있다.

6. 요약 및 결론

1) 공산주의 수용 추세

누구나 인정하고 있듯이, 1920년대에는 어떤 이데올로기보다 공산주의(사회주의)가 우리 사회에 본격적으로 수용되었던 시기였다고 할 수 있다. 이것은 비단 이념 그 자체의 지적 수용뿐만 아니라, 하나의 광범위한 실천운동으로 전개되었다는 점에서 더욱 주목되는 것이다. 1945년의 조국 분단으로 북한에 공산주의 정권이 수립된 상황을 제외하고는, 그 시대 이후로 1920년대만큼 지적논쟁으로나 또는 실천운동으로 공산주의가 활발하게 수용됐던 경험은 역사에 없었다. 따라서 앞에서 분석해 본 바와 같이 이 시대의 대표적 신문들인 《동아일보》와 《조선일보》가 공산주의를 수용하는 데 지금 우리의 관점에서 볼 때 놀라울 만큼 적극적이었다는 점은 오히려 당연한 결과라고 할 수 있다.

이 연구는 계량 분석방법에 따라 이루어진 것이므로 피상적인 현상진단에 지나지 않는다는 한계가 있지만, 몇 가지 경향만은 알 수 있었다고 생각된다. 그것을 앞의 내용과 중복되지 않는 범위에서 서술해 보면 다음과 같다.

첫째, 두 신문의 공산주의의 수용은 신문이 추구했던 이념, 신문 경영의 주체, 자본의 성격 및 언론인들의 성향에 따라 다르다는 것이 드러난다. 곧, 지주자본과 보수적 우파 민족주의자들이 지배했던 《동아일보》보다 광업자본과 좌파 민족주의자들이 우세했던 《조선일보》가 더 적극적으로 공산주의를 수용한 것이다. 더욱이 《조선일보》의 경우, 조선공산당의 조직 초창기부터 공산당 야체이카가 사내에 확보되었고, 이 비밀결사에 공산당원들이나 그에 동조하는 분자들이 많이 속해 있었다는 점도 이 신문의 공산주의 수용에 큰 영향을 미친 요인이라 할 수 있다.

둘째, 두 신문의 공산주의 수용은 두 가지 측면과 밀접히 연관되어 있다고 생각된다. 하나는 1920년 이후 제반 공산주의 사상운동·노농운동·청년운동·여성운동 및 조선공산당의 수차례에 걸친 결성과 붕괴과정이 반영되고 있다는 사실이며, 나머지 하나는 1925년 보안법 시행, 1931년 만주사변 등을 계기로 일제의 사상탄압, 공산주의운동에 대한 단입 및 언론통제정책이 또한 영향을 주고 있다는 것이다. 이것은 앞의 양적 분석에서 연도별 추이를 보면 명확히 알 수 있다.

셋째, 공산주의관계 논·사설의 경우 기명보다 무기명으로 실린 건수가 2배 정도 많다는 점에 유의할 필요가 있다. 그것은 사설이 경우가 많았기 때문이 아니라, 외국인의 글을 번역하여 실었거나 또는 일제의 사상탄압과 언론통제로 말미암아 신분의 노출을 꺼렸던 데 기인하는 것이라고 보아야 할 것이다. 이러한 경향은 기명 기사의 경우에도 본명이 아닌 필명을 쓰는 사례가 적지 않았다는 점으로도 짐작할수 있다. 그 결과 신문들의 공산주의 수용에서 운동주체의 계보별 분석을 정확히 할 수 없는 한계를 초래하게 되었다.

2) 《동아일보》의 경우

앞에서 살펴본 《동아일보》에 나타난 공산주의 및 사회주의에 대한 개념과 관점을 요약하고 몇 가지 의견을 덧붙이면 다음과 같다.

첫째, 공산주의나 사회주의와 관련된 논설은 양적인 면에서 볼 때 1922년에서 1925년에 이르는 4년 사이에 가장 많이 나타난다. 그러나 1925년까지 많이 실리던 공산주의나 사회주의관계 논설은 1926년부터 줄어들기 시작하며, 1926년 이후에는 과격한 공산주의운동을 견제하는 사설과 프롤레타리아문학이나 예술에 관한 논설 등이 증가하는 양상을 보인다.

이러한 경향은 일제 식민통치 당국이 1925년 4월 제정한 그들의 치안유지법을 같은 해 5월 12일부터 한국에도 적용하기 시작한 데서 초래된 결과가 아닐까 생각된다. 그에 따라 일제의 언론과 사상통제는 더욱 강화되어 30년 이후에는 공산주의나 사회주의와 관련된 논설이 거의 자취를 감춘다. 앞에서도 언급한 바와 같이 일본이 대륙침략을 시작한 1937년 이후 모든 언론은 친일화한나.

이런 가운데 한 가지 특이한 현상은 1929년부터 점차 정치적·경제적 측면에서의 공산주의운동과 관련된 논설이 감소하는 대신, 문학과 예술분야에서 프롤레타리아트 문학과 예술에 대한 논의들이 활발하게 전개되었다는 사실이라 할 수 있다. 이 같은 경향은 1930년대 이후의 한국 공산주의운동이 낭만주의적 성격을 띤 것을 반영하는지도 모른다.

둘째, 1920년대 전반에 공산주의에 관한 논설이 많이 실릴 수 있었던 것은 다음과 같은 두 가지 이유 때문이 아닌가 생각된다.

① 1920년대 초에 등장했던 민족지는 모두 대중에게 무엇인가 새로운 것을 전파하는 급진주의자들의 영향을 받았다. 또한 민족진영에서 경영하는 신문의 경우, 3·1운동 이후의 독립을 염원하는 민족의 여망에 부응하고자 민족주의와 현실 사회의 제도적 모순을 개혁하려는 의지가 강한 진보사상을 표방하였다. 여기서 우리는 일본에서 교육받고 돌아온 진보주의자들과 그 당시의 지적 풍토에 대해 이해할 필요가 있으며, 동시에 3·1운동 이후 민족개량주의세력과 공산주의자들 사이의 통일전선구축도 고려해야 되리라고 생각된다.

② 3·1운동 이후 일제의 식민정책이 무단통치에서 문화통치로 전환됨에 따라 언론들은 어느 정도 표현의 자유를 누릴 수 있었다는 점에 유의할 필요가 있다. 물론 이 당시에도《동아일보》나《조선일보》등에 대한 압수와 정간 같은 탄압이 있었지만, 일본의 국체와 관련된 사항이나 식민통치의 본질을 부인하지 않는 한, 사상과 관련한 언론의 자유는 그다지 심하게 억압받지 않았던 것으로 보인다.

셋째,《동아일보》는 비록 지면에 공산주의나 사회주의를 소개하고 옹호하는 논설을 실었으나, 그에 못지않게 자유주의 또는 공산주의와 사회주의를 비판하는 논설도 실었다. 더욱이 사설은 거의 대부분 민족개량주의 내지 우파 민족주의의 노선을 따르는 내용이었다. 예컨대 박중화 등 민족주의자들이 주동이 되었던 '조선노동공제회'에 대하여 매우 우호적인 협조를 해주었다든지, 또는 물산장려운동에 대한 지상논쟁에서《동아일보》가 민족개량주의의 노선을 고수한 것이 그러하다. 더욱이 이러한 성격은 소작농의 문제를 보는 시각에서나 과격한 노동운동을 견제하는 논점의 전개에서 여실히 드러나고 있다.

넷째, 1920년이나 1921년까지는 주로 노동운동에 관한 논설이 많이 실리고, 1923년부터는 마르크스주의나 사회주의 자체를 소개하는 논설들이 실리기 시작했다. 지금과는 달리 이때의 논설은 대부분 며칠씩 연재되는 형식이었다. 그렇다 할지라도 대개는 5~6회의 연재에 그치고 마는 것이 대부분이었다. 이런 가운데 〈마르크스 사상의 개요〉가 37회, 〈마르크스의 유물사관〉이 18회까지 연재되었으며, 더욱이 〈니콜라이 레닌은 어떤 사람인가?〉라는 레닌의 전기가 61회나 연재되었다는 것은 놀라운 일이 아닐 수 없다.[33]

참고로 덧붙인다면 레닌과 트로츠키 및 스탈린에 대한 이미지는 호의적으로 조성되어 있다는 점을 지적할 수 있다. 레닌의 전기가 61회까지 연재되었을 뿐만 아니라, 그가 죽은 뒤에는 영웅으로 치켜세웠다. 또 그의 2주기 때에는 사설로 다루었으며, 막심 고리키가 쓴 〈레닌〉이라는 글까지 4회에 걸쳐 1면에 연재될 정도였다. 트로츠키의 경우는 그렇지 않으나, 그의 귀환을 다룬 사설(1925년 5월 14일자)에서는 "아! 이 어찌 근래 미유의 쾌사가 아니랴. 우리들은 세계 대중과 함께 씨의 귀환을 환영하는 바이다"라고 찬사와 감탄을 보냈다.

한편 마르크스 이론에 대한 토론도 활발하게 전개되어 사회주의를 비판하는 글도 실렸다. 가장 대표적인 논쟁 가운데 하나는 '노동가치설과 평균이윤율의 문제'를 둘러싼 것으로, 비판에 대한 비판과 또 거기에 대한 재비판이 행해지는 열띤 토론이 지상을 장식했다.

다섯째, 이 당시 《동아일보》에 실렸던 공산주의나 사회주의에 관한 논설들 가운데는 일본의 학자나 논객들의 글을 번역하거나 초역한 것들이 많았다. 예컨대 요시노 사쿠조, 가와카미 하지메, 야마가와 히토시, 사노 마나부 등의 글들이 그러하며, 잡지로는 일본의 《개조》나 《해방》에 실린 글들이 많이 소개되었다. 그 결과 우리에게 소개된 공산주의나 사회주의의 개념이나 이론은 일본의 학자들에 따라 정립된 것들이라 보아도 무방할 것이다. 그것은 도쿄 유학생의 영향 때문이기도 하며, 또한 당시에 한국 안에 반입될 수 있었던 문서(잡지·신문·저서 등)가 일본 것일 수밖에 없었던 상황을 반영하는 것이라 볼 수 있다.

앞에서 본 바와 같이 노동운동을 경제투쟁이라는 제한된 관점으로 파악하지 않고, 광범위한 정치투쟁의 관점으로 이해한 것 또한 일본에서 귀국한 유학생들이 제창한 복본주의(福本主義)의 반영이라 할 수 있다. 일본의 좌익사상과 1920년대에 일본에 유학하고 있던 한국인 학생들에게 중대한 영향을 미쳤던 복본주의는 후쿠모토 가즈오(福本和夫)에 의해 제창되어, 당시 일본 공산주의자들이 빠져있던 한정된 소규모의 경제투쟁보다 오히려 광범한 정치투쟁을 전개할 것을 제기한 이론이다. 이를 두고 '방향전환'의 사상이라고 한다.

3) 《조선일보》의 경우

이 연구의 대상이었던 1924년부터 1933년까지의 《조선일보》는 사회주의 신문이라는 당시의 세론과 마찬가지로 사회주의 이념(공산주의 이념)과 사회주의 운동(공산주의운동)에 대해 많은 지면을 할애하여 보도하고 논실과 기고를 실었다. 이와 같은 《조선일보》의 성격은 일제 식민통치하의 우리나라 사상계가 1924년부터 1931년까지를 '공산주의 시대'라고 부른 것처럼, 공산주의 사상이 이 시대를 풍미한 것과 공산주의운동도 활발하게 전개되었던 상황을 반영하는 것이라 할 수 있다.

그와 같은 우리나라 사상계의 동향은 말할 것도 없이 러시아의 10월 혁명 이후 전 세계의 사상계와 사회운동 내지 정치운동에 큰 흐름을 형성했던 공산주의와 공산주의운동의 영향을 받은 것이었다. 더욱이 우리의 경우 소련, 중국과 접경하고 있고, 일본의 지배를 받고 있었기 때문에, 이들 3개국의 공산주의 사상과 운동의 영향을 많이 받을 수밖에 없었다. 그렇다 하더라도 같은 시대의 다른 신문에 견주어 《조선일보》가 더욱 공산주의 이념과 그 운동에 대해 큰 관심을 보이고 동조했던 것은 다음과 같은 이 신문의 성격과 연관된다고 볼 수 있다.

첫째, 《조선일보》와 신간회의 관계를 들 수 있다. 신간회는 신석우·안재홍 등과 천도교 구파의 권동진·이종린 등 좌파 민족주의자들이 화요회의 홍명희, 북풍회의 김약수, 서울청년회의 허정숙 등 사회주의자들과 손을 잡고 '민족협동전선'과 '민족단일당'을 표방하고 만든 조직으로, 대외적으로는 일본제국주의의 붕괴, 대내적으로는 일제 식민지로부터의 독립을 꾀했다. 민족단일전선을 내세운 신간회의 주요간부는 《조선일보》의 간부들이었고, 국내의 138개 신간회 지회도 대다수가 《조선일보》의 지사와 지국을 주축으로 결성되었다. 게다가 《조선일보》의 기자는 신간회에 입회해야만 된다는 말이 공공연하게 나돌 만큼 신간회와《조선일보》의 관계는 매우 밀접했다.[34) 따라서《조선일보》는 신간회의 기관지적 성격을 지닐 수밖에 없었으며, 자연히 신간회 내 사회주의세력의 입장을 반영하게 되었던 것이다.

둘째,《조선일보》가 민족지로 새 출발했던 1924년 9월 12일부터 방응모가 사장에 취임한 1933년 7월 19일까지《조선일보》의 편집진 가운데 공산주의자들이 다수 종사했었다는 사실을 지적할 수 있겠다. 곧, 이 시기에《조선일보》의 편집진으로 종사했던 약 80여 명 가운데 공산주의자들이 약 4분의 1이나 되었으며, 화요회의 주요구성원이었던 홍증식은 영업부장이었다. 이때《조선일보》편집진 가운데 공산주의자나 공산주의운동에 참가하고 있었던 사람들은 다음과 같다.

북풍회의 서범석・손영극, 화요회의 홍명희・홍덕유・조규수・조봉암, 신임동맹회의 신일용, 고려공산청년회의 박헌영・임원근・김단치(이들은 또한 화요회 소속이었다), 코르뷰로 국내부의 김재봉・홍남균, 강달영 당(黨) 프락치 조직의 배성룡, 조선노동공제회의 서승효, 서울콤그룹의 양명, 조선청년총동맹의 이길용, 조선공산당 일본 연락부 이석, 북성회의 이여성, 동우회의 이익상, ML당 사건의 김준연 등이 그들이다.

이 가운데서 임원근・김단치・손영극・서범석・박헌영・신일용 등은 1925년 9월 8일자 사설〈조선과 노국과의 정치적 관계〉가 총독부 당국에게 압수당하고《조선일보》가 정간처분을 당하자, 신문 복간을 교섭하는 과정에서 총독부의 사회주의자 추방요청을 신문사가 받아들여 해직된다. 그러나 신일용은 그 뒤 복식되어 1932년 6월 21일부터 짧은 기간 동안이나마《조선일보》의 주필로 일했다.[35)

이와 같이 《조선일보》 편집진에 공산주의 신봉자들이 많았다는 것은 《조선일보》가 사회주의 신문이라는 말을 들을 정도의 신문을 제작하는 데 결정적인 요인으로 작용했다고 볼 수 있다. 이 시기의 《조선일보》 지면을 보면 신문이 마치 공산주의 이념의 교과서와 같은 인상을 강하게 준다.

예컨대 〈노국의 연구〉(1923)라는 번역물은 10월 혁명 이후의 소련 사회를 긍정적인 관점에서 조감하는 글로 무려 160여 회나 연재되고 있으며, 〈구미 각국의 사회운동〉(1923)은 2개월, 〈국제노동운동사〉(하야시 기미오, 1923)는 3개월 반, 〈신사회의 건설〉(기타자와 신지로, 1923~24)은 2개월 반, 〈중산계급운명론〉(야마가와 히토시, 1924)이 1개월 동안이나 장기 연재되고 있다.

뿐만 아니라 1924년 9월 12일에 《조선일보》가 민족지로 새 출발한 이후 1925년 9월 8일자로 제3차 정간을 당할 때까지 1년 동안 압수된 기사와 논설 총 89건 가운데 사회주의적 색채를 띤 것이 모두 15건으로 전체 압수 건수의 약 17퍼센트에 이른다. 이들 압수된 15건의 기사와 논설의 제목을 예시해 보면 아래와 같다.[36]

〈극동청년대회제창〉(1924년 9월 16일), 〈통영의 무산자여 단결하라〉(1924년 10월 19일), 〈청년운동문답〉(1924년 11월 4일), 〈일본 무산계급의 정치운동〉(1924년 11월 21일), 〈외래자본과 조선경제계〉(1924년 12월 4일), 〈공산선전사건 이대정 등의 첫 공판〉(1925년 1월 18일), 〈적노단(赤露團)의 선언〉(1925년 1월 20일), 〈레닌회견인상기〉(김단치, 1925년 1월 27일), 〈국제무산부인데이〉(1925년 3월 6일), 〈사상단체 조선해방동맹〉(1925년 4월 12일), 〈돌연 적기를 뒤흔들고 무산자 만세를 고창〉(1925년 4월 20일), 〈산업무정부주의〉(1925년 7월 30일), 〈국제청년데이의 기념강연과 표어〉

(1925년 9월 6일), 〈조선과 노국과의 정치적 관계〉(1925년 9월 8일)

위와 같은 《조선일보》의 사회주의적 색채도 1928년경부터 시작된 총독부 당국의 사상범 단속강화에 따라 점차 퇴색되어갔고, 1931년의 신간회 해산과 일제의 만주침략에 따른 한반도 병참기지화정책으로 말미암아 사라지고 만다.

이러한 측면을 전제로 하고 이 시대의 《조선일보》에 나타난 공산주의 이념이나 공산주의운동과 관련된 사설이나 논설 또는 기고들의 내용을 간략하게 요약해 보면 다음과 같다.

첫째, 《조선일보》는 각종 공산주의운동과 관련된 결사체와 조직활동에 대해 이를 고무하는 입장을 취했다. '조선노농총동맹', '조선청년총동맹', '북풍회', '전조선민중운동자대회' 등의 조직활동에 대해 사설로써 찬양하고, 공산주의운동체의 통일전선형성을 고무한 것이 그러하다. 이와 같은 맥락에서 《조선일보》는 '형평사'(衡平社)운동을 무산계급의 해방운동으로 규정하고, 그러한 방향으로 전개되어야 할 것임을 강조하기도 했다. 또한 공산당사건에 대한 재판에 대해서도 법의 공정한 적용과 공개재판을 요구하고, 변호인단으로 하여금 최선을 다한 변론을 하도록 적극 요구함으로써, 변론 자체를 투쟁의 일환으로 규정하고 있다.

둘째, 민족주의와 사회주의에 대해 《조선일보》는 그것이 지향하는 궁극적인 목적은 상이하지만, 제국주의와 항쟁하는 것은 공통된 임무라고 주장했다. 이와 같은 관점은 좌파 민족주의 세력과 공산주의 세력의 협동전선형성으로 구체화되어 신간회의 결성을 보게 된다. 이 같은 방향설정과 관련하여 《조선일보》는 우파 민족주의 세력을 강력하게 배척하는 입장을 취하고 있다.

또한 민족협동전선을 구축하는 데 민족주의자가 자본가 출신이라 할지라도, 철저한 민족운동이 필연적으로 자본주의인 제국주의를 약하게 할 것이기 때문에, 이에 사회주의 운동세력이 협조할 의무가 있다고 보았다. 또, 막대한 무산자가 존재하는 민족의 해방을 꾀하는 사람은 계급적 해방도 고려하지 않으면 안 될 것이므로, 진정한 민족주의 운동가라면 또한 사회주의 운동에 참여해야 한다고 보았다.

셋째, 《조선일보》는 사회운동을 자본주의체제인 사회조직을 개조하려는 노동운동과 동일시하고 있다. 《조선일보》의 사설이나 논설은 노동문제를 요컨대 계급투쟁으로 인식하고, 무산계급의 해방을 전제로 삼고 이 문제에 접근했다. 그리하여 노동운동의 방향을 자본주의체제의 타파와, 일체의 생산기관 및 소비기관을 국유화하여 공산주의적 사회조직으로 개조하는 데 두었다.

한편, 《조선일보》는 농업문제와 농민운동 또한 궁극적으로는 무산계급의 해방운동이 된다고 주장했다. 그러나 《조선일보》의 논조는 소작쟁의와 같은 농민운동이 성급하게 정치적 경향을 띠는 것을 경계한다. 곧, 자각하지 못한 농민들이 섣불리 정치투쟁을 하려다가 농민운동 자체가 초기단계에서 좌절될 것을 우려한 것이다. 따라서 농민운동은 우선 소작쟁의에서 농민의 실질적인 이득을 확보하는 데 일단 주력하여 경제적 기반을 마련하고, 계급의식을 고취하여 농민을 단결시키는 전략을 선택해야 할 것임을 주장했다.

넷째, 이 당시의 《조선일보》는 공산주의 이념과 그 운동의 교과서와 같은 성격을 강하게 드러내고 있다. 공산주의 사상이나 운동에 대한 관념은 주로 일본의 공산주의 사상가나 운동가들의 영향을 받은 것이었다. 이와 함께 일본 유학생들이 그러한 사상과 운동을 소개하고 있다. 이때 주로 소개된 공산주의 사상이나 공산주의운동에 대한 생각은 야마가와 히토시, 사카이 도시히코, 사노 마나부, 가와가미 하지메와 같은 일본 사상가들의 것이었으며, '복본주의'가 알려지기도 했다.

끝으로 지적하고 싶은 점은 이 당시 신문에 실렸던 공산주의나 사회주의의 개념과 이론, 또는 노동운동에 대한 개념과 그 전개방향에 대한 논설들이 노동자나 농민들을 자각시키고, 운동에 참여케 하는 데 얼마나 효과적이었을까 하는 문제이다. 일제시대, 더욱이 1920년대 우리나라 문맹률은 약 80퍼센트를 상회했던 것으로 알려져 있다. 게다가 인구의 7~8할이 농민이었고, 농민의 대부분은 소작농이라 신문을 구독할 경제적 여력이 없었다. 따라서 대부분의 농민이 문맹이었고, 경제적 여유도 없었으므로, 그들이 신문을 보았다는 것은 생각하기 어려운 일이다. 이러한 상황은 공입 노동자의 경우도 마찬가지였을 것이다. 그러므로 신문은 주로 지식계층이나 부르주아층 또는 학생층이 보았다고 생각된다.

이러한 점을 고려한다면, 신문에 실렸던 공산주의나 사회주의, 또는 노동운동에 대한 개념과 전개방향에 관한 논설 등은 농민이나 노동자들을 직접 자각시키는 데 별반 영향을 주지 못했을 것으로 추측된다. 영향이 있었다면 지식계급을 거친 간접적인 것이었을 가능성이 크다고 할 수 있다. 동시에 20년대 후반부터 공산주의 사상에 대한 일제의 탄압이 점점 가중되어 갔다는 점을 고려한다면, 신문에 의한 공산주의 이념과 전파는 그 한계가 비교적 뚜렷할 수밖에 없었다고 생각된다.

《동아연구》, 서강대 동아연구소, 1989

주(註)

1) 김규환, 《일제의 대한 언론·선전정책》, 서울 : 이우출판사, 1978, 159~161쪽.
2) 《조선일보 50년사》, 조선일보사, 1970, 27쪽.
3) 《동아일보사사》 권1, 동아일보사, 1975, 66쪽.
4) 앞의 책, 67쪽.
5) 김규환, 앞의 책, 211~212쪽.
6) Dae-Sook Suh, *The Korean Communist Movement*, 1918~1948, Princeton, New Jersey, Princeton University Press, 1967, p.66
7) 앞의 책, 67쪽.
8) 앞의 책, 112~113쪽.
9) 최준, 《한국신문사》, 서울 : 일조각, 1979, 322~323쪽.
10) 《동아일보사사》 권1, 서울 : 동아일보사, 1975, 413~415쪽; 《신문백년인물사전》, 서울 : 한국신문편집인협회, 1988, 1072~1099쪽에서 재구성.
11) 노동운동의 개념과 방법에 대해 논의한 주요 논설로는 다음과 같은 것을 들 수 있다. 유진희, 〈노동운동에 관하여〉, 《동아일보》 1920년 4월 15~16일자; 유진희, 〈세계 노동운동의 방향〉, 《동아일보》 1920년 5월 5~8일자; 염상섭, 〈노동운동의 경향과 노동의 진의〉, 《동아일보》 1920년 4월 20~26일자; 鐵民生, 〈노동운동과 윤리의식〉, 《동아일보》 1920년 5월 18~19일자; 雙眼中啞子, 〈조선인의 노동운동〉, 《동아일보》 1920년 7월 17일자; 변희용, 〈농업노동운동의 국제화〉, 《동아일보》 1921년 12월 19~26일자; 사설 〈조선의 노동문제〉, 《동아일보》 1922년 7월 20일자; 사설 〈무산자운동의 실제성〉, 《동아일보》 1925년 6월 2일자.
12) 마르크스 사상과 사회주의에 대한 논설로는 다음과 같은 것을 들 수 있다. 반나 아뢰르트(여시관 역), 〈불국(佛國)에 在한 사회주의의 대조류〉, 《동아일보》 1920년 6월 22~30일자; 김우평, 〈사회주의의 의의〉, 《동아일보》 1920년 8월 15~17일자; 요시노 사쿠조(一記者 역), 〈사회주의의 3변천〉, 《동아일보》 1921년 4월 13~14일

자; 저자 미상, 〈이월 혁명과 신사상의 발달〉, 《동아일보》 1921년 11월 7일~12월 22일자; 이순택 역, 〈말크쓰의 유물사관〉, 《동아일보》 1922년 4월 18일~5월 8일 자; 이순택 역, 〈막쓰 사상의 개요〉, 《동아일보》 1922년 5월 11일~6월 23일자; 저 자 미상, 〈노동가치설과 평등이윤율의 문제〉, 《동아일보》 1922년 7월 7~14일자; 신태악, 〈사회주의와 민족운동〉, 《동아일보》 1923년 7월 4~12일자; 신태악, 〈자본 제도의 붕괴 경로〉, 《동아일보》 1923년 11월 15~27일자.

13) 사설 〈조선노농총동맹의 성립을 문(聞)하고〉, 《조선일보》 1924년 4월 21일자.

14) 사설 〈조선청년동맹 창립대회에 대하여 ─ 오즉 위대한 촉망을 갖고〉, 《조선일보》 1924년 4월 24일자.

15) 사설 〈사회운동의 방향전환 ─ 북풍회 출현의 보(報)를 듯고〉, 《조선일보》 1924년 11월 29일자.

16) 사설 〈전조선민중운동자 대회에 대하야〉, 《조선일보》 1925년 2월 22일자.

17) 사설 〈개인과 결사 ─ 공산당 사건 공판개정에 임하야〉, 《조선일보》 1927년 9월 14일자.

18) 사설 〈조선공산당 사건〉, 《조선일보》 1927년 4월 3일자.

19) 사설 〈다시 공산당 재판에 대하야〉, 《조선일보》 1927년 9월 19일지. 이와 관련하 여 〈공산 공판문제〉, 《조선일보》 1927년 9월 15일자를 참조할 것.

20) 사설 〈공산당 사건 결심을 보고서〉, 《조선일보》 1928년 1월 16일자.

21) 《조선일보》, 앞의 글.

22) 사설 〈계급의식과 민족의식〉, 《조선일보》 1926년 6월 14일자.

23) 사설 〈해방 전지에 2대 조류와 2대 장해〉, 《조선일보》 1925년 1월 8일자.

24) 사설 〈사회운동과 민족운동과의 상관〉, 《조선일보》 1926년 4월 14일자.

25) 사설 〈민족좌익전선의 의의 및 사명〉, 《조선일보》 1927년 2월 9일자. 이와 함께 시평 〈민족좌익전선〉, 《조선일보》 1927년 1월 23일자를 참고할 것.

26) 논설 〈현하 사상계의 2대 조류 ─ 민족주의와 계급의식〉, 《조선일보》 1924년 5월 17일자. 이 밖에 사설 〈민중 승리의 제1요건 ─ 공동전선과 주구배 퇴치〉, 《조선일 보》 1925년 1월 9일자와 사설 〈사상전선에 호하야〉, 《조선일보》 1925년 5월 10~11일자를 참조할 것.

27) 논설 〈노동운동에 대한 현대의 정치〉, 《조선일보》 1923년 8월 31일자.

28) 사설 〈노자쟁의와 직접 행동의 가치와 의의(상)〉, 《조선일보》 1925년 3월 8일자.

29) 사설 〈노자쟁의와 직접 행동의 가치와 의의(하)〉, 《조선일보》 1925년 3월 10일자.

국제노동운동사

서 설
1. 국제노동운동의 문화적 의의
2. 국제노동운동의 조감도
 (1) 온화파의 회의　　　　　　　(2) 급진파의 회의
 (3) 제2인터네수날의 결과　　　　(4) 무정부주의자의 배척
 (5) 사회당원 인격시비론　　　　(6) 노동조합정책
 (7)　　　　　　　　　　　　　(8) 개전전의 비전운동(悲戰運動)
 (9) 전쟁을 시인한 각국의 사회주의자　(10) 서서히 각성한 인터네수날 혼(魂)
 (11) 연합국 사회당급 노동조합회의　(12) 제2인터네수날의 부활
 (13)　　　　　　　　　　　　　(14) 제2인터네수날의 상임위원회
 (15) 제2인터네수날의 재건　　　(16)
 (17) 미숙한 제2인터네수날　　　(18) 협동전선운동의 실패
3. 노동조합의 국제운동
 (갑) 국제노동조합연합회
　1. 전전(戰前)의 노동조합 국제회의　2. 전쟁 중의 분열
　3. 암스텔담회의　　　　　　　4.
　5. 제3인터네수날과 논쟁　　　6. 미국노동연합회의 탈퇴
　7. 라마(羅馬)회의
 (을) 국제노동조합연맹회에 속한 산업별 인터네수날
　1. 국제항부(抗夫)연합회　　　2. 국제운수노동자연합회
　3. 금속노동자　　　　　　　4. 방적섬유공
　5. 건축직공　　　　　　　　6.
　7.　　　　　　　　　　　　8. 모자직공
　9. 초자(硝子)　　　　　　　10. 인쇄공
　11. 모피공　　　　　　　　　12. 이발사
　13. 음식물노동자　　　　　　14. 일반공장
　15. 농업노동자　　　　　　　16. 정신노동자
　17. 피혁노동자의 국제회의
 (병) 국제기독교노동조합연합회(기독교인터네수날)

30) 사설 〈조선농민운동의 정치적 경향(상)〉, 《조선일보》 1925년 3월 26일자.
31) 사설 〈농촌문제의 현재와 장래(중)〉, 《조선일보》 1924년 12월 15일자.

32) 사설 〈농민정책과 소작제도(하)〉, 《조선일보》 1925년 1월 15일자.

33) 참고로 61회나 연재되었던 레닌의 전기 목차를 보면 다음과 같다.

① 가정 및 학생시대, ② 러시아혁명의 유래, ③ 레닌의 장년시대 ④ 레닌의 소비에트 운동, ⑤ 반동시대에 처한 레닌, ⑥ 레닌의 부활, ⑦ 만국사회주의의 부활과 레닌, ⑧ 레닌의 귀국, ⑨ 레닌의 실지운동, ⑩ 유명무실의 입헌정치, ⑪ 러시아혁명과 세계대전, ⑫ 3월혁명과 레닌, ⑬ 정치혁명으로 사회혁명에, ⑭ 레닌의 크렘린궁의 생활, ⑮ 레닌 정부의 시설, ⑯ 레닌 위인 급공평, ⑰ 폴섹키의 현장, ⑱ 결론.

34) 《조선일보 60년사》, 414~415쪽.

35) 앞의 책, 221~222쪽; 《동아일보》, 1925년 10월 26일자 광고.

36) 앞의 책, 401~402쪽.

제2장

인물과 언론, 그리고 민족운동

도산 안창호 사회사상의 현대적 구현과 공론

1. 서 론

지금까지 도산사상에 대한 연구는 대체로 종합적으로 이루어졌다. 그러나 그의 사상을 정치, 사회, 교육 등으로 분화하여 조명한 연구는 많지 않으며, 정치사상이나 사회사상으로 체계화하여 연구하기 시작한 기간도 매우 일천하다. 더욱이 도산사상을 사회사상적 측면에서 연구한 성과는 매우 드물어 박명규의 연구가 거의 유일하며, 신일철, 이명현 등의 논문이 사회사상적 관점에서 접근한 고찰이라고 할 수 있을 정도이다.[1]

이와 같이 도산사상에 대한 학문적 조명은 주로 종합적으로 이루어져 왔을 뿐만 아니라, 그의 사상을 정치 · 사회 · 교육의 측면에서 연구하였어도 특징적 사상을 찾아보기 어렵다. 그 까닭은 도산이 사상가이기보다는 운동가였으며, 자신의 사상을 체계적으로 서술한 저작이 없고, 그의 사상 자체가 분화되지 않았던 데 기인하는 것으로 생각된다. 이렇게 볼 때 도산사상에 대한 연구는 이제까지와 다른 새로운 시각으로 접근하지 않으면 안 될 필요가 있다고 생각된다.

이런 뜻에서 이 글에서는 도산사상 그 자체를 논구하기보다, 그의 사회운동에 초점을 두었다. 그것은 도산이 사상가이기에 앞서 운동가로서 항상 성실하게 힘써 행하기〔務實力行〕를 강조했고, 또 스스로 이를 실천했다는 데 가장 큰 뜻이 있다고 생각했기 때문이다. 이 같은 관심은 도산사상에 대한 기존의 연구 성과가 이미 사상의 본질을 충분할 만큼 드러내 주었다는 판단에서 출발한 것이기도 하다. 나아가 도산사상에 대한 관심과 연구가 그 자체의 탐색에 목적을 두기보다는, 그것의 현대적 구현이라는, 좀 더 실천적 목표와 연관된다는 점에서 중요하다고 보았기 때문이다.

　　이를 위해 먼저 도산 자신의 가치체계를 정리해 보았다. 한 개인의 가치체계는 신념과 사상의 바탕이 되며, 행동의 방향을 결정해 준다는 점에서 중요하다. 그러므로 도신의 사상을 이해하고, 사회운동의 성격을 규명하는 데 그가 어떤 가치를 내면화하고 있었는가를 볼 필요가 있다고 생각했다. 《도산전서》나 기타 자료집을 보면 그의 가치체계를 다양하게 분석할 수 있다.

　　이 글에서는 도산의 가치체계를 민주주의 가치, 가치지향성, 목표가치와 수단가치에 한정시켜 고찰했다. 대체로 이러한 세 측면이 그의 사상은 물론 전체 사상이 형성되는 바탕을 이해하는 것뿐 아니라, 사회운동의 성격과 특징 및 목표를 규정하는 바탕이 무엇인가를 아는 데 큰 도움을 주리라고 생각했기 때문이다. 그리고 도산의 사회사상은 기존의 연구 성과를 요약하여 제시하는 것으로 충분하다고 보았다.

　　이를 전제로 도산 사회운동의 목표와 성격 및 특징을 분석했다. 끝으로 도신 사회사상의 현대석 구현을 위해 당면한 과제가 무엇인가를 생각해 보았다. 따라서 이 글은 도산 사회사상의 현대적 구현을 위한 목표의 제시 또는 구체적 프로그램의 모색이라기보다, 그것을 위한 탐색의 출발이라 할 수 있을 것이다.

2. 도산의 사회사상과 사회운동

1) 도산의 가치체계

(1) 민주주의 가치

도산의 정치사상 또는 그의 사상을 종합적으로 밝힌 논문들에 나타난 공통된 관점은 도산이 민주주의를 추구했다는 것이다. 그러나 그의 말과 글을 살펴보면 민주주의 제도나 정치체제에 대한 구체적이고 체계적인 언급은 거의 없다고 해도 지나친 말이 아니다. 그럼에도 그의 사상을 연구한 사람들이 도산을 민주주의자라고 확신하는 까닭은 민주주의 이상이나 가치를 존중한 그의 언행에 근거하는 것이라 할 수 있다.

연구자에 따라서 '그는 의회민주주의를 추구했다'는 식으로 구체적인 민주정치제도에 대해 언급하고 있으나, 그 같은 주장은 대부분 그의 민주주의적 이상이나 민주주의 가치가 표현된 말과 글에서 추론한 것이다. 그러므로 도산의 민주주의 사상을 더 극명하게 드러내려면, 그가 어떤 민주주의 가치를 내면화하고 있었으며, 또 그것을 추구하고 실현했는지를 분석하는 일이 필요하다. 이를 위해 의회민주주의 가치가 무엇인가를 먼저 규명해야 할 것이다.

민주주의라는 개념은 그 내포와 외연이 다양하고 넓다. 그것은 정치학자들의 민수주의에 대한 개념정의가 매우 다양하다는 점에서 잘 드러난다. 민주주의라는 개념이 일단의 이상(가치)들과 정치체제 양자를 함께 지적한다는 것만이 공통점이라 할 수 있다.[2] 이와 관련하여 민주주의 가치가 무엇인지에 대해 언급한 몇몇 학자들의 관점을 살펴보면 다음과 같다.

① 립슨(Leslie Lipson) : 민주주의를 포함한 모든 정치철학에서 고려하지 않으면 안 될 몇 가지 기본적인 주제가 있다. 첫째, 지역사회 내에서 차지하는 개인의 위치는 본질적으로 자유의 문제이며 이는 평등의 문제에 귀결된다. …… 자유와 평등이라는 한 쌍의 아이디어 없이 민주주의를 논의한다는 것은 불가능하다.[3] 또한 민주주의 철학의 정치적 기초는 권위의 원천인 인민의 주권에 있다. 인민의 자유와 평등은 국가의 최고 권력이 그들의 손에 있을 때 보장된다.[4]

② 페녹(J. Roland Pennock) : 자유와 평등이라는 민주주의의 쌍둥이 이상은 모두 인간의 존엄성과 자율이라는 개념에서 나온 것이다. 민주주의의 개인주의적 성격은 제3의 가치인 박애(fraternity)에서 배태된다. 이때 박애라는 개념은 합의에 따른 결정이라는 뜻에서 강조되며, 커뮤니케이션의 중요성을 반영하는 것이다.[5]

③ 린지(A. D. Lindsay) : 권리의 옹호 뒤에 숨은 원칙은 인간평등의 원칙이다. 선택과 책임 없이 인간이 될 수 없으므로 권리 없이 인간이 될 수 없다. 권리란 자연권이다. 그리고 권리란 자유이다. 현대 민주주의 사회의 원칙은 기독교적 평등과 자유이다.[6]

④ 사르토리(Giovonni Sartori) : 민주주의의 유일한 공통분모인 정통성은 권력이 오로지 인민의 권위에서 나오고 인민의 동의에 기초한다는 데 있다. 정부형태로서 민주주의의 기준은 성능의 극대화를 지향하고 자유를 보장하는 데 있다.[7]

⑤ 머클(Peter H. Merkl) : 평등과 참여는 민주주의 고전적 개념의 핵심적 아이디어이다.[8]

위의 인용 이외에도 민주주의에 대해 쓴 거의 모든 책들은 민주주의 가치를 언급하고 있다. 위에 인용한 관점들에서 잘 드러나듯이, 민주주의 가치는 자유·평등·박애·주권재민으로 요약할 수 있으며, 실제로 그러한 가치들은 특히 도산이 수용했으리라 생각되는 고전적 민주주의 이상이며 가치라는 데 정치학자들의 의견이 일치하고 있다. 그리고 그러한 민주주의 가치는 도산이 내면화한 가치들이기도 하다. 도산이 자유·평등·박애·주권재민이라는 민주주의 가치를 내면화하고 이를 신봉하여 구현하려 했던 것은, 구태여 여기서 일일이 논거하지 않아도 될 만큼 그에 대해 관심을 가지고 그가 남긴 말과 글을 읽은 사람이면 누구나 수긍하는 바이다.

"우리는 자유의 인민이니 결코 노예이어서는 아니됩니다. …… 각 개인은 각각 자기의 의견을 존중하는 동시에 남의 의견을 존중하여야 합니다."[9]

"아무리 같은 동지라도 각 개인의 자유가 있는 것인데, 이제 남을 내 마음대로 이용하려다가 듣지 않는다고 동지가 아니라 함은 심히 어리석은 일이외다. 서양사람은 비록 자녀에 대하여서도 무엇을 시킬 때에 하겠느냐고 물어보는 의미로 말하며 그의 자유를 존중합니다."[10]

"우리는 서로서로 사상의 자유, 언론의 자유를 인정하고 존중하면서 ……"[11]

"그늘이 스스로 생각하여 사나이의 부속물로 여기고 어자도 떳떳한 사람의 권리를 가진 것을 깨닫지 못하였고, 사나이도 또한 여자를 한 부속물로 생각하였습니다."12)

이러한 도산의 말과 글 몇 가지만 보아도 그가 자유와 평등이라는 민주적 가치를 열렬히 신봉했다는 것을 여실히 알 수 있다. 더욱이 정치평등·경제평등·교육평등이라는 도산의 대공주의는 그가 평등이라는 가치를 추구했다는 점을 잘 말해 준다고 할 수 있다. 도산이 박애라는 가치를 실천했다는 것 또한 두말할 필요도 없거니와, 정의(情誼)에서 자라고, 정의에서 살다가, 정의에서 죽는 것을 강조한 행적은 그가 얼마나 박애를 철저히 내면화하고 실천했는지를 웅변한다

"대한 나라에 과거에는 황제가 1인 밖에 없었지마는 금일에는 2천만 국민이 다 황제요, 제군의 앉은 자리는 다 왕좌며 머리에 쓴 것은 다 면류관이외다. 황제란 무엇이오? 주권자를 이름이니 과거의 주권자는 유일이었으나 지금은 제군이 다 주권자외다. …… 정부직원은 노복이니 …… 대통령이나 국무총리나 다 제군의 노복이외다."13)

"정부는 개인인 인민의 집합의 중심이오. 또 주권자인 국민의 주권행사의 기관이외다."14)

도산의 이 말 이외에 주권재민의 가치를 더 잘 드러내 주는 글이나 말은 또 없을 것이다. 도산이 내면화했던 자유 평등 박애 주권재민의 민주주의 가치는 그의 사상적 바탕이 되며, 사회운동의 목표가

되기도 하고, 또 사회운동을 위한 조직 원리로 적용되기도 한다. 예컨대 박애라는 개념은 합의에 따른 결정이라는 뜻에서 강조되며, 커뮤니케이션의 중요성을 반영하는 것이라는 관점은 곧 공론을 통일괴 조직의 원리로 삼았던 도산의 사회운동의 특성이 되는 것이다.

(2) 가치지향성

코넬 대학교의 가치연구그룹이 지적했듯이, 우리가 일상적으로 사용하는 가치라는 용어 또한 내포와 외연이 다양하고도 광범위한 개념이다.15) 몇 사람의 사회학자와 인류학자들의 가치개념에 대한 정의를 살펴보면 다음과 같다.

① 클럭혼(Clyde Kluckhohn) : 가치란 현재적이든 또는 잠재적이든, 개인의 특질이든 또는 집단의 특성이든 상관없이 이용 가능한 행동의 양식·목적·수단 등을 선택하는 데 영향을 주는 원망(願望)의 개념이다.16)

② 토머스와 즈나니에츠키(Thomas and Znaniecki) : 가치란 어떤 사회집단의 구성원들에게 접근 가능한 경험적 내용을 가진 자료와 행동의 목표들과 관련된 의미를 이해하게끔 만드는 개념이다.17)

③ 윌리엄 토머스(William I. Thomas) : 가치는 행위자의 대상 또는 목표를 나타낸다.18)

④ 파슨스(Talcott Parsons) : 가치는 집합체를 위하여 어떤 방향 또는 어떤 종류의 행위를 지지하고, 따라서 집합체 속에서 개인의 역할을 이끌어 내는 개인의 몰입으로 이해된다.19)

⑤ 페퍼(Stephen C. Pepper) : 가치란 용어는 관심, 기쁨, 취향, 선호, 임무, 도덕적 의무, 욕망, 필요, 원망 및 여러 다른 형태의 선택적 경

향을 뜻한다.[20]

이 밖에도 여러 학자들의 가치에 대한 개념정의가 있다. 그러한 개념정의들 가운데 공통적으로 내포되어 있는 핵심적인 내용은 가치를 선택적 행위에 영향을 미치는 평가적 상징인 개인과 집단의 추상화된 원망, 사회적 행위의 궁극적 목적 또는 의도의 표현으로 보는 것이라 할 수 있을 것이다.

이와 관련하여 가치정향(Value-Orientation)은 인간의 행위에 영향을 주는 자연, 자연과 인간과의 관계, 인간관계, 바람직한 것과 바람직하지 못한 것에 대한 일반화되고 조직된 개념으로 본다.[21] 또는 모든 민족이 어느 때나 어떠한 해결책을 발견해야 하는 기본적인 인간 공통의 문제가 있고, 그것의 해결방식을 규정해 주는 가치성향으로 파악한다.[22]

따라서 우리가 어떤 사회나 개인의 가치정향을 파악한다는 것은, 곧 그 사회나 개인의 문제해결방식을 짐작할 수 있다는 것을 뜻한다. 이는 한 사회나 한 개인의 가치정향은 그 사회나 개인의 문제해결방식을 결정하는 구실을 한다는 뜻이기도 하다. 이런 뜻에서 먼저 도산의 가치정향을 몇 가지로 나누어 살펴보고자 한다.[23]

도산은 인간의 본성, 구체적으로 우리 민족의 본성을 선한 것으로 파악하고 있다. "우리 민족으로 말하면 아름다운 기질로 아름다운 산천에 생장하여 아름다운 역사의 교화로 살아온 민족이므로 근본이 우수한 민족입니다"[24]라는 말에 나타나 있듯이, 그가 우리 민족성을 선하고 우수하다고 보고 있다는 것을 알 수 있다. 이 밖에도 그가 인간의 본성을 선하다고 판단하고 있는 증거는 많다.

동시에 도산은 인간성이 가변적이고 보았다. 그의 민족성개조론이 바로 그러한 가치정향에 근거하는 것이다. 곧 인간의 본성은 선하지만 환경의 지배를 받아 악하게 될 수 있고, 악하게 된 인간성을 선한 것으로 개조해야 한다는 그의 근본사상은 그러한 가치정향에 근거하는 것이다.

시간에 대한 도산의 가치정향은 미래지향적이다. 부연 설명할 필요도 없이, 한마디로 그의 점진주의가 그러한 미래지향적 가치정향을 여실히 표현해 주고 있다. 그 '힘'의 철학 내지 '힘'의 사상은 이와 같이 미래지향적 가치정향이 뒷받침된 것이며, '힘'을 기르려는 그의 사회운동 또한 미래지향적 가치정향을 반영하는 것이다. 미래를 위한 준비란 미래지향적 시간가치의 정향 없이 추구할 수 없는 것이라 할 수 있다.

또한 도산은 행동에 대한 가치정향으로서 사회적으로 인정받는 객관화된 목표를 성취함을 내면화하고 있다. 그는 인간의 생물학적 필요를 충족하고자 행동하는 데 그치거나, 개인의 사적 이익을 달성하는 데 그치는 일을 행동목표로 삼는 것을 인정하지 않는다.

> "자기 민족사회가 어떠한 위난과 비운에 처하였던지, 자기 동족이 어떻게 잘나고 못났든지 …… 그 민족사회의 일을 분초 간에도 버리지 아니하고, 또는 자기 자신의 능력이 족하든지 부족하든지 다만 자기의 지성으로 자기 민족사회의 처지와 경우를 의지하여 그 민족을 건지어낼 구체적 방법과 계획을 세우고 그 방법과 계획대로 자기의 몸이 죽는 데까지 노력하는 자가 그 민족사회의 책임을 중히 알고 일하는 주인이외다."[25]

이 말은 누구나 우리 민족의 공통된 큰 목적을 성취하고자 행동해야 한다는 것을 강조한 것이다. 도산은 개인이 자신의 이익을 추구하는 것을 부인하지는 않았지만, 다만 그러한 행위가 민족 전체의 목표성취라는, 보다 큰 성취와 연계되어야 한다는 점을 누누이 강조했다. 도산이 행동의 가치정향으로 이와 같이 민족의 큰 목표 추구를 강조한 것은 그의 사회운동이 지향하는 목표가치와 직결되는 것이다.

끝으로 도산은 인간관계에 대해 개인중심의 가치정향을 지녔다고 할 수 있다. 각 개인은 자기의 의견을 존중해야 하는 동시에 남의 의견도 같이 존중해야 한다는 생각도 그러한 개인중심의 가치정향을 반영하는 것이다. 그가 〈동포에게 주는 글〉 속에서 유교적인 수직적 인간관계나 가부장적 권위주의 인간관계를 타파해야만 할 대상으로 거론하고 정의(情誼)를 주창하는 것도 모두 개인중심의 가치정향을 대변하는 것이라 볼 수 있다. 남의 일에 개의치 말고, 개성을 존중하며, 정의를 혼동하지 말라는 주의가 모두 그러하다.

그가 사회의 기본단위를 개인으로 보고, 개인의 인격 개조를 통해 사회개조를 이룰 수 있다고 확신하는 것도 개인중심의 가치정향의 발로이며, 그것을 사람들은 인본주의라 부르고 있다. 이러한 개인중심의 가치지향은 사회운동의 조직 원리로써 직계존중이나 지연·혈연·학연 등 방계존중의 극복으로 나타나기도 한다. 이는 유교적인 수직적 인간관계, 가부장적 권위주의, 가족중심의 직계존중과 학연·지연·혈연에 따른 방계존중의 가치지향을 지양한 것이며, 개인중심의 가치정향을 주창한 것은 민주주의 가치와 직결되고, 동시에 합리주의의 근본이 되는 것이다. 요약하건대, 도산의 가치정향은 서구적 합리주의와 산업사회, 그리고 민주사회의 그것이라고 할 수 있다.

(3) 목표수단과 가치

많은 사람이 지적했고, 또 모든 사람들이 알고 있듯이 도산사상은 '힘'의 사상 또는 '힘'의 철학이라 한다. 곧, 민족의 '힘'을 기르는 것이 그의 철학이요, 사상이며, 실천목표였다는 생각이다. 그러나 '힘' 그 자체는 그의 목표가치라고 볼 수 없다. 그의 목표가치는 민족의 독립이며, 독립된 민족국가의 성취였다. 그리고 독립된 민족국가는 풍요하고 문명한 민주국가라야 한다고 생각했다. 이러한 나라를 만들기 위해 우선 우리 민족이 해야 할 일은 곧 '힘'을 기르는 것이라고 보았다. 따라서 '힘'을 기르는 것은 궁극적인 목표가치를 성취하기 위한 수단이 된다. 그러므로 '힘'은 수단가치라고 보아야 타당하리라 생각된다.

그는 '힘'을 인격의 힘, 지식의 힘, 경제의 힘으로 파악하고, 그 가운데서도 인격의 힘을 가장 중요한 원천적인 힘으로 보았다. 그리고 덕(德)·체(體)·지(智)의 조화를 갖춘 건전인격을 갖추도록 하는 데 전력해야 하며, 덕을 다시 실무(實務)·역행(力行)·충의(忠義)·용감(勇敢)의 4대 정신으로 삼아 이를 위해 수련해야 한다고 주장한 것 모두 목표가치를 달성하기 위한 실천적 명제로 보아야 할 것이다. 곧 그러한 실천적 명제들은 모두 '힘'이라는 수단가치를 성취하려는 것이므로, 일종의 방법이라 할 수 있다. 더욱이 '힘' 가운데서 인격의 힘을 강조했으므로, 인격을 건전하게 만드는 것 자체가 수단가치로 되었다고 보아도 좋을 것이다.

따라서 도산사상을 이해할 때 어떤 경우에도 목표가치와 수단가치의 혼동이 있어서는 안 된다. 이것이 바로 도산사상의 현대적 구현이라는 과제에 접근하는 출발점일 것이다.

2) 도산의 사회사상

(1) 도산 사회사상의 요체

도산의 사회사상은 "민족사회는 각개 분자인 인민으로 구성된 것"이라는 인식에서 출발한다. 곧, 그의 사회사상은 물론 모든 사상이 사회를 구조적으로 파악하기보다 개인의 집합체로 이해하는 데서 비롯된다는 뜻이다. 사회구조적 요인보다 인간적 요인에 더 큰 비중을 두었기 때문에, 사회구성원 개개인의 개조로써 사회개조를 이룰 수 있다고 보는 것이다. 이러한 관점은 사회변동을 제도의 변동으로 이루려하지 않고, 개인의 가치관 변화 등으로 성취하려는 입장을 취하게 만들었다. 그리하여 다음과 같은 주장과 같이 확고한 신념을 가지게 되었다.

"가장 먼저하고 가장 힘쓸 것은 인격훈련과 단결훈련 이 두 가지라는 것을 말한다. …… 이때가 어느 때라고 인격훈련이나 단결훈련 같은 것을 하고 앉아 있겠느냐고 이것을 배격하는 이도 없지 않다. 그러나 나는 이때이기 때문에 인격을 훈련하고 단결을 훈련할 것이라고 생각한다. 오늘 우리 대한 청년이 인격훈련이나 단결훈련을 하고 아니 하는 데 우리의 사활문제가 달리었다고 나는 생각한다. 세상의 모든 일은 힘의 산물이다. 힘이 작으면 일을 작게 이루고 힘이 크면 크게 이루며, 만일 힘이 도무지 없으면 일은 하나도 이룰 수 없다. 그러므로 누구든지 자기의 목적을 달하려는 자는 먼저 그 힘을 찾을 것이다. 만일에 힘을 떠나서 목적을 달하겠다는 것은 너무나 공상이다. 제군이여, 일은 힘의 산물이라는 것을 확실히 믿는가. 만일 이것을 믿고 힘을 찾는다 하면 그 힘이 어디서 오겠는가. 힘은 건전한 인격과 공고한 단결에서 난다는 것을 나는 확실히 믿는다."[26]

"이러한 인격을 이렇도록 배양하는 악한 궤도를 타파해야지 지금쯤에 앉아서 케케묵은 인격수양이란 무슨 수작이냐 할 것입니다. 나는 이 말에 찬성합니다. 나쁜 제도를 타파하지 않으면 그러한 훌륭한 인격을 내기가 불가능할 줄 압니다. 그러나 나쁜 제도를 타파하는 것은 누구가 하는 것입니까? 인격이 하는 일이 아니고 무엇입니까? 그러나 망종지민(亡種之民)의 인격으로 무슨 사회혁명입니까? 하니까 근간은 인격혁명에 돌아가고 맙니다. 어느 하세월에 인격혁명을 하여 가지고 사회혁명을 하느냐고 또 반격할지 모릅니다만 우리 사회에 인격혁명한 이가 한 해에 열 사람이면 열 사람, 스무 사람이면 스무 사람, 이 같이 늘어갈수록 우리 사회는 점점 좋아 갈 것이 분명합니다. …… 인격혁명을 못한 이는 제아무리 나쁜 사회제도를 타파하여도 다시 나쁜 제도밖에 나오지 않습니다."[27]

이러한 기본인식에서 출발하는 도산사상 가운데서 사회사상은 여러 측면에서 고찰할 수 있다. 박명규는 도산의 사회사상을 ① '힘'의 사상, ② 민주적 통일론, ③ 시민윤리형성론-개조론으로 나눠 고찰했다. 그리고 도산의 사회사상을 독립운동과 연관해서 보아 신민회, 대한인국민회와 흥사단, 상해 임시정부를 자세히 다루었다. 그리하여 그는 도산의 사회사상을 고찰한 끝에 다음과 같은 잠정적 결론을 내리고 있다.

첫째, 지금까지 도산에 대한 평가는 주로 윤리적·교육적 측면에서 이루어져 왔으나, 그는 오히려 중요한 독립운동가의 한 사람으로 평가되어야 한다.

둘째, 도산은 참된 인격자이면서 동시에 탁월한 민족운동가의 전형을 보여 준 사람으로 평가될 수 있다. 물론 개조론은 사회의 정치·경제적 문제의 본질을 과학적으로 파악하는 데 장애가 되는 것일 수 있으며, 또한 현실은폐의 이데올로기로 변질될 소지가 많다. 그러나 본질적인 면에서 정치의 윤리성 문제는 도산의 생애와 관련지어 볼 때 좀 더 깊이 고찰될 필요가 있다.

셋째, 도산은 한국의 근대 사상가들 가운데서 민주주의적 가치와 태도를 가장 먼저, 그리고 가장 철저히 체득한 사람의 하나였다. 도산은 개인의 사상과 토론의 자유에 서구민주주의 사상의 본질이 있음을 깨달았고, 민주주의적 태도와 가치의 확산을 민족독립과 발전의 전제조건으로 파악하였던 민주주의 신봉자였다.[28]

또한 이명현은 도산이 소망하던 사회가 인간의 자유와 개성이 존중되는 다원적 사회였을 것이라고 추론했다.[29] 그리고 정직과 성실의 강조가 사회에 관한 그의 근본적인 통찰과 관계를 맺고 있다고 보았다. 사회는 모래알과 같은 개개인들의 규칙들에 따라 결합된 모둠살이라고 볼 수 있는 바, 그 규칙은 일종의 약속체계이며, 약속은 정직·성실·믿음과 같은 도덕적 행위로써 그 생명력을 유지한다. 이러한 점에서 도덕적 특성이 결여된 사람들로 구성된 사회는 그 토대부터 동요할 것이라고 보고 있다.

따라서 사회통합을 위해 정직이나 성실과 같은 도덕적 덕목을 강조하는 것은 옳다는 의견이다. 이러한 견해는 진실과 성실을 통한 민족의 힘의 증대라는 도산사상의 핵심과 관련되며, 또 그러한 힘의 증대로써 독립과 자주 부강한 민족국가의 건설을 이루려는 그의 사상이 요체를 지적한 것이다.

두 사람이 위와 같이 분석하고 이해한 도산 사회사상의 중심 아이디어에 동의하면서도, 이를 우리나라 사회사상사의 맥락에서 고찰하지 못한 아쉬움은 앞으로 풀어나가야 할 과제라 하겠다.

(2) 도산 사회사상에 대한 비판적 시각

지금까지 도산의 철학이나 사상에 대해 논급한 문헌들 가운데 그것을 비판적 시각으로 검토한 경우는 드물다. 그 까닭은 그의 철학이나 사상을 주로 윤리적 측면이나 교육학적 관점에서 접근해 왔다는 데서 기인한다고 볼 수 있을 것이다. 또한 흔히 우리가 숭앙하는 민족의 지도자에 대해 불손해서는 안 된다는, 후손의 도리를 지키려는 풍토의 반영일 수도 있다. 그러나 그런 가운데서도 그의 사상을 사회과학적 관점에서 보는 학자들 사이에서 드물게나마 비판적 시각으로 검토한 도산사상의 한계들이 지적되고 있다. 이를 정리해 보면 다음과 같다.

신일철은 도산이 서구 자유주의 수용에 따른 한국의 근대화를 생각했으나, 토지개혁, 농촌경제재건, 일제 식민지경제에 대한 반항 등에는 비교적 무관심하였다는 점을 엿볼 수 있다고 지적하였다. 때문에 도산은 시민사회적인 애국운동가요, 박애주의적인 민족교화운동자이기는 했으나, 박력 있는 민족주의 운동의 조직자도 투사도 아니었던 윤리적 국민운동의 선구자로 보아야 한다는 점을 강조했다. 즉 도산을 이상주의에서 헤어나지 못한 민족주의자요, 자유주의자라고 본 것이다.

물론 그는 소시민층과 일부 인텔리의 존경을 받기는 하였다. 또한 8할 이상의 농민대중을 조직하고 교도하여 억센 항일운동의 토대를 대중 속에 구축치 못하고 명실공한 민중적 지도자로 자신을 발전시키지 못한 이유는 일제의 부자비한 무단정치 때문이기도 할 것이다. 그러나 도산은 그의 민족주의적 운동방식에서 소시민적 자유주의의 한계성을 탈피하지 못하고, 민족혁명에 대한 과학적 연구도 없이, 민족혁명의 사회경제적 방략에서도 다음 단계로 발전하지 못한 채 백년하청격인 교화주의로 시종하고 말았다고 신일철은 비판했다.[30]

한편 박명규는 도산 사회사상의 한계로 네 가지를 지적하고 있다. 첫째, 도산사상이 사회경제적 문제에 대한 깊이를 결여하고 있다는 것이다. 그 예로 도산의 말과 글에서 제국주의의 본질에 대한 고찰이나 농촌문제, 토지개혁사상 등을 찾아보기 어렵다는 점을 들고 있다. 따라서 도산을 시민사회형성기의 계몽운동자 또는 소시민적 자유주의의 주창자라 평가할 수 있을 것이라고 보았다. 둘째, 도산의 윤리적 개조론은 많은 타당한 지적에도 불구하고, 기본적인 문제파악부터 잘못된 것이라 보고 있다. 일제의 침략은 한국 민족의 윤리적·도덕적 잘못으로 설명될 수 없다는 것이다. 하물며 한국 민족 개개인의 윤리적 각성, 인격혁명을 통해 제국주의의 사슬로부터 독립을 쟁취한다는 주장은 현실성이 없다고 보아야 한다는 입장이다. 셋째, 도산은 독립운동가들 사이의 통일을 그처럼 강조하였으면서도, 통일을 위한 실질적인 계획보다 '통일' 자체의 당위성을 강조하였다고 지적했다. 넷째, 도산에게는 독립한 뒤에 건국할 민족국가의 성격에 대한 명확한 구상이 없었다는 것이다.[31]

또한 이명현이 도산에게 아쉬운 점으로 지적한 것은 평등에 관한 합당한 성찰이 결여되었다는 점이다. 그가 살았던 시대는 한국 역사에서 민중이 역사의 무대에 고개를 내밀기 시작하는 시대라고 할 수 있다. 바람직한 사회, 인간이 인간답게 살 수 있는 사회라면, 그것은 그 사회 구성원 모두가 사람다운 대접을 받을 수 있는 사회여야 할 것이므로, 평등은 바로 이러한 사회적 정치의 설계에서 빼놓을 수 없는 중요한 개념이다. 그럼에도 그의 말과 글 속에는 평등의 개념에 대한 깊은 성찰이 없다는 것이다.[32]

위와 같은 몇 가지 비판적 시각에 대한 반론도 또한 많다. 도산이 인격수양론에 치우친 나머지, 그가 당면했던 역사적 도전에 대한 적절한 처방을 제시하지 못했다는 비판은 그의 '개조' 개념을 너무 윤리적 차원에서 받아들였던 그의 추종자들의 생각을 도산 자신의 견해와 동일시한 데서 기인한다는 것이다. 또 도산이 역사적 도전에 대해 제시한 처방은 하나가 아니고 여럿이며, 그것들은 한 다발의 통합적 대응책이었다는 지적도 있다. 그리고 도산의 준비론은 독립전쟁을 기피하는 것이 아니라, 선언적 의미밖에 없는 독립전쟁보다 실질적인 독립전쟁을 수행하려는 뜻으로 받아들여야 한다는 견해 등이 그러하다.

이러한 도산사상에 대한 옹호와 비판은 그의 사상을 상황론의 입장에서 파악하느냐, 아니면 현실론의 관점에서 보느냐에 따라 달라질 수 있을 뿐만 아니라, 보는 사람의 역사의식이나 사상, 또는 관점에 따라 상이할 수 있는 것이다. 요컨대 편견에 가까운 매도나 교조주의에 가까운 미화 양자 모두 그의 사상을 올바로 이해하고 평가하는 데 가장 무서운 적이 될 것이라는 점에 유의하여, 냉철한 시각을 견지해야 할 것이라고 생각한다.

3) 도산의 사회운동

(1) 도산 사회운동의 목표

도산은 상해 임시정부의 내무총장으로 취임하는 연설에서 "우리의 권능에 대하여는 위로는 하늘, 아래로는 사람을 향하여 아무 부끄러운 것 없는 권능을 가진 우리"라고 천명하였다. 그러면서 "첫째, 내 물건을 내가 스스로 찾고 내 주권을 내가 찾자는 것. 우리가 우리 주권을 잃고 사는 것은 죽은 것만 못함이오. 그러므로 우리는 최후의 핏방울까지 흘려 이것을 찾아야겠소. 둘째, 우리가 우리 주권만 찾는 것이 아니라 한반도 위에 모범적 공화국을 세워 2천만으로 하여금 천연(天然)의 복락(福樂)을 누리려 함이오. 그러므로 우리는 생명을 희생하여 이 목적을 달성하여야 하겠소. 셋째, 그뿐만 아니라 더욱 세계의 항구적 평화를 돕고자 함이오. 그러므로 우리는 신 공화국을 신설하는 날이 동양평화가 견고하여지는 날이오. 동양평화가 있어야 세계평화가 있겠소"라 갈파했다.

이 말로 미루어 볼지라도 도산이 궁극적으로 추구하던 목표는 나라의 독립이며, 독립한 뒤에 공화국가를 세우는 데 있다는 것을 명백히 알 수 있다. 그가 구상했던 '모범적 공화국'은 그의 가치체계로 보아 민주주의 국가이며, 풍요하고 문명화된 나라임은 의심의 여지가 없다. 이러한 궁극적 목표를 달성하기 위해 그는 '힘'을 기르는 사회운동을 전개했으며, '힘'을 바탕으로 평화적으로 목표를 달성하고자 노력함은 물론, 군사력에 의한 무력항쟁이란 수단의 사용도 계획했던 것이다.

그러나 나라의 독립과 신 공화국의 건설은 궁극적 목표이기는 하나, 도산의 사회운동 그 자체에 국한시켜 볼 때의 목표는 어디까지나 '힘'을 양성하는 데 있었다고 보는 것이 타당할 것이다. 1905년의 을사조약 전후로부터 1919년 3·1운동 발생에 이르는 민족운동 및 독립운동을 크게 나눠 본다면, 하나는 의병의 항일전이고, 다른 하나는 애국계몽운동이라 부르는 민족운동이라 할 수 있다. 도산의 사회운동은 이러한 맥락에서 볼 때 애국계몽운동이다. 그리고 그러한 사회운동의 목표는 '힘'의 양성이었다.

그는 '힘'을 인격의 힘, 지식의 힘, 경제의 힘으로 구체화했으며, 이 가운데서도 인격의 힘을 가장 중요한 원천으로 보았다. 또한 인격이란 덕, 체, 지의 조화를 뜻하는 것이므로, 이 세 가지 요소를 갖춘 건전인격의 양성을 제1의 목표로 삼았던 것이라는 점은 누구나 다 아는 바이다. 그의 민족개조론은 이를 구현하기 위한 것이다. 그리고 건전인격의 3요소 가운데서도 특히 실무(實務)·역행(力行)·충의(忠義)·용감(勇敢)의 4대 정신을 내세웠다. 다시 한 번 정리한다면 도산 사회운동의 목표는 '힘'의 양성이었고, 인격의 힘, 지식의 힘, 경제의 힘을 기르는 것은 그 하위목표라 할 수 있을 것이다.

그는 이 하위목표들 가운데서 인격의 힘을 양성할 것에 더욱 중요성을 부여한 셈이다. 그러나 그가 행한 말과 글 같은 구체적인 행적을 보면, 인격의 힘, 지식의 힘, 경제의 힘을 별개로 분리하여 추구한 것 같지는 않다. '힘'의 3요소를 그렇게 구분하기는 했으나, 인격의 힘을 기르는 것이 곧 지식의 힘, 경제의 힘을 양성하는 것과 같은 것이며, 또 많은 경우 동시에 추구되기도 했다.

이러한 목표를 달성하기 위해 그는 민족의 역량을 집결한 통일된 조직을 구성하는 일에 몰두했다. 그가 국내외에서 사회운동에 쏟은 노력의 상당 부분이 조직에 있었다는 점은 도산이 얼마나 통일된 민족억량에 독립운동의 성패를 걸었는가를 잘 드러내 준다. 그가 주도했거나 관여했던 청년학우회의 조직, 신민회 조직, 대성학교 설립, 태극서관의 개점, 평양 마산동 자기회사 설립, 이상촌 건설구상, 미국에서의 대한인국민회 조직, 공립협회 조직, 흥사단 창단 등 모든 운동이 '힘'을 양성한다는 사회운동의 목표를 실천한 본보기들이라 할 수 있다.

(2) 도산 사회운동의 성격

사회운동이란 변화를 증진시키거나 또는 그것을 저지하기 위해 조직된 헌신적 단체의 집단행위라고 정의된다. 이 운동은 분명한 목표, 조직, 명백한 변화지향적 이념을 가지고 있다. 그리고 일반적으로 정치적·교육적 행동을 통해서 그들이 바라는 정책들을 의식적이며 의도적으로 추진해 나간다.[33) 그러므로 사회운동은 다음과 같은 특성을 지닌다. 이러한 특성들은 기타의 집합행동과 사회운동을 구분 짓는 것이기도 하다.[34)

첫째, 사회운동은 어떤 이념을 바탕으로 한 합목적적이며, 수단적인 성격을 가진다. 둘째, 사회운동은 그 나름대로의 어떤 이념에 입각한 구체적인 프로그램을 가진다. 셋째, 사회운동은 시간과 공간을 초월한 연속성과 확산성을 가진다. 넷째, 다른 어떤 집합행동과 견주어 볼 때 사회운동은 조직성과 계획성을 강하게 가진다.

위와 같은 특성들에 비춰 볼 때, 도산의 운동은 사회운동이 갖추어야 할 모든 조건을 구비했다는 것을 알 수 있다.

한편 사회운동은 그 성격에 따라 세 가지 유형으로 나눈다.[35)

① 권력지향형 : 대부분의 운동들은 사회체제를 변화시키고자 중

심적인 권력조직을 통제하려 한다. 사회운동은 흔히 억압상태가 오랫동안 계속될 때 발생한다. 따라서 그들이 당하는 불의를 충분히 시정할 수 있도록, 정치적 과정에 대한 통제권을 획득하려는 것이 목표가 된다. 때로 이들은 권력지향 과정에서 개혁주의자나 진화론자의 모습으로 나타난다.

② 가치지향형 : 비록 사회운동이 대체로 어느 정도의 권력지향형이라고 하더라도, 그들은 또한 새로운 가치체계나 규범체계 및 신념체계에 대한 여론을 조성시키기 위해 설득작업을 편다. 가장 우선적인 일들은 가치관에 관한 문제들에 대해 그 사회를 재교육한다든지, 그 사회가 범한 잘못을 지적한다든지, 또는 규범의 기준을 재형성할 것을 추구하는 등의 일이다. 가치관에 변화를 가져오기 위한 전술로서 설득, 선전, 교육, 정의감에 대한 호소 등이 쓰일 수 있다. 그들은 가치문제나 규범적인 문제들에 가장 역점을 두고 있기는 하나, 만일 변화를 기대할 수 없게 될 때는 다시 정치적 행동이나 영향력을 갖기 위한 전술로 전환할 것이다.

③ 개인표현지향형 : 때때로 사회운동은 그들의 초점을 역전시킨다. 사회 속의 변화를 강조하는 대신에 그 운동에 참여하는 성원들의 개인적 생활을 변화시키고자 방향을 안으로 돌린다. 운동의 초점이 흔히 개인으로 향하는 것은 사회는 쉽사리 변하지 않을 것이며, 그 운동은 혁명을 추진시킬 만한 힘을 갖고 있지 못한다는 인식에서 비롯한다. 설사 사회는 변형될 수 없다 할지라도, 사회적 상황에 대한 개인들의 의식은 변할 수 있기 때문이다. 역사적으로 종교는 개인 표현의 관심을 강조하는 대부분의 사회운동의 기반이 되어왔다.

이 같은 세 가지 유형화에 저항지향형이라 부를 수 있는 사회운동도 있다. 대부분의 사회운동이 변화지향적인 것과 달리, 이 유형은 변화를 막으려는 것이다. 때로는 전통적인 가치를 재확인시키거나, 사회적인 변화를 방지하려는 저항적인 자세를 취한다.

위와 같은 사회운동의 유형에 비추어 볼 때 도산의 사회운동은 권력지향형과 가치지향형의 두 유형의 성격을 동시에 지니고 있다고 생각할 수 있다. 식민지상황을 극복하고 독립된 주권국가를 세우려는 궁극적 목표 자체가 도산 사회운동을 권력지향형에 속하게 만든다. 공화국 건설이라는 목표에 견주어 보아도 역시 그러하다.

그러나 앞에서도 언급한 바와 같이, 나라의 독립과 공화국의 건설이 궁극적 목표이기는 하나, 도산 사회운동의 그 자체목표는 '힘'의 양성이며, 보다 구체적으로는 건전인격양성이었다는 점에서 역시 권력지향형이라기보다 가치지향형이라 보는 것이 타당하리라 생각된다. 더욱이 그가 추진했던 사회운동의 구체적인 모습은 신문과 같은 대중매체를 이용한 계몽, 학교를 통한 교육, 이상촌 건설을 통한 농촌개조교육, 청년조직을 통한 인격수양 등이라 할 때, 정치운동의 성격보다 사회운동의 성격을 띨 수밖에 없으며, 그 가운데서도 사회학적 개념을 빌린다면 가치관 또는 규범체계의 변혁운동이기 때문이다.

(3) 도산 사회운동의 특징

도산 사회운동의 특징을 살펴보면 대개 다음과 같은 점들을 지적할 수 있다.

첫째, 사회운동은 초기단계-민중화단계-형식화단계-제도화단계로 나누어 볼 수 있다. 초기단계는 억압 · 불안 · 흥동 · 불만 등에 대해 사회구성원들이 인지하는 단계라 할 수 있고, 민중화단계는 그와 같은 인식이 대중화되는 확산단계라 할 수 있다. 형식화단계는 민중화단계의 열의를 특정의 프로그램으로 옮기고 그 목표를 추구하는 데 필요한 어떤 전략을 발진시키는 단계이다. 이 단계에서는 운동의 이념을 정교화하는 지적 지도자와 목표달성의 전략 및 내부조직의 계획을 포함한 여러 가지 절차를 다루는 행정적 지도자의 역할과 기능이 중요하게 된다. 이 때문에 이 단계에서는 핵심성원들 사이에서의 토론과 논쟁이 있게 된다. 도산 사회운동의 특징으로 볼 수 있는 것은 바로 이 단계에서 핵심구성원 뿐만 아니라 전체 사회구성원의 토론을 조직 원리로, 그리고 목표 설정의 원리로 강조하고 있는 점이라 할 수 있다. 이러한 특성은 그의 다음과 같은 말과 글에서 자명하게 드러난다.

> "이 공통적 조건의 방침과 목표를 세우는 근본방법은 무엇인가. 그것은 우리 대한 사람 각 개인이 머릿속에 방침과 계획을 세움에 있습니다. 이 말은 얼른 생각하면 모순되는 듯합니다. 사람마다 각각 제 방침과 계획을 세워 가지고 각각 제 의견만 주장한다 하면 합동이 되기는커녕 더욱 분리가 될 염려가 있지 아니할까 하고 의심하기 쉽지마는 그것은 그렇지 아니합니다. 위에서도 말한 바와 같이 민족사회는 각개 분자인 인민으로 구성된 것이므로 그 인민 각개의 방침과 계획이 모이고 하나가 되어서 비로소 공통적인 방침과 계획 즉, 합동의 목표가 생기는 것은 민족사회에서는 피치 못할 원칙입니다. …… 각각 의견을 발표하노라면 그것들이 자연도태와 적자생존의 원리에 의지하여 마침내 가장 완전한 가장 여러 사람의 찬성을 받는 '여론'을 이룰 것이니 이 여론이야말로 한 민족의 뜻이요, 소리요, 명령입니다."[36]

"통일하는 방침의 둘째되는 공론을 세우고 그 공론에 복종케 하자 함이 또 중요한 문제입니다. 우리나라 사람들이 이 까닭에 통일이 못 된다 저 까닭에 통일이 못 된다 하지만, 그 실상은 공론에 복종할 줄을 모를 뿐만 아니라, 공론을 세워보지도 못하고 갑(甲)은 갑론(甲論)을, 을(乙)은 을론(乙論)을, 각각 자기의 론(論)을 주장하여 싸우기만 하는 까닭입니다. …… 그러한 싸움으로 통일을 이루지 못하고 분열이 되므로 망할 수밖에 없습니다. …… 공론을 세우고 공론에 복종하는 것으로 통일의 도를 이루어야 하겠습니다."[37]

둘째, 사회운동이 마지막 단계라 할 제도화단계가 되면 그 운동의 성격이 보수주의를 강하게 띠게 된다. 그 이유는 두 가지로, 하나는 운동지도자들이 이제 '기성질서'로 자리잡게 되면서 현상을 유지하려 하기 때문이며, 나머지 하나는 지도자들이 자신들의 지위를 유지하면서 일종의 기득권을 가지게 되기 때문이다. 이렇게 되면 사회운동은 관료조직에 예속됨으로써, 운동의 원래 성격을 상실하고, 기존질서의 한 부분으로 흡수되어 버리고 만다.

이러한 점에 비추어볼 때, 도산은 확실히 특징 있는 지도력을 보이고 있다. 우선 그는 지도자로서의 기득권을 유지하려는 시도를 하지 않았다는 특이한 행적을 남겼다. 그는 신민회를 조직하면서 그 자신이 진영의 중심이 되기를 피했다. 도산이 신민회나 청년학우회에서 다른 사람을 중심인물로 추대하고 자기는 그늘 속의 이름 없는 사람이 되려 한 것도, 자기의 존재로 말미암아 통일이 저해될 것을 두려워했기 때문이었다고 한다. 이 같은 그의 처신은 임시정부에서도, 그리고 그 밖의 내부분의 소식에서도 일관되게 나타난다.

또한 도산은 자기의 신념을 개인의 명의로 발표하기를 원치 아니하였다. 세월이 오래 걸리더라도 그것을 여러 동지가 될 만한 사람들에게 말해, 그들의 찬동을 구하여 그 동지 전체의 이름으로 발표되기를 기다렸다고 한다. 곧, 그는 사회운동을 전개하는 데서 지도자로서 독주나 독선을 극히 배제한 사람이었다고 할 수 있다.[38)]

셋째, 모든 사회운동에서 가장 중요한 것의 하나는 지도력의 확보라 할 수 있다. 도산이 사회운동을 조직하고 전개하면서 가장 심혈을 기울였던 부분은 바로 이 지도력의 양성이었다고 볼 수 있다. 다시 말하면, 도산 사회운동의 1차적 목표가 지도력 양성이었다고 해도 지나친 주장은 아닐 것이다. 이상촌 건설도 지도력 양성에 그 1차적 목적이 있었다고 할 수 있다. 다음과 같은 그의 언행이 이를 잘 말해 준다.

> "이상촌을 이룩한 후에는 먼저 사범 강습소를 세워 사범을 기르되 일학교사(日學敎師) 될 이와 야학교사 될 이와 윤회(輪回)강사 될 이를 기를지니 이리하여 이것으로 개조의 초보를 실천할 것이오."[39)]

> "첫째로 본단을 유지하고 본단의 주의를 발전하기에 적당한 중견분자가 일부에 집중하여 본단의 중심형세를 이룬 후에야 우리의 이상을 실현케 하겠거늘, 아직은 그 중견력을 이루지 못하였습니다."[40)]

> "우리 민족의 장래를 위하여 선량한 중견을 예비하는 것이 가장 중요한 문제입니다."[41)]

넷째, 도산 사회운동의 특징의 다른 하나는 동맹수련이라 할 수 있다.

"우리의 사업을 진행하는 가운데 가장 중요한 것은 다수의 건전한 인
격자들을 작성하는 방법인 '동맹수련'입니다. …… 단독수련으로 독신 기
신하여 일개인의 건전한 인격자는 되려니와 다수의 건전한 인격자를 이
룰 수는 없습니다. …… 그러므로 단독적 수련을 피하고 협동적 수련으로
다수의 인격자를 이루기 위하여 동맹수련이 필요합니다. …… 우리 청년
들의 환경은 매우 험악합니다. 우리 사회 주위에 보이고 들리는 것은 더
럽고 악한 여러 가지 부패한 것이 많습니다. 이러한 환경에 처한 청년이
개인 단독의 힘으로는 그 환경을 정복하기 어려울 뿐 아니라 그 환경에
정복되기 쉽습니다. 그런즉, 나갈 뜻이 있는 청년들은 서로 협동하여 분
투하면 그 목적을 달할 것입니다. 그러므로 험악한 환경을 정복하기 위
히어 동맹수련이 필요힙니다."[42]

　　다섯째, 도산은 사회운동을 전개하면서 특히 신문을 크게 활용했
다. 미국에서 발행한 《공립신보》(共立新報), 상해에서 발행한 《독립
신문》(獨立新聞) 등이 그 구체적 예라 할 수 있다. 이러한 전통은 독
립협회와 《독립신문》의 관계에서 이미 형성된 것이었으며, 도산은
아마 독립협회 활동에 참여한 경험과 미국에서 신문의 역할이 얼마
나 큰가를 배운 끝에, 신문과 같은 대중매체의 중요성을 누구보다
잘 인식하게 되지 않았을까 생각된다. 그는 이상촌 계획에서도 "활
판소를 설치하여 저술과 번역과 신문과 잡지를 많이 발행하여 우리
민족에게 우리 단(團)의 주의와 사교적 풍조를 넓히어 줄 것"을 구
상했다. 이 같은 그의 구상은 구한말의 애국계몽운동이 신문과 잡지
를 주요수단으로 삼았던 것과 맥락을 같이 하는 것이라 보아야 할
것이다.

3. 결 론 : 도산 사회사상의 현대적 구현을 위한 과제

사회운동의 관점에서 볼 때 운동이 활성화되고 목표를 성취하려면 몇 가지 기본조건을 만족시키지 않으면 안 된다. 이런 관점에서 도산 사회사상의 현대적 구현을 위한 몇 가지 과제를 생각해 보기로 한다.

첫째, 사회운동은 분명한 목표를 가지고 있어야 한다. 도산 사회사상은 사회운동에 분명한 목표를 제시했다. 핵심만 말한다면 건전 인격의 양성이며, 가치관 내지 규범체계의 재정립이 되는 셈이다. 그러나 오늘날 우리 사회의 여러 조건에 견주어 볼 때, 그러한 목표를 계속 추구할 것인가에 대한 성찰이 필요하지 않을까 한다. 따지고 보면 건전인격의 함양은 어느 시대나 요구되는 것이며, 성실, 진실과 같은 덕목은 인간사회가 존속하는 한 언제나 추구되어야 할 규범이라 할 수 있다. 그리고 그러한 덕목을 내면화시키는 사회의 여러 조직들이 있다. 따라서 도산 사회운동이 목표로 했던 건전인격은 현재도 변함없는 목표가 될 수 있다.

그렇다 할지라도 그보다 더 시급하거나 또는 중요한 과제가 없는지 생각하지 않으면 안 된다. 건전인격이라는 도산의 목표를 전승하여 사회운동을 지속적으로 전개하는 것도 중요하지만, 그것만이 그의 사회사상이나 그 구현을 위한 사회운동을 계승하는 것이라고 생각하는 것은 지나치게 정태적인 사고방식이 아닐까 한다. 이와 관련하여 1979년에 실시했던 흥사단 단우들의 의견조사에서 흥사단 운동의 불만요인으로 사업이 가장 많이 지적되었고, 또 이념의 재검토가 가장 우선되는 과제라고 지적되었다는 점에 주목할 필요가 있다. 더욱이 젊은 세대에서 그 같은 요구가 높다는 점에 유의해야 할 것

이다.[43]

이것은 흥사단운동의 미래를 위해 새로운 이념의 설정과 그에 따른 목표의 재정립이 요청되는 것이라 보아야 한다. 따라서 도산사상의 전승과 그것의 구현을 위한 사회운동의 계승은 도산이 생존했던 시대상황과 다른 오늘의 현실에 재투영하여 재정립할 필요가 있다고 생각된다. 이런 뜻에서 도산이 실현하려 했던 풍요하고 문명한 민주사회의 건설과 민족통일의 염원을 깊이 고려할 만하다고 본다.

둘째, 사회운동은 헌신적인 집단을 요구한다. 이런 관점에서 현재 도산 사회운동의 핵심체인 흥사단이 얼마나 헌신적인가에 대해, 곧 얼마나 헌신적인 구성원들이 확보되어 있으며, 진정한 확신자로서의 지도력을 갖추고 있는지에 대한 반성도 필요할 것이다. 1979년의 같은 조사에 따르면, 흥사단의 과제별 우선순위 가운데 두 번째로 조직의 재정비가 지적되었다는 점에 주목해야 하겠다.

셋째, 사회운동은 정치적·교육적 행동으로 의식적이며 의도적으로 변화를 추진해 나가는 것이다. 그러므로 현재의 흥사단 운동이 하나의 사회운동으로 얼마나 이 같은 변화를 추진해 나가는지에 대해서도 평가가 뒤따라야 할 것이다.

끝으로 도산 사회운동의 특징으로 강조하고 싶은 것은 그가 운동의 형식화(조직화)단계에서 핵심구성원뿐만 아니라 전체 사회구성원의 토론을 조직 원리로, 그리고 목표 설정의 원리로 강조하고 있다는 점이다. "…… 각각 의견을 발표하노라면 그것들이 자연도태와 적자생존의 원리에 의지하여 마침내 가장 완전한, 가장 여러 사람의 찬성을 받는 '여론'을 이룰 것이니 이 여론이야말로 한 민족의 뜻이요, 소리요, 명령이다"라는 말에서 우리는 도산이 통합의 원리로서 가장 민주주의적 절차인 여론형성을 얼마나 중요하게 생각했는지 알 수 있다.

마치 사상의 자유시장원리를 그대로 옮긴 듯한 그의 생각은, 사회를 통일하는 방침으로 공론을 세우고 그 공론에 복종케 하는 것이라는 점을 강조하는 데서 절정에 이른다. 공론에 복종할 줄을 모를 뿐만 아니라, 공론을 세워보지도 못하고 각기 자기 주장만 옳다고 우기며 싸우기만 하는 까닭에, 통일을 이루지 못하고 분열이 되므로 망할 수밖에 없다는 도산의 경고는 오늘날 우리 사회 현실에도 적절한 경종을 울린다. 언론을 중요하게 여기고, 언론을 통해 공론을 일으켜 올바른 여론을 형성시킴으로써 민족과 사회의 통합을 이루려고 한 도산의 사회사상은 오늘의 우리 사회에서도 반드시 구현되어야만 한다.

《도산 사상연구》, 연구사, 1993

주(註)

1) 박명규, 〈도산 안창호의 사회사상〉, 신용하 편, 《한국현대사회사상》, 서울 : 지식
산업사, 1984, 87~131쪽; 신일철, 〈민족적 개혁의 선구자〉, 이만근 편, 《도산어록》,
서울 : 흥사단출판부, 1986, 118~131쪽; 이명현, 〈개혁적 창조와 사회〉, 도산사상연
구회 편, 《도산사상연구》 제1집, 서울 : 흥사단출판부, 1986, 69~99쪽.

2) Sartori, Giovanni, "Democracy," in David L. Sills(eds.), *International Encyclopedia of the Social Sciences*, Vol. 4, New York : The McMillan Co.,& The Free Press, 1968, pp.112~121

3) Lipson, Leslie, *The Democratic Civilization*, New York : Oxford University Press, 1964, pp.217~230

4) Lipson, op.cit., pp.217~230

5) Pennock, J. Roland, *Democratic Political Theory*, Princeton, NJ : Princeton University Press, 1970, pp.3~58

6) Lindsay, A. D., *The Modern Democratic State*, New York : Oxford University Press, 1962, pp.90~93

7) Sartori, op.cit., pp.112~121

8) Merkl, Peter H., *Political Continuity and Change*, New York : Harper & Row, 1972, pp.82~86

9) 〈동포들에게 고하는 글〉.

10) 〈동지들에게 주는 글〉.

11) 《도산 안창호》, 서울 : 흥사단출판부, 188~189쪽.

12) 〈한국여자의 장래〉.

13) 〈육대사업〉.

14) 잎의 글.

15) Kluckhohn, Clyde and others, "Values and Value-Orientations" in T. Parsons and E.

A. Shils(ed.), *Toward a General Theory of Action*, New York : Harper & Row, 1951, pp.388~483

16) Kluckhohn, Clyde and others, op.cit., p.335

17) Kluckhohn, Clyde and others, op.cit., pp.388~433

18) Timasheff and Theodorson, *Sociological Theory: Its Nature and Growth*, New York : Random House, 1976.

19) Parsons and Shils, ibid., pp.151~189

20) Pepper, Stephen C., *The Soyrce of Value*, Berkely : University of California Press, 1958, p.7

21) Kluckhohn, ibid., p.411

22) Kluckhohn, Florence R. & Fred L. Strodbeck, *Variations in Value-Orientations*, Evanston, IN : Peterson and Co., pp.1~48

23) 가치정향의 분석틀은 플로렌스 클럭혼(Florence R. Kluckhohn)의 방식에 따른다. 그에 따르면, 인간은 다음과 같은 다섯 가지의 주요 가치성향과 그것의 변형을 가지고 있다고 한다. ① 인간성(악·선과 악의 혼재·선), ② 인간과 자연과의 관계(종속·조화·지배), ③ 시간(과거지향·현재지향·미래지향), ④ 행동(욕구지향·자기지향·성취지향), ⑤ 인간관계(직계중심·방계중심·개인중심).

24) 〈동포에게 고하는 글〉.

25) 앞의 글.

26) 〈인격완성〉, 〈단결훈련〉.

27) 〈인격완성〉.

28) 박명규, 앞의 글, 130쪽.

29) 이명현, 앞의 글, 89~90쪽.

30) 신일철, 앞의 글, 120~121쪽.

31) 박명규, 앞의 글, 131쪽.

32) 이명현, 앞의 글, 98쪽.

33) 이효재·장하진 역, 《사회학》(J. V. Baldridge, *Sociology*), 서울 : 경문사, 1979, 233쪽.

34) 전병재, 《사회심리학》, 서울 : 경문사, 1978, 480~481쪽.

35) Federico, Ronald C., *Sociology*, Reading, MA : ddison-Wesley Publishing, 1975; 이효재·장하진, 앞의 책에서 재인용, 234~237쪽.

36) 〈동포에게 고하는 글〉.

37) 〈정부에서 사퇴하면서〉.

38) 《도산 안창호》, 홍사단출판부, 1987, 75쪽, 82쪽.

39) 〈흥사난의 발선책〉.

40) 〈낙관과 비관〉, 이만근 편, 《도산어록》, 35~36쪽.

41) 〈건전한 인격자와 신성한 단결〉, 앞의 책, 41쪽.

42) 앞의 글, 40쪽.

43) 채영수, 〈흥사단우의 태도에 관한 조사〉, 이당 안병욱 교수 정년퇴임 기념 흥 사단 아카데미문집, 《도산과 힘의 철학》, 흥사단출판부, 1985, 219~235쪽.

월남 이상재와 민족언론

1. 서 론

    우리 민족의 가장 위대했던 지도자 가운데 한 사람이요, 모든 사람들로부터 절대적인 추앙을 받았던 민족의 스승 월남 이상재 선생은 1924년 9월 13일부터 1927년 3월 25일까지 약 2년 6개월 동안 《조선일보》 사장을 역임했다. 이와 같은 사실이 겉보기에는 아무런 뜻을 지니지 못한다고 생각될지도 모른다. 단순히 그의 많은 이력 가운데 하나에 지나지 않는다고 볼 수도 있으며, 1920년 3월 5일에 창간된 《조선일보》의 제4대 사장이었다는 사실로만 기억될 수도 있다. 더욱이 그가 활발하게 활동했던 독립협회나 YMCA를 기반으로 한 청년운동 및 신간회와의 관계 같은, 우리나라 역사에 큰 발자취를 남긴 일들에 견주면, 월남 선생이 2년 6개월 동안 《조선일보》의 사장을 역임했다는 사실은 별다른 주목을 받기 어려운 일일지도 모른다.

    그러나 그와 같은 관찰은 너무나 피상적인 것에 지나지 않는다. 그 까닭은 월남 선생이 《조선일보》 사장에 취임했다는 사실 그 자체가 우리나라 민족언론사에서 하나의 이정표가 되기 때문이다. 그뿐만 아니라 우리나라 언론의 역사로 볼 때 최초의 '전조선기자대회'가 원만히 치러질 수 있었던 것도 선생의 활약에 힘입은 바 크다. 또한 항일민족단일전선을 형성했던 신간회의 활동을 뒷받침함으로써, 마치 《조선일보》가 신간회의 기관지와 같은 구실을 하게 되었던 것 또한 신간회 회장으로 추대되었던 월남 선생이 《조선일보》의 사장직을 맡고 있었기 때문이었다고 할 수 있다.

이렇게 볼 때 월남 이상재 선생이 《조선일보》의 사장직을 역임했었다는 사실은, 비록 그때 그의 나이가 75세를 넘었던 까닭에 언론인으로서 활발한 활동은 못했음에도, 우리 민족언론사의 크나큰 발자취라 아니할 수 없다.

이 글에서는 주로 월남 이상재 선생이 《조선일보》 사장으로 취임했다는 사실이 지니는 민족언론사적 의미와, 그가 재임했던 기간 동안에 이루어졌던 일들 가운데 우리나라 언론사에 남을 만한 몇 가지 개혁들을 살펴보고, 마지막으로 그와 조선기자대회의 관계를 고찰해 보고자 한다.

2. 일제 식민정책의 전환과 언론

1) 문화통치의 표방

1910년의 한일병탄 뒤 일제는 민족언론을 말살하고 헌병경찰제도를 도입하여 무단통치를 실시해 왔다. 그러나 3·1운동을 계기로 일제는 무단통치 대신 이른바 문화통치로 그들의 식민정책을 전환한다. 무단통치가 결코 현명한 식민통치술이 될 수 없다는 것을 깨달았기 때문이다. 이러한 정책전환은 결국 강압 대신 회유로 방향을 바꾼 것뿐으로, 그들의 정책에 어떤 본질적인 변화가 생긴 것은 결코 아니었다. 다만 일제가 3·1운동 뒤로 이와 같이 정책변화를 도모한 배후에는 다음과 같은 일본 내의 두 가지 상황이 작용했다는 점에 유의할 필요가 있다.

우선 일본 내 정치상황의 변동을 들 수 있다. 당시 일본 국내에서도 국제적인 정세변화에 따른 민주주의운동의 진전과 노동운동의 급속한 전개 등에 의해 대중적인 반체제세력이 나타나고 있었다. 1919년 8월에 이른바 '쌀소동'이 전국적인 규모로 발발하자 경찰력과 군대가 겨우 그 폭동을 진압했지만, 이 때문에 데라우치(寺內) 관료내각이 붕괴되기에 이른다. 그 뒤를 이어 수상으로 취임한 정우회 총재 하라 다카시(原敬)는 그때까지의 관료내각 대신에 정당내각을 조직하여 일본에 정당정치의 단서를 마련하였다. 이러한 변화는 무단적 관료정치의 후퇴와, 진보적인 사이온지 긴모치(西園寺公望) 일파인 평민 하라 다카시에 따른 시민정당정치의 등장이라고 볼 수 있다.

하라 다카시라는 인물은 소장파(少壯派) 관리시대부터 식민통치에 대해 관심과 일가견을 가지고 있었으며, 3·1운동이 일어나기 전부터 그 정황에 유의하여 당시의 무단통치에 비판적인 태도를 취하고 있었다. 따라서 3·1운동 이후 식민정책의 변화는 이러한 하라 내각의 성격과 무관하지 않을 것이다.[1]

다른 하나는 3·1운동 이후의 일본 내 여론의 향배를 들 수 있겠다. 예컨대 《도쿄아사히신문》은 1919년 7월 27일자 사설에서 다음과 같이 주장했다.

이번의 조선 민중봉기는 일본 대한정책의 실패를 증명하는 것이다. 현대의 식민정책은 옛날과 달라 무단으로써 시종될 것이 아니라 교화를 주안으로 한 문화정책으로써 달성되어야 한다. 강압적인 방법은 가장 졸렬한 수단이다. 이번의 조선 봉기는 가혹한 무단정치에 대한 조선 민중의 필연적인 항거다. 이러한 항거의 유발은 조선에 대한 일본의 태도를 오해받게 하는 데 도움이 될 뿐이다. 이것을 계기로 일본의 지금까지의 대한 정책이 반성되고 시급히 시정되지 않으면 안 될 것이다.[2]

이 밖에도 이 신문은 소란(3·1운동)의 유력한 원인이 총독정치의 결함에 있다고 반성하면서, 조선에서의 언론억압은 세계에 유례가 없어 어용신문 이외에는 발간을 불허하고 있는 실정을 폭로하였다. 또한 요시노 사쿠조(吉野作造)는 1919년 《중앙공론》 6월호에 실린 〈조선에 있어서의 언론자유〉라는 글에서 "(조)선인의 언론자유를 일본과 같은 정도로 허용한다는 것은 일본과 조선 양국민의 평등을 허용하는 것"이라고 지적했다. 그는 또 그 해 6월 여명회 주최의 '조선문제토론회' 석상에서 조선 정치에 대한 최소한 요구로 ① 민족차별의 철폐, ② 무인정치의 철폐, ③ 동화정책의 철폐, ④ 언론자유의 어느 정도의 보장 등 4개 조건을 제언하기도 했다.[3]

위와 같은 상황 아래서 하세가와(長谷川) 총독의 후임으로 사이토 마코토(齋藤實)가 1919년 9월 2일에 제3대 총독으로 부임하게 된다. 그는 부임한 다음날인 9월 3일에 총독부와 소속관서에 대한 훈시에서, 민심에 귀 기울이며 행정·사법사무 각반에 걸쳐 다음과 같이 개선할 것임을 밝혔다.

① 형식적 정치의 폐단을 타파하고 법령은 될 수 있는 한 간략하게

하고, 성의로 국민을 유액(誘掖)하여 그 정신의 철저를 도모하고, 행정처분은 사태와 민정을 고려하여 적절한 조치를 취하고 힘써 처분 받은 사람의 양해를 얻어야 한다.

　② 사무를 정리간처(整理簡悽)에 힘써 민중의 편익을 계량하고 관청의 위신을 보지(保持)하여야 한다.

　③ 언론·집회·출판 등에 대하여는 질서와 공안유지에 무방한 한 상당히 고려를 가하여 민의의 창달을 기하여야 한다.

　④ 교육·산업·교통·경찰·위생·사회구제 등의 행정에 쇄신을 가하여 국민생활의 안정을 도모하고 일반의 복리를 증가하는 데 있어 새로 일생면을 개척할 것을 기한다. 특히 지방에서 민속을 함양하고 백성의 힘을 고양함은 지방단체의 힘을 통해 이루는 것이 편할 것이므로, 장래 시기를 보아 지방자치제도를 시행할 목적으로 속히 이의 조사연구에 착수한다.[4]

위와 같은 새 총독의 취임훈시는 말할 것도 없이 3·1운동 뒤 일본 정부가 세운 '조선 통치의 방침'에 근거한 문화통치의 내용인 것이다.[5] 이에 따라 사이토 총독은 헌병경찰제도를 폐지하고 보통경찰제도로 바꾸는 등 총독부의 관제를 재정비하나, 이것은 모두 지난 무단통치 때와 똑같은 목적을 추구하고자 그 방법만 달리한 것에 지나지 않음은 말할 필요도 없다.

2) 세 가지 민간신문의 창간과 일제의 언론정책

앞에서 본 바와 같이 사이토 총독이 취임훈시에서 "질서와 공안유지에 무방한 한" 민간신문을 허가할 뜻이 있음을 밝힌 뒤, 여러

개인과 난체들이 1919년 10월부터 신문발행의 허가를 신청하기에
이른다. 이때 신청된 건수는 10여 건에 달했으나, 총독부 당국은
1920년 1월 6일자로 《동아일보》, 《조선일보》, 《시사신문》의 3개지
만을 허가했다.

　이 세 신문 가운데서 《동아일보》는 인촌 김성수를 중심으로 한
민족진영이, 《조선일보》는 친일단체였던 대정실업친목회가, 《시사
신문》은 신일본주의를 표방하는 국민협회가 신청한 것이었다. 총독
부 당국이 이 세 신문의 발행을 허가할 때 내세운 명분은 각 방면의
세력균형을 위한 것이라고 했으나, 사실은 2대1의 비율로써 친일계
신문으로 하여금 민족진영 신문을 억압하려는 치밀한 계획을 드러
낸 것에 지나지 않았다.[6]

　그러나 한국인에게, 더욱이 《동아일보》의 경우처럼 민족주의진영
에 신문발행을 허가한다는 중대한 결정은 총독부 자체 내부는 물론,
군(軍)과 주한 일본인들 사이에 큰 논란을 일으켰다. 특히 데라우치
는 처음부터 이것에 반대하였으며, 조선에 주둔했던 일본군 측에서
도 반대가 많았다고 한다.[7] 그럼에도 민족주의진영의 《동아일보》를
비롯한 세 신문을 한국인이 발행하도록 한 배경에는 일제가 내세웠
던 문화정치의 일환이라는 대내외적 명분과 그에 따른 선전효과 이
상의 실리적인 요인이 크게 작용했었다는 점을 간과할 수 없다. 그
와 같은 요인은 다음과 같은 예로서 명백히 드러나고 있다.

　즉 당시 정무총감이었던 미즈노 렌타로(水野鍊太郎)는 "조선인의
기분을 알고, 조선인 사이에 어떤 공기가 흐르고 있는가를 알기 위
해 유익하다"는 생각을 하고 있었다. 또한 그때 대표적인 친일파였
던 민원식은 "종래 민간에 신문 하나라도 있었으면 민족자결운동 같
은 것도 소요 발발 전, 불령사상(不逞思想)의 유입을 알 수 있는 어떠

한 소식을 신문 지상에서 발견할 수 있었을지 모른다"고 말하기도 했다.8)

그런가 하면 당시 고등경찰과장이었던 시로우에 유키치(白上佑吉)는 총독부 국장급 인물들이 《동아일보》의 발행허가를 반대하는 데 대해 다음과 같이 허가의 타당성을 지적한 것으로 알려져 있다.

> 《동아일보》를 한다는 청년들이 장래 조선의 치안을 소란케 할 것인가 안 할 것인가를 판가름 하는 중심인물들임에는 틀림없습니다. 그럴수록 이런 인물들을 항상 한 자리에 모이게 하는 것은 매우 중요한 일이라고 생각합니다. 이 인물들이 말하고자 하는 것이 무엇인가, 즉 적을 알아야 이쪽의 방비책도 쓸 수 있을 줄 압니다. 저의 정보망만으로 그들의 움직임을 완전 파악할 수는 없습니다. 신문을 허가함으로써 그들의 동정을 낱낱이 알 수 있는 줄 믿습니다. 뿐만 아니라 그들을 모아 놓아야만 일조 유사시에 일망타진하는 경찰행동을 취할 수 있습니다. 그리고 일단 문제가 생겼을 때는 정간이든 발행중지든 마음대로 시킬 수도 있습니다. 이 신문을 허용하는 것은 백 가지 이득이 있을지언정 한 가지 해도 없을 줄 압니다.9)

또한 서울 진고개 일대의 일본상인연합회 대표들이 총독에게 《동아일보》의 허가를 항의하자 총독은 "《동아일보》는 조선 민족의 뱃속에서 끓어오르는 가스를 배출시키는 굴뚝이야. 가스를 배출시키지 않으면 쌓이고 쌓여서 끝내는 폭발하거든"이라고 대답했다는 일화도 있다.10) 이와 같은 발상에서 미즈노는 한국인들에게 신문을 허가하는 이유의 하나로 "불을 때는 데 굴뚝이 없으면 언젠가는 솥이 파열한다"는 점을 들었다는 것이다.11)

위와 같은 기록들을 근거로 추론해 볼 때, 총독부 당국이 반대여론을 무릅쓰고 위의 세 신문에 대해 발행허가를 내준 데는 적어도 다음과 같은 치밀한 계산이 그 밑바탕에 깔려 있었음을 알 수 있다.

첫째, 문화통치의 명분을 세우고 이를 조선뿐만 아니라 일본 국내와 세계에 선전하고자 하는 의도가 작용했다. 둘째, 우리 민족의 동향과 민심을 아는 정보원으로 신문을 이용하려 했다. 셋째, 민족세력의 집합을 유도하여 이른바 불령선인(不逞鮮人)의 실체를 파악할 수 있는 수단으로 필요했다. 넷째, 우리 민족의 식민통치에 대한 불만을 해소시키는 통로를 마련함으로써, 3·1운동과 같은 폭발적인 사태를 사전에 예방하면서 식민통치의 목적을 달성하려 했다. 다섯째, 허가한 세 신문 가운데 둘은 친일계 신문이므로 크게 우려할 바 없으며, 민족진영의 신문인《동아일보》하나가 미칠 영향력 정도는 총독부 기관지나 기타 수많은 친일계 신문으로써 충분히 제한할 수 있다고 생각했을 가능성이 있다.

이러한 배경 속에서 허가를 받은 세 신문 가운데《조선일보》는 1920년 3월 6일자로,《동아일보》와《시사신문》은 그보다 조금 늦은 4월 1일에 각각 창간됨으로써, 1910년 이후 총독부기관지 이외에 민간인의 손으로 발행되던 신문이 없던 시대가 끝나고 세 개의 민간신문이 탄생하였다.《동아일보》는 창간사에서 ① 조선 민중의 표현기관임을 자임하고, ② 민주주의를 지지하며, ③ 문화주의를 제창한다는 사시를 천명했다. 한편《조선일보》는 '신문명(新文明) 진보의 주의(主義)'를 사시로 내세웠다. 이때 출발했던《시사신문》(사장 민원식)은 열렬한 참정운동을 주창하며 총독부기관지인《매일신보》이상으로 노골적인 논조로 총독부의 시정방침을 원호했다.[12]

3. 월남 이상재와 《조선일보》

1) 월남의 인품과 사상

한 개인의 공적 활동이나 업적을 이해하는 데는 다양한 접근방법이 있을 수 있으며, 또 거기에 따라 필요한 자료가 다를 수 있다. 민족언론과 월남 선생과의 관계를 이해하는 데도 마찬가지일 것이다. 그러나 이 관계를 이해하는 데 가장 기초가 되는 것은 월남 선생의 인품과 사상이라고 생각된다.

월남 선생의 인품과 사상은 여기서 새삼스럽게 논의할 바가 못 될 만큼 이미 잘 알려져 있다. 그뿐만 아니라 선생의 인물됨이 워낙 크고 활동한 영역 또한 넓어, 여러 측면에서 그의 인품과 사상이 조명되어야 마땅할 것이다. 그리고 그와 같은 작업은 또 다른 별개의 과제가 되어야 하리라고 여겨진다. 따라서 이 글에서는 앞에서 밝힌 바와 같이 민족언론과 월남 선생과의 관계를 이해하는 데 필요한 바탕으로서 그의 인품과 사상을 간략하게 언급하는 데 그칠 것이다.

월남 선생의 인품이 어떠했는가를 드러내 주는 자료는 다양하다. 그가 살아 온 과정이나 그의 독특한 언행을 기록한 일화들이 좋은 자료가 될 것이다. 그러나 여기서는 월남 선생의 인품을 알아보기 위해 그가 운명한 뒤 각 신문에 실린 추모의 글, 또는 월남 선생의 사회장(社會葬)과 관련하여 각 신문의 사설 등에 나타난 그의 인품과 관련된 부분들을 몇 가지 소개해 보고자 한다.

선생이 전형적 義人이며 誠人이며 哲人 또 이 3자의 위에 건축된 위대한 인격의 소유자임은 이제 우리의 呶呶를 기다릴 것 없다. 뒤져보아도 이렇다 할 두드러진 형체적 성공이 있는 것 같지 아니하건만은 生하여 一代의 重望이 치우쳐 그에게 붙여지고 死하여 만인의 切痛이 저절로 그에게 기울리어……

월남은 무엇에서 위대하였는가. 얼마든지 비싸게 흥정될 만한 소질과 기회를 가지고서 勢名에 팔리지 아니하고 利養에 붙들리지 아니하며 또 毅魄이 難難을 더할수록 더 싱싱하고 正氣가 逼逼을 거듭할수록 그대로 씩씩한 것 등은 그 인격의 보편성적 방면이려니와 이보담도 이 모든 偉大素의 말미암아서 表著될 핵심이야말로 그 인격의 진수요 그 광휘의 초점으로 특수한 감격을 만인에게 印銘케 한 特點임을 생각할지니 그것은 다른 것은 아니라 그가 진실 정대한 조선인임이었다. …… 가장 순정한 朝鮮心의 보유자이며 가장 篤摯한 朝鮮原理의 把持者이며 가장 剛毅한 朝鮮魂의 發揚者인 전이야말로 그 인격을 통하여 획득한 엉원한 생명인 것이다.13)

선생은 人道의 勇士이었고 정의의 사도이었으며 민족과 동포를 위하여 일생을 盡瘁하신 바는 만인의 공인하는 바이요, 그의 고결하신 인격과 圓美하신 德容에는 종족적 및 계급적의 界線을 초월하여서 누구든지 인류적으로 親愛信賴 및 존경을 표하던 바이라. …… 무릇 신앙의 차별과 政見의 雜多와 직업의 특수한 것을 묻지 않고 모든 조선인 된 자가 이에 (월남의 사회장에-필자) 충심으로 찬동할 뿐만 아니라 평소에는 주의와 입각지가 자못 서로 배치되던 방면으로부터서도 오직 순정한 정의에 의하여 이 盛儀를 찬동 조성하는 바 있으니 이는 선생의 高德이 그렇게 함을 이룸이요 ……14)

선생의 경국제세의 大才는 기험한 政路에 발휘할 기회를 얻지 못하였고 선생의 恢弘한 기개는 滔滔한 濁世에 屈伸의 자유를 주지 않았으니 吾人은 선생 생존의 수완과 경륜을 엿볼 기회가 없었다. 그러나 巍巍한 선생의 덕망과 潔淸한 선생의 志氣와 磊落한 선생의 성격이 항상 우리 대중의 欽仰의 표적이 되어 우리를 훈도하고 우리를 훈육하여써 암흑한 우리의 전도에 광명을 비췄으니 ……15)

지금까지 본 월남 선생에 대한 몇몇 추도사나 그의 사회장과 관련된 글 속에는 월남 선생의 인격과 인품이 잘 묘사되어 있다고 생각된다. 그런 가운데서 민족언론과 월남 선생과의 관계를 이해할 때 가장 중요한 점은 월남 선생이 종교나 사상, 또는 계급이나 나이 등과 아무런 상관없이 모든 우리 민족의 사표로서 추앙을 받았다는 점이다. 그것은 다시 말해서 그의 인격과 인품이 월남 선생으로 하여금 종교나 사상과 상관없이 모든 사람을 포용하는 구심점이 될 수 있게 했다는 것을 뜻한다. 이러한 월남 선생의 포용력은 다음과 같은 그의 사상에서도 잘 드러난다.

청년이여, 세계적 혁명의 기운을 순응하여 此를 실행코자 할진대 각 개인이 자기의 革心을 선행하여야 완전한 성공에 취한다 함은 前誌에 약술하였거니와 현금 사상계의 복잡이 日甚一日하여 왈 민족주의이니 왈 사회주의이니 하여 각자 主義가 각자 結團하여 此는 彼를 공박하며 彼는 此를 배척하여 심지어 동일 민족으로도 主義가 不同한즉 異族과 仇敵으로 認做하는 편견이 往往有之하여 於是乎 세인의 주목하는 자료가 되는도다. 試思하라. 민족이라 함은 자기 동족만 謂함이오. 사회라 함은 세계 他族을 泛稱함이니 각기 민족이 아니면 어찌 사회가 조직되며 사회를 무시하면 어찌 민족이 돈독할까. 민족을 자애하는 良心의 充溢한 연후에야

可히 사회에 보급할지오. 사회까지 박애하는 眞誠이 有한즉 민족은 자연적 相愛할지어늘 만일 자기 민족만 주장하고 타 민족은 不願하여 侍强抑壓하든지 爭奪掠奪하든지 하면 是는 上天이 一視同仁하는 洪恩을 무시하여 진리에 得罪함이오. 또는 사회만 주장하고 각기 민족은 不恤하여 路人의 질병을 구호한다 적칭하고 自族의 사망을 불문하거나 遠隣의 傾覆을 往扶키 위하여 自家의 火殃을 不救하면 是는 不敬其親하고 而敬他人하는 古聖의 戒訓을 범하여 人道上 倫序에 위반함이니 此를 어찌 합리적이라 하리오. 대저 민족주의이든지 사회주의이든지 인류 생활상 不可無할 것이지마는 진정한 민족주의라 할진대 此를 推하여 사회에 보급할지오 진정한 사회주의라 할진대 此를 민족에 先始하여야 할지니, 민족주의는 곧 사회주의의 근원이오 사회주의는 즉 민족주의의 技流라, 민족사회가 互相 연락하여 愛이 一字로 始始終終하면 세세의 병화 서광을 指日 目覩할지니, 청년이여, 근일 복잡한 사상계에 前路를 개척코자 할진대 무슨 주의이든지 편집한 局見을 탈각하고 상술한 바 上天의 一視同仁하는 진리에 득죄치 말며 古聖의 不敬其親하고 而敬他人하는 人道上 倫序에 위반치 말아서 진정한 仁愛로 우리 민족부터 세계 사회까지 구원하는 대사업을 희망하노라.16)

이 글에서 우리는 월남 선생의 사상의 일단을 엿볼 수 있다. 민족주의나 사회주의에 대한 그의 개념에는 논란의 소지가 많지만, 여기서 주목하고자 하는 것은 그 점이 아니라, 첫째, 민족주의는 곧 사회주의의 근원이요, 사회주의는 곧 민족주의의 지파(技派)라는 관점과, 둘째, 무슨 주의이든지 편협한 좁은 시각에서 벗어나라는 충고라 하겠다. 바로 이러한 월남 선생의 생각은 다음과 같은 그의 화평에 대한 신념과 결합되어 사상적·계급적 포용력을 이루는 기초가 되고,

그것의 발현이 인품을 이룬 것이다.

> 天下萬事가 和平이 아니고는 하나도 될 수 없나니라. …… 眞正한 和平이
> 란 무엇인가. 첫째 仁愛요, 둘째 容恕이니 和平의 效果를 論하건대 人과 人
> 이 和平하여야 團合이 될지니, 분리하면 약하고 단합하면 강하여 그 능력
> 을 권위도 세력도 금전도 명예도 감히 저항치 못할지요, 권위, 세력, 금전,
> 명예를 능히 取使할 줄 思하노니, 우리 민족은 분쟁치 말지어다. 단결할지
> 어다. 단결력을 造出하는 眞平和를 각 개인이 勉力할지어다.[17]

위와 같은 월남 선생의 인품과 사상은 결국 《조선일보》 사장으로
서 민족진영과 사회주의진영 기자들의 공존과 조선기자대회에서 좌
우익세력의 갈등수습에 큰 구실을 하게 만들며, 신간회의 대표로 추
대되는 바탕이 된다.

2) 월남의 《조선일보》 사장 취임의 의의

(1) 민족지의 정통성 부여

앞에서 밝혔던 바와 같이 《조선일보》는 친일경제단체인 대정실
업친목회의 자본으로 발족하였다. 따라서 최초의 경영진도 동회(同
會)의 중견인물인 조선상업은행장 조진태를 사장으로, 발행인(부사
장)에 예종석, 편집국장에 최강, 인쇄인에 서만순 등으로 짜여져 '신
문명 진보의 주의'를 사시로 내걸고 1920년 3월 5일에 창간호를 발
행했다. 1919년 10월에 발표된 그 설립취지의 요지는 다음과 같다.

우리 조선인은 自來 新文明에 낙후되어 萬事가 沈衰한 중에서 이 戰後 (1차대전 후-필자) 대경쟁을 당하였으니 우리가 장차 何로써 此를 응할까? …… 이에 본인 등이 《조선일보》를 설립하노니 그 취지는 우리 신문명 진보의 주의를 선전하려 함이라 …… 과거 10년간은 우리 언론계가 너무 적막하게 되어 항상 유감으로 思하던 바, 이제 時勢의 변천으로 언론계의 해방을 득하게 되었으니 이 시세에 이 사업을 경영함은 실로 적의한지라, 원컨대 동지 제군자는 齊聲努力하여 본 사업을 완성케 할지어다![18)

이와 같은 취지로 창간된 《조선일보》는 그다지 순탄치 못한 경영의 길을 걷게 된다. 경영난으로 창간을 주도했던 사장 조진태와 발행인 예종석 등이 1920년 6월 12일에 불러나고, 편집국장 최강이 발행인을 겸하게 된다. 다시 8월 15일에 교풍회(矯風會)의 유문환이 사장에 취임하였으나, 12월 2일에 또다시 발행인이 바뀌어 권병하가 취임한다.

그리고 얼마 뒤인 8월 27일 《조선일보》는 〈자연(自然)의 화(化)〉라는 사설로 말미암아 일주일 동안 정간처분을 당한다. 이것은 문화통치로 식민정책을 전환하고 3개의 민간신문이 창간된 이후 최초의 신문정간조치였다. 8월 27일부터 9월 2일까지 일주일 동안의 정간조치가 해제되자, 《조선일보》는 정간이 풀린 뒤 처음 내는 9월 5일자 신문에서 총독부의 정간조치에 대한 항의사설 〈우열(愚劣)한 총독부 당국은 하고(何故)로 우리 일보를 정간시켰나뇨〉를 실어 다시 그날로 정간처분을 당한다. 그 뒤 62일 만인 1920년 11월 5일에야 정간은 해제된다. 이 또한 세 민간신문 창간 이후 두 번째의 정간조치에 해당한다(〈표-1〉 참조).

	《동아일보》	《조선일보》	《중외일보》	잡 지
1차	〈제사문제를 재론하노라〉 1920년 9월 25일 ~1921년 1월 10일 (108일)	〈자연(自然)의 화(化)〉 1920년 8월 27일 ~9월 2일 (7일)	〈직업화와 추화(醜化)〉 1928년 12월 6일 ~1929년 1월 17일 (42일)	《신생활》 발행금지 (1923년 1월 8일) 《개벽》 발행금지 (1925년 8월 1일 ~10월 15일) 《개벽》 발행정지 (1926년 8월 1일)
2차	〈국제농민본부로부터 의 전문〉 1926년 3월 7일 ~4월 19일 (44일)	〈우열(愚劣)한 총독 당국은……〉 1920년 9월 5일 ~11월 5일 (62일)		
3차	〈조선의 현상(現狀)하에……〉 1930년 4월 17일 ~9월 1일 (138일)	〈조선과 노국(露國)과 의 정치적 관계〉 1925년 9월 8일 ~10월 15일 (38일)		
4차	〈일장기 말살사건〉 1936년 8월 27일 ~6월 2일 (279일)	〈제남(濟南)사건의 벽상관(壁上觀)〉 1928년 5월 9일 ~9월 19일 (133일)		
계	569일 (1년 6개월 22일)	240일 (8개월)	42일 (1개월 12일)	
합계	발행정지 9차, 총 851일(2년 4개월)			

〈표-1〉 일제하 신문 발행정지(정간) 일람표[19]

이런 가운데 신문의 운영난은 더욱 심화되어, 정간이 해제되었음
에도, 이 해 12월 14일까지 신문을 발행하지 못하는 등 곤경에 빠진
다. 재정난과 운영난이 좀처럼 풀리지 않자, 1923년 봄에 송병준이
전면에 나서고 남궁훈이 사장에 취임하는 등 새 진용을 갖추었으나
역시 경영난은 여전히 계속되었다.[20]

이처럼 《조선일보》가 계속되는 경영난에서 헤어나지 못했던 까

닭은 대체로 세 가지로 요약할 수 있지 않을까 생각된다. 첫째는 창간 당시부터 출자된 자본이 적었다는 점을 들 수 있고, 다음으로는 친일계라는 점에서 국민들의 호응을 받기 어려웠다는 것, 그리고 끝으로 정간과 신문 재발행으로 말미암은 불연속성을 들 수 있을 것이다.

이와 같이 《조선일보》의 경영난이 극심해졌을 때 고하(古下) 송진우와의 의견 충돌로 《동아일보》를 사직하고 나왔던 이상협과 그 일파가 자본주인 신석우, 최선익 등과 손을 맞잡고 송병준으로부터 《조선일보》의 판권을 인수받게 된다. 이것이 1924년 9월 12일의 일이었다. 이로써 창간 이래로 친일파의 손에 있었던 《조선일보》가 비로소 민족진영으로 넘어오게 된 것이다.

판권을 인수받은 신석우 등은 인격이 고상하고 덕망이 높을 뿐만 아니라 학식이 풍부한, 말하자면 우리나라 전 민족이 존경할 수 있는 분을 사장으로 모신다는 원칙을 세운다.[21] 창간 뒤 약 4년 6개월 동안 국민들의 뇌리에 새겨진 '친일파신문'이라는 이미지를 하루빨리 씻어내고, 민족지임을 강력하게 상징할 수 있는 인물을 찾았던 것이라 할 수 있다. 이리하여 월남 이상재 선생을 9월 13일자로 《조선일보》 사장에 모시게 된다. 이때 월남 선생의 나이 75세였다.

월남 선생이 《조선일보》의 사장으로 취임하는데 다음과 같은 일화가 전해진다. 월남 선생에게 신석우, 안재홍 등이 사장 취임을 청탁했을 때, 이를 사양하던 끝에 되풀이되는 간곡한 청을 뿌리치지 못하고 승낙하면서 선생이 한 가지 조건을 제시했다고 한다. 그것은 다름이 아니라 "《동아일보》와 경쟁하지 않고 같이 합심하여 민족을 세통, 육성하는데 협력하겠느냐"는 것이었냐고 한다. 이러한 나심을 받고 난 뒤에야 월남 선생은 마침내 사장 취임을 승인했다는 것이다.22) 이와 관련하여 전택부는 다음과 같이 당시의 과정을 설명하고 있다.

> 본래부터 선생은 어떤 공직의 장이 되기를 피하여 왔었다. 허나 일제의 탄압이 심해지거나 보통 사람으로서는 도저히 수습하기가 어렵다고 느낄 때만은 예외였다. 1924년《조선일보》사장이 된 것도 이 때문이었다. 처음에는《동아일보》사장으로 교섭을 받았으나 이를 거절하고《조선일보》사장이 된 것은 첫째로 그때《조선일보》는 경영난에 빠져 있었기 때문이며, 둘째로 좌우 양 세력의 싸움이 치열했기 때문이다(《조선일보》내의 사회주의성향의 기자와 민족주의진영의 기자들 사이의 갈등을 뜻함-필자). 선생은 이러한 난관을 극복하는 데 자기가 필요하다면 나서야지, 하는 태도이었다. 그리고 선생은 "절대로 동업자《동아일보》와 경쟁을 해서는 안 된다"는 조건을 붙이고 수락했던 것이다.23)

월남 선생이 사장에 취임하는 조건으로 내세웠던 조건, 곧《동아일보》와 경쟁하지 않고 같이 합심하여 민족계몽에 협력하겠느냐고 다짐받았다는 소식을 듣고《동아일보》도 탄복해 마지않았다고 한다.24) 이러한 월남 선생의 다짐은 앞에서 이미 언급한 어떤 당파나 주의를 불문하고, 모두 단결하여 오로지 민족을 위해 봉사해야만 한다는 그의 변함없는 주장과 인품의 한 단면을 보여 주는 것이라 할 수 있다.

위와 같은 과정을 거쳐 월남 이상재 선생이 사장에 취임하는 동시에, 부사장에 신석우, 이사진에 안재홍, 조계현, 백관수, 이상협, 최선익, 김동성, 신구범 등이 취임하고, 편집진도 크게 보강 정비하였다. 또한 '조선 민중의 신문'이란 새로운 표어 아래 경영과 제작

양면에 혁신을 단행하여 아주 새로운 변모를 갖추었다. 이 당시의 제작진은 편집국장 민태원, 논설위원에 안재홍, 김준연, 신일용, 편집부에 김송식, 이상철, 손영주, 사회부에 김형원, 김달진, 박헌영, 임원식, 김단야, 정인익, 지방부에 홍덕유, 홍남균, 공장장 최선익 등이다.[25] 이들은 당시로 최고급의 편집진과 강력한 필진으로서 평가받기도 한다.[26]

이와 같이 《조선일보》는 그 자본으로 보나 경영진과 편집진으로 보나 민족지로서의 성격을 갖추게 되었으며, 월남 이상재 선생을 사장으로 맞이함으로써 민족지로서의 정통성을 부여받게 된 셈이다. 월남 선생의 《조선일보》 사장 취임의 의의는 실로 여기에 있다고 하겠다.

《조선일보》가 민족지로 탈바꿈했다는 것은 신석우 등이 판권을 인수한 뒤 〈경영의 주체가 변경된 본보 : 만천하 독자에게 고함〉이라는 1924년 9월 14일자 사설을 비롯한 그 이후의 몇 가지 사설에 잘 나타나 있다. 이를 소개해 보면 다음과 같다. 먼저 9월 14일자 사설의 요점을 정리해 보기로 하겠다.[27]

① "본보의 명칭인 '조선일보'라는 네 글자는 의연히 잉구(仍舊)하야 존속한다 하드래도 본보를 경영하는 주체의 변동은 금일로부터 전연히 경신된 것이다"라고 하여 독자들에게 새로운 《조선일보》의 탄생을 알렸다.

② "현금 우리 조선의 언론계를 고찰하면 다시 말할 것 없이 …… 권력과 금력의 포위공격에 의하야 혹은 도괴 혹은 빈사의 간일발의 위기에 처하얏스니 …… 이와 같이 간난한 국면에 제회(際會)하야 우리 동인(同人)이 본보를 진행께 된 것은 이느 점으로 보든지 확고한 소신이 없지 못할 것이요, 이와 동시에 우리는 우리의 최선을 다하

야 다만 조선 전 민중의 기대에 副코자 할 뿐이다"라 하여, 당시 언론경영의 어려운 여건을 말하고, 전 조선 민중을 위해 사명을 다할 확고한 신념으로 신문제작에 임하겠다는 점을 밝히고 있다.

③ "언론의 본령과 또 사계에 종사하는 일반 조고자(操觚者)의 사명은 이미 일반 독자 각위의 동찰하는 바와 가티 즉 사회의 제반 현상을 여실히 구현하며 또 사회의 공정한 여론을 대표하는 동시에 고원한 이상을 파지하야 넓이 사회 전 민중의 개발에 그 목적이 있는 것이다"는 점을 들어 언론의 일반적 사명을 천명했다.

④ "다만 개개 사회의 특수한 사정을 따라 그 입론과 착안에 다소의 가감이 잇슬 것은 고소당연(固所當然)의 사실일 것이니 이 점에 잇셔 본보는 조선 민중운동의 제일선에 병진코자 한다. 다만 본보는 명실(名實)이 상부한 사회의 공기되기를 어듸까지 서약하오니 바라건대 만천하 동지여 만흔 편달을 가하소서"라고《조선일보》의 나갈 길을 제시하고 있다.

또《조선일보》는 1924년 11월 1일자 사설에서 "《조선일보》는······ 현대의 조선인과 그의 성패와 선악과 진퇴와 휴척(休戚)을 함께하는 이외에 그의 존재와 발전의 필요와 의의와 사명이 업슬 것"[28]을 다짐하고 있으며, 1925년 3월 3일자 창간 5주년 기념호 사설에서 3·1운동과《조선일보》의 창간을 관련지어 민족지로서 의미를 부여하고 있다.[29]

이 사설의 내용은 그 표현이 매우 우회적이기는 하나,《조선일보》의 창간과 그 존재의의 및 사명이 3·1운동의 정신을 받들어 이를 계승하고 민족해방을 실현하는 것임을 강조한 것이라 할 수 있다. 이러한 사설들에 표명된 주장만 볼지라도 이때부터《조선일보》가 민족지로서 새 출발하였다는 것은 의심의 여지가 없다.

그럼에도 월남 선생이 사장에 취임함에 따라 《조선일보》가 민족지로서 정통성을 부여받게 되었다는 것은 무엇을 뜻하는 것인지 살펴볼 필요가 있다. 이는 월남 선생이 사장에 취임하지 않았더라면, 아무리 민족진영 인사들이 앞에서 밝힌 바와 같은 사명을 가지고 신문을 만들었다고 할지라도 민족지로서의 정통성을 인정받기 힘들었다는 뜻이 아니다. 월남 선생이 아니라 다른 민족진영 인사가 사장이 되었더라도, 그때부터 《조선일보》가 민족지로서 정통성을 확보했을 것임은 의심할 여지가 없다. 그러나 여기서 강조하고자 하는 뜻은, 월남 선생이라는 민족의 사표가 사장에 취임함으로써, 《조선일보》가 민족지로서 정통성을 확보하는 데 더욱 큰 영향을 미쳤다는 점이다. 그것은 전적으로 월남 선생 개인의 인품에 기인한다. 이러한 주장의 근거는 다음과 같다.

월남 선생은 앞에서 이미 언급한 바와 같이 사장에 취임할 당시 75세의 노구였다. 정신적으로는 항상 청년이었으나, 활동을 자유롭게 할 수 있는 형편은 아니었다. 그런 까닭에 그는 사장으로 취임하는 것을 사양했던 것이다. 더욱이 그는 《조선일보》가 경영의 주체를 바꾼 것은 신문을 새로 창간하는 바와 다를 것이 없으므로, 새 살림을 해나가는 데 많은 고심과 경륜이 필요하기에 자신과 같은 늙은이는 사장 자리에 적합하지 않다는 점을 들어 거절했었다. 그러나 "본보 동인 제군의 간독한 종용" 때문에 사장에 취임했다는 것을 밝히면서 다음과 같이 말하고 있다.

인생은 意氣에 感하나니 현하 艱困한 시국에 잇서서 본보 동인이 본보글 위하야 민든 희생과 열성을 디히는 情曲을 생가하면 老生인들 다수의 감분(感奮)이 업지 못할 것이요 또 우리 사회의 公公한 언론기관으로서 본보가 이미 기치를 들은 이상 미력을 다하여셔라도 그 사명을 다하게 함이 또한 우리의 책무이외다. 우리 사회는 방금 어느 방면으로 보든지 분열과 혼란에 차혀 잇씁니다. 그러면 이 심상키 안은 위기에 임희야 퇴폐된 인심을 만회하고 공동협치의 정신을 진작하려면 몬져 언론기관의 활동을 기대하지 아니 할 수 업스며 활동의 완성을 기하랴면 동업자 제군의 친선협화를 도모치 안 할 수 업슬 것이요 친선협화를 도모하려면 피아가 容忍謙讓에 유의하여야 할 것이외다. 바라건대 만천하 인사는 이 노생의 구구한 微衷을 察하소서.[30]

위와 같은 경위와 뜻을 가지고 월남 선생이 《조선일보》의 사장에 취임한 뒤, 국내외의 민족지도자들이 《조선일보》가 민족지가 되었다는 것을 축하하는 동시에, 민족지로서의 《조선일보》가 수행해야 할 사명을 지적하는 기고들을 보내왔다. 이러한 글들 가운데서 대표적인 기고 세 가지만 골라 게재된 날짜순에 따라 그 내용을 요약 소개해 보면 다음과 같다. 먼저 백암 박은식의 기고 내용부터 보기로 한다.

이제 《조선일보》의 개혁으로 말하면 우리 사회의 일부분 사업이라 할지나 그 組의 완전과 원만을 요구하야 개혁을 실행함은 우리 전도에 관계하야 크게 유망한 步驟라 할지며 하물며 報에 책임은 吾人 생활문제에 관계되는 정치와 경제와 교육과 법률과 교통과 국제와 사교와 시국의 영향과 환경의 정황을 모다 자신의 察慧로 牟衆을 지도하는 자인즉 그 기관 조직의 完善 여부가 곳 吾族 사활의 機要가 된다 하야도 과언이 아니라 할지로다. 이제 《조선일보》가 개혁 진보의 방법을 취하야 今我는 古我가 아니란 색채를 발표하니 此가 곳 우리로 하야금 과거의 迷塗를

초과하고 장래의 隔地를 개척하는 前程에 일종 南針이 될 줄로 期望과 祈
祝의 忱을 貢獻하노라.31)

다음, 서재필의 기고를 발췌해 보면 아래와 같다.

주필 귀하여 子는 《조선일보》가 우리 민족의 원로인 이상재 老人과
김동성 등 제씨의 협동 조직한 새 機關으로 넘어갓단 말을 듯고 이 노
소 협동한 조직 그것이 《조선일보》가 장래 조선 민중의 유력한 기관이
될 표정인 줄로 아랏노라. 子는 조선인 중에 한 도시에서 발행하는 두
일간신문을 지장(支掌)할 수가 잇슴을 밋고 물론 유익한 간행물이 더욱
발전할 여지가 잇는 줄로 아나 子의 생각에 조선인이 능히 두 대규모의
신문을 유지할 수가 잇는가 하는 의문이 이러난다. 결국은 어떤 신문이
든지 민중의 신망을 엇자면 신문의 경영책이 基宜를 득한 것과 민중에
게 공헌하는 정도 여하로 판단될 줄로 안다. 子는 만일 《조선일보》가
그 사명을 다하면 민중의 호의와 신망을 밧고 또 민중이 《조선일보》를
옹호할 줄로 밋노라. …… 子의 생각에 《조선일보》가 조금이라도 하여야
할 것은 독자에게 생활의 진로를 지시함에 잇다 하노라. 신문지가 인민
의 생활을 전담하는 것은 아니지마는 인민의 생활상태 개량에 대한 의
견을 발표하는 것이 신문지의 사명인 줄로 밋노라. …… 子는 귀보가 귀
보 독자에게 항구여일하게 이 활용할 중요문제에 주의를 환기식히고
향상의 길로 매진할 용기를 줄줄로 확실히 밋는다. …… 편지가 길어스
나 나는 더 기다릴 수가 업섯다. 귀보의 장래 발달은 무궁하고 귀보의
은연중 노력이 영광의 면류관을 받게 되리라. 귀보의 친애하는 서재필,
1924년 10일 20일.32)

끝으로 그 당시 러시아 지역에 있던 이동휘의 기고 내용을 요약해 보면 다음과 같다.

형님!《조선일보》의 사장이 되얏다는 소문과《조선일보》가 새로운 경영으로 조석간을 발행하야 날마다 확장된다는 소식을 듯고 한업시 감하를 드립니다. 더욱 동휘에게 새해의 감상담을 청함에는 그대로 지낼 수 업슴으로 대강 적으려 합니다. …… 형님!《조선일보》를 통하야 방금 긔근에 울고 부르짓는 수백만 동포들의 참상을 함께 울며 그들의 활로가 생길것도 연구하여 봅니다. 나는 엇더한 자비덕 의미로서 하는 말이 아니고 근본적으로 그들 가난한 무리로 영구한 행복을 엇고 일시 고해를 면하랴면 지금 이 제도를 고치고 새 제도를 이르켜 세워야 할 것을 힘껏 부르짓습니다. …… 형님! 형님은 한학자이며 독신자인 압에서 마치 사회주의의 설법처럼 하려는 것이 아니라 오늘의 올흠과 어제의 글음을 깨다른 동휘도 현대 생활의 참된 길을 부족하나마 올흔 길이라 밋게 된 이상 평소에 친한 이에 대하야 함께 가튼 길로 가자하는 것이 역시 올타고 생각합니다. 엇지 형님뿐이리오 전 조선의 가난한 백성들은 모다 이 길로 나서야만 모든 해방이 잇슬가 합니다. …… 형님! 현재 조선의 중심세력으로는 물론 유산계급과 종교단톄가 비교적 유력할 것은 그것이 현대 제도 아래서 생긴 물건인 까닭입니다. 하여간 조선의 민족덕 해방운동에 대하야는 어느 덤에서는 협동전선도 만들 수 잇슴은 개혁하는 길에 잇서서 아니 밟기 어려운 계단입니다. 력사에 비치어보아 해방운동에 민족운동이 압삼이가 되는 것은 다수한 군중을 단단히 뭉치게 함이외다. 이러한 의미에서 형님의 금일 디위가 그 신망이며 더욱《조선일보》를 향도할 책임이 무겁고 큽니다. …… 형님의 로당익장 (老當益壯)과《조선일보》가 전 조선 대중의 전초가 되기를 멀리 축수합

니다. 露領에서 이동휘.[33]

　위와 같은 국내외의 민족지도자 세 사람의 기고에서 우리는 다음과 같은 사실을 발견할 수 있다. 그것은 다름이 아니라 각자 주의주장은 달라도 《조선일보》가 조선 민중을 위한 민족지로 새 출발했음을 축하하는 동시에, 조선 민중을 위해 사명을 다해 줄 것을 기대하고 있다는 점과, 그러한 인식이나 기대가 월남 선생과 연관되어 있다는 것이라 하겠다. 곧 《조선일보》가 민족지라는 점과 월남 선생을 동일시하는 경향을 보인다는 것이다.

　앞에서 월남 이상재 선생이 《조선일보》의 사장에 취임함으로써 《조선일보》는 민족지로서 정통성을 부여받았다고 말한 까닭이 바로 여기에 있다. 위에 인용한 세 사람의 사상적 배경이나 주의주장 및 민족의 나아갈 길에 대한 구상이 다름에도, 한결같이 《조선일보》가 민족지로서 새롭게 탄생했음을 인정하고 그 사명을 다해주기를 기대한 것은 월남 선생 개인의 폭넓은 포용력을 갖춘 인품에 대한 존경과 신뢰 때문이라 하겠다. 말하자면 월남 선생의 그 같은 인품 때문에 《조선일보》는 사상과 계급을 달리하는 모든 세력에게 민족지로서 받아들여진 것이다.

　다시 한 번 말하거니와 바로 이 때문에 월남 선생이 사장에 취임함으로써 《조선일보》가 민족지로서 정통성을 부여받게 되었다는 점을 강조하게 되는 까닭이 있는 것이다. 또한 우리는 이동휘의 글에서 민족협동전선의 구축 필요성과 그 일을 월남 선생이 해줄 수 있으리라는 기대에 주목하게 된다. 이러한 기대가 결국 신간회의 결성과 월남 선생이 그 회장직을 맡게 되는 사실과 무관하지 않다고 생각되기 때문이다.

연 도	《동아》	《조선》	《중외》	《매일》	계	비 고
△20년	16	24			40	《동아》·《조선》 창간
△21년	15	23			38	
△22년	15	12			27	
△23년	14	20			34	
△24년	56	48	49		153	《시대》 창간(《중외》 전신)
△25년	57	56	38		151	《매일》은 25년까지 자료 없음
▲26년	33(31)	53	26	3	115(113)	《중외》는 《시대》 24건, 《중외》 2건의 합산
▲27년	44	54(55)	38(37)	3	139(139)	
▲28년	26	21	26(25)	3	76(75)	
▲29년	28	21	25(24)	4	78(77)	
▲30년	21	16	23(21)	1	61(59)	
◇31년	17	9	6	6	38	
◇32년	7	8	5	4	24	
▲33년	6	9(10)	6(7)	1	22(24)	
▲34년	12(9)	4	4	1	21(18)	
▲35년	2	3	3	5	13	
▲36년	9	13	8	6	36	11월 《조선중앙》(《중외》) 폐간
◇37년	2	8		8	18	
◇38년	5	7		5	17	
◇39년	8	5		3	16	
40년						자료 없음 8월 《동아》·《조선》 폐간
계	393 (388)	414 (416)	257 (253)	53	1,117 (1,110)	

주(註) : ① △표 연도는 《언문신문차압(諺文新聞差押) 기사집록(記事輯錄)》에서,
  ◇표는 《조선출판경찰개요(警察槪要)》에서 따옴.
  ▲표는 △표와 ◇표의 자료 또는 《朝鮮의 출판물개요》도 다 있는 것이다. 두 자료에 차
  이가 날 경우는 ◇표 자료의 숫자를 괄호 안에 넣었다.
② ◇표의 자료가 연도에 따라 차이가 있는 경우, 오래된 자료의 것을 따랐다.
③ 《중외》는 《시대》·《중앙》·《조선중앙》을 하나로 계산한 것이다.

〈표-2〉 일제하 신문기사 압수처분건수 일람표(1920~39년)[34]

연 도	《동아일보》	《조선일보》
1920	2	12
1921	3	2
1922	8	5
1923	6	2
1924	21	23
1925	21	20
1926	9	13
1927	14	18
1928	9	8
1929	9	2
1930	3	3
1931	3	
1932		
1933	2	
1934	5	
1935		
1936		
1937	1	
계	116	108

〈표-3〉《동아일보》, 《조선일보》 압수사설 건수 일람표[35)

　지금까지 우리는 《조선일보》가 민족지로 새 출발을 하게 되고 정통성을 부여받게 되는 배경과 과정을 살펴보았다. 그러나 우리가 여기서 한 가지 간과해서는 안 될 점이 있다. 그것은 《조선일보》가 친일계 신문으로 창간된 이후부터 민족주의 진영에 의해 판권이 인수되고 민족지로서 새 출발을 하기 전인 1924년 9월 12일 전까지의 약 4년 6개월 동안에 대한 인식의 문제이다. 겉보기로는 창간 이후 약 4년 6개월 동안은 친일세력들이 《조선일보》를 경영했으므로 그동안의《조선일보》는 완전히 친일언론이라고 인식하기 쉽다. 그러나 그러한 인식에는 잘못이 있다.

비록 신문의 경영은 친일세력이 맡았었으나, 언론활동 자체도 그런 것은 아니었다. 곧, 친일세력이 신문을 경영하던 기간 동안에도 《조선일보》는 일제의 식민정책에 대한 비판이나 또는 일제의 정책에 반하는 기사를 써왔다. 이것은 《조선일보》가 친일세력이 경영하던 기간 동안에 압수당하거나 정간을 당한 기사 건수에 대한 통계자료에 잘 나타나 있다. 〈표-2〉와 〈표-3〉을 보면, 같은 기간 동안 정간당했거나 압수당한 기사나 논설의 건수가 민족지인 《동아일보》와 거의 비슷하다는 것을 알 수 있다.

이와 같은 《조선일보》의 항일·반식민정책 논조에 대해 조선총독부가 간행한 〈조선출판경찰개요〉라는 극비문서는 대략 다음과 같이 기록하고 있다.

> 《조선일보》는 다이쇼(大正) 9년(1920년) 3월 5일 발간 이래 동년 7월 27일에 이르는 근 3개월여에 발매반포금지 및 압수처분을 받기 실로 23회에 이루고, 언제나 불온기사를 게재하여 민심을 선동하므로, 번번히 책임자를 초치하여 계고를 가했음에도 조금도 개선의 정을 찾아볼 수 없고, 특히 다이쇼 9년 7월 15일자 제71호 동 지상에 게재되어 일단 발매반포금지 및 압수처분을 받은 불온기사를 동일 다시 호외에 재록하여 발행하는 등의 불신행위로 나옴으로써 책임자에 대하여 이후 다시 이러한 불온기사를 게재치 않도록 엄히 계고를 발했다.[36]

이 문제에 관해서는 《조선일보》가 민족지로서 새 출발한 뒤, 그 이전 기간에 대해 어떻게 인식하고 있었는가를 보아도 잘 알 수 있다. 《조선일보》가 1925년의 창간 5주년 기념 사설에서 다음과 같이 말하고 있다는 점이 그러하다.

> 본보가 창립된 이후 금일까지 5개년 간 그 경영의 주체를 밧구기 수차이오 그의 실체의 당무자들을 밧구기도 자못 누차일 것이다. 그러나 그 경영자의 誰何임을 물론하고 前期의 당무자들이 자못 응분의 노력과 간악(侃諤)한 주장으로서 그의 당연한 사명을 辜負하지 아니 하엿든 것은 금일의 오인들이 적지 안흔 경의를 표하는 바이라. 그들이 재차의 중대한 당국자의 억압을 바더가며 간신분투(艱辛奮鬪)하여 온 고충은 누구나 의심치 못할 바이라 했다.[37]

위와 같은 평가들을 볼 때, 《조선일보》는 비록 친일세에 의해 창간되었고 판권이 민족진영으로 넘어오기 전까지 그들에 의해 경영되었음에도, 기자와 논설진들은 항일·반식민 논조를 폄으로써 민족언론의 성격을 지니고 있었다고 할 수 있다. 그러나 친일계가 경영진이었다는 이유로 민족언론으로 인정을 받지 못하다가, 판권이 민족진영으로 넘어오고 월남 이상재 선생이 사장에 취임함으로써 비로소 민족지로서 정통성을 확보하게 된 것이라 보아야 한다.

(2) 《조선일보》의 경영과 개혁

월남 선생은 《조선일보》 사장에 취임한 이듬해인 1925년 1월 1일자 신문에서 다음과 같은 소감을 피력하고 있다.

> 생각건대 작년은 본보에 관하야는 매우 기억할 해이었고 따라서 제1

의 신년을 마지하는 본보로서의 신년은 가장 감개가 새로운 바입니다. 작년 9월 12일 유의한 청년 제군이 당시 유지난에 빠진 본보의 경영권을 曾前의 소유자로부터 완전히 매수한 후 우선 主義와 情神을 근본적으로 변개하야 써 진정한 조선인의 표현기관되는 실질을 세우고 이어서 10월 3일을 기회로서 지면을 혁신하야 그의 내용과 아울러 면목까지 일신하엿고 그에 백반 사무가 대략 정돈됨을 기다려 11월 1일로써 본보 혁신의 기념호를 발행하는 동시에 4부의 지방판 부록을 간행하여써 넓히 천하 독자의 편의를 도하엿더니 진행의 중도에 다시 그것으로만이 족히 시대의 요구에 순응키 어려움을 발견하고 본보 6페지 발행의 단행으로 그를 조석간에 난우어 써 그 보도의 기민과 내용의 충실을 실현코저 하니 이래 數月 처음으로 신년을 맞는 오늘날에 잇서서 吾人의 蹇蹇한 微衷이 萬一일지라도 실현됨이 잇는지 吾人은 항상 戒懼夕惕하여 일반의 기대하는 바에 奉酬코저 할 뿐입니다. 幸히 천하의 인사는 眷愛扶護하심을 萬望하오며 겸하여 신춘의 강복이 命位에게 잇기를 奉禱합니다.[38]

이 글에 나타나 있듯이 신석우 등의 민족진영이 경영난에 빠졌던 《조선일보》의 판권을 인수하고 지면을 혁신하는 등의 노력을 기울였으나, 경영의 어려움은 여전했던 것 같다. 그러한 사정은 다음과 같은 글들에서 충분히 감지할 수 있다.

여하간 내가 다시 《조선일보》로 입사한 뒤에 《조선일보》의 현시 상태는 실로 말할 수 업섯습니다. 극도의 경영난에 간부들은 매일 타개책을 강구하나 도저히 생각대로 되지 안어 찡그린 얼골을 펼 날이 업섯사외다. 내가 10월(1925년-필자)에 입사하얏는데 그 달부터 생활비가 나오지 못하는 형편이니 달은 것은 더할 것도 업슬 것이외다.[39]

이렇게 때로는 사원들의 봉급을 여러 달 동안 지급하지 못하면 공무 관계 사원들이 동맹파업을 하는 경우도 없지 않았다 한다. 이러한 때에 는 老靑年 사장인 월남 이상재 옹이 나타나 일동을 모아 놓고 다음과 같 이 한 마디만 하면 파업을 끝내고 묵묵히 일을 시작했다는 것이다.[40]

…… 이놈들아, 밥 한 끼 못 얻어먹어 죽는 일 없다. 신문은 하루도 쉬 어서는 안 돼! 어서들 가서 일들 하게.[41]

이와 같은 경영의 어려움 속에서도 《조선일보》는 월남 선생이 사 장직을 맡고 있었던 약 2년 6개월 사이에 우리 언론사상 최초로 기 록되는 여러 가지 혁신을 단행했다. 이러한 혁신들은 그 자체가 신 문의 경영적 노력이기도 할 것이다. 이때 어떠한 혁신들이 이루어졌 는지를 열거해 보면 다음과 같다.

첫째, 1924년 11월 23일부터 최초로 조·석간을 발행하여 석간 4 면, 조간 2면으로 6면제를 확립하였다. 이에 앞서 11월 1일부터 《영 남(嶺南) 조선일보》, 《동북(東北) 조선일보》, 《양호(兩湖) 조선일보》, 《관서(關西) 조선일보》 등 네 가지의 지방판 부록을 발행했다는 사 실도 지방판의 효시로서 언론사에 기록될 만하다.

둘째, 우리나라 신문사상 최초로 노수현이 그린 시사풍자만화 〈멍텅구리〉를 연재하기 시작했다.

셋째, 혁명 이후의 러시아 사회를 취재 보도하고자 1925년 2월에 우리나라 언론사상 최초로 김준연을 모스크바에 특파하였다. 김 씨 는 우리나라 최초의 해외특파원이 된 셈이다.

넷째, 우리나라 최초로 여기자 최은희를 뽑았다.

다섯째, 우리나라 최초로 무선전화를 도입하고 공개시험방송을 했다. 그것은 1924년 12월 17일부터 3일 동안에 걸쳐 이루어졌다.

여섯째, 영문 칼럼을 신설했다. 1925년 10월 20일자 《조선일보》에는 영문란을 두는 데 대한 회사의 의도를 설명하는 기사가 영어로 실려 있다. 실제로 이 영문칼럼이 얼마나 활용되있는지는 자세히 알 수 없으나, 당시 미국에 있던 서재필 박사 등이 가끔 이용했던 것으로 보인다.[42]

위와 같은 혁신의 주역은 이상협, 김동성, 홍증식의 세 사람이었다.[43] 비록 월남 선생이 직접 이러한 개혁의 주역은 아니었으나 그의 재임 때 이루어진 일들이라는 점에서 의의가 있다고 할 수 있다. 이러한 《조선일보》의 경영적 노력은 그때까지 독무대를 이루었던 《동아일보》를 제압할 기세였다고 한다.[44] 지금의 우리나라 언론 현실에 견주어 보아도 당시 그 같은 일련의 개혁을 단기간에 해낼 수 있었다는 것은 여간한 개혁의지가 아니고서는 힘든 일이었을 것이다.

4. 월남 이상재와 '조선기자대회'

1) 조선기자대회의 진행과정

무명회(無名會)가 주도하고 사회부 기자들의 모임인 철필구락부 등의 협조로 우리나라 언론사상 최초의 전국기자대회가 1925년 4월 15일부터 3일 동안 천도교 회당에서 열렸다. "죽어가는 조선을 붓으로 그려보자!", "거듭나는 조선을 붓으로 채질하자!"의 슬로건을 내걸고 열린 이 대회에는 전국의 신문·잡지기자들이 대거 참석하였다.

그러나 이 대회에 참석한 기자들의 수가 정확히 얼마였는지는 알 수 없다. 대회 첫날인 15일에는 참가신청자 693명 가운데 463명이 참석한 것으로 기록되어 있다.45) 대회 둘째 날인 4월 16일 개회 당시(오전 10시 30분)에는 425명이던 것이 회의 도중에도 속속 참석하여 나중에는 5백여 명에 이르렀다고 보도되었다.46) 이 밖에 7백여 명이 참석한 것으로 기록된 경우도 많다. 이러한 참석인원수의 혼란은 정확한 인원파악을 할 수 없는 상황 때문에 초래된 것이 아닌가 생각된다. 왜냐하면 회의가 3일에 걸쳐 열렸을 뿐 아니라, 회의 도중에도 들어오고 나가는 이동이 심할 수 있었을 것이기 때문이다.

이렇게 하여 열린 최초의 조선기자대회는 마치 《조선일보》가 주도하는 것 같은 인상을 주었다. 그 이유는 대회 의장에 이상재, 부의장에 안재홍 두 사람이 선출되었으며, 《조선일보》 본사 및 지사 기자 111명이 참석하여 수적으로 단연 우세했기 때문이었다.47) 이 대회에서 월남 선생이 의장으로 선출되었던 과정과 분위기를 묘사한 기록을 소개하면 다음과 같다.

이 기자대회는 전후 3일 동안에 "죽어가는 조선을 붓으로 그려보자!" 또는 "거듭나는 조선을 붓으로 채질하자!" 등의 구호를 외치면서 열리었다. 그런데 회의를 진행시킬 수가 있어야지! 공산주의자들의 야유와 방해공작이 심했기 때문이다. 때마침 아서원에서는 제1차 조선공산당이 조직되고 있었던 까닭에 이를 은폐하기 위하여 야유와 방해공작은 아주 조직적으로 진행되었던 것이다. 야유를 하는 패당과 이를 저지하려는 주최 측 사이에는 치열한 공방전이 벌어졌다. 그러니만큼 누구가 사회를 해도 야유 때문에 단상에서 끌려 내려오곤 했다. 최종적으로 월남이 사회자로 추대되었다. 그는 《조선일보》 사장의 자격으로 참석했으나 회장이 너무 소란하니까, 물러 나오려고 아면 삼인네, 수최 측의 요청을 거절할 수 없어 그는 단상에 올라섰다. 그래도 관중은 야유를 계속했다. 고함을 치고 걸상을 던지고 하면서 회의진행을 방해했다. 월남은 너무나 한심스러워 멍청하게 서 있기만 했다. 아무 말도 아니하고! 다만 그는 허허허 큰소리로 너털웃음을 웃었다. 그리고 "여러분이 떠드는 깃을 보니 웃음을 참기 어렵소"하며 입을 열었다. 그러니 관중은 소란을 딱 그치고 고요해졌다. 이때에 그는 제일 먼저 가장 악질적으로 떠들던 자들을 감찰로 임명하여 장내를 정돈하는 한편, 일사천리로 의사를 진행시켰다. 그는 이때에 또 한 번 사회의 천재라는 과거의 명성을 발휘했던 것이다.[48]

위와 같은 일화는 이 밖에도 여러 편이 있으며, 그 내용도 거의 비슷하다.[49] 이러한 글들이 묘사하는 과정의 정확성 여부에는 의문의 여지가 있다. 그러나 우리가 주목할 점은 그러한 장면의 묘사가 아니라, 월남 선생이 의장으로 선출됨으로써 좌우의 대립마저 보이던 조선기자대회가 원만히 진행되어 결실을 볼 수 있었다는 점에 있는 것이다. 우리는 그의 포용력과 민족의 사표로서의 인품이 다시 한 번 조선기자대회에서 월남 선생을 의장으로 모시게 된 이유라는 점과, 그렇게 됨으로써 대회가 결실을 맺을 수 있었다는 점을 위와 같은 일화에서 감지할 수 있다.

역사가는 월남 선생이 의장으로 선출된 과정을 다음과 같이 기록하고 있다. 1925년 4월 15일 오전 11시 준비위원장인 이종린이 박수 속에 등단하여 개회를 선언하고 "단합하여 사명을 다하자"는 간단한 개회사를 한 뒤 임원선출에 들어갔다. 선출방법은 준비위원회가 정·부의장 후보로 이상재, 이종린, 안재홍, 송진우 4명을 추천하여, 참석자들이 투표한 결과 이상재가 의장, 안재홍이 부의장으로 선출되고, 차상찬, 박창한, 여해, 김병연을 서기로 임명했다는 것이다.[50]

이 조선기자대회에서는 여러 가지 안건이 토의되고 결의되기도

했으나, 그 가운데서 가장 중요한 것은 대회가 열린 둘째 날 오후회
의에서 5개항의 결의문을 채택한 사실이라 할 수 있다. 그 과정을
당시의 신문보도기사를 인용해 옮겨 보면 다음과 같다.

조선긔자대회 데이일 오전 상황은 석간보도와 갓거니와 정오에 휴회
되었든 대회는 오후 한시 반경부터 의댱 리상재 씨 사회하에 계속되엇
는데 얼마 동안 의사를 진행하다가 리상재 씨는 로인의 몸으로 장시간
사회하기가 매우 곤난함으로 부의장 안재홍 씨가 사회를 하기로 되었다.
오후의 의사는 일사천리의 세로 거침 업시 진행되여 즉시 의안작성위원
회로부터 의안의 데일부인,

　1. 언론권위에 관한 건

　1. 신문及 기타 춤판물에 관한 현행법규에 관한 건

　1. 언론집회 및 결사의 자유에 관한 건

　등 세 항목과 데이부인,

　1. 조선인의 경제적 불안에 관한 건

　1. 대중운동의 발전 촉성에 관한 건

　등 두 항목 도합 다섯 항목을 축조 토의하엿는데 결국 회원의 데안으
로 전긔 다섯 항목에 관하야 다섯 가지 조건을 결의 통과하얏스나 그 결
의된 사항은 당국의 명령에 의하야 발표되지 못하게 되었다. 그 결의가
통과되여 부의장 안재홍씨가 그 결의문을 랑독함에 일반 회원은 일시에
박수갈채하야 회장이 떠나갈 듯 하얏다.[51]

　말하자면 5개 의안은 두 부분으로 나누어 첫 부분에서 언론과 관련
된 3개 항을, 두 번째 부분에서 정세·사회 문세에 속하는 2개 항을 토
의한 것이다. 이 다섯 개 항의 의안에 대한 결의사항은 당시 당국자의

검열로 말미암아 세 항목만 알려지고 나머지 두 항목은 압수당했었다. 그러나 압수당했던 두 결의사항이 알려지면서 이날 기자 대회에서 결의한 사항은 모두 밝혀졌다. 그것은 다음과 같다.[52]

전조선기자대회(全朝鮮記者大會) 결의문

의안 제1부

1. 우리는 친목과 협동을 공고히 하야 언론의 권위를 신장 발휘하기를 기함

1. 신문 및 기타 출판물에 관한 현행 법규의 근본적 개신을 기함

1. 언론집회 및 결사의 자유를 구속하는 일절 법규의 철폐를 기함 (이 조항은 발표 금지)

의안 제2부

1. 東拓을 위시하여 현하 조선인 생활 근저를 침식하는 각 방면의 죄상을 적발하야 대중의 각성을 촉함(이 조항은 발표금지)

1. 대중운동의 적극적 발전을 촉성하기를 도함

4월 16일 조선기자대회

이 결의를 통과시킨 뒤 대회는 조선기자대회를 상설기관으로 설치할 것인가를 논의한 결과, 상설기관으로 둘 것 없이 기자대회를 소집할 필요가 있는 경우에 언제든지 소집키로 하고 소집권한을 무명회에 일임했다.[53] 이와 같이 하여 우리나라 최초의 전국 규모의 기자대회는 결실을 맺고 사흘 동안의 회의를 원만하게 마치게 되었다.

2) 조선기자대회의 의미

우리나라 최초의 기자대회가 어떤 의미를 지녔는가는 당시 민족
언론들이 잘 지적하고 있다. 이에 본 문제에 관해서는 《동아일보》
와 《조선일보》가 논설을 통해 밝힌 기자대회의 의미를 소개하는 것
으로 그치려 한다. 먼저 《동아일보》를 보면 다음과 같은 점을 강조
하고 있다.

> 그럼으로 금번에 열리는 이 全朝鮮記者大會는 적어도 益益敗滅하고 荒
> 凉悽慘한 민중의 현실 생활에서 발아하는 의지를 존중하고 사상이 사상
> 만을 위하야 방종하는 幣를 금하며 又는 운동이 운동만을 위하야 활약하
> 다가 최초의 운동을 이르킨 목적까지 방기히어 운동의 정체를 몰락케하
> 는 오류를 방지하는 동시에 일방으로는 폭악무도한 무리의 압박에 대하
> 야 그 대책을 강구하야 써 완전히 전부를 기대할 수는 사실상 불가능할
> 지라도 幾分의 一이나 幾十分의 一이라도 금번 이 대회의 결실로 그 효과
> 를 취득하고 우리 사회에 실연되는 진정한 민중의 생활에 근저한 인격자
> 의 활동으로 인간을 살게 하는 생명력의 신장으로 즉 사상은 실생활의
> 반영이 되며 사상 실체와 그 행동 목표가 그대로 생활이 되게 하는 데에
> 다소라도 공헌이 잇슬 수 잇는 줄 밋는다. 이러한 의미에서 吾人은 금번
> 대회가 의의 심장함을 늣기는 동시에 시기에 적합한 줄로 밋는다. 물론
> 이 회합에서 무엇을 작정하고 각기 도라가서 실행하리라는 것에서 이것
> 을 기대하는 것이 아니라 회합하는 其中에서 이것이 이해되고 섭취되며
> 널리 융화됨으로써 그에게 이것을 엇기를 企望할 뿐이다.[54]

다음 《조선일보》의 관점을 보면 아래와 같다.

지금 조선 언론계의 현상이 여하한가 함은 우리의 이목에 照然한 바라 다시 여기에 長提할 필요는 없거니와 출생된 연혁으로 보아 자못 유년기에 있으며 또한 생장한 과정으로 보아 가장 영양부족의 상태에 있다. 그러나 이만큼이라도 발육되어 그 본연의 소리를 외치게 되기까지는 많은 산고가 없지 아니하였으며, 또한 출생 후부터 갖은 풍상과 고초로 더불어 항상 싸우기를 마지아니하였다. 다만 비장한 사명이 유일의 호신부가 되어 형극이 중첩하고 부월(斧鉞)이 당도한 가운데라도 그 전전긍의 보무를 오늘날까지 취하여 왔을 뿐이다.

　오늘날 조선에 있어서 우리 언론기관의 사명은 심상(尋常) 이상의 특수한 의의가 있는 것은, 그것이 단순한 영리기관의 대상이 아닌 것은 물론이요, 또 보통 상례의 조필(操筆) 그것이 목적이 아니다. 다시 말하면 조선 전 민중의 흉오(胸奧)로부터 용솟음하는 사활 관두의 절규이다. 따라서 우리 언론은 곧 억제하려도 억제할 수 없는 우리 생활의 일부분이다. 이 의미에 있어서 우리 언론기관은 조선 민중의 표현기관인 동시에 또 구체적 생활 그것이다. 이만큼 조선의 민중과 조선의 언론기관은 서로 떠나지 못할 밀접한 관계가 있다.

　금번 대회의 개최케 된 동기를 요언하면 '의전(義戰)'을 위한 병사의 비상소집이다. 그 부서의 여하함을 불문하고 일당에 회집한 6백여 인의 회원은 곧 동일한 목표를 향하여 공동의 전선에 서 있는 것이다. 이제 우리의 일반 민중은 孤危한 잔루(殘壘)에 만신창이의 氣息이 엄엄한 상태에 처하여 있지 않은가. 이와 같은 간일발의 위기에 그 구급의 방법이 무엇이며 또 우리의 담당할 바 만일의 봉사가 무엇인가. 이 점에 있어 대회의 의의는 전 민중적으로 다대한 기대가 있는 것이다. 그리고 그 일방으로 미약한 조선 언론계의 퇴세(頹勢)를 진작하여 모름지기 사계의 발전에 일단의 서광이 비치게 하라.[55]

위와 같은 두 신문의 논지를 간단히 종합한다면, 조선기자대회의 의의는 첫째, 언론의 자유를 쟁취하고, 둘째, 조선 민중을 위한 봉사에 힘을 한데 모아 노력하자고 하는 데 있다고 할 수 있다. 이 같은 의의는 앞에 언급한 5개항의 결의에도 나타나 있으며, 결실을 본 것이라 하겠다.

5. 결 론

월남 이상재 선생은 1924년 9월 13일에《조선일보》사장에 취임하여,《조선일보》에 민족지로서의 정통성을 부여하였다. 또한 우리나라 언론사상 최초였던 조선기지대회의 의장으로서 이 대회가 원만하게 이루어지는 데 기여하였고, 항일민족단일전선인 신간회 회장을 역임하여《조선일보》가 신간회의 기관지적 성격을 띠게 하는 등 많은 업적을 남기고 1927년 3월 25일자로 사장직을 사임했다. 그리고 사장직을 물러난 뒤 불과 나흘 만인 3월 29일에 별세한다. 이렇게 볼 때 월남 선생의 민족에 대한 마지막 봉사는《조선일보》를 통해 이루어졌다고 보아도 지나치지 않을 것이다.

월남 선생은《조선일보》의 사장직을 사임하면서 다음과 같은 말을 남겼다. 이것이 아마 그의 마지막 유고가 아닐까 하여 여기에 전문을 옮겨 본다.

往年 秋에 현 조선일보사의 동인 제군이 조선일보사를 혁신함에 임하나 余를 從하야 ⊥ 사상의 任에 취하라 하니 余는 노령이 그 位에 부적함으로써 辭하엿스나 제군이 促함이 切하고 余 또한 그 의기에 감한 바 있

서서 필경 非材로서 그 임에 취하엿든 것이다. 이래 四閏年에 가추어 제반의 難困을 치르는 중 제군의 분투도 컷섯고 사운이 또한 딸어서 발전된 바 만헛섯다. 余는 이에 일즉부터 任를 解하고 그 責을 면키를 희밍하엿스나 제군의 勸止가 항상 간절한고로 困循하야 금일까지 왓섯다. 그러나 방금 老病이 崇을 지어 그 임을 완전히 할 수 업스니 余는 다시 《조선일보》의 동인 제군에게 囑하야 그 責을 벗기를 기한 바이로다. 惟컨대 시국간곤한 이때에 잇서서 언론기관으로서 임무가 더욱 중대한 바 잇고 《조선일보》의 사명도 딸어서 심상치 아니한 바 잇스니 余의 老病으로써 실로 그 직을 소홀하는 嘆이 업지 아니한지라. 금일로써 그 책을 벗는 것은 깁히 만족하는 바이로라. 噫라 조선인이 잇는 곳에 조선인의 운동도 잇슬 것이오 조선인의 운동이 잇는 동안 《조선일보》도 또한 그 사명으로 하는 바를 버릴 수 업슬 것이니 동인 제군의 倍前하는 성의와 노력을 囑하고 또 천하의 민중의 신임과 원호가 길히 여긔를 떠나지 안키를 心祝할 뿐이로라. 書로써 盡言치 못하고 言하되 盡意치 못할 것이로라, 이로 代筆하노라.[56]

이 사임의 글에도 나타나 있듯이, 월남 선생은 죽음을 눈앞에 두고도 끝까지 이 민족의 장래를 걱정했으며, 《조선일보》가 조선 민중을 위해 주어진 사명을 다해주기를 간절히 희망했다는 것을 알 수 있다.

《월남 이상재연구》, 노 출판, 1986

주(註)

1) 김규환, 《일제의 대한언론 선전정책》, 서울 : 이우출판사, 1978, 160~161쪽.

2) 최준, 《한국신문사》, 서울 : 일조각, 1979, 200쪽에서 재인용.

3) 《동아일보사사》 1권, 서울 : 동아일보사, 1975, 66쪽에서 재인용.

4) 앞의 책, 65쪽.

5) '조선 통치의 방침'이란 ① 조선에 독립을 허하지 않을 것, ② 조선인의 조선 자
치를 허하지 않을 것, ③ 조선의 지방자치를 인정할 것, ④ 재외선민(在外鮮民)에
대한 보호 취체의 방침을 수립할 것, ⑤ 문명적 행정을 행할 것 등이다.

6) 최준, 앞의 책, 201쪽.

7) 김규환, 앞의 책, 208쪽.

8) 김규환, 앞의 책, 208쪽.

9) 《동아일보사사》, 앞의 책, 75쪽.

10) 앞의 책, 74쪽.

11) 김규환, 앞의 책, 208쪽.

12) 최준, 앞의 책, 205쪽.

13) 사설 〈月南 李先生의 靈輀를 보냄〉, 《동아일보》 1927년 4월 7일자.

14) 시평 〈社會葬儀〉, 《조선일보》 1927년 4월 8일자.

15) 사설 〈월남 선생의 英靈을 送함〉, 《매일신보》 1927년 4월 7일자.

16) 이상재, 〈청년이여〉, 《나라사랑》 제9집, 서울 : 정음사, 1972, 123~124쪽.

17) 이상재, 〈眞平和〉, 《나라사랑》, 앞의 책, 134~135쪽.

18) 《조선일보 60년사》, 서울 : 조선일보사, 1980, 126~127쪽.

19) 정진석, 《일제하 한국언론투쟁사》, 서울 : 을유문화사, 1975, 66쪽.

20) 《조선일보 60년사》, 126~130쪽.

21) 최준, 〈월남 신생의 언론 활동〉, 《나라사랑》 제9집, 76~77쪽.

22) 앞의 글, 78쪽.

23) 전택부, 〈월남 선생과 기독교청년회〉, 《나라사랑》 제9집, 67~68쪽.

24) 홍이섭, 〈민족갱생의 생애〉, 《나라사랑》 제9집, 94쪽.

25) 《조선일보 60년사》, 130쪽.

26) 최준, 〈월남 선생의 언론활동〉, 78쪽.

27) 사설 〈경영주체가 변경된 본보〉, 《조선일보》 1924년 9월 14일자.

28) 사설 〈조선일보의 신사명〉, 《조선일보》 1924년 11월 1일자.

29) 사설 〈본보 창간 제오주년에 임하야〉, 《조선일보》, 1925년 3월 3일자.

30) 사설 〈취임에 임하야〉, 《조선일보》 1924년 9월 18일자.

31) 박은식, 〈조선일보 개혁호에 대하야〉, 《조선일보》 1924년 11월 1일자.

32) 서재필, 〈조선일보 주필귀하에게〉, 《조선일보》 1924년 11월 23, 24, 29일자 3회 연재.

33) 이동휘, 〈조선일보 사장 이상재 형님 압폐〉, 《조선일보》 1925년 1월 17일자.

34) 정진석, 앞의 책, 61~132쪽.

35) 유재천, 〈한국언론투쟁사〉, 《한국현대문화사대계》 Ⅴ, 서울 : 고대민족문화연구소, 1978, 36쪽.

36) 《조선일보 60년사》, 127~128쪽.

37) 사설 〈본보 창간 제오주년에 임하야〉, 《조선일보》 1925년 3월 3일자 사설. 이 글에서 우리는 '경영자'와 '당무자'를 구별하고 있음에 유의하여야 한다. 그것은 '경영자'는 친일계였고, 기자나 논설진을 뜻하는 '당무자'는 그렇지만은 않았다는 것을 은연중에 구분하기 위한 것이라 하겠다.

38) 이상재, 〈본보혁신의 일 년을 마저서〉, 《조선일보》 1925년 1월 1일자, 1면.

39) 정수일, 〈경제부기자 십년(一)〉, 《철필》(제1권 제2호), 1930년 8월호, 81쪽.

40) 최준, 〈월남 선생의 언론활동〉, 86쪽.

41) 신석우, 〈신문사장의 참회록〉, 《개벽》, 1934년 12월호, 14쪽; 최준, 앞의 글에서 재인용.

42) 서재필 박사의 신년사, 1927년 1월 1일자 참조.

43) 《조선일보 60년사》, 218쪽.

44) 최준, 《한국신문사》, 244쪽.

45) 계훈모 편, 《한국언론연보(1881~1945)》, 서울 : 훈클럽 신영연구기금, 1979, 361 [15]쪽.

46) 《조선일보》 1925년 4월 17일자 기사. 이 밖에 《동아일보》는 1925년 4월 16일자 기사에서 6백여 명 참석으로, 또 같은 날짜 사설에서는 7백여 명이 참석한 것으로 기록하고 있으며, 《매일신보》의 같은 날짜 기사에서도 7백여 명이 참석한 것으로 되어 있다. 최준의 《한국신문사》(247쪽)에도 7백 명 참석으로 기록되어 있다.

47) 《조선일보》 본사 및 지사의 참석 기자의 전체 수는 《조선일보 60년사》, 400쪽 참조. 이에 따르면 111명이 "전 참가 인원의 과반을 차지, 마치 《조선일보》 기자대 회인 듯한 인상을 주었다."고 기록하고 있다. 그러나 이 기록은 잘못인 것 같다. 전 택부 선생이 지은 《월남 이상재》(서울 : 한국신학연구소, 1977)에 따르면 이때 총 회 출석자 463명 가운데 《조선일보》 사원이 205명이나 되어 총 인원의 거의 절반 을 차지했다고 한다(236쪽). 《조선일보》 기자 111명이 전 참석 인원의 과반을 차 지했었다는 것은 《조선일보》 자체의 대회참가인원수 총원에 대한 보도와는 부합되 지 않는 것이다.

48) 전택부, 《월남 이상재》, 서울 : 한국신학연구소, 1977, 236~237쪽.

49) 이관구, 〈월남 선생의 정치구국활동〉, 《나라사랑》 제9집, 38~39쪽; 최준, 〈월남 선생의 언론 활동〉, 《나라사랑》, 제9집, 82~83쪽 등을 참조할 것.

50) 정진석, 앞의 책, 166쪽.

51) 〈一瀉千里의 勢로 五個議案可決〉, 《조선일보》 1925년 4월 17일자, 조간 2면 머릿 기사.

52) 정진석, 앞의 책, 169~170쪽.

53) 《조선일보》 1925년 4월 17일사, 2년 같은 기사.

54) 사설 〈전조선기자대회〉, 《동아일보》 1925년 4월 15일자.

55) 사설 〈조선기자대회 개최에 임하여〉, 《조선일보》 1925년 4월 15일자; 《조선일보 명사설 오백선》, 130~131쪽에서 재인용.

56) 논설 〈사임에 임하야〉, 《조선일보》, 1927년 3월 26일자.

춘원 이광수와 상해《독립신문》

이 글은 춘원 이광수의 문학이나 그의 계몽주의 사상에 대하여 새로운 해석이나 평가를 시도하려는 것이 아니다. 다만 춘원의 여러 면모 가운데 언론인으로써 춘원의 모습을 정리해 보려는 데 지나지 않는다.

1. 언론인 춘원의 경력

춘원이 구체적으로 언론계에 종사하려 생각했던 것은 그가 1914년에《신한민보》(新韓民報)의 주필로 내정되었을 때부터였다고 생각된다. 당시 춘원은 교편생활을 하던 오산학교를 사직하고 중국대륙과 만주를 여행하고 있었다. 1914년 초에 춘원은 신규식의 추천을 받아 당시 미국 샌프란시스코에서 발행되던 국민회 기관지《신한민보》주필로 가기로 결정하고, 유럽 경유의 도미장도(渡美長途)에 오르게 된다. 미국으로 가던 그는 시베리아 치타(Chita)에서 오산(吾山) 이강(李剛)을 만나고, 미국으로부터 여비가 오기를 기다리며 이강이 발행하던 시베리아지역 국민회 기관지《정교보》(正敎報)의 일을 도우면서 독립운동을 위한 언론의 실제를 경험하게 된 것으로 생각된다.

그런데 그가 치타에 머무르던 때, 뜻밖의 일로《신한민보》주필로 가려던 계획이 좌절되고 만다.[1] 그 뒤 치타에 머무르던 춘원은 1914년 6월 그곳에서 열린 시베리아지역 국민회 대의회에서 이강의 배려로《정교보》의 주필에 임명된다. 그러나 그가 주필이 되고 한 호(號)를 내었을 즈음, 그는 월급 약 30루블의 주필직마저 그만두어야 했다. 8월에 제1차 세계대전이 일어나《정교보》를 더 이상 발행할 수가 없게 된 것이다. 그는 치타에 더 있어야 할 이유를 잃었고, 일본 도쿄로 가서 대학에 입학할 생각을 하고 귀국하게 된다.[2]

여기서 한 가지 생각해 볼 것은 춘원이《신한민보》의 주필로 도미하려 했던 동기이다. 뒷날 춘원은 그때 도미하려 했던 동기를 다음과 같이 밝히고 있다.

> 기 자: 무슨 생각으로 시베리아로 가셨지요?
> 이광수: 미국 가려고. 미국 가서 공부하려고. 그 때 소문에 미국은 문명했고 자유의 나라고, 또 돈 없이도 공부할 수 있다기에 미국행을 열망하여 오산학교도 나오고 시베리아도 지나 돌아다녔지요.[3]

이러한 춘원의 회고담으로 미루어 볼 때, 그가《신한민보》의 주필로 가고자 결심하였던 동기는 단순히 독립운동을 위해 언론에 종사하고자 했던 것만은 아닌 것으로 생각된다.

귀국한 춘원은 1914년 9월 육당 최남선의 출자로 소년잡지《새별》을 창간, 주재하다가 1915년 5월 인촌 김성수의 후원으로 일본

와세다 대학의 철학과에 입학하게 된다. 이때 그는 장차 사상가 또
는 교육자를 지망하고 있었다고 한다.

도쿄 유학 중이던 1916년 9월부터 춘원은 《매일신보》(每日申報)의
요청으로 〈동경잡신〉을 써서 기고하면서 《매일신보》와 인연을 맺게
된다. 이를 계기로 그는 《매일신보》 지상에 계몽적인 논설이나 시
화(時話)를 많이 연재 또는 게재하였고, 1917년에는 소설 〈무정〉을
연재하였다.

1917년 6월 14일자로 〈무정〉의 연재를 마친 뒤, 6월 26일에 《매일
신보》의 특파원으로 충남·전북·전남·경남·경북의 5도 답파여
행을 떠났고, 이 여행의 르포인 〈5도답파기행문〉을 《매일신보》와
《경성일보》에 연재했다. 춘원은 이 여행을 하는 동안 스스로를 기
자라고 칭했다.4) 그러나 그는 《매일신보》에서 본격적인 기자생활을
하지는 않았다.

우리는 당시의 그를 말할 때, 총독부 기관지였던 《매일신보》의 특
파기자로서, 도지사로부터 헌병경찰에 이르기까지 그들의 융숭한 대접
을 받아가며 5도를 답파하고 식민통치의 치적과 계획을 긍정적인 시
각에서 보도했던 것에 주목하게 된다. 그러나 1918년 9월 춘원이 《매
일신보》에 〈신생활론〉을 연재하자, 중추원 참의의 연명으로 총독부,
경무총감부, 《매일신보》, 《경성일보》 등에 춘원의 글을 싣지 말라는
진정서가 전달되고, 경학원의 공격을 받기도 했다. 이처럼 물의가 일
자, 그 해 12월에 그는 다시 일본으로 돌아가게 된다.

일본에 간 춘원은 최팔용을 움직여 조선청년독립단을 조직하고,
1919년 1월에 〈조선청년독립단선언서〉(2·8 독립선언서)를 기초한다.
1919년 2월 5일, 그는 선언서를 영어로 번역하여 이를 해외요로에
배포하라는 책임을 맡고 상해로 탈출하게 된다. 상해로 온 춘원은

도쿄에서 가지고 온 선언서를 영역하여 상해에서 발행되던 영자신문을 비롯하여 세계요로에 배포한다. 또한 3·1운동이 일어나자 그는 등사판을 차려 놓고 동지들과 함께 3·1운동에 관한 정보를 상해 내 영자신문과 중국어신문에 배포하고, 《차이나 프레스》와 교섭하여 펩휘라는 기자를 3·1운동 직후의 한국에 특파하도록 주선하기도 했다.5) 그 뒤 그는 임시정부의 조직에 참여하다가, 임시의정원의 의원을 사퇴하고 한 명의 신문기자로 남아 있기로 결심하였다.6) 이에 조동우와 함께 《독립신문》(獨立新聞)을 창간해 사장 겸 주필에 취임했다.

춘원의 언론인으로서의 생활은 이와 같이 상해 《독립신문》의 사장 겸 주필을 맡으면서부터 본격적으로 시작되었다. 상해 《독립신문》은 1919년 8월 21일에 임시정부의 기관지로 창간되었다. 《독립신문》은 처음에 조동우와 춘원 둘이서 창간하였으나, 조동우는 곧 그만두고 주요한과 춘원 둘이서 운영하게 되었다고 한다. 주요한은 춘원과 함께 《독립신문》 사내에 살면서 글도 쓰고 편집도 하였으며, 또 중국 명절이 되어 중국인 직공들이 쉴 때는 손수 문선과 정판도 하였다고 훗날 춘원이 술회한 바 있다.7)

상해 《독립신문》 초기 진용은 사장 겸 주필(또는 편집국장)에 이광수, 출판국장에 주요한, 영업국장에 이영렬 등이었다. 이 신문은 창간 당시에는 《獨立》이라는 제호로 21호(1919년 11월 16일자)까지 발행되었다가, 1919년 10월 25일자 제22호부터 《獨立新聞》이라고 제호를 바꾸어 168호(1923년 12월 26일자)까지 사용하였고, 1924년 1월 1일부터는 한글로 《독립신문》이라고 제호를 다시 변경하였다. 《독립신문》은 창간 이후 경제적인 사정 때문에 순조롭게 정기발행을 하지 못했고, 춘원은 신문경영난으로 무척 고심한 것으로 보인다.

처음에 1주 3회 발행으로 출발하였던 것이 1920년 5월 11일경부터는 1주 2회 발행으로 줄고, 마침내 1920년 6월 24일경에는 제86호를 내고 약 6개월을 휴간해야 하는 사태도 일어났던 것이다.

춘원이 언제 《독립신문》을 그만두었는지에 대해서는 정확한 날짜가 밝혀져 있지 않다. 다만 추리해 보면, 그가 《독립신문》을 떠난 것은 1921년 2월 17일 전후가 아닌가 생각된다. 그는 1921년 2월 17일자(제94호)에 〈광복기도회에서〉라는 시를 발표한 바 있고, 춘원의 연보에 보면 그가 단신으로 입국한 것은 1921년 4월 21일로 기록되어 있다. 또 《독립신문》 1921년 4월 21일자(제103호) 4면에 사고(社告)로 "이광수 군은 수월 전에 사임하였사오니 독자제언은 조양하심을 바람"이라고 밝히고 있는 것으로 미루어 그렇게 짐작할 수 있다. 그러면 춘원이 《독립신문》을 그만두고 귀국하게 된 이유는 무엇인가? 이에 대하여 춘원은 다음과 같이 쓰고 있다.

> 그러면 민족독립운동의 정로는 무엇인가? 그것은 민족 자체의 힘을 기르는 것이었다. 이리하여 나는 〈국민개업, 국민개학, 국민개병〉이라는 긴 글 한 편을 지어 《독립신문》에 실리라고는 신문사에서 손을 떼고, 국내로 뛰어 들어오기로 결심하였다.[8]

이와 같이 그는 조선으로 돌아가 민족독립운동의 정로라고 판단한 민족 자체의 힘을 기르고자 《독립신문》을 떠난 것으로 회고하고 있다. 그러나 그가 《독립신문》을 떠나 귀국하게 된 데는 이러한 동기 이외에 다음과 같은 두 가지 원인이 작용했으리라고 생각된다. 곧 그 하나는 신문경영의 재정난이며, 또 하나는 허영숙과의 관계이다. 신문경영의 재정난은 신문발행뿐만 아니라 춘원의 사생활까지도 어렵게 만들었던 것으로 보인다. 1920년 6월 말 신문이 휴간된 뒤 그가 허영숙에게 보냈던 다음과 같은 편지들이 그러한 사정을 잘 말해 주고 있다.[9]

〈1920년 8월로 생각되는 편지〉
…… 나는 지금 세 가지 갈래 길에 섰습니다. 1. 돈을 모아 볼까, 2. 윤리학을 연구할까, 3. 죽어 버리고 말까.

〈1920년 11월 9일, 저녁〉
…… 나는 맘을 정치 못하여 대단히 외로와 하는 중에 있습니다. '어찌하면 좋을까' 그것은 전혀 경제문제외다. …… 나는 지금 어느 신문에 구지광고를 냅니다. …… 나는 내 신분과 명의를 내놓고 직업을 구힐 수 없으므로 불편한 것이 많습니다.

또한 춘원의 귀국과 허영숙의 관련점은 다음과 같은 편지글에서 엿볼 수 있지 않나 생각한다. 춘원은 상해에 온 뒤로도 하루도 허영숙을 잊어 본 적이 없는 것 같다. 그는 허영숙에 대한 사랑과 결혼문제로 그녀에게 매우 간절한 편지들을 보내면서, 그녀가 상해로 와서 영주하기를 희망했던 것이다. 이와 같은 그의 희망과 계획을 잘보여 주는 편지를 하나 예로 들어 보면 다음과 같다.

〈1920년 11월 9일, 밤〉
…… 이제부터 또 다른 사무를 잡기로 했는데 정한 대로 되면 80원 수입이 있으니까 그것으로 먹고 지내면서(이때 신문은 휴간 중이었다-필자) 어서 올 가을이 오기만 기다리겠습니다. …… 내가 직업광고를 내는

것은 영구한 직업을 구하기 위함이외다.[10]

이 편지에서 가을이 오기만을 기다린다는 이유는 그때 허영숙이 상해로 올 계획이었기 때문이다. 이광수 연보는 허영숙이 상해에 온 것은 1921년 2월이었으며, 그녀의 상해 도착은 임정 내에 물의를 일으켰다고 기록하고 있다. 그리하여 춘원은 그녀를 먼저 귀국시키고, 본인은 4월에 단신으로 입국하게 되는 것이다. 이로 미루어 보아 춘원이 《독립신문》을 그만두고 귀국한 데는 허영숙과의 관계도 작용했으리라고 생각된다.[11] 단신으로 입국한 춘원은 선천(宣川) 부근에서 체포되어 서울로 송치되었다가 불기소 석방되었다. 그 뒤 1921년 5월에 그는 허영숙과 정식으로 결혼하고, 11월에 〈민족개조론〉을 집필하여 다음 해 5월 《개벽》에 발표한다. 그러나 이 글은 상당한 물의를 빚게 되고, 개벽사는 습격당하고 말았다.

1923년 5월 춘원은 인촌 김성수와 고하 송진우의 권고로 《동아일보》에 기자촉탁으로 입사하게 되어 다시 언론인 생활을 시작하게 된다. 촉탁에서 기자가 된 다음, 1924년 1월 2일부터 6일까지 《동아일보》에 연재사설 〈민족적 경륜〉을 실은 것이 물의를 일으켜, 그는 4월 《동아일보》를 일시 퇴사하였다가 1925년 8월에 재입사하게 된다. 이때 그의 연재사설 〈민족적 경륜〉은 특히 제3일째 사설 〈정치적 결사의 운동〉 때문에, 그가 심혈을 기울여 만들었던 상해 《독립신문》으로부터 〈동아일보에 고함〉이라는 제하의 논설로 호되게 반박당했다.[12] 이때의 상황을 춘원은 아래와 같이 썼다.

내가 상해에서 돌아와서 나 스스로 작정한 삼 년 칩거를 치르고 나서 나는 《동아》 기자로 들어갔다. 맡은 것은 논설과 소설이었다. 《동아》에 들어가서부터는 일정한 수입도 생기는 내 뜻에 맞는 일자리도 생겼으나 입사한 다음에 정초에 다섯 회에 이어 내인 사설 〈민족적 경륜〉이 또 세상에 물의를 일으켜서 나는 《동아》에서 나오게 되고 연재 중이던 소설 〈금십자가〉(金十字架)까지도 중단되고 말았다.[13]

《동아일보》에 기자로 재입사한 춘원은 1926년 11월에 편집국장에 취임하였다가 1927년 9월에 신병으로 편집국장직을 사임한다. 그는 신병치료 뒤 1929년 12월에 다시 편집국장으로 복직하였다가, 1933년 8월에 다시 퇴사하게 된다. 그의 신병치료기간 동안 동아일보사는 그를 편집고문으로 대우하였다. 그는 1933년 8월에 사직할 때까지 사설과 소설 및 〈횡설수설〉을 도맡아 집필했던 것으로 알려져 있다.

1933년 《동아일보》를 퇴사하게 된 이유는 방응모와 당시 《조선일보》의 편집국장인 주요한의 권고로 《조선일보》에 가기 위함이었다. 그는 1933년 8월 29일에 《조선일보》 부사장에 취임하였으나, 도산 안창호의 장기 감옥살이와 아들 봉근의 사망, 회사일의 부진 등을 번민한 나머지, 1934년 5월 22일에 조선일보사를 사직하고 잠시 금강산으로 들어간다. 《조선일보》에 있었던 기간 가운데 1933년 9월 14일부터 1934년 1월 1일까지 그는 편집국장도 겸직하였으며 칼럼 〈일사일언〉(一事一言)을 집필하였다. 금강산에서 하산한 춘원은 1935년 4월 안재홍, 이은상 등과 함께 《조선일보》의 편집고문으로 취임하여 〈일사일언〉을 다시 집필하였다. 그 뒤 1937년 8월 춘원은 동우회사건의 피의자로서 서대문형무소에 수감되었고, 그의 언론인으로서의 생애는 막을 내리게 된다.

2. 상해 《독립신문》과 춘원

1) 《독립신문》의 사명[14]

춘원이 임시정부의 일원으로서 정치적 활동을 택하지 않고, 한 사람의 기자로 남기를 원하여 마침내 《독립신문》을 창간, 주재하게 된 것은 다음과 같은 사명감에서 출발한 것이다. 그가 집필하였던 《독립신문》의 창간사에서 명시한 사명은 아래와 같다.

① 사상고취와 민심통일, ② 우리의 사상과 사정을 설파하는 일, ③ 여론의 환기, ④ 신사상 소개, ⑤ 개조 또는 부활한 신(新) 국민을 만드는 일. 이 다섯 가지가 《독립신문》의 사명이며, 또한 춘원이 신문을 만들게 된 동기이기도 한 것이다. 이를 항목별로 좀 더 자세히 보면 다음과 같다.

① '사상고취와 민심통일의 사명'은 곧 민족 대단결의 사명이다. 민족 대단결은 재력이나 병력에 앞서 "우리 사업의 기초요 생명"임을 주장하고 있다. 이를 위해서는 건전한 언론기관이 있어서 "동일한 주의를 고취하고 동일한 문제를 제출하여 개인과 단체와의 사이에 서서 그 의사를 소통"하여야 한다는 것이다.

② '우리의 사상과 사정을 설파하는 일'은 곧 우리의 사정과 사상을 세계와 우리 국민에게 정확하게 알려 줄 보도기관의 사명을 말한다. 아마도 춘원은 3·1운동 등을 세계에 알리려던 시절, 민족보도기관이 없어서 곤란을 겪었던 쓰라리고 절실한 체험 때문에 이와 같이 갈망했으리라는 생각이 든다.

③ '여론환기의 사명'은 합할 수 있는 의견을 모두 합하여, 세계의 여론을 움직이려는 것이다. 그렇게 하려면 우선 "만인의 의견을 토로하

여서 신빙할 만하고 유력한 여론을 환기하여서 정부를 독려하며 국민의 사상과 행동의 방향을 지도"하여야 한다고 말하고 있다.

④ '신사상 소개의 사명'은 문명국민에 필요한 지식을 준비하기 위하여 우리에게 적당하다고 생각되는 "신학술과 신사상을 섭취"하기 위한 것이다.

⑤ '신 국민을 만들려는 노력'이《독립신문》의 사명 가운데 하나라고 한 것은 이후 춘원의 민족개조 주장과 사상적 맥락을 같이 한다는 점에서 주목된다. 곧, 뒷날 그의 〈민족개조론〉이 상해에서 귀국한 뒤 국내적 여건 속에서 배태된 것이 아니라, 이미 상해 시대부터의 신념이었음을 드러내고 있는 것이다. 뒤에서도 다시 말하겠지만, 〈민족개조론〉은 춘원의 일관된 신념으로 생각되며, 그 신념의 형성과 전개 또는 변모는 그의 다른 저작들을 통하여서도 알 수 있지만, 우선《독립신문》에 발표된 개조론이 일차적 자료가 되리라고 생각한다. 그는 창간사에서 신 국민을 만드는 사명을 다음과 같이 말하고 있다.

> 우리 국민은 과거에 영예로운 역사를 가졌고 이를 통하여 전하는 고결하고 용장한 국민성을 가졌으나 하나는 유교의 횡포에 하나는 일본족의 횡포에 많이 소멸하고 은폐된지라 유형한 국토는 차라리 잃을지언정 선조의 정신이야 엇지 참아 잃을까 건전한 국민교육을 받지 못한 불행한 우리는 그 영예로운 역사를 닛고 고결용장한 국민성을 활용치 못함에 이르도다. 그러나 우리의 정신에는 아직도 고귀한 붕아가 있으니 일풍일우(一風一雨)가 족히 이를 소생케 할지니 국사와 국민성을 고취하고 병행하여 신사상을 섭취히어써 개조 혹은 부활한 신 국민을 만드려고 노력함이 본보의 사명 ……15)

위에서 본 것과 같이 《독립신문》의 창간사명은 곧 신문(언론)의 필요성에 대한 춘원의 생각과, 신문(언론)의 기능이 어떤 것이어야 한다는 그의 입장을 잘 드러내는 것이다. 동시에 임시정부가 수립되고 3·1운동이 끝난 뒤의 그 시점에서, 민족과 독립을 위해 무엇을 해야 할 것인가에 대한 춘원의 생각을 집약하고 있다고도 할 수 있다. 춘원은 《독립신문》에서 창간사에 밝힌 사명을 실행하여 보이고 있다.

2) 《독립신문》의 논설과 춘원

춘원과 함께 초기부터 《독립신문》을 만들어 왔던 주요한은 춘원의 주요 논문을 해설하는 글에서, 춘원이 《독립신문》의 주필로서 많은 정치관련 글을 썼다고 회고하고, "이것이 춘원의 일생에서 직접적으로 정치운동에 가담하고 집필한 유일의 시기"였다고 말하고 있다. 그러나 주요한은 《독립신문》에 실린 그의 글들을 가려낼 수 있을지 의문임을 유감이라고 말하고 있다.[16] 필자의 생각으로는 춘원이 《독립신문》 사장 겸 주필로 활약하였던 기간(1919년 8월 21일~1921년 2월 중순경)의 《독립신문》의 사설격 논설(이하 '사설')은 대부분 춘원의 글이라고 본다.[17] 그러한 생각을 뒷받침하는 증거는 대개 다음과 같다.

첫째, 춘원이 주필이었다는 것과 신문사의 인원구성으로 보아 달리 또 사설을 쓸 마땅한 인원이 없었다는 것이다.

둘째, 《독립신문》 83호(1920년 6월 10일자)에 춘원 이광수 저 《독립신문논설집》이라는 책 광고가 있는데, 이 논설집에 실린 글들은 《독립신문》에 실렸던 것을 편집한 것이었음을 밝히고 있다.[18] 따라서 논설집에 수록된 35편의 글은 일단 춘원의 것으로 볼 수 있다는 것이다.

셋째, 이러한 광고에 따라 35편의 논설을 지면에서 찾아본 결과, 그 가운데서 2편의 글이 춘원의 것이 아니었음을 알 수 있었다.[19] 그 나머지 33편의 글은 필자를 밝히지 않고 있었다. 따라서 이 논설집이 춘원 이광수 저라고 했지만, 춘원의 글이 아닌 것도 있었으니 나머지 33편을 모두 그의 것이라고 단정하기에는 조금 주저되었다.

넷째, 신문을 보면 사설이나 기타 논설의 경우, 필자를 밝힌 것과 밝히지 않은 것이 있다. 그런데 필자를 밝힌 글은 모두 춘원 이외의 사람들이었고, 춘원이라고 필자를 밝힌 것은 없었다. 이로 미루어 볼 때, 사설은 통상적으로 주필인 춘원이 썼기 때문에 구태여 필자를 밝히지 않았고, 때때로 다른 이들이 쓸 때만 필자를 밝혔던 것이었다고 생각할 수 있다.

다섯째, 《독립신문》 73호(1920년 5월 6일자)를 보면 춘원이 다음과 같은 광고를 내고 있다. 곧, 자기가 약 1개월 전부터 병으로 사무를 쉬고 병을 치료하느라 친지 동지들이 보낸 서신에 일일이 즉답을 못해 미안하다며, 앞으로 병을 치료할 때까지 그럴 터이니 양해해 달라는 것이다. 이 광고에 따라 춘원이 병석에 있던 기간의 신문지면을 검토해 본 결과, 그 기간 동안 사설이 거의 실리지 않았다는 것을 알 수 있었다. 또한 춘원이 사임한 이후의 신문에서도 상당 기간 동안 사설을 볼 수 없었다. 따라서 《독립신문》의 사설은 거의 전적으로 주필인 춘원이 집필했던 것으로 생각된다.

이러한 여러 가지 증거로 미루어 볼 때, 《독립신문》의 사설은 대부분 춘원이 집필한 것들이라고 할 수 있고, 더욱이 이광수 저 《독립신문논설집》에 실린 논설들은 2편을 제외하고는 모두 춘원의 글

로 생각할 수 있다.[20]

춘원의 논설집에 실린 글들을 토대로 하여 볼 때 대체로 다음과 같은 경향이 나타나고 있다. 우선 1919년에 쓰어진 논실들은 대개 독립을 위한 원대한 준비, 이를테면 도덕적 민족개조론이나 독립을 위해 갖추어야 할 덕성 또는 여건들을 구비할 것을 주창하였다. 그러면서 일본에게 인도주의적 호소로 한국을 독립시킬 것을 요구하는 등 상대적으로 온건한 필봉을 휘두르고 있다. 그러나 1920년의 논설들은 독립전쟁의 때가 왔음을 역설하고, 이를 위한 구체적인 태세의 확립을 주장하는 등 상대적으로 과격한 입장으로 바뀌어 있다. 이러한 《독립신문》 시대 춘원의 사상과 입장은 그 뒤의 변모를 평가하거나, 춘원에 대한 총체적인 이해에 도움이 되리라고 생각한다.

(1) 개조에 대한 춘원의 아이디어

춘원의 민족개조에 대한 신념은 그의 〈민족개조론〉에 정리, 총합되어 있다. 그러나 이 글이 발표되기 전에 이미 《독립신문》 지상에는 민족개조에 대한 그의 신념이 피력되어 있었다. 비록 이때의 개조에 대한 생각이 단편적인 것이기는 하지만, 귀국 뒤 그의 민족개조론과 《독립신문》 시대의 아이디어 사이에 약간의 변화가 있음을 볼 수 있다는 점에서 민족개조론에 대한 평가에 조금이라도 도움이 되리라 생각된다.

춘원은 《독립신문》을 창간하면서 개조한, 또는 부활한 신 국민을 만드는 데 신문의 사명이 있음을 밝힌 바 있다. 이에 따라 춘원은 《독립신문》 창간호부터 장백산인(長白山人)이라는 필명으로 〈개조〉라는 글을 연재하기 시작하였다. '선전'이라는 고정란을 신문 3면에 만들어 연재하였던 〈개조〉는 창간호부터 시작하여 제18호(1919년 10월 28일 자)까지 실렸는데, 미완인 채로 연재가 끝나버렸다.

그는 이 글에서 ① 실(實), ② 믿븐(믿음), ③ 십년생취십년교훈(十年生聚十年教訓), ④ 원려(遠慮), ⑤ 단합이라는 다섯 가지의 주장을 전개시키고 있다.

첫째, '실'(實)에서 춘원은 1분 1각이라도 실된 행동을 하는 것이 인생의 본무라고 주장한다. '실'이란 사람마다 자기의 역량에 따라 매일 무엇인가 이룩하는 것을 뜻한다고 한다. 그러나 여태껏 우리 민족은 공리공론에 빠져 실을 외면해 왔다고 지적하고, 독립운동을 하는데 입으로 떠들기만 좋아했기 때문에 실제로는 힘이 없었다고 반성한다. 그는 각자에게 다음과 같이 실행하기를 촉구하고 있다.

> …… 국가도 그 국민 각자가 한 사람도 헛되게 지내는 자가 없이 하나이 하나식 날마다 하나식 제 직무를 다하여야 번창할 것이오. 이럼으로 각인이 각인의 생활을 위하여서든지 국민의 한 사람인 직무를 위하여서든지 하나이 하나식 학술이나 기예를 배워야 할 것이오. 고등한 학술기예를 배울 처지가 못 되면 목수도 좋고, 목공, 대장, 자동차운전수, 직공 무엇도 좋소. 제 손으로 제 의식을 벌고 나서 국가에 다소라도 공헌이 있을 직업이면 무엇이나 좋소.[21]

둘째, '믿음'은 사회생활에 제일가는 요건이라고 주장한다. 믿음에 대한 우리의 양심이 마비되었기 때문에, 우리 사회에서는 만인이 일체가 되어 대사업을 경영하기가 매우 어렵다고 말한다. 그러므로 우리는 교육 · 언론 · 종교로 자성자수(自省自修)하여 전 국민이 모두 믿게 되고, 급기야는 대한민국 전체가 세계 인류에게 믿음 있는 민족이 되어야 한다고 역설한다.22) 한 번 독립운동에 참여하기를 허락한 다음에는 독립의 목적이 달성되거나 본인이 죽기 전에는 항상 애국자이사 동시로 남아있는 사람이 바로 믿음 있는 어른이라는 것이나.23)

…… 그 국가에 대하야 충성을 맹세한 자가 이국이민족의 민(民)이라 칭하고 모국에게 반역 행위를 하는 자처럼 배신 중에 더 큰 배신이 어대 잇스랴. …… 나라를 배반한 국민, 임금을 배반한 적신, 전 민족의 독립운동을 방해하는 주구, 동지를 배반하는 애국자, 모다 씨서 바려야 겟소. 불살라 바려야 하겟소. 정결하여진 강산에 자유의 천복(天福)이 내리리라.24)

셋째, '십년생취십년교훈'에서는 인재양성의 필요성을 강력하게 주장한다.

금일 우리 민족의 경우는 첫째 일본으로 하여금 대한의 국토를 토(吐)하지 아니치 못하게 할 실력이 잇서야 할지오. …… 이는 우리가 보기 실터라도 보아야 할 냉엄한 사실이다. …… 이리하여 오백 명의 인재를 양성하대 …… 그들은 실로 민족개조의 대종교의 사도가 되기에 족한 인격을 구비하여야 할 것이다. …… 아모러한 즛을 하여서라도 이 인재양성을 하여야 할지니 인재양성 업시 나라를 세우려 함이 진실로 연목구어라 합니다. 우리는 인재양성으로 민족적 공동요구를 삼아야 하겟소. 국시를 삼아야 하겟소이다.25)

춘원은 인재양성 다음으로 우리의 국시가 될 것은 산업의 진흥이라고 주창한다.

…… 웨 전 국민의 일치한 독립운동에 재정의 궁핍을 한탄하게 합닛
가. 지(知)하는 동시에 부(富)하여야 하겟소이다. 이리함에는 두 길이 잇
스니 즉 생산의 증식과 분배의 평균이외다. 국내의 자원을 개발할 수 있
는 대로 개발하고 자연력을 이용할 수 있는 대로 이용하고 이원(利源)의
외국의 유출함을 방지할 수 있는 대로 방지하야 수입초과의 단계에서
자작자급의 단계에, 능작능합(能作能給)의 단계에서 수출초과의 단계에
이르기를 원하여야 할 것이외다. 다음에는 분배의 균형이니 …… 과거의
자본주의의 제도로는 도저히 국내에서 빈궁의 고리를 끊을 수 업슬지라
……26)

그러면서 춘원은 노동문제가 세계 개조의 중심문제가 되고 있음을
주지시키면시, 토지문제, 노동문제가 징차 신 국가의 중심문제가 될
것이며, 또 되어야 한다고 보고 있다. 위와 같이 춘원은 인재양성과
산업부흥이 우리의 일대 국시라야 한다고 강력하게 주장하고 있다.
넷째, '원려'란 눈앞의 작은 이익을 탐하지 아니하고 수백 년 대계
를 세우는 것을 뜻하며, 민족과 국가의 장래를 생각해야 한다고 말
한다. 그는 또 민족을 자기 가족으로 생각하고, 민족을 위하여 자기
의 생명까지 희생하려는 정신을 애국심이라고 정의하면서 민족지상
주의를 갈파하고 있다. 이러한 애국심은 최고의 덕이요, 가장 신성한
정신이라는 것이다. 그러나 애국심은 맹목적이기 쉬우니 애국심에서
나오는 행위 이전에 지적 판단을 해야 한다고 설득한다.27)
원려의 정신을 강조한 춘원은 당시 독립운동에서 개별적으로 활
동하는 사례가 있음을 지적하였다. 그러면서 전체의 통일된 독립운
동과 그 준비 등 원려의 정신을 가지고, 구원한 이상과 계획을 확립
하여 2천만이 일심일체가 되어 건전, 착실, 당당하게 진행할 때, 비

로소 어떤 강자도 꺾을 수 있는 것이며, 어떤 일이라도 할 수 있음을 주장하고 있다.[28]

다섯째, '단합'에 대한 글에서 춘원은 사회가 완전하고 불완전한 것은 통일의 완전, 불완전에 있다고 전제하고, 민주주의 원칙(그에 따르면 '종다수원칙')에 따라 결정된 사항에 관해서는 일단 승복해야 하며, 그 결정을 개정하기 위해서는 다시 여론을 일으키고 합법적인 절차에 따라야 한다고 주장한다. 이렇게 하여 결국 단합이 이루어진다는 것이다.[29]

그는 또 대한인은 독립을 목적으로 2천만이 대단결을 해야겠지만, 독립을 이루는 방법과 주의에는 여러 의견이 있을 수 있고, 또 각각의 주의에 따라 여러 가지 단합이 생겨날 수 있다고 보았다. 그리고 이러한 단합은 있을수록 좋고, 또 마땅히 있어야 할 것이라고 생각하고 있다.[30] 그런데 주의를 단합하려면 조직이 필요하고, 조직에는 인재가 필요하며, 또 조직의 예정한 사업을 진행시키려면 금전이 필요하다는 점을 지적한다.[31]

이상이 《독립신문》에 발표되었던 춘원의 개조에 대한 아이디어였다. 귀국한 뒤 그가 발표하였던 〈민족개조론〉과 비교하여 볼 때, 《독립신문》에 발표된 〈개조〉는 〈민족개조론〉 가운데 개조의 내용에 해당되는 것이라 할 수 있다. 〈개조〉의 중심아이디어는 〈민족개조론〉의 개조 내용에 담겨 있는 무실역행(務實力行)과 같다고 할 수 있다. 그러나 두 개조론에는 몇 가지 차이가 있음을 지적할 수 있다.

첫째, 《독립신문》에서 민족개조에 대한 발상은 창간호에서 보듯이 한민족에 대한 신뢰와 국민성에 대한 적극적인 긍정에서 출발하고 있음이 뚜렷하다는 점이다. 그러므로 춘원은 민족의 개조를 민족의 부활과 동일하게 생각하고 있는 것으로 보인다. 둘째, 《독립신문》의 개조론은 왜 민족을 개조해야 하는가에 대한 구체적인 목표를 제시하고, 그것을 전제로 개조를 주장하고 있다는 점이다. 구체적인 목표로서 민족의 독립과 영원히 번영하는 신 국가의 건설을 생각하고 있는 것이다. 셋째, 그러므로 민족개조의 주장이 더 역동적인 것으로 보인다. 그것은 구체적인 목표를 가지고 자기의 주장을 자유롭게 전개할 수 있었기에, 정열을 가지고 글을 쓸 수 있었기 때문인지도 모른다.

이러한 〈민족개조론〉과 〈개조〉의 차이는 상해《독립신문》시대와 귀국 후 불기소 석방되어 칩거하던 시대의 춘원이 변모한 모습을 보여 주는 것이기도 하다. 그러면 이러한 변모는 어디에서 온 것인가? 임시정부가 있던 상해의 정신적 풍토와 총독통치하의 제약된 환경이 가져온 결과인가, 아니면 춘원 자신의 수정인가?

(2) 일본에 대한 춘원의 충고

춘원은 일본과 일본인에게 왜 한국이 독립해야 되며, 또 한국이 독립을 얻을 수밖에 없는가에 대해서 인도주의적 입장에서 설득하고 있다. 그의 논설집 제3편《한국과 일본》에 실려 있는 글들이 일본에게 그러한 여론을 환기시키려는 논설들이다. 춘원은 먼저 한·일 양 민족은 결코 합해질 수 없음을, 그들이 한국을 병탄할 때 내세웠던 자기합리화의 논리들을 하나하나 반박함으로써 명백히 하고 있다.32) 그러면서 그는 일본에게 일본뿐만 아니라 고래로 인류 역사상에는 천하의 통일, 또는 권력의 무한한 신장을 몽상하던 개인과 민속이 많았지만, 일찍이 그 몽상을 이룩한 자가 없었고, 그러한 시도를 했던 자들이 모두 비참한 말로를 걸었음을 상기시킨다.33)

그리고 춘원은 실로 일본이 한국을 합병함은 우리를 이용한 배신적 행위임을 규탄하고, 만일 일본이 계속 한국의 독립을 승인하지 아니하고 무력으로 한국의 영유를 고집한다면, 한인의 무력투쟁이 벌어져 비참한 결과가 올 것임을 다음과 같이 경고하고 있다.

> 첫째, 한국 내의 독립운동은 일본이 한국의 독립을 승인하는 날까지 계속할지요 또 그러하기를 희망하고 노력할지며 그러하면 일본도 역시 포학한 수단을 계속할지니 이리하야 원인은 결과가 되고 결과는 다시 원인이 되어 무한한 연수의 독립운동이 일어나는 동안에 한족의 일본에 대한 적개심은 실로 격렬의 도를 더할지며 …… 적개심이 극도에 달하여 '왜놈이어든 다 죽여라'하는 일종 변태심리충동이 2천만의게 니러나는 날 그날의 참상을 뉘라 알지며 …… 일본이 병력으로 한족을 니러나는대로 학살하야 일시의 진압을 얻는다 하더라도 한족의 일본의게 대한 원한은 영원히 소멸되지 못할 지경에 달하리니 이것이 일본의 이익일가.[34]

이러한 경고와 함께 그는 아직도 한민족의 가슴에는 평화적 해결의 희망이 있으니 오직 평화적 운동을 계속하거니와, 이럴 때에 일본인도 각성하여 일본의 영원한 발전과 세계 인류의 자유와 평화를 위해 다음과 같은 일을 하도록 권고하고 있다.

> …… 귀 정부를 편달하야써 당연하고 공정한 해결의 길을 취하여 비참한 유혈의 비극을 미연에 방지하고 가까운 민족의 영원한 우애와 행복을 도모케 할지어다.[35]

춘원은 또 한국 문제에 관해서 일본이 다섯 개의 우상을 가지고 있어 우리나라에 내해서 사고하고 행동할 내 이 우상들의 영향을 받아 미신과 오해를 가지게 된다고 주장하고 있다. 그 다섯 개의 우상이란 아래와 같다.

첫째는 우승의 우상이니 일본은 스스로 생각하기에 세계에 최우승한 민족 중에 하나라, 이는 일본이 과거 50년간의 행운 중에서 얻은 우상이다. 이 우상을 엇음으로부터는 일본은 심히 거만하야…… 둘째는 열등의 우상이니 한족은 자기보다 극히 열세한 민족인지라 자기가 지배 아니하면 살아 갈 수 업다 함이니…… 셋째는 동화의 우상이니 자기는 우승하고 한족은 열등함으로써 한족을 영구히 일본 민족의 노예로 화할 수 있다 함을 니름이니…… 넷째는 권력의 우상이니 비록 한족이 자기의 동화정책에 기쁘게 복종하지 아니한다 하더라도 헌병과 악형과 군대와 …… 로써 영구히 억압할 수 있으리라고 미신함을 니름이니…… 맨 나중은 필요의 우상이니 한국을 합병함도 일본 존립의 필요조건이오 영원히 한국을 영유함도 일본 존립의 필요조건이라 함이니……36)

이들 다섯 개의 우상, 곧 우승의 우상, 열등의 우상, 동화의 우상, 권력의 우상, 그리고 필요의 우상들은 결국 한국을 영원히 자기들이 영유할 수 있으리라 믿게 만드는 것이라고 보는 것이다. 춘원은 동포들에게 일본은 우리의 원수이며, 일본인은 거짓말을 잘하고 교활한 인종임을 잊지 말도록 부탁하기도 한다.37)

위에서 본 바와 같이 춘원은 무력에 따른 독립투쟁이 벌어지는 것은 한·일 두 민족에게 비극이니, 아직도 한민족의 가슴에 평화적 혜결의 마음이 남아 있을 때 일본은 각성하여 한국을 독립시기도록 일본인의 양심에 호소하고 있다. 이와 같은 것은 인도주의적 비폭력

항쟁인 3·1운동이 있던 해라는 시기에 맞춰 일본인의 여론을 환기시켜 보려는 노력이었다는 점에서 이해된다. 그러나 당시 일본에 대한 이러한 권고 또는 경고는 아무런 응답도 얻지 못하였고, 또 얻을 수도 없었기에 결국은 독립전쟁의 길을 택하게 됨을 볼 수 있다.

(3) 독립전쟁에 대한 춘원의 주장

1920년에 접어들면서 《독립신문》의 주필 춘원은 독립전쟁준비를 역설하고, 전에 견주어 과격한 논조를 사용하게 되었다. 이러한 그의 논조변화는 당시 임시정부가 독립군을 모병하는 등 독립전쟁 개전을 위한 준비가 활발해지고, 언제 대일선전포고를 할 것인가가 초미의 관심사로 등장했던 당시의 시대적 분위기를 반영하는 것이기도 하다. 그는 과거 십 년 동안 평화적인 방법으로 독립하려 했던 노력에 대하여 일본 측의 응답이 없었음을 지적하고, 이제 평화적 방법만 따를 시기가 지났음을 선언한다. 춘원은 독립전쟁의 시기는 전쟁에 필요한 모든 준비가 끝났을 때임을 밝히면서, 속히 그러한 모든 준비가 이루어지도록 전 민족이 협력할 것을 역설하였다.

그는 다음과 같은 준비가 되어야 함을 피력하고 있다. 곧, ① 민심의 통일, ② 국민군의 편성, ③ 인재의 집중, ④ 재력의 집중, ⑤ 외국의 원조가 있어야 한다는 것이다.[38] 춘원은 이 문제들에 관하여 아래와 같은 견해를 개진하고 있다.

> (一) 민심의 통일, 강대한 국가로도 전쟁과 갓흔 대사를 경영할 때에는 민심의 통일을 위주로 하나니 …… 정부나 각 단체는 동일한 주관하에서 내외동포에게 대선전을 행하야 민심의 통일을 구하야써 오천만의

정(情)과 의(意)와 역(力)이 전부 독립전쟁의 일점으로 총집함케 하여야 하나니 이 선전사업이야말로 우리가 할 모든 사업의 기초라 세금의 수봉과, 징병과, 조직적으로 모든 독립운동의 계획을 실행하는 데는 최선한 선전으로써 최선하게 내외의 민심을 통일함이 근본이 아니고 무엇이요.[39)]

이와 같이 그는 민심 통일이 독립전쟁 준비의 급선무요, 이를 달성하는 데 선전이 최선의 방법이라고 역설한다. 그는 또 독립전쟁을 위한 국민개병(皆兵)을 주창했다.

…… 대한인아 이제는 오래 기다리던 독립전쟁의 시기가 도래하였도다. 우리 국민의 결심이 독립전쟁에 在하고 …… 세계의 여론과 정의가 독립전쟁을 요구하도다. 독립전쟁은 아등(我等)의 양심의 명명(明命)이며 천백세 조선의 명명이며 …… 억만대 가애로운 후손의 요구며, 사악을 죄하고 정의를 창달하는 상천(上天)의 명명이라. 대한인아 네가 이 요구를 포기하고 이 명명을 거역하랴나뇨. …… 네가 자유와 충의의 열혈을 뿌려 불의와 압제의 적을 물리치고 영광의 독립국민이 될 때에 황천(皇天)과 조령(祖靈)은 너를 상(賞)할지오 세계의 우방은 너를 경(敬)할지오 억만세자손은 자유에 낙(樂)하야 …… 감사할지라. …… 대한인아 백이사지(百以思之) 하더라도 너희의 나갈 길은 오직 혈전이로다. 혈전이로다. …… 대한인아 황천이 너를 부르고, 조령이 너를 부르고, 억만세후손이 너를 부르고, 너의 자유요 너의 생명인 국가가 너를 부르고 …… 네가 보는 대한의 산천이, 네가 사람일진대 너의 양심이 너를 부른다. '대한인아 너의 군인이 되리' ……[10)]

이와 같이 춘원은 독립을 위한 성전(聖戰)에 전 민족이 피를 뿌릴 것을 호소하면서, 원래 우리 국민은 개병이었음을 역사에서 찾아 강력하게 역설한다. 그는 또 독립전쟁을 하는 데는 자금이 있어야 하며, 그것을 위해 전 국민이 협조할 것을 요청하는 논설을 쓰기도 했다. 그는 당시의 핵심문제는 재력의 집중이라고 전제하고, 독립운동을 시작한 이래로 임시정부는 항상 재정난에 당면해 왔음을 상기시켰다. 춘원은 재정을 돕되, 가능하면 조직적으로 도와주기를 부탁하고, 공채를 산다든지, 희사한다든지, 모든 방법으로 독립전쟁을 위해 재정을 집중시킬 것을 호소하였다. 우리가 외채도 얻어 써야 하고 원조도 받아야 하지만, 그것은 우리가 낼 수 있는 재력을 다 내고 흘릴 수 있는 피를 다 흘린 뒤일 것이며, 가능하면 구차하게 외국의 도움을 받지 않아야 한다고 주창했다.[41]

춘원은 우리가 독립전쟁을 수행하면서 얻어야 할 외국의 원조는 ① 여론의 원조, ② 군비급 군수품에 대한 원조, ③ 전문가의 원조, ④ 정치적 또는 외교적인 원조, ⑤ 병력적 원조가 있다고 하였다. 만일 우리가 우리 내부의 결속을 견고히 하고 대외선전을 지혜롭게 하면, 외국의 원조를 얻기는 매우 쉬우리라고 전망하였다.[42]

위에서 본 바와 같이 춘원은 1920년 초부터 그 해 6월 《독립신문》이 경제적 곤경 때문에 휴간하기 전까지 때로는 격렬한 필봉을 구사하면서 독립전쟁을 위한 모든 준비에 전 국민이 나설 것을 호소하는 논설을 썼다. 아마도 춘원이 이때처럼 적극적으로 독립운동의 방향과 방법을 전쟁에서 구하고, 독립전쟁을 위해 힘차게 여론을 불러일으킨 적은 전무후무할 것이다. 이때의 춘원의 모습과 그 이후의 모습 사이에는 현격한 차이가 있음을 누구나 느낄 수 있다. 그의 변모에 원인적 변수들은 무엇인지 생각해 볼 문제다.

3) 《독립신문》에 실린 춘원의 시

춘원은 논설뿐만 아니라 《독립신문》 지상에서 시로도 독립과 민족을 위해 기원하고, 걱정하고, 또 분노했다. 《독립신문》에 실린 그의 시는 모두 다섯 편으로, 그 가운데 세 편은 1920년 10월에 일어났던 간도사변에서 학살된 동포들에 대한 것이다. 춘원은 1920년 12월 18일, 간도사변에 관한 시를 세 편, 그것도 같은 날짜 신문에 발표하기 전까지는 이런 적이 없었다. 그 해 그가 독립전쟁 준비를 역설하는 많은 논설들을 집필하였음은 이미 서술하였다. 그처럼 독립전쟁에 열정을 쏟고 있던 춘원에게 간도동포의 참상은 큰 충격으로 받아들여졌을 것이다.

이 사변에 대해 춘원은 시로 이를 고발하고, 원혼을 달래며 비통해 했다. 시와 함께 6일 동안 〈간도사변과 독립운동, 장래의 방침〉이라는 제하의 사설이 연재되었는데, 그것도 아마 춘원이 집필했던 것으로 보인다. 이들 시는 훌륭한 한 편의 논설이자 보도라고 생각된다. 곧, 시의 양식을 빌린 저널리즘이라고 할 수 있다. 춘원의 시들을 소개하면 다음과 같다.

간도동포의 참상[43]

불상한 間島同胞들
3천명이나 죽고
수십 년 피땀 흘려 지은 집
넣어틀인 양식노 다 빌허버렸다
尺雪이 싸힌 이 치운 겨울에

엇더케나 살아들 가나
번히 보고도 도와줄 힘이 업는 몸
속절 업시 가슴만 아프다

아아 힘!
웨 네게 힘이 업섯던고
내게도 업섯던고
아아 웨 너와 내게 힘이 업섯던고

나라도 일코
기름진 고국의 福地를 떠나
朔北에 살길을 찻던
그 동지조차 일허 버렷고나
오늘 밤은 江南도 치운데
長白山 모진 바람이야
오즉이나 치우랴
아아 생각하는 간도의 동포들

3천의 원혼[44]

2년 10월의 변에
무도한 왜병의 손에
타 죽고 마자 죽은 3천의 원혼아
너의 시체를 무더줄 이도 업고나

너희게 무슨 罪 잇스랴
망국 백성으로 태어난 죄
못난 조상네의 끼친 업을 바다
원통코 참혹한 이꼴이로고나

무엇으로 너희를 위로하나
아아 가업는 3천의 원혼아
눈물인들 무엇하며 슬픈 노랜들
너의 원한을 어이할 것가

원혼아! 원혼아!
소리가 되어 웨치고 피비가 되어
꿈꾸는 동포네의 가슴에 뿌려라
너의 피로 적신 땅에
태극기를 세우랴고

져 바람소리[45)

져 바람소리!
長白山 밋헤는 불지를 말어라
집 일코 헐벗은 50만 동포는
어이하란 말이냐

져 바람소리!

인왕산 믿헤는 불지를 말어라
철창에 잠 못이룬 국토네의 눈물은
어이하란 말이냐

져 바람소리!
만주의 벌에는 불지를 말어라
눈 속으로 쫏기는 가련한 용사들은
어이하란 말이냐

져 바람소리!
江南의 닙떨린 버들을 흔드니
피눈물에 늣기는 나의 가슴은
어이하란 말이냐

위의 세 편의 시는 간도사변이라는 구체적 사건을 두고 쓴 것들이다. 그 외의 두 편은 1921년에 쓴 시들로, 한 편은 그 해 원단(元旦)에 민족의 통일, 단합을 호소한 것이며 다른 한 편은 조국의 광복을 기원한 것이다.

원단지곡(元旦之曲)[46]

대통령 오시도다 우리의 元首시니
국민아 맘을 묵거 禮物을 드리옵고
잔 들어 새해의 복을 비옵고저 하노라

새해 새해라니 무슨 해만 너기는다
合흐면 흥할 해오 分흐면 망할 해니
국민아 새해 인사를 '合합시다' 하여라

나라일 나라일하니 무슨 일만 녀기는다
저마다 돈을 내고 재조 내어 힘을 모흠
국민아 새해 축원을 '모읍시다' 하여라

광복기도회에서[47]

하나님이시어
불상한 이의 발원을 들어 주신다는
하나님이시어

일허바린 나라
그 안에 우짓는 가업는 동포를
건져 주소서

늣도록 밧븐 일에 피곤한 몸을
겨울 새벽 둙의 소리에 닐으켜
인적 업는 길로 당신의 집을 차져 갑니다

망명의 이여, 걸치인 요마사리 검은은 붇빗에
말 업시 모혀 안즌 남녀의 얼골을 봅시오

思鄕과 우국의 눈물에 붉은 눈들을 봅시오

푹 숙으리 고개
멀리 땅 밋헤서 오는듯한 떨리는 기도의 소래
검은 바람가치 왼방으로 휘도는 구   흔 늣김

'지아비를 일흔 안해 아들딸을 일흔 어머니
주여 그네의 피눈물을 씨서 주시고
소원을 일워 주소서' ─ 아아 이 진정의 발원

무덤에 한발을 노흔 팔순이 넘은 할머니
철도 나지 아니한 어린 아해, 閨中에 깁히 자란 처녀들까지
'하나님이시여' 부르는 그네의 부르는 소리를 들읍시오
가장 나즌 땅의 한 모퉁이에서 불으짓는
이 불상한 무리의 기도가 燔祭의 내와 갓치
구름을 지나 별을 지나 당신의 寶座로 오르게 합시오

3. 춘원의 언론관

춘원이 언론계에 종사한 기간은 10여 년 정도다. 이 기간 동안 그
는 평기자로서의 생활은 거의 하지 않았다. 따라서 일선에서 취재하
고 보도한 경험은 많지 않고, 주로 논설이나 칼럼을 집필했었다. 수
많은 글을 써온 문필가 춘원이 가장 오랫동안 정열을 가지고 일해
왔던 언론분야이지만, 그에 대해서 쓴 글은 극히 드물다. 몇 되지 않

지만 언론에 관해 그가 언급한 글들과 하나의 좌담회 기사를 통해 언론에 대한 춘원의 견해와 평가를 정리해 보았다.

1) 신문의 사명

춘원은 신문을 그 시대, 그 민족의 생활기록인 동시에, 어떤 이상에 도달하려는 항쟁의 기록으로 보았다.[48] 이러한 관점은 신문의 사명 또는 기능이 사회를 여실히 반영해야 하는 동시에 사회변화를 추구해야 한다는 그의 입장을 말해 주는 것이다. 곧 신문이 사회를 여실히 반영해야 한다는 것은 진실한 보도의 기능을 뜻하는 것이다.

춘원이 신문의 사명 또는 기능의 하나로서 사회변화를 추구해야 한다고 본 것은 이미 《독립신문》의 사명에서 구체적으로 표명한 바 있다. 그가 창작동기를 '조선과 조선 민족을 위하는 봉사의무의 이행'[49]으로 보았던 바와 같이, 춘원은 그가 생각했던 신문의 사명, 특히 《독립신문》의 사명 또한 동일하게 보았던 것 같다. 이때 신문이 국가와 민족을 위해 봉사하고 수행하여야 할 의무는 사상의 고취였으며, 민족의 개조이자 계몽이었고, 여론의 환기였다. 그러므로 춘원은 이런 일에 종사하는 신문기자라면 자기 개인의 일보다 매양 국가와 사회를 염두에 두어야 한다고 보았고, 또 '비상시의 비상인'과 동일하게 생각한 것 같다.

그러나 춘원은 신문의 사명이나 기능을 반드시 진실한 보도나 사회변화를 추구하는 것에만 국한시키지는 않았다. 그는 현대의 신문에서 오락적 기능 또한 중요하다고 여겼다. 뉴스의 진실성이라든지 윤리적 전지를 떠나서, 인생이라는 일대극장이 관개으로서 사람들에게는 오락적 흥미가 바로 밥 다음으로 관심을 끄는 것이 되었음을

말한 바 있다.[50]

그는 또 신문의 오락적 기능·흥미의 추구에 대한 논란에서 이 기능을 매우 긍정적으로 받아들이고 있는 것으로 생각된다. 곧 춘원은 현대인에게 이 '오락'이라는 절대가치가 현대 생활에서는 실로 매우 중대한 요소라고 보고 있는 것이다. 그는 신문의 오락적 흥미가 주는 공과(功過), 다시 말해 사회적 영향에 대해서 다음과 같이 말하고 있다. 곧, 신문의 오락적 성격이 주는 영향은 내용에도 문제가 있지만, 받아들이는 독자수준의 문제라는 관점에서 파악될 필요가 있음을 시사하고 있다.

> 신문을 잘 만들고 못 만들기, 거기 담는 흥미의 귀천 등은 신문제작자의 인격의 반영이겠지마는 같은 신문이라도 그것을 보는 독자의 인격의 고저를 따라서 그가 받는 감흥의 도덕적 성질이 갈린다는 것도 간과치 못할 문제다. 신문의 반도덕적 효과를 자주 말하는 도학자는 자신이 이성만 보면 성욕을 발하는 자거나 또는 자신 이외의 사람은 다 열등한 인격자라고 보는 주제넘은 자 중에 많은 것이다. 신문의 사명도 그렇지마는, 그 흥미의 가치는 사회의 여실한 반영의 정도에 정비례하는 것이다.[51]

이와 같이 춘원은 신문의 오락적 기능을 필요하고 적절한 것으로 평가하고 있지만, 그렇다고 비도덕적인 오락적 내용을 옹호하는 게 결코 아님을 분명히 전제로 하고 있는 것 또한 분명하다.

2) 춘원의 언론직업관

춘원은 신문기자라는 직업을 천직으로 생각했던 것 같다. 그리고 그는 신문기자라는 직업은 슬픔보다 기쁨, 곧 보람이 더 많다고 생각했다. 그렇기 때문에 그는 박봉을 받고, 또 생명을 깎아내는 이 직업을 사랑한다고 말한다. 예나 지금이나 신문기자라는 직업은 박봉이요, 또 뼈를 깎는 것과 같은 격렬하고 준엄한 직업정신이 필요하고, 고된 일을 한다고 볼 수 있다.

춘원은 평생 두 가지의 직업을 가졌던 것으로 알려져 있다. 하나는 교사였고, 또 하나는 기자였다. 이 두 가지는 모두 전문직에 속한다는 공통점을 가지고 있다. 그가 이 두 직업을 선택하였던 것은 그의 재능과도 관련이 있겠지만, 조선 민족과 국가를 위해 봉사하고 의무를 다하는 데 가장 적합한 직업들이라고 생각했기 때문으로 보인다. 그는 이 두 직업을 사랑했고, 또 그랬던 만큼 자신의 일에 성실했던 것 같다. 춘원이 도산 선생에게 보낸 공개서한에 이와 같은 그의 생활이 기록되어 있다.

　　…… 그러나 스스로 저를 돌아보면 개선된 것이 현저하지 아니합니다. 오직 하나 위로하는 것은 제가 동아일보사에 기자로, 또 경신학교에 교사로 일을 볼 때에 ① 일을 위하여 전력을 다한 것, ② 신병이 있기 전에는 꼭 시무시간을 지킨 것, ③ 신문사와 학교를 내 것으로 사랑한 것입니다. 이것이 오직 선생을 따라 수양한 효과인가 합니다.[52]

한편 춘원은 신문기자라는 직업에 종사하면서 무엇이 보람 있었고, 또 무슨 일이 그를 번민하게 하였던가에 대해서 다음과 같이 술회하고 있다. 이 글에서 우리는 그가 신문기자직을 사랑했다는 것을 알 수 있고, 또 신문기자는 어떤 일을 해야 하는가를 깨달을 수 있다.

신문기자의 깃쁨과 슬픔

무슨 직업에나 그것에 특유한 깃쁨과 슬픔이 잇는 것이어니와 신문기자에게는 어떤 것이 잇는가.

1. 민중이 다 깃버할 만한 사건을 보도할 수 잇는 때

2. 민중에게 유익한 사건을 보도할 수 잇는 때

3. 격려하는, 또는 민중과 가치 깃버할 평론을 쓸 때

4. 고심하야 수사한 기사를 남보다 먼저 보도할 때

5. 자기의 손에 된 기사가 그날 지면에 가장 중요한 기사가 되는 때

6. 자기의 손으로 된 기사로 해서 사회에 반향을 이르키는 때

7. 신문이 끗이 나고 밖에 나갈 적에 길거리에서 사람들이 우리 신문을 탐독하는 양을 볼 때

8. 저녁식사 후에 각 신문을 비교해 볼 때에 우리 신문이 남보다 나음을 발견할 때

9. 때때로 내 천직이 사회의 양심이 되고 대언자(代言者)가 된다는 푸라이드를 느낄 때

슬픈 것

1. 슬픈 사건을 보도할 때

2. 게재(揭載)하기 시린 것을 게재하지 아니치 못할 때, 게재하고 십픈 것을 게재하지 못할 때

3. 사설로나 기타로 하고 십픈 말, 분명히 정당한 말이지마는 하지 못할 때

4. 신문이 압수가 되는 때

5. 신문이 정간이 되는 때 말할 것은 없다.

그러지마는 신문기자가 깃쁨이 만은 직업이냐 슬픔이 만은 직업이냐

그것은 전자다. 그러기나 하길래 박봉을 밧고 생명을 깍아 버리는 것이
다.[53]

　위에서 보듯이, 춘원은 보도나 논평의 자유가 억압될 때 슬프다고
말하고 있다. 물론 발행의 자유가 없을 때는 더 말할 것도 없다. 슬
픈 일에 대한 그의 술회는 식민지시대 언론의 슬픔이요, 또 벗어날
수 없었던 한계이기도 하다.

　3) 신문경영에 대한 의견

　춘원은 잡지 《동광》에서 가졌던 '신문경영편집좌담회'에서 신문
경영에 관해 몇 가지 의견을 밝히고 있다. 그는 당시 우리나라에서
신문기업이 융성하지 못하는 이유를 조선에 정치생활이 없기 때문
이라고 말하면서, 그와 함께 신문사의 돈을 자기 개인 주머니로 가
져가는 경영인에게도 책임이 있음을 지적하고 있다. 말하자면 신문
사를 사물시(私物視)하는 일부 경영주를 나무라는 것으로 생각된다.
　춘원은 만일 자신이 그 당시에 새로운 신문을 하나 발행한다면
지역신문을 해보겠다는 계획을 제시하고 있다.

　　내가 신문을 한다면 …… 경성에 각동 지국을 두고 서대문 뉴우스라든
　가 동대문 뉴우스라 하여 실리게 하고 지형은 《동광》보다 좀 크게 4항
　신문으로 하고 정가는 25전(당시 일간지의 정가는 1부 5전, 월정 1원이었
　다-필자)쯤 하고, 그렇게 하면 틀림없이 성공합니다. 《프랭크린 신문》도
　그렇게 성공하지 않았습니까? 그렇게 하면 제1에 대금 정립(收入)이 용
　이하고 제2에 독자를 많이 얻을 수 있습니다.

문안 경성사람은 지방사람이 상상하지 못할 점에 취미를 가지는데, 가령 이○○ 씨 댁 사랑 같은 것은 여러 날 '다찌끼리'로 계속해 내도 대환영을 받을 것입니다. 서울 문안 사림에게는 시울민의 독특한 세상이 있으니 서울을 중심으로 개성, 인천, 안성, 의정부와 같이 순 서울계통 중심으로 신문을 하나 하면 서울서만 하여도 2만부 이상은 나갈 것이라고 생각합니다.[54]

이와 같이 춘원은 자기가 만일 새로운 신문을 경영한다면 서울에서 소형 지역신문을 발행해 보겠다는 생각을 한 것이다. 그는 일찍부터 지역신문에 눈떴던 것으로 생각된다.

4) 신문기자의 자질에 대하여

춘원은 신문기자가 갖추어야 할 자질로 일곱 가지를 지적하고 있다.

첫째, 신문기자는 천품(天稟)을 타고나야 한다는 것이다. 그는 예술이나 기타 다른 직업에도 천품은 필요하지만, 신문기자가 타고나야 할 천품은 좀 다르다고 말한다. 춘원은 신문기자가 되기 위하여 타고나야 할 천품으로 다음과 같은 것이 있다고 한다. ① 신문을 사랑하고 좋아할 것, ② 사건의 진상을 탐구하는 데 흥미를 가질 것, ③ 보도욕이 있을 것, ④ 비평벽(癖)이 있을 것, ⑤ 자기 개인의 일보다도 매양 국가 사회를 염두에 두는 성미가 그것이다.

둘째, 신문기자는 신용이 있어야 한다는 것이다. 춘원은 남을 속이거나 허위의 사실을 알려서는 안 된다고 생각했다. 또한 남이 비밀로 해달라는 것은 지켜주어야 한다고 했다.

셋째, 신문기자의 연장은 문장이니, 문장술이 한열(嫺熱)해야 한다고 하였다. 평이하고, 정확하고, 간결하고, 생기 있고, 읽어서 유쾌한 문장을 쓰는 이는 신문기자로 팔분(八分)의 자격이 있다고 보고 있다. 글 못 쓰는 사람은 신문기자 될 생각을 포기하는 것이 낫다고도 하였다. 이와 함께 춘원은 국어에 대한 철저한 소양을 가져야 한다고 주장하고 있다. 조선어·조선문도 바르게 모르면서 외국어·외국문을 잘 아는 것은 아무 변명도, 보충도 되지 않는다고 하였다.

넷째, 신문기자는 모든 것을 조금씩은 알고, 어떤 것에 관해서는 철저하게 잘 알아야 한다고 말했다. 곧 전문가이면서도 만사에 대해서 넓은 상식을 가지라는 뜻이다.

다섯째, 신문기자는 자기 자신을 완전히 부인해 버리는 재주, 곧 자신이 사진건판, 백지, 비망록이 될 수 있는 재주를 가져야 한다고 하였다. 동시에 춘추의 대의를 파악하여 추호도 망설임 없는 비평자로서의 주견을 확고히 가져야 된다고 말한다.

여섯째, 신문기자는 주(酒)·색(色)·전(錢)의 삼대 금기를 잊어서는 안 된다고 보았다. 주·색·전을 좋아하는 사람은 반드시 신문을 망칠 것이라 하였다. 이 점에서도 춘원은 신문기자를 '비상시의 비상인'[55]으로 보는 것 같다. 신문기자가 이 세 가지를 기피해야만 하는 이유는 기자의 양심을 지키기 위해서라고 한다.

일곱째, 신문기자는 건강해야 한다는 것이다.

끝으로 춘원은 기자가 되고자 하는 사람은 열세 가지의 공부를 반드시 해야 한다고 주장하였다. 그것은 ① 조선어문전, 문학, 작문, ② 조선역사, 조선지리, 일본역사, 일본지리, ③ 조선 현대의 정치조직, 법제개요, 단체계통, 사상계통, 중요인물, ④ 정치학원론, ⑤ 경세학원론(생봉파, 밝스파), ⑥ 사회학, 사회심리학, ⑦ 농양사, 서양사, 세계지리, 문명사, ⑧ 인도, 중국, 소련의 사정, ⑨ 논리학, 수사학,

문장론, ⑩ 문학개론, 철학개론, ⑪ 신문지학, ⑫ 신문지 관계 법규, ⑬ 검열관의 심리, 독자의 심리 등이다.

이와 같은 춘원의 기지지질론은 오늘에도 결코 진부하다거나 뺄 것이 없다고 생각한다. 그가 제시한 열세 가지의 분야 가운데 검열관의 심리라는 항목은 오늘날 우리에게 매우 씁쓸하게 느껴진다.[56]

5) 언론인으로서의 춘원

지금까지 보아온 바와 같이, 춘원은 언론을 하나의 천직으로 생각하고 10여 년 동안 언론에 종사하여 왔다. 이 직업에 종사하는 동안 춘원은 언론인으로서 때로는 민족개조를, 때로는 민족의 독립을 위한 독립전쟁을 위해서 날카롭고 뜨거운 필봉을 가다듬기도 했다. 그는 언론을 통하여 그 나름대로 민족과 국가에 봉사하고 주어진 의무를 성실하게 수행하고자 노력했다고 생각된다. 물론 이러한 진술은 언론인으로서의 춘원의 공과를 평가하려는 것은 아니다. 다만 언론인 춘원 이광수를 있는 그대로 얘기하고자 하는 것이다.

춘원은 다재한 문필가로서 활동했으며 우리는 그를 지금까지 문학인으로 또는 계몽주의자 · 사회운동가 등으로 파악해 왔다. 이는 춘원이 그러한 분야에서 뛰어난 업적을 남기고 많은 일을 해왔기 때문이며, 그런 만큼 그의 다른 면모는 감추어져 왔다고 생각된다. 그러나 필자의 생각으로는 춘원이 문학인으로서 못지않게 언론인으로서도 평가되어야 한다고 생각한다. 더욱이 춘원의 문학과 언론의 관계는 깊은 관심을 가질 만하다고 생각한다.

춘원은 문학이 그 시대의 정신, 환경, 인물의 특색 및 시대의 약점 등을 폭로하고 설명해 역사학적 · 사회학적 흥미를 찾고, 이전 시대를 해부하여 다음 시대의 진로를 암시하는 속뜻[微衷]을 담고 있어야 한다는 견해를 밝힌 바 있다.[57] 물론 이 말만을 가지고 춘원의 문학관을 모두 이해하지는 못할 것이다. 다만 이러한 그의 문학관이 매우 저널리스트적이라는 사실을 지적하고자 할 뿐이다. 그의 문학이 얼마나 이러한 입장을 드러내고 있는지는 모르나, 위와 같은 관점은 그의 문학이 예술로서의 저널리즘일 수 있다는 점을 말해 주는 것으로 생각한다.

《문학과 지성》, 문학과 지성사, 1975

주(註)

1) 춘원이 《신한민보》 주필로 가려던 계획이 좌절된 전말은 그의 〈나의 고백〉 가운
   데 '망명한 사람들'에 자세하게 언급되어 있다(《이광수 전집》(이하 '《전집》') 13,
   220~222쪽).
2) 《전집》 13, 220~222쪽.
3) 〈이광수 씨와의 교담록〉, 《전집》 20, 245~250쪽.
4) 〈5도 답파여행〉, 《전집》 18, 128~129쪽.
5) 〈나의 고백〉, 《전집》 13, 238쪽.
6) 앞의 책, 238쪽.
7) 앞의 책, 243쪽.
8) 앞의 책, 248~249쪽.
9) 춘원서간 〈사랑하는 영숙에게, 상해에서〉, 《전집》 18, 466~489쪽.
10) 앞의 책, 488쪽.
11) 여담이지만, 춘원이 《독립신문》을 그만두면서 신문사에 실리라고 써 주었다는 긴
    글 〈국민개업, 국민개학, 국민개병〉은 그 뒤 신문에 실리지 않았다.
12) 《독립신문》 1924년 4월 26일자.
13) 〈나의 고백〉, 《전집》 13.
14) 《독립신문》의 사명관에 대해서는 이미 이해창이 자세히 언급한 바 있다: 이해창,
    《한국신문사연구》, 서울 : 성문각, 1971, 209~211쪽.
15) 이해창, 앞의 책, 209쪽.
16) 《전집》 17, 558~559쪽.
17) 춘원 재임 동안 《독립신문》에는 〈사설〉이라고 명기된 란은 없었다. 그러나 특별
    한 기사(주로 임시정부관계나 도산 안창호의 강연 등)가 없는 한 1면 상단은 논설
    을 싣고 있다. 말하자면 이것이 사설격의 논설로 생각된다.
18) 광고에 실린 논설집 서문을 보면 "작년 8월 이래로 《독립신문》에 게재하였던 논

설 중에서 35편을 빼여 이 소책자가 되게 되었읍니다"라고 밝히고 있다.
19) ① 〈대한의 누이야 아우야〉는 주요한의 것으로, 제49호(1920년 3월 1일자) 7면
    에 실린 3·1절 기념일을 맞아 동포에게 드리는 글의 하나였다(이 글은 논설이
    아님).
    ② 〈한족의 독립 국민될 자격〉은 제54호(1920년 3월 16일자)에 실린 것으로, 고
    ○장(孤○長)이 2월 7일부터 북경에서 열린 선교사 대회에서 한 연설이었다.
20) 춘원 이광수의 《독립신문논설집》에 실린 주요 논설들과 그 논설들이 실린 《독립
    신문》 지면목록은 다음과 같다.
    제1편 건국의 심성
      (1) 〈건국의 심성〉(제17호, 1919년 10월 4일자)
      (2) 〈삼기론〉(三氣論)(제53호, 1920년 3월 13일자)
      (3) 〈국민개병〉(제46호, 1920년 2월 14일자)
      (4) 〈애국자여〉(제14호, 1919년 9월 27일자)
      (5) 〈신생〉(新生)(제48호, 1920년 2월 26일자)
      (6) 〈세계적 사명을 애(受)한 오족(吾族)의 전도는 광명이니라〉(제45호, 1920년
          2월 12일자)
    제2편 독립완성의 시기
      (1) 〈독립완성의 시기〉(제24호, 1919년 11월 1일자)
      (2) 〈독립전쟁의 시기〉(제60호, 1920년 4월 1일자)
      (3) 〈임시정부와 국민〉(제22호, 1919년 10월 25일자)
      (4) 〈독립전쟁과 재정〉(제44호, 1920년 2월 7일자)
      (5) 〈칠가살〉(七可殺)(제43호, 1920년 2월 5일자)
      (6) 〈대한인아〉(제58호, 1920년 3월 25일자)
      (7) 〈육대사〉(제39호, 1920년 1월 22일자)
    제3편 한국과 일본
      (1) 〈한일 양족의 합하지 못할 이유〉(제5, 6, 8호, 1919년 9월 4, 6, 13일자)
      (2) 〈일본인에게 고하노라〉(제10, 11호, 1919년 9월 18, 20일자)
      (3) 〈일본인에게〉(제28, 29호, 1919년 11월 15, 20일자)
      (4) 〈일본의 오우상(五偶像)〉(제27호, 1919년 11월 11일자)
      (5) 〈동포여 적의 허언에 속지 말라〉(제42호, 1920년 2월 2일자)
      (6) 〈일본의 현세〉(제52, 53, 58, 59, 60호)
21) 《독립신문》(제2호) 1919년 8월 26일자.
22) 《독립신문》(제5호) 1919년 9월 4일자.

23) 《독립신문》(제6호) 1919년 9월 6일자.

24) 《독립신문》(제8호) 1919년 9월 13일자.

25) 《독립신무》(제14호) 1919년 9월 27일자.

26) 앞의 글.

27) 《독립신문》(제15호) 1919년 9월 30일자.

28) 《독립신문》(제17호) 1919년 10월 4일자.

29) 《독립신문》(제19호) 1919년 10월 11일자.

30) 《독립신문》(제21호) 1919년 10월 16일자.

31) 《독립신문》(제23호) 1919년 10월 28일자.

32) 〈한일 양 민족의 합하지 못할 이유〉, 《독립신문》(제5, 6, 8호) 1919년 9월 4, 6, 13
일자.

33) 〈일본인에게〉, 《독립신문》(제28호) 1919년 11월 15일자.

34) 앞의 글.

35) 〈일본국민에게 고한다〉, 《독립신문》(제11호) 1919년 9월 20일자.

36) 〈일본의 5우상〉, 《독립신문》(제27호) 1919년 11월 11일자.

37) 〈동포여 적의 虛言에 속지 말라〉, 《독립신문》(제42호) 1920년 2월 2일자.

38) 〈독립전쟁의 시기〉, 《독립신문》(제60호) 1920년 4월 1일자.

39) 앞의 글.

40) 〈국민개병〉, 《독립신문》(제46호) 1920년 2월 14일자.

41) 〈독립전쟁과 재정〉, 《독립신문》(제44호) 1920년 2월 7일자.

42) 〈독립전쟁의 시기〉, 《독립신문》(제60호) 1920년 4월 1일자.

43) 《독립신문》(제87호) 1920년 12월 18일자, 3면.

44) 《독립신문》(제87호) 1920년 12월 18일자, 1면. 여기서 2년은 대한민국 2년을 말
한다(1919년이 원년).

45) 《독립신문》(제87호) 1920년 12월 18일자, 2면.

46) 《독립신문》(제89호) 1921년 1월 1일자, 3면.

47) 《독립신문》(제94호) 1921년 2월 17일자, 3면.

48) 〈신문의 흥미성〉, 《전집》 9, 432쪽.

49) 〈余의 작가적 태도〉, 《전집》 16, 195쪽.

50) 〈신문의 흥미성〉, 《전집》 9, 432쪽.

51) 앞의 글.

52) 〈도산 안창호 선생에게〉, 《개벽》 제62호(1925년 8월).

53) 이광수, 〈신문기자의 깃븜과 슬픔〉, 《철필》(鐵筆), 제2권 제1호(1931년 2월), 27쪽.

54) 〈신문경영, 편집좌담회〉, 《전집》 20, 211~218쪽.

55) 〈비상시의 非常人〉, 《전집》 17, 323~325쪽.

56) 이광수, 〈열세 가지를〉, 《철필》 창간호(1930년 7월), 11~13쪽.

57) 《전집》 16, 194쪽.

단재 언론정신에 비춰본 오늘의 언론인

1. 서 론

단재 신채호 선생(1880~1936)은 다양한 면모를 지녔다. 선생은 독립운동가이자 사학자였으며, 언론인이었다. 그의 민족주의 사상만 볼지라도 자강주의, 민중적 민족주의, 무정부주의적·혁명적 민족주의 등의 편력이 드러난다. 이렇듯 다양해 보이는 그의 활동과 사상적 편력은 시대의 요청이 그를 그렇게 만들었을 뿐, 천성은 타고난 언론인이었다고 보는 것이 타당하다. 그의 문장을 보면, 시대를 통찰하고 평하는 예리한 눈이 그가 탁월한 언론인이었음을 증명한다.[1] 이러한 평가는 단재 선생이 국내외에서 언론에 종사하였다는 뜻에서만은 아니다. 그의 역사저작들과 각종 선언문, 평론 등, 시대의 요구에 부응한 예리한 통찰과 주장(의견)으로써 언론인의 면모를 유감없이 발휘했다는 점에서 그러하다.

연구자에 따라서는 그의 생애를 국내 언론활동기(1905~1910), 해외 망명·민족운동과 한국고대사 연구기(1910~1925), 무정부주의운동기(1925년 이후)로 나누기도 한다. 또 그의 민족주의 사상을 제1기에서는 자강주의로, 제2기에서는 과격한 민중적 민족주의로, 제3기에서는 무정부주의운동 참가와 더불어 폭력 긍정의 혁명적 민족주의로 분류하기도 한다. 이러한 분류방식을 단재 선생의 언론활동과 결부해 본다면, 제1기는 국내 언론활동기, 제2기는 국외 언론활동기, 제3기는 자유기고가로서의 언론활동기에 해당한다고 볼 수 있을 것이다. 그리고 단재 선생은 그 시기마다 앞서 말한 바와 같은 민족주의 사상을 바탕으로 언론활동을 했다고 할 수 있다. 언론으로 이 각 단계의 민족주의 사상을 표출한 것은 각각의 시대적 상황에서 민족독립을 위한 효과적인 대응책의 설정으로써 나타난 것이며, 이는 곧 민족독립과 민족국가의 형성이라는 일관된 이념의 상황적 변용이라고 할 수 있다.[2]

이 글은 위와 같은 단재 선생의 언론인으로서의 생애를 전제로 하고, 그의 언론정신에 견주어 오늘날 우리나라 언론인들의 성격을 논의해 보고자 마련된 것이다.

2. 단재의 언론정신

1) 투철한 소명의식

단재 선생의 언론정신으로 먼저 꼽을 수 있는 것은 언론인으로서의 투철한 소명의식이라 할 수 있다. 그는 《황성신문》의 사장이었던 장지연의 초청으로 1905년부터 그 신문의 주필로서 언론에 종사하기 시작한 뒤, 민족독립과 독립국가의 형성을 위해 국내외에서 끊임없이 언론활동을 전개했다. 《황성신문》이 을사보호조약 체결로 정간되자,《대한매일신보》로 자리를 옮겨 주필로 일했다. 1910년 한일병탄이 이루어지자 블라디보스토크로 망명하여 1911년 6월 5일에 창간된《대양보》(大洋報)의 주필을 맡았으며, 그 신문이 폐간된 뒤 1912년 4월 22일에 권업회의 기관지《권업신문》의 부장 겸 주필에 선임되었다.

1914년 9월《권업신문》이 폐간된 뒤 단재 선생은 만주와 북경을 떠돌면서《조선사》,《조선상고사》등의 저술을 시작하는 한편, 백두산과 남·북만주를 방랑하면서 고구려 유적을 답사하는 등 역사 연구와 독립운동을 병행했다. 그러던 가운데 1919년 10월 28일 상해에서 주간지《신대한》을 창간하고 주필이 되어 다시 언론활동을 시작한다.《신대한》이 오래 지속되지 못하고 폐간되자, 이듬해에 김창숙과 함께《천고》(天鼓)를 발행했다.

위에서 알 수 있는 사실은 끊임없이 민족독립의 언론을 펴려 했던 단재 선생의 투철한 소명의식이다. 민족독립이라는 소명에 충실하고자 그는 핍박과 재정적 난관을 무릅쓰고 주필을 맡거나 신문을 창간했다.

2) 확고한 신념

단재 선생의 민족주의 사상은 상황적인 변용은 있었을지라도 민족독립과 독립국가의 형성이라는, 일관되고 확고한 신념으로 시종했다. 말하자면 단재 선생은 그 같은 신념을 양보할 수 없는 정신적 지주로 삼고, 그것을 구현하고자 언론활동을 했다고 할 수 있다. 따라서 단재 언론정신의 두 번째 특징은 확고한 신념이라고 볼 수 있다. 그의 신념은 이미 다음과 같은 자강주의 시기의 논설에서 확고하게 드러나고 있다.

　　그런즉 이 제국주의에 저항하는 방법은 무엇인가. 그것은 민족주의
（타민족의 간섭을 받지 않는 주의）를 발휘함이 그것이니라. 이 민족주의
는 실로 민족보전의 둘도 없는 법문이니라. 오호라 민족을 보전코자 하
는 자가 이 민족주의를 빼고 무엇을 취할 것인가. 그러므로 민족주의가
팽창하고 웅장하고 견인하는 광휘를 발양하면, 여하한 극열하고 괴악한
어떤 제국주의라도 감히 들어오지 못하나니, 요컨대 제국주의는 민족주
의가 박약한 나라에만 들어오느니라. 비단 같고 꽃 같은 한반도가 금일
에 이르러 암흑 속에 휩쓸리듯이 마귀굴에 떨어짐은 왜인가. 즉 한인의
민족주의가 강건치 못한 소이니, 바라건대 한국 동포는 민족주의를 대분
발하여 '我族의 國은 我族이 주장한다'하는 한 마디로 호신부를 만들어
민족을 보전할 지어다.3)

　또한 그의 확고한 신념은 해외에서의 언론활동이나 자유기고가로
서의 활동에서도 일관되게 견지되었다. 곧, 이승만을 대통령으로 하
는 상해 임시정부와 운동노선을 달리한 그는, 1919년 8월 21일 상해
에서 창간된 《독립신문》(獨立新聞)의 주필로 초빙하려는 이광수의
제의를 거절하고 자신의 신념을 펴고자 새 신문인 《신대한》을 창간
한 일이 그러하다.4) 그뿐만 아니라 무장투쟁이 독립운동방략의 핵
심이라는 주장 또한 일관되게 표출하였다. 그는 일본인들이 야만적
인 침략성을 갖고 있고, 그들의 식민통치는 극악무도한 야만적 무단
통치이기 때문에, 무장투쟁이 아니면 일제를 몰아낼 수 없다는 신념
을 확고히 하고 있었다.5)
　이러한 단재 선생의 확고한 신념은 그가 쓴 여러 평론이나 선언

서에서도 한결같이 나타난다. 예컨대 절대독립론이 그러하며,[6] 〈조선혁명선언〉 등 1923년 이후에 집필한 모든 문서들에서도 마찬가지로 드러나고 있다.[7]

3) 불굴의 비판정신

세 번째로 꼽을 수 있는 것은 불굴의 비판정신이다. 그의 불굴의 비판정신은 다음과 같은 사례들로 충분히 짐작할 수 있다. 우선 그는 《대한매일신보》에서 친일의 무리들을 가차 없이 성토했다. 두 가지 예를 들어보면 아래와 같다.

> 한국에 일본의 큰 충노(忠奴)가 세 사람이 있는 것은 내가 부득불 통곡치 아니할 수 없으며, 부득불 방성대곡치 아니할 수 없으며, 부득불 가슴을 두드리며 통곡치 아니할 수 없으며, 부득불 하느님을 부르고 땅을 부르짖으며 통곡하지 아니치 못할지로다. 저 세 사람의 일본 대충노가 …… 다만 저의 일신만 노예되고 말진대 내가 마땅히 슬퍼하지 아니할지나 귀가 막히고 참혹하도다. 저희들로 인하여 무고 양민들이 모두 노예의 굴 속으로 몰려 들어가니, 귀 있는 자들아 내 말을 믿지 아니하는가. 내 말을 좀 살펴 들을지어다.[8]

> 평일에 부릅뜨며 팔뚝을 뽐내고 천하일을 논란하던 노형으로 일진회에 들었단 말인가. 항상 하늘을 부르짖으며 땅을 두드리고 나라를 위하여 한 번 죽지 못하는 것을 한탄하던 노형으로서 일진회에 들었단 말인가? 왼 세상 사람들이 모두 일진회에 들더라도 노형은 독히 들지 아니할 줄로 믿었던 노형으로서 일진회에 들었단 말인가?[9]

또한 앞서 말한 바와 같이, 단재 선생이 상해 《독립신문》 주필 자리를 거절하고 《신대한》을 창간한 이유는 이승만이 국제연맹에 한국 신탁통치를 요구했기 때문이다. 그는 《신대한》을 통해 상해 임시정부의 독립운동노선을 비판하면서, 3·1운동 이후 국내 민족주의자들 일부가 자치론, 내정독립론, 참정권론을 주장한 것에 대해서도 일관되게 비판했다. 자치론에 대한 단재 선생의 비판을 소개하면 아래와 같다.

첫째, 이른바 자치론 등은 독립운동을 완화시키고 분열시키려는 일제의 기만책에 불과하다는 것이다. 일제가 러일전쟁 때 동양평화, 한국 독립 보전 등을 담보한 맹약을 해놓고, 먹물이 채 마르기도 전에 한국을 식민지로 강점한 사실에서 이를 알 수 있다고 하였다.

> 너희들이 동양평화, 한국 독립 보전 등을 담보한 맹약이 묵도 마르지 아니하여 삼천리강토를 집어먹던 역사를 잊었느냐? '조선인민 생명·재산·자유보호', '조선인민 행복증진' 등을 밝힌 선언이 땅에 떨어지지 아니하여 이천만의 생명이 지옥에 빠지던 실제를 못 보느냐? 3·1운동 이후에 강도 일본이 또 우리의 독립운동을 완화시키려고 송병준, 민원식 등 한두 매국노를 시키어 이따위 광언(狂言)을 부름이니 이에 부화(附和)하는 자, 맹인이 아니면 어찌 간적(奸賊)이 아니냐?[10]

둘째, 그럴 리가 없지만 설혹 '강도(强盜) 일본'이 자치권 등의 요구를 허락한다고 가정할지라도, 자치의 허명으로는 민족적 생존을 유지할 수 없다고 하였다.

> 설혹 강도 일본이 과연 관대한 도량이 있어 개연(慨然)히 그 같은 요구

를 허락한다 하자. 소위 내정독립을 찾고 각종 이권을 찾지 못하면 조선 민족은 일반의 아귀가 될 뿐이 아니냐? 참정권을 획득한다 하자. 자국의 무산계급의 혈액까지 착취하는 자본주의 강도국의 식민지 인민이 되어 몇 개 노예대의사의 선출로 어찌 아사의 화를 구하겠느냐? 자치를 얻는 다하자. 그 어떤 종류의 자치임을 불문하고 일본이 강도적 침략주의의 간판인 '제국'이란 명칭이 존재한 이상에는, 그 부속하에 있는 조선 인민이 어찌 구구한 자치의 허명으로써 민족적 생존을 유지하겠느냐?[11]

단재 선생은 이러한 이유로 조선 민족의 절대독립을 포기하고 일본제국주의에 타협하려는 자치론자·내정독립론자·참정권론자를 단호하게 '우리의 적'이라고 선언하였다. 단재 선생이 이들을 조선 민족의 적이라고 단호히 규정하여 선언하고, 이를 분쇄하는 투쟁에 온 민족이 궐기할 것을 호소하는 것에서 그의 견결한 절대독립론의 진면목을 볼 수 있다.

단재 선생은 자치론에 대한 철저한 비판 다음으로 이승만·정한경 등이 3·1운동 직전에 미국에 제출한 국제연맹의 조선 위임통치청원도 비판하였다. 단재 선생은 이승만 등의 위임통치청원이 조국의 절대독립을 포기하고, 조국을 일본의 식민지로부터 미국의 식민지로 바꾸는 데 불과한 매국·매족 행위라고 통렬하게 비판하였다.

저들이 합병 10년 일인의 식민지 된 통한을 잊었던가. 독립을 위하여 총에, 악형에 죽은 선충선열(先忠先烈)이 계심을 몰랐던가. 조선을 원래 독립국이 아닌 줄로 생각하였던가. 갑작스레 위임통치청원서 및 조선은 미국의 식민지가 되고 싶다하는 요구를 미국 정부에 제출하여 매국·매족 행위를 감행하였도다.[12]

단재 선생은 위임통치청원을 반대하는 이유로 다음의 세 가지를 들었다. 첫째, 절대독립·완전독립을 위한 혈전(血戰)에 동포의 힘을 단합시켜야 한다. 둘째, 위임통치를 허용하면 독립운동노선에 여러 갈래의 혼선이 생겨 동포들을 미혹에 빠뜨린다. 셋째, 한편으로 독립운동을 하면서 다른 한편으로 독립을 포기한 위임통치를 요청하면 외국인에게 조선 민족의 진의가 어디에 있는가를 회의하게 만든다는 것이다.

3. 시기별 한국 언론인의 성격

1) 구한말·대한제국 시대

구한말·대한제국 시대의 언론인은 《한성순보》와 《한성주보》와 같은 관보 언론인과 민간신문 언론인들로 나누어 볼 수 있다. 《한성순보》와 《한성주보》 언론인들의 출신배경을 보면, ① 박문국 관리, ② 중국과 일본 등지에서 서양의 개화문물을 접한 사람들, ③ 역관 출신의 외국어 해독자들이다. 이에 견주어 민간신문 언론인들의 배경은 ① 한학파인 유근, 남궁억, 장지연, 박은식, 성낙영, 나수연, 남궁준 등의 동도서기론자 또는 개신유학파들, ② 서재필, 윤치호 등과 같은 해외유학파, ③ 양홍묵, 이승만, 유영석, 양기탁, 주시경 등 관립영어학교나 배재학당 출신으로, 개화사상과 서구시민사상 등을 터득한 국내의 신학문파이다.

이러한 배경을 지닌 구한말·대한제국 시대의 언론인들의 사상계보는 ① 개화사상(《한성순보》와 《한성주보》), ② 자유민권사상(《독립신문》), ③ 민족주의(《황성신문》, 《제국신문》, 《대한매일신보》)로 분류해 볼 수 있다. 이에 따라 이 시대 언론인들의 기질도 ① 계몽주의자형, ② 자유민권운동가형, ③ 우국지사형으로 나누어 볼 수 있을 것이다.

이 시대 언론인들은 언론인으로서 훈련을 받지 않은 아마추어들이라 할 수 있다. 그러나 그들은 무엇보다도 시대의 소명의식에 투철하였으며, 애국계몽주의운동가들이자 지사형(志士形)의 인물들이었다고 할 수 있을 것이다.

2) 일제 식민통치시대

일제 식민통치시대 언론인들의 출신배경을 보면, ① 구한말에 언론계에 투신한 관료 출신 인사들, ② 일본 유학파, ③ 국내에서 민족운동을 하거나 사상운동을 한 사람들, ④ 문인들로 크게 나눌 수 있다. 이들의 사상계보도 다양하여 ①《매일신보》등에 종사한 친일언론인, ② 우파 민족주의(김성수, 송진우, 장덕수 등 《동아일보》 진영), ③ 좌파 민족주의(신일용, 홍명희 등 《조선일보》 진영), ④ 공산주의(홍명희, 박일승, 조동우 등 화요회 계열, 김준연 등 ML계 조선공산당 계열, 이봉수 등 상해파 고려공산당 계열, 홍증식, 박헌영, 임원식, 김단야, 김형원 등 조선공산당 계열)로 분류해 볼 수 있다.

이러한 출신배경과 사상계보에 따라 이 시대 언론인의 기질을 ① 공산주의계열의 사상가형, ② 신간회운동에 참여했던 언론인들로 대표되는 민족주의 운동가형, ③ 문인기자들의 낭만주의형으로 범주화해 볼 수 있을 것이다.

이들은 시대상황과 사상계보, 기질에 따라 언론활동에서 지향하는 바가 다르기는 했지만, 1920년대에는 대체로 저항의 기자정신을 가졌으며, 기자직과 민족운동이나 사상운동을 병행했던 사명감을 지닌 사람들이었다고 할 수 있다.

3) 미군정 시기

미군정 시기의 언론인들의 출신배경은 대체로 세 가지 유형으로 분류할 수 있을 것이다.

①《매일신보》나《경성일보》등 일제 총독부 기관지 출신, ② 일제하 민족주의 신문 인맥, ③ 문인 출신이다. 그뿐만 아니라 이 시기 언론인들의 사상계보는 매우 명쾌해, ① 공산주의, ② 민족주이, ③ 중도파로 분류된다. 이와 같은 사상계보와 해방공간의 정치적 지향성이 결합하여, 이 시기 언론인들의 기질도 ① 정치가형(김성수, 여운형, 송진우, 장덕수, 백관수, 김준연 등), ② 공산주의운동가형(좌익 신문 기자들), ③ 낭만주의형(문인 기자들)으로 나누어진다. 이에 따라 이 시대 언론인들은 정치운동가의 성향을 강하게 드러내며, 정치현실에 참여하며 권력지향적 행태를 보였다.

4) 대한민국 건국 이후

대한민국이 건국된 이후 한국 언론은 많은 변화를 겪는다. 그에 따라 언론인의 성격도 크게 바뀌었다. 그러한 변화들 가운데서 중요한 사항 몇 가지만 지적해 보면 다음과 같다

첫째, 언론이 아마추어리즘에서 프로페셔널리즘으로 전환되었는데, 이는 제도의 변화로서 알 수 있다. 곧 기자의 채용이 공채로 이

루어지는 이른바 수습기자제도가 정착되었다. 물론 일제하에서도 공채가 시도된 바 있다. 예컨대 1918년경 《매일신보》가 홍난파, 유지영 등을 공채로 채용했으며, 《조선일보》가 1930년 4월과 1936년 3월에 공채로 기자를 선발한 기록이 있다. 그러나 그 시기의 공채는 제도화되지 못한 시험적인 것이었다.

따라서 기자의 공채제도는 《서울신문》이 1953년, 《조선일보》와 《한국일보》가 1954년부터 각각 수습기자를 매년 선발함으로써 정착된 것이라 할 수 있다. 말하자면 사회적으로 공인된 방법에 따라 기자를 채용함으로써 프로페셔널리즘이 제도적으로 정착하게 된 것이다. 또한 50년대 대학에 신문학과(홍익대, 1953년)가 설립되고, 한국신문연구소(한국언론연구원의 전신)와 같은 언론인 재교육과 연구를 수행하는 기관이 창설되기도 했으며, 한국신문편집인협회, 한국기자협회, 한국신문윤리위원회와 같은 전문직업단체들이 설립된 것 또한 언론의 프로페셔널리즘을 촉진시키는 계기가 되었다고 할 수 있다.

둘째, 자유당 정권 이후의 권위주의적 정부가 언론을 배제하는 정책을 시행한 데서 초래된 언론의 변질을 들 수 있다. 더욱이 유신체제와 전두환 정부는 극단적으로 언론을 배제시켜, 언론은 이른바 제도언론으로 변질되었으며, 언론인은 정권의 하수인으로 전락했다.

셋째, 언론인들의 정·관계 진출이 두드러지게 나타났다. 이 같은 현상은 언론기관이 인재의 집산지와 같았다는 데서 자연스럽게 나타난 측면이 있기는 하지만, 그보다는 언론인들의 권력지향이 초래한 측면이 강하다. 그 결과 언론이 정치권력의 참된 감시자 구실을 못하게 되고, 오히려 통제당하는 상황에 처하게 되었다. 참고로 역대 국회에 진출한 언론인의 수를 보면 아래와 같다.

① 제헌국회(30명), ② 2대(27명), ③ 3대(1명), ④ 4대(16명), ⑤ 5대

(29명), ⑥ 6대(18명), ⑦ 7대(18명), ⑧ 8대(19명), ⑨ 9대(33명), ⑩ 10 대(22명), ⑪ 11대(30명), ⑫ 12대(31명), ⑬ 13대(25명), ⑭ 14대(40명).

이 밖에 관계(官界)로 진출한 언론인도 적지 않다. 예컨대 1971년을 전후해 관계로 진출한 언론인은 행정부 22명, 대변인 15명, 해외공보관 16명에 이른다.

넷째, 언론의 기업화를 들 수 있다. 언론의 기업화는 역대 권위주의 정권의 언론정책과 한국 경제의 성장이라는 두 가지 요인에 따라 급속하게 이루어졌다. 곧, 권위주의 정권은 언론을 배제하는 한편으로 비판적인 언론을 무마하고, 정부의 정책에 동조하도록 만들고자 각종 시혜를 베푼 것이다. 말하자면 '채찍과 당근'정책을 이용하여 언론이 기업으로서 이윤창출을 목표로 삼게 만들었다.

이 같은 정책과 함께 7, 80년대의 급속한 경제성장은 자연히 광고시장을 크게 확대시켰다. 이러한 추세 속에서 이루어진 1980년의 언론사 통폐합조치 이후 살아남아 존속하게 된 언론사들이 광고시장을 황금분할하면서 언론의 기업화가 크게 촉진되었다.

다섯째, 언론의 권력화도 큰 변화의 하나로 들 수 있다. 언론은 그 막강한 영향력을 행사하여 각종 이권에 개입하고, 권언유착과 사회부패구조의 편승을 통해 권력을 행사하게 되었다. 더욱이 군부와 학생집단의 영향력이 상대적으로 매우 약화된 상황에서 언론의 힘은 더욱 강력해졌다고 볼 수 있다.

여섯째, 언론인의 직업윤리 부재현상을 지적할 수 있다. 이른바 '촌지'가 여전히 근절되지 않고 있는 것이다. 언론인의 직업활동과 관련하여 금품의 수수나 향응을 제공받는 데 대한 언론인들의 규범의식이 박약하다. 말하자면 언론인들이 직업윤리의 내면화에 실패한 것이다.

위와 같은 언론의 변모는 당연히 언론인의 성격에도 큰 변화를 초래했다. 그러한 몇 가지 변화를 꼽아보면 다음과 같다.

첫째, 구한말·대한제국 시대부터 일제 통치기를 거쳐, 대한민국 건국 이후 자유당 정권에 이르기까지 한국 언론인의 특징이었던 우국지사형 기질과 저항의 기질이 매우 퇴색해 버렸다. 그리하여 언론인은 사원화(社員化)되고, 기자정신은 탈색되기에 이르렀다.

둘째, 신문의 공적 과업이 소홀히 되고, 사익을 추구하는 성향이 등장했다. 또 신문을 단순히 상품으로 보는 상업주의가 팽배하고, 기자들 또한 그 같은 언론관을 지니게 되었다. 그리하여 언론은 대중성에 영합하는 데 급급해졌다.

셋째, 언론인이 권력화되었다. 언론의 막강한 영향력을 공적 과업을 위해 행사하기보다, 자사의 이익이나 자신의 영향력을 행사하고자 오·남용하는 결과를 보인다.

4. 결 론

지금까지 단재 선생의 언론사상과, 구한말 이후부터 현재까지 우리나라 언론인의 성격이 어떠했으며, 또 어떻게 변화했는지를 살펴보았다. 그로써 언론인으로서 단재 선생이 지향했던 바에 견주어 오늘의 언론인은 어떠한지 미루어 짐작할 수 있을 것이다. 이를 보다 구체적으로 논의해 보면 다음과 같다.

첫째, 오늘의 한국 언론인은 단재 선생이 지녔던 투철한 소명의식을 지니지 못하고 있다. 그의 소명의식이 그가 살았던 시대의 요청에 투철한 것이었다면, 오늘의 언론인도 이 시대가 요구하는 언론의 가지지향성에 설맞는 소명의식을 지녀야 마땅할 것이다. 더욱이 오늘의 언론인이 아마추어리즘에서 벗어나 진정한 프로페셔널리즘에 충실하기 위해 무엇보다도 중요히 여겨야 할 덕목은 전문직으로서의 투철한 소명감이다. 그러나 유감스럽게도 오늘의 언론인은 무슨 소명의식을 지니고 있는지 알 길이 없다. 통일된 민족국가의 형성, 진정한 민주주의의 실현, 시민사회의 성취, 인권의 신장 등의 문제에 대해 소명의식을 가지고 투철하게 언론활동을 하는 모습을 볼 수가 없다.

둘째, 오늘의 언론인은 단재 선생이 보여 주었던 불굴의 비판정신도 크게 결여되었다. 환경감시의 기능도 제대로 수행하지 못한 채, 독자들이 원하는 것을 제공한다는 명분으로 소비적인 흥밋거리에만 매달리고 있다. 이제 보도기사마저 연성(軟性)의 흥미위주로 쓰고 있다. 비판정신의 결핍으로 언론은 사회개혁의 촉진자가 되지 못하고 있으며, 오히려 비리와 부패의 방관자 또는 공범으로 지탄받고 있다. 오늘 이 나라를 위기에 처하게 만든 한보사건이나 김현철 사건 등도 언론이 환경감시의 기능을 방기하고 비판정신을 잃어버린 데서 초래된 것이라 할 수 있다.

셋째, 오늘의 언론인은 단재 선생이 일관되게 지녔던 확고한 신념도 보여 주지 못하고 있다. 언론인은 모든 편견으로부터 자유로워야 하지만, 신념만은 확고해야 한다. 과연 오늘의 언론인은 통일된 민족국가의 형성에 대해 얼마나 확고한 신념을 가지고 있으며, 민주주의에 대해, 또는 21세기의 국가경영에 대해 어떤 신념을 가지고 있는가? 신념의 결여는 결국 이 시대의 의제(agenda)를 왜곡하고, 여론을 오도하며, 시행착오를 거듭하게 만들 뿐이다. 따라서 오늘의 언론인이 단재 선생으로부터 배워야 할 교훈은 투철한 소명의식을 갖추는 일이오, 불굴의 비판정신을 발휘하는 일인 동시에, 확고한 신념을 지니는 일이라 할 수 있다. 이 세 가지를 결여한 언론인은 매일의 소비상품을 만드는 기능인일 뿐이다.

《문학과 지성》, 문학과 지성사, 1975

주(註)

1) 송건호, 〈언론인으로서의 단재〉, 《신채호의 사상과 민족독립운동》, 단재 신채호 선생 기념사업회, 1986, 255쪽.
2) 진덕규, 〈단재 신채호의 민중·민족주의의 인식〉, 《신채호의 사상과 민족독립운동》, 393~406쪽.
3) 논설 〈제국주의와 민족주의〉, 《대한매일신보》 1909년 5월 28일자.
4) 이광수, 〈탈출 도중의 단재 인상〉, 《조광》 1936년 4월, 211쪽.
5) 〈논(論) 일본지유죄악이무공덕(日本之有罪惡而無功德)〉, 《천고》(天鼓) 창간호, 《단재 신채호 전집》 별집, 255~257쪽.
6) 〈절대독립〉, 《독립신문》 1919년 12월 2일자.
7) 〈조선혁명선언〉, 《개정 신채호전집(下)》, 35~41쪽.
8) 〈일본의 3대 충노(忠奴)〉, 《대한매일신보》 1908년 4월 2일자.
9) 〈친구에게 절교하는 편지〉, 《대한매일신보(국문판)》 1908년 4월 12~14일자.
10) 〈조선혁명선언〉, 앞의 책, 37쪽.
11) 앞의 글, 앞의 책, 37쪽.
12) 〈성토문〉, 《신채호 전집》 별책, 88쪽.

신간회와 언론

1. 서 론

신간회가 창립되고 해소된 때까지의 기간을 전후로 서울에서 발행되고 있던 신문으로는 《동아일보》·《시대일보》·《조선일보》·《중외일보》와 같은 민족지를 비롯하여, 총독부 기관지였던 《매일신보》 등이 있었다. 이 신문들 가운데 《동아일보》와 《조선일보》만을 분석 대상으로 삼아 신간회 창립과정에서 보인 두 신문의 태도와 신간회 활동에 대한 보도경향, 그리고 신간회의 해소와 관련된 논조 등을 살펴보고자 한다. 이 두 신문만을 대상으로 한 까닭은 《시대일보》의 경우 1924년에 창간되어 1926년에 폐간되었으며, 《매일신보》는 총독부의 기관지라 신간회에 대한 보도를 하지 않았고, 《중외일보》는 1926년에 창간되어 1931년에 폐간되었으므로 마땅히 분석의 대상이 되어야 하겠으나, 자료의 접근이 어려워 제외하기로 했기 때문이다.

한편 이 문제를 논의하는 데 주된 관심을 민족협동전선인 신간회가 창립될 때까지 《동아일보》와 《조선일보》가 어떤 입장을 취했으며, 조직의 성격은 어떻게 파악했고, 신간회 해소에 대한 태도는 어떠했는지 밝히는 데 두었다. 따라서 이들 신문의 의견이라고 볼 수 없는 개인의 기고나 기명기사는 제외하고 사설만을 논의의 대상으로 삼았다. 이와 함께 신간회가 창립되고 해소될 때까지 신간회의 활동에 대한 보도기사는 형식 분석을 거쳐 개략적인 경향을 살펴보았다.

2. 신간회 창립과 언론

1) 민족협동전선의 구축과 언론

(1) 《동아일보》의 입장

우파 민족주의자들의 입장을 대변했던 《동아일보》는 문화운동 또는 실력양성운동의 하나인 물산장려운동이 전개되기 시작했던 1923년부터 민족협동전선의 형성을 주장했다. 《동아일보》는 1923년 1월 2일자 사설 〈50년 전과 50년 후〉에서 "조선인은 유산·무산을 논하지 말고 이 이중 삼중의 압박과 곤란에서 탈출하기 위해서 대동단결하고, 조선인이 만든 물산을 조선인이 사용한다고 하는 그 확고한 정신을 수립 실현하지 않으면 안 될 것"이라고 강조한 바 있다. 또한 1923년 8월 1일자 사설 〈2대 해방 운동의 일치점 — 주의적 운동과 민족적 운동〉에서도 "민족적 운동이라고 그 전부가 사회주의적 운동에 배치되는 것은 아니라고 믿는다. …… 민족적 삭취가 식민지정책의 근본인 이상 오늘날 조선에 있어서 민족적 운동과 사회주의적 운동을 배치되는 것으로 보는 것은 일종의 편견이 아니라면 일시적 감정론이 틀림없다"는 관점에서 민족주의 진영과 사회주의 진영 사이의 협동정신의 넘씽을 깅고했다.

그러나 《동아일보》는 민족협동전선을 구축하면서 민족주의 진영이 주도적 역할을 해야 한다는 입장을 분명히 하고 있다. 곧 1925년 9월 27일자 사설 〈우리 운동의 방향 ― 단결과 합류〉를 보면, 민족주의 운동이 중심이 되어야 하며 왜 그래야만 되는지를 다음과 같이 밝히고 있다.

> 그러므로 세계 대세로 보아서 주조가 되는 사회운동도 우리 사회에 한하여서는 민족운동의 주도에 합류치 아니하면 그 운동 자체의 실제적 세력을 완성키 어려울 것이다, 왜 그러냐 하면 우리 사회에는 자력(資力)의 발호보다 권력의 횡포가 더 일층 혹렬한 까닭이다. 환언하면 권력은 자본가의 원조를 받지 아니하고도 자유 행사할 수가 있으나 자본은 권력의 비호를 받지 아니하고는 일일이라도 그 존재를 유지할 수가 없는 것이 아닌가. 금일까지는 생명 재산의 유린과 인권 자유의 압박이 자력(資力)의 관계보다도 권력의 횡포에 단재(斷在)한 것은 누구든지 수긍할 것이다. …… 이러한 점에 있어서 조선에 한하여는 민중의 생명과 자유를 창달하는 근본적 방법이 자본 세력의 배제보다도 권력관계의 제한이 급선무인 것은 소연(昭然)한 사실이다.

한편 《동아일보》는 신간회의 창립을 앞둔 1927년 2월 1일자 신문부터 연속하여 3일 동안 〈현하 표면의 단체운동〉이라는 제목의 사설을 싣고, 단체운동이 동류단체 사이에 무용한 마찰을 야기해선 안 될 것이라는 요지의 주장을 하고 있어 주목된다.

⋯⋯ 적어도 금일에 있어서 표면의 단체운동은 어느 필요보다도 어느 실현성-현실화시킬 능력의 유무에 의하여 판단될 것이다. 어떠한 사람들이 어떻게 모이는 것이 중요한 것이 아니라 어떠하게 모였는지 어떠한 사업을 어느 정도까지 실현할 수 있는가가 중요시되는 바이다. 그러므로 사업을 중심삼되 그 사업을 계단 세워서 일단락씩 결과를 지어가는 것이요, 그 다음에는 이 시기에[이 시기가 어떠한 시기라는 설명까지는 략(略)하자] 일어나는 표면의 운동단체는 그 목적이 동일한 동류단체 간에 무용한 알력의 씨를 뿌리지 아니하여야 한다. 아무리 좋은 사업을 한다 할지라도 또 재래에 있던 동류단체 간의 투쟁을 되풀이한다면 그것은 조선민족의 현실에 비추어서 이보다는 해를 더 많이 장래에 끼치는 것이니 이것을 절대로 피하여야 한다. ⋯⋯ 대동단결이 일어날 수 있고 기분이 그에 향하여 최근 많이 움직여 온 오늘날에 이러한 단체운동자가 있다 하면 민족적 견지에서 단연히 용서하지 못할 자라고 믿는다.

이 사설에서 지적하고 있는 '표면의 단체운동' 또는 '운동단체'가 무엇을 지칭하고 있는지가 밝혀져 있지 않기 때문에 가정은 하기 어려우나, 신간회의 창립준비가 마무리된 시점에서 이 같은 견해를 표명했다는 것은 관심이 간다. 혹시 신간회의 창립준비과정에서 우파 민족주의 세력인 《동아일보》 측이 거의 보이콧 되다시피 한 상황과 관련된 것이라고 가정해 볼 수 있지 않을까 생각된다.

(2) 《조선일보》의 입장

1924년 9월 12일에 신석우와 최선익 등이 송병준으로부터 《조선일보》의 판권을 인수받고, 다음 날짜로 월남 이상재 선생을 사장으로 옹립하여 명실 공히 민족지로 새 출발한 뒤부터 1927년 2월 15일 신간회 창립에 이르기까지, 《조선일보》는 사설에서 민족주의(민족운동)와 사회주의(사회운동)의 양자 사이의 판세와 協同戰線의 形成문제를 빈번하게 다루었다.

월남이 《조선일보》의 사장에 취임하자, 박은식·서재필·이동휘 등이 《조선일보》의 장래를 격려하는 서신을 보낸 바 있다. 이 가운데서 이동휘는 "조선의 민족적 해방운동에 대하야는 어느 뎜에서는 협동전선도 만들 수 잇슴은 개혁하는 길에 잇서서 아니 밟기 어려운 계단입니다. 력사에 비치어 보아 해방운동에 민족운동이 압삼이가 되는 것은 다수한 군중을 단단히 뭉치게 함이외다. 이런 의미에서 형님의 금일 디위(地位)가 그 신망이며 더욱 《조선일보》를 향도할 책임이 무겁고 큽니다"라는 요지의 내용으로 월남으로 하여금 민족협동전선의 구축에 힘써 줄 것을 당부하고 있다.[1]

1924년부터 1927년의 신간회 결성에 이르기까지, 민족주의 운동과 사회주의 운동의 관계와 협동전선의 필요성에 대해 언급한 일련의 《조선일보》 사설에 표출된 주된 관점들을 요약해 보면 다음과 같다.

첫째, 민족의식과 계급의식은 엄연히 별개로 존재한다는 관점이 제시되고 있다. 곧 세계의 조류는 노동계급의 해방운동과 약소민족의 해방운동이 서로 손을 잡아 인류를 완전히 해방하려는 방향으로 나아가고 있기는 하나, 계급적 해방은 필연적으로 민족적 해방을 요구하지만, 민족적 해방은 으레 계급적 해방을 요구한다고 할 수 없다는 데 사회주의자와 민족주의자의 차이가 있다는 것이다. 그러나 세계 단일국가의 이상은 민족주의의 실현단계를 거쳐야만 한다는 것을 계급해방을 요구하는 사람들도 인정하는 바이므로, 민족적 해방까지는 계급해방운동가나 민족해방운동가가 협동해야 하리라고 보고 있다. 다만 그와 같은 목적이 달성된 뒤에 사회조직을 어떻게 할 것인가에 대해서는 양자 사이에 견해 차이가 있을 수 있다는 것이다.[2]

둘째, 민족운동과 사회운동은 각기 해방하려는 대상은 다르나, 그 방법이 반드시 다르다고 보지 않는다. 곧 어떤 경우에는 민족해방을 위해 사회개조의 전략을 채택할 수 있으며, 또 사회개조 또는 계급적 해방을 목표로 삼았을지라도 결과적으로는 한 민족을 하나의 단위로 삼는 경우도 있기 때문이다.[3]

셋째, 제국주의와 항쟁하는 것은 민족운동과 사회운동의 공통된 임무이다. 제국주의는 자본주의의 최종단계로, 자본주의가 필연적으로 도달할 곳이기 때문이다. 그러므로 사회운동자의 힘과 민족운동자의 힘을 제국주의 타도라는 동일한 목적을 향해 집중하는 것은 조선에서 무엇보다도 필요한 일이라는 결론에 이르고 있다. 곧, 민족운동가가 자본가에서 나타났다 할지라도, 그 철저한 민족운동이 결국 자본주의인 제국주의를 약하게 할 것이기 때문에, 사회운동가는 이에 협조할 의무가 있는 것이다. 또한 막대한 무산자가 있는 민족의 해방을 꾀하는 사람은 그 계급적 해방을 고려하지 않으면 안 될 것이므로, 진정한 민족운동가도 또한 사회운동에 참여해야 할 것이다.[4]

넷째, 민족좌익전선의 형성이 필요하며, 해방운동전선에서 민족좌익전선이 주역을 담당하고, 사회주의 운동자들은 지원세력이 되어야 한다고 주장하고 있다. 곧, 민족주의 좌익전선을 이룩하여 변동하는 시국에 대응하는 태도가 필요하다는 것이 당시 조선의 시대의식이라고 보고 있나. ㅗ 싸낡은 타락을 뜻하는 기회주의(예컨대 대동단 같은 세력)와 우경적인 타협운동이 대중의 목적의식을 마비시키고 투쟁력을 소모시켜 식민통치자의 의도에 부응할 위험이 있기 때문에, 비타협적인 민족주의 좌익전선을 형성하여 먼저 대중의 견고한 단결을 도모하고 정치적 훈련과 투쟁을 함께함이 옳다는 것이다. 이런 뜻에서 자치운동을 하는 우파 민족주의를 배격하고 있다. 그러면서 사회주의 운동과의 관계에 대해서는 다음과 같은 견해를 밝히고 있다.

> 좌익 민족전선은 당연히 최좌익인 사회운동전선과 연결하게 될 것이다. 그는 어쩌한 물적 연합이 잇거나 업거나 그 투쟁이 공동한 목표를 향하야 되는 날까지에는 반듯히 그리될 필연성이 잇는 것이오. 또 당위의 일이 되는 것이다. 그리고 사상적 분야에 잇서서 사회운동전선이 그의 제일선에 잇슴에 불계하고 현하의 실천장의 평면적 배치에서는 좌익 민족전선으로 하야금 그 정면의 주력부대로서 제일선에 나서야 할 것과 사회운동전선으로서는 그의 측면에서 응원의 포화 및 돌함(突喊)을 보내주어야 할 것은 전자에도 말한 바가 잇섯다.[5]

위와 같은 《조선일보》의 논조는 신간회의 결성을 촉진하는 여론형성과 깊은 연관이 있다고 볼 수 있다. 이때 민족운동과 사회운동의 공동전선형성의 필요성을 강조한 대표적인 논설 가운데 하나를 소개하면 다음과 같다.

> 원래 민족주의와 사회주의와는 서로 양립하지 못할 형세로 잇셔 일본의 적화방지단 대 사회주의자의 충돌, 영국 사회주의자의 인도민족해방을 방조하는 등 사례가 증명하는 바이어니와 우리 조선과 갓흔 약소민족에 한하야는 더 강대민족 내의 그것과 갓치 빙탄불상용(氷炭不相容)의 이유를 발견할 수 없다. 강대민족의 민족주의는 이기 배타적 군국주의

색채물 씨엿슴에 반하야 우리 약소민족의 요구는 단순한 민족적 해방에 불외한 것이며 강대민족의 사회주의의 적(敵)인 자본계급은 그 민족 자체 내에서 존재하지마는 피정복민족의 착취계급은 민족 자체 내에 잇다 하기보다 차라리 정복민족 내에 잇다 함이 온당한 견해가 안인가. 상밀히 해부하면 약소민족 자체 내에서도 자본계급이 업는 것은 아니다. 극소수에 불과할 쑨더러 정복국의 지배계급에 의부(依附)하야 겨우 잔천(殘喘)을 보존하는 무리라. 사회주의로셔 그것을 적대의 계급으로 볼 가치도 업고 민족주의로 보아도 그것은 반역자로 배척할 것이다. 그러면 우리 조선의 민주주의와 사회주의와의 충돌되는 이유가 어대 잇는가. 강대민족의 지배계급 즉 자본계급의 존속과 이익을 위하야 쏘는 국내에 재한 사회문제의 분규를 완화하기 위하야 군국주의로쎠 신시장을 해외에 개척하고 약소민족에 향(向)하야 경제적 착취를 사행(肆行)함으로 국제적 분규와 민족적 알력이 모다 이에셔 유생(由生)하는 것이다. 이로쎠 보면 피정복민족에 잇셔는 민족주의나 사회주의를 불문하고 그 목표가 모다 정복자의 경제적 착취와 정치적 압박으로부터 해방함에 잇다 할 수 잇스니 셔로 반목질시할 이유가 무엇인가. 그러나 그 내부를 해부적으로 세찰하면 양자 간의 현저한 차위가 잇슴을 발견하겠다. 전자는 정치적 해방을 요구함에 반하야 후자는 경제적 해방을 요구하며, 전자는 민족일치를 고조함에 반하야 후자는 계급의식을 절규하나니 즉 전자는 추상적 관념이요, 후자는 구체적 현실이다. 그런데 정복자가 강대민족의 자본계급임에 불구하고 그 민족 내에셔도 우리와 동일한 착취를 당하는 무산계습까지 적시(敵視)함은 민족주의자의 류견(謬見)이 아니라 할 수 업스며 민족 전체가 공통한 이해관계가 잇슴에 불구하고 동장상혁(同墻相鬩)으로 지체부터 분얼고서 함은 사회주의자의 오산이 아니라 할 수 업다. 그러면 양자의 견해상 차위와 정략의 오류를 고찰하야 다소의 수정을 가할 필요가 잇다.

민족주의자 중에는 강대민족의 정치적 압박의 근본원인이 경제적 착취에 잇슴을 망각하고 정신·민족적 반감에 질주하야 계급의식을 무시하고 타협적으로 민족일치를 강조하는 일은 만타. 그리고 사회주의자 중에는 실제를 경시하고 이론에 편경(偏傾)하야 지방적 특수사업을 고려치 안코 선진국의 실례를 그대로 적용하랴는 겸(慊)의 업지 안타. 또 민족의 해체를 절규하야 공동선상에 션 전우를 구축함이 정략의 착오이다. 일본의 호헌파와 영국의 노동·자유 양당의 제휴를 조(照)하여도 정략상 일시 협동할 필요가 잇지 않은가. 그러면 전자는 주의에 수정을 가하고 후자는 정략을 응변하야 민족적 계급적의 대동단결로써 공동전선에 병진함이 현하의 득책인 줄로 사유한다.6)

지금까지 살펴본 《동아일보》와 《조선일보》의 민족협동전선 구축에 대한 입장을 정리해 보면 다음과 같은 공통점과 차이점을 발견할 수 있다.

첫째, 두 신문 모두 민족협동전선의 구축을 기본으로 촉구하고 있다.

둘째, 두 신문은 다 같이 민족협동전선의 결성과 활동에서 민족주의 진영이 주도권을 가져야 하며, 사회주의 세력은 뒤에서 이를 뒷받침해야 할 것이라고 주장하고 있다.

셋째, 그러나 《동아일보》는 좌·우파를 구분하지 않고 모든 민족주의 진영이 민족협동전선에 참여해야 한다는 입장인데 견주어,《조선일보》는 우파 민족주의를 배격하고 좌파 민족주의만의 참여를 주장하는 점에서 차이를 보인다.

2) 신간회의 창립과 언론인의 역할

신간회 창립준비위원은 통상 김동명·김준연·김탁·권동진·정재룡·이갑성·이승훈·정태석·이승복·이정·문일평·박동완·백관수·신석우·신채호·안재홍·장지영·조만식·최선익·최원순·박래홍·하재화·한기악·한용운·한위건·홍명희·홍성희 등 27인으로 알려져 있다. 그러나 〈고등경찰요사〉(高等警察要史)에는 상기한 27인 가운데 하재화가 빠져 있는 대신, 이관용·이상재·이순탁·이정섭·유억겸·이종린·이종목·장길상 등이 포함된 34인으로 기록되어 있다. 조지훈은 이 34인이 나중에 추가한 정식발표인 것 같다는 견해를 피력했다.

이 발기인들 가운데 어떤 사람들이 언론계 인사들인지 보면 다음과 같다. 총 27인이 발기인이라고 보았을 때, 김준연·백관수·신석우·안재홍·장지영·한기악·최선익·이승복·홍성희 등 9인이 조선일보계이며, 최원순과 한위건은 동아일보계라 할 수 있다. 그러나 최원순은 신간회 창립대회가 끝나자 사퇴한 것으로 알려져 있으며, 한위건은 조선공산당계였으므로 명목상으로만 동아일보계로 분류된다는 의견이 있다. 또한 발기인을 34인이라고 본다면 이관용, 이상재 등이 조선일보계로 추가될 것이다.

이렇게 볼 때 신간회의 창립 발기인 가운데는 《조선일보》 계열 인사들이 대거 참여하고 있다는 것을 알 수 있다. 이러한 배경으로 말미암아 《조선일보》는 신간회의 기관지 구실을 하게 되었으며, 국내의 138개 지회도 대다수가 《조선일보》 지사나 지국을 주축으로 결성되었다고 일려져 있다.

3. 신간회활동에 대한 언론의 보도경향

신간회가 창립된 이후부터 해소된 뒤인 1932년까지 《동아일보》와 《조선일보》가 보도한 신간회의 활동과 관련한 기사를 형식 분석한 것이 〈표-1〉과 〈표-2〉이다. 이 표는 《동아일보》의 기사 색인집과 《조선일보》의 항일기사 색인집을 출처로 형식 분석한 것이므로, 분류 유목에 따른 착오가 있을 수 있다는 점을 전제로 한다. 그러나 일반적인 경향을 파악하는 데는 유용하리라고 생각된다.

연도 유형	1927		1928		1929		1930		1931		1932		계	
	동아	조선	동아	조선	동아	조선	동아	조선	동아	조선	동아	조선	동아	조선
사 설		6	1*	2		3		1	2*	1		0		12
스트레이트	339	360	370	335	481	314	193	173	111	52	0	5	1,494	1,239
스케치	6	14	4	16	11	4	7	4	1	2	0	1	29	41
기 타	1	2	0	0	1	1	0	0	2	3	0	1	4	7
계	346	382	374	353	493	322	200	177	114	58	0	7	1,527	1,299

자료출처 : 《동아일보》 기사 색인집, 《조선일보》 항일기사 색인집.
　　　　 * 는 별도로 《동아일보》 지면에서 찾아낸 것임.

〈표-1〉 신간회에 대한 보도 유형

〈표-1〉을 보면 사설은 《조선일보》가 《동아일보》보다 더 많이 썼으며, 일반 기사는 《동아일보》가 더 많이 실은 것을 알 수 있다. 연도별로 보았을 때 보도기사는 1927년을 제외하고 해마다 《동아일보》가 《조선일보》가 더 많이 싣고 있는 것으로 나타났다. 이것은 《동아일보》를 중심으로 한 우파 민족주의 진영이 1928년부터 보다 적극적으로 신간회에 참여하기 시작한 것을 반영하는 것이 아닐까

연도 \ 유형	1927		1928		1929		1930		1931		1932		계	
	동아	조선	동아	조선	동아	조선	동아	조선	동아	조선	동아	조선	동아	조선
조 직	157	198	59	4	9	45	1	3	0	0	0	0	226	250
활 동	174	161	285	267	409	200	126	48	86	27	0	4	1,080	707
탄 압	14	22	30	81	75	73	73	126	24	30	0	3	216	335
기 타	1	1	0	1	0	4	0	0	4	1	0	0	5	7
계	346	382	374	353	493	322	200	177	114	58	0	7	1,527	1,299

자료출처 : 《동아일보》기사 색인집, 《조선일보》항일기사 색인집

〈표-2〉 신간회에 대한 보도 내용

생각된다.

〈표-2〉는 보도기사가 신간회의 어떤 활동을 다룬 것들인가를 분석한 것이다. 그 결과를 보면, 《조선일보》는 신간회의 조직과 관련된 기사 및 신간회 활동에 대한 일제 당국의 탄압을 많이 다루었고, 《동아일보》는 신간회의 활동상황을 많이 보도했다는 것을 알 수 있다. 더욱이 《조선일보》는 신간회가 해소된 뒤인 1932년에도 비록 몇 개에 불과하지만 신간회와 관계된 기사를 싣고 있다는 점이 주목된다.

신간회의 기관지 구실을 한 《조선일보》가 신간회 창립 이후 '신간회 각지 소식' 란을 따로 두고, 신간회활동과 관련된 기사를 편집했다는 점도 지적할 만하다. 참고로 신간회와 관련된 두 신문의 사설 제목을 소개하면 다음과 같다.

《동아일보》

〈신간대회 금지에 내하어〉(1928년 2월 9일자), 〈신간회 전체 대회 개최〉(1931년 5월 15일자), 〈신간회 해소 가결〉(1931년 5월 16일자)

《조선일보》

〈신간회 창립준비〉(1927년 1월 20일자), 〈민족단일당〉(1927년 5월 12일자), 〈민족단일당의 문제〉(1927년 8월 7일자), 〈신간회의 경성대회〉(1927년 12월 10일자), 〈신간회의 급속한 발전〉(1927년 12월 23일자), 〈신간지회와 지방경찰〉(1928년 2월 11일자), 〈신간회 창립기념〉(1928년 2월 15일자), 〈신간경성지회 임시대회 개최〉(1929년 1월 20일자), 〈해소론 냉안시〉(1930년 12월 26일자), 〈기로에 선 신간회〉(1931년 5월 16일자)

4. 민족단일당 형성에 대한 의견

《조선일보》는 여러 사설에서 신간회의 궁극적인 목표는 민족단일당의 형성이라는 것을 거듭 강조하고 있다. 그러나 이를 위해 조급하게 서두르지 말아야 한다고 충고하면서, 무엇보다 먼저 신간회가 내실을 기해줄 것을 당부하는 입장을 취했다. 민족단일당의 형성과 관계있는 《조선일보》 사설의 요점들을 몇 가지 소개하면 다음과 같다.

첫째, 신간회는 우선 단일정당의 매개형태로 존재하고 있다는 점을 명백히 하고 있다.

"…… 정치적 특수지대인 조선에서 이 비타협적 민족주의의 입장에서 민족적 정치투쟁을 사명으로써 하는 단일정당의 매개형태로서의 신간회가 존재하게 된 것이오, 또 건설하게 된 것이다. 신간회원과 그의 지도자들과 그리고 또 이를 간여하는 일반 민중은 이 점에 관하야 퍽 고찰할 필요가 잇슬 것 ……"[7]

둘째, 그러나 그 시점(1927년 12월)에서 민족단일정당으로서 갖추어야 할 여러 조건을 구하려 하는 것은 시기상조라고 보았다. 그 대신 신간회가 할 일을 다음과 같이 지적하고 있다.

"정치적 전위분자를 규합하는 것이 조직과정의 초기에 잇는 동회의 행사라 하거니와 전위분자의 규합 및 통일이 우선 당면의 급무이오. 농민, 노동, 자본 등 각층 또는 기타 일반의 동작요소를 지을 만한 층에 대하야 소위 비약적 침투 및 전개를 기하는 것은 아직도 차기의 일인 것을 만족하여야 할 이지(理智)를 가져갈 것이다."8)

이와 같은 견해는 다음과 같은 사설에서도 거듭 반복되고 있다.

단일당은 민족적 총역량을 집중한 단일정당이라고 의미하는 바이오. 그리고 신간회는 단일당으로서 존재하고 쏘 생장하고 잇다. 오인은 지금 신간회 그것에 관하야 벌서 민족적 단일정당으로서 확립되었고 쏘 존재하는 것이라고 단정하지는 안는다. 그는 지금 사상단체의 범주를 멀리 써나지 못한 일종의 과도형태로서 존재하는 것이오. 단일정당으로서의 불가결의 소임인 민족적인 정치투쟁에 대하야 어써한 행동을 일으킴에는 달하지 못하였다는 것이 한 솔직한 비판일 것이다. 그러나 단일민족정당이 나와야 할 것이 조선에 잇서서의 객관적 필연의 정세이라 하면 지금 발생기 및 생장기에 잇는 신간회가 아즉 얼마 동안 사상단체와 정치투쟁단체의 두 중간에 걸쳐 잇는 과도형태로서 존재할 밧게 업는 것도 객관적 정세에 의하야 쏘 승인하지 아니할 수 업다.9)

오즉 급속한 수량적 발전을 아페 노코 신간회의 책임자들과 밋 그 구

성한 각지의 인사들은 엇더케 소위 투쟁적인 결속을 실현하고 또 민족
단일정당으로서의 직능을 하로라도 밧부게 이행케 할는지가 가장 긴절
한 문제가 되는 것이다. 그는 수량적 발전이 필요하면 필요한 것만치 그
의 견고한 투사적 동지적의 결성이 더욱 필요한 것인 까닭이다. 그러나
오인으로 지금 절언코저 하는 바는 미숙련한 민중으로 더불어 급조(急
躁)한 출전(出戰)을 생각하는 것보담은 오히려 자중불발(自重不發)하여서
그 자체의 견실한 생장을 기하는 데 있는 것이다. 형세가 확실히 적측에
유리함을 보고 오히려 더욱 나아가기 위한 후퇴를 하지 안은 것은 죄악
이라고 하지 아니하였는가?[10]

5. 신간회의 해소와 언론의 논조

《조선일보》는 1932년 12월 3일자 신문에서 〈해소 후의 신간회〉라
는 기사를 통해 신간회가 해소된 이유를 다음과 같이 요약해 주고
있다.

해소를 주창하게 된 이유는 자연법칙이나 정치운동을 물론하고 그 어
느 시긔에 잇서서는 량(量)에서 질(質)로 변하는 비약이 잇는 것이며 또
한 신간회라는 간판 밋헤서 형식적 일흠은 놉헛스나 그 실질에 잇서 아
모 긔능을 발휘하지 못할 뿐 아니라 각칭 각방을 망라한 만치 소뿌르좌
지의 미적지근한 운동에 지내지 못하고 조선의 로동자와 농민에게는 일
종의 반동단체로써 도리혀 사회적 권익의 획득을 방해하는 것이라 하야
과거를 일체로 청산하기로 하엿든 것이다.

이에 앞서 신간회 부산지회에서 해소론이 대두되었을 때, 《조선 일보》는 또 다른 사설에서 "하등의 적극적 투쟁이 없을 뿐만 아니라 민족단일당의 미명 밑에 도리어 노농대중의 투쟁욕을 말살시킨다" 는 해소론을 주장하는 측의 논리를 다음과 같이 반박했다.

하등의 적극적 투쟁이 없을 뿐 아니라 …… 민족단일당의 미명 밑에 도리어 노농대중의 투쟁욕을 말살시킨다는 것은 대체로 해소 측의 기본 이론일 것이다. 이는 언뜻 들어 일리가 있다. 그러나 나삐 듣고 싶은 것은 해소한 뒤에 무엇을? 또 어떻게 할 것인가? 적극적 투쟁이 없고 혹은 투쟁의 발전을 저해하는 소부르좌적인 집단을 해소하면 보다 以上의 현실적으로 강고한 대중적 투쟁조직이란 것을 현하에서 수립할 수 있는 가? 단순한 독자의 관념은 아니오, 조선의 엄숙한 현실에서 그것을 확립할 수 있는가? '해소'의 숙어 및 그 이론은 일본의 노동당의 그것에서 섭취한 것 같이 추단되거니와 '노동조합과 농민조합의 확대 강화'와 그의 '전투화'를 방해한다고 하여 합법정당으로서의 노동정당을 해소하고 거기로 복귀하려는 투쟁동맹으로서의 노동조합을 조선에 가졌는가? 해소론은 그들의 무산운동에 있어서도 대중적으로 극복될 수 없는 일부의 이론으로 되어 있거니와 이러한 뿌리 깊은 조합의 진영도 갖지 안했고, 삼총(三總)의 해금 같은 것이 다만 지상일편(紙上一片)의 결의로만 보도 되는 현상에서는 전혀 수긍할 수 없는 바이다. 조합을 중심으로 확고한 노동 농민의 투쟁의 진영을 가졌고 또 가질 수 있는 일본의 좌익무산운 동 그것과 이 점에 있어 거의 무권력한 조선의 분산적인 빈궁한 인민과 는 섣불리 비교할 수 없다. 논자 또 왕왕 중국의 국민당을 인증하니 긴 청(前淸) 이래 40년에 흥중회(興中會), 동맹회 등 시대를 거치어 처음에 멸만흥한(滅滿興漢)의 봉건적 배타주의에서 생장되고 오족공화(五族共和)

라는 정복적 의식에서 염색되며 또는 일정한 독자적인 주권 아래 신흥한, 또 신흥할 수 있는 민족적 자본벌(資本閥)의 기반 위에서 부르좌적 민주주의나 또는 그의 독재권도 수립할 수 있는 중국의 그것과는 비할 수도 없다. 민족적 자본벌의 바탕에 신예한 자위적인 군대를 제조 또 장악할 수 있는 중국의 당치주의(黨治主義)의 영웅들과 조선의 적극적 투쟁을 할 수 없는 정세 아래 있는 소부르좌적 집단이란 그것과는 동일로 비할 수 없다. 구체적인 특수정세가 조선에 있어 매우 다르다. 중국의 무산운동자들과 같이 '많은 희생을 내고' 또 '최후에 이중국(二重國)을 면치 못할 것'이라는 것은 우세한 총명이요, 신중치 못한 앞질러 근심일 것이다.

전 지역의 각층을 총합한 전 인민이 동일한 정치형태 미테에 고뇌하고 있고 경제적 흡취되는 조건도 대부가 정치적 형태 및 그 기능으로 되는 바이다. 이러한 전연 특수지인 처지에서 각층 각 부문을 총합한 민족단일당의 과도체가 다음의 시기에 어떠한 전선적인 정치적 동작 때문에 요구되는 점일 것이다. 만일 갑과 을의 두 경향의 주의자가 소위 '합성잡취당(合成雜吹黨)'적 존재로서 회의, 견제함이 있어 내재적으로 그 역량을 마비하는 바 있다 하면 갑을(甲乙) 병립으로 확고한 동지적 협동을 기함도 좋을 것이다. 그러나 이것조차 현실의 확고한 실천적인 동작을 떠나서 관념적으로 또 종교적으로 헤메는 터인 때문에 비로소 강구되는 '하책(下策)'일 것이다. 그리고 정치적으로 전연 무권력한 현하의 조선인으로서 소위 투쟁적 결과 및 그 생장이란 자가 거의 불가능한 일이라 할진대 신뢰할 동지로써 당무케 하고 전연히 계몽적 또 교훈적 결성 및 생장의 길을 밟으면서 다난하게 다음의 시기를 기다림도 가할 것이다.

왜? 유(有)는 생장할 수 있고 또 비약의 미래도 기할 수 있지마는 무(無)는 드디어 무이요, 분산은 집중통제를 언제나 천강(天降)케 할 수 없

다. 조신인은 그만 직역적(直譯的) 혹은 국제연장적인 관념론에서 스스로를 청산시킬 것이다.[11]

이와 같은 해소론자들의 주장에 대한 반박은 신간회의 해소가 가결된 전체대회가 열린 1931년 5월 16일자 사설 〈기로에 선 신간회〉에서도 계속된다. 이 사설에서 《조선일보》는 신간회가 창립될 당시 그 관계자들이 반드시 민족단일정당을 결성할 것을 목표로 했던 것은 아니라는 점을 지적하고 있다. 곧, 좌익적인 민족운동자와 사회운동자(사회주의자) 사이에 일정한 과정까지의 이해가 일치됨에도, 계급을 철폐하면서까지 온전한 단일체로 될 수 없는 것은 거의 상식에 속하는 귀결이라고 진단했다. 그 결과 신간회 내부의 주도권 다툼이 주된 관심사가 되어 해소론에 이르게 되었다고 보았다. 물론 이 사설에서 비판하고 있는 해소론의 책임자이자 처음부터 민족단일당의 결성을 목표로 삼지 않았다고 비난받는 화살의 표적은 사회주의 세력이다. 이 부분을 옮겨 보면 다음과 같다.

신간회가 창립되든 당시 그 관계자는 반듯이 민족단일정당을 기획한 바 안이니 후진적인 특수정치구역에 잇는 조선의 객관적 사정이 선진국가의 그것과는 달러서 좌익적인 민족운동자와 국제적 횡단선의 일 연쇄체로서의 계급운동자와의 일정한 과정까지의 이해가 일치됨에 불계하고 계급을 철폐하면서까지의 순연단일체로 될 수 업는 것은 거의 상식적으로 필연에 속한 것인 까닭이엇섯다. 계급철폐를 필수로 하는 민족단일당의 존재가 불가능하다 하면 남은 것은 갈 데 업는 영도권의 문제이니 이는 '헤게모니'론이 실세 투쟁 그것보다 압서서 신간회를 휩싸고 도는 논조로 되엿든 까닭이다. 그러나 유심인(有心人)으로서 말하라면 진정한 목표에 향해서의 일정한 총결적인 진출 동작을 일으키어 보기 전에 그 내부에 잇서서의 영도권의 문제가 보담 더 관심사로 되고 또 파문을 격성(激成)한 그것이엇섰다. 그러나 이 조류를 생성시키는 역사적 정세는 드듸어 해소론에까지 가고 만 것이다.

한편 《동아일보》는 1931년 5월 18일자 사설 〈신간회 해소 가결〉에서 다음과 같이 쓰고 있다.

> …… 조선 민족의 사상적 지주가 되어온 점에 잇서서 그 영향이 적지 안앗다고 할 것이다. 오직 "조선의 현실적 정세는 표면적 정치운동의 활발한 전개를 불허하며 또는 해회(該會)의 지도적 전위의 결성이 결여하야" 간부의 개○가 빈번하며 회의 구성 분자가 아직도 조직 훈련기에 잇는 등 ○○의 원인으로서 효과적인 강력을 발휘하기에는 아직도 앞을 기다릴 수밖에 없는 형편이엇던 것은 무가여하(無可余何)의 일이엇슬 것이다. 겨우 생장기에 드러갓다고 볼 신간회가 돌연 해소의 파랑에 깨어진 것은 돌이여 의외의 일이라고도 볼 것이나 다시 냉관하건대 이미 민족운동에서 출발한 신간회로서 금일 해소함에 있어서 "계급운동에 대한 질곡을 짓는다 함을 이유로 삼음이 신간회를 주체로 보아 일종의 모순임이 틀림없다." 이 사실은 오즉 신간회가 주체의 지도이론을 결여하고 객체의 이론에 부수 또는 이용되어 잇섯다는 것을 증(證)하는 것이다. 논리상에 잇서서 이것이 명백할 뿐 아니라 사실상에 잇서서도 신간회 내에 포괄된 민족주의자층이 대체로 피동적으로 동원된 경우가 많고 자발적 지도 구상에 의함이 아니었던 것이 사실이라 함이 과언이 아니랄진대 금일 신간회가 주인 잃은 집이 됨이 필연의 리(理)가 아닐까 한다. …… 타방 민족운동선상에 있어서도 사상적 동요를 방지하기 위하야는

현재의 민속주의자는 자립적 입장으로서의 권토중래의 준비가 잇서야
할 것이다.

위와 같은 《동아일보》의 사설에서 우리는 신간회의 해소책임이
신간회 안의 민족주의자들에게 있다는 지적에 유의하게 된다. 여기
서 지칭하고 있는 민족주의자란 좌파 민족주의자들을 뜻함일 것이
다. 또한 이와 함께 민족주의 세력만의 단결로 결론짓고 있는 부분
도 음미할 만하다.

《한국민족운동과 신간회》, 조선일보사, 1987

주(註)

1) 〈조선일보사장 이상재 형님 압폐〉, 《조선일보》 1925년 1월 17일자.
2) 〈계급의식과 민족의식〉, 《조선일보》 1926년 6월 14일자.
3) 〈해방 전지에 2대 조류와 2대 장해〉, 《조선일보》 1925년 1월 8일자.
4) 〈사회운동과 민족운동과의 상관〉, 《조선일보》 1926년 4월 14일자.
5) 〈민족좌익전선의 의의 및 사명〉, 《조선일보》 1927년 2월 9일자.
6) 〈현하 사상계의 2대 조류 ― 민족주의와 계급의식〉, 《조선일보》 1924년 5월 17일자.
7) 〈신간회의 경성대회〉, 《조선일보》 1927년 12월 16일자.
8) 같은 글, 《조선일보》 1927년 12월 16일자.
9) 〈민족단일당의 문제〉, 《조선일보》 1927년 8월 7일자.
10) 〈신간회의 급속한 발전〉, 《조선일보》 1927년 12월 23일자.
11) 〈해소론(解消論) 냉안관일비국제연장주의(冷眼觀―非國際延長主義)〉, 《조선일보》 1930년 12월 26일자.

찾아보기

ㄱ

가와가미 하지메(河上肇) 218, 238,
    244, 250
가치 98, 99, 101, 103, 111, 170,
    263, 264
가치정향(Value-Orientation) 100,
    101, 102, 103, 264, 265, 266
가치지향 92, 258, 277, 278
가치체계 92, 258, 277
갑신정변 19, 32
갑오개혁 19
갑오농민전쟁 19
《개벽》 195, 337
〈개조〉 344, 347, 348
개조론 269, 270, 273
개화 18, 140, 141
개화사상 19, 20, 380
개화자강 37, 143, 145, 146, 149,
    181
개화파 18, 94
《경성신문》 96

《경성일보》 333, 382
《경향신문》 51
계급론 207, 209
고려공산당 381
고려공산청년회 225, 246
고문통치(顧問統治) 45, 48, 86
고하 송진우 321, 337, 381, 382
《공립신보》(共立新報) 282
공립협회 276
공산당 189, 195, 226, 240
공산당사건 226, 248
공산주의 188, 190, 194, 195, 196,
    197, 198, 199, 202, 203, 205,
    207, 209, 214, 239, 240, 241,
    243, 244, 245, 247, 248, 249,
    250, 381, 382
공산주의운동 188, 189, 197, 203,
    207, 208, 209, 210, 211, 222,
    240, 242, 245, 248, 250
광무 신문지법 77, 165, 167, 168,
    169, 194

국민주권론 18
국민협회 294
국제연맹 378, 379
국채보상운동 75, 76, 77
군민동치론(君民同治論) 18
권동진 245, 398
권력지향형 276, 278
《권업신문》 375
규범신문(規範新聞) 3, 16, 93, 149, 181
규범체계 277, 283
근대 신문 15, 13, 130, 132, 133, 139, 140, 143, 149, 181, 182
근대 민족주의 17, 19, 20, 22
급진개화파 18, 32
기타자와 신지로(北澤新次郎) 234
김기수(金綺秀) 131, 133
김단야 246, 306, 381
김달진 306
김동명 398
김동성 305, 319
김민환 21
김성수 381, 382
김약수 245
김윤식 18
김재봉 225
김준연 239, 246, 306, 381, 382, 398
김창숙 375
김탁 398
김형원 306, 381

ㄴ
나수연 380
남궁억 380
남궁준 380
남녀평등 112, 175
내셔널리즘(nationalism) 22
내용분석방법 21
노동계급 223, 226
노동문제 207, 209, 232, 233, 234, 249, 346
노동운동 198, 210, 211, 214, 215, 217, 222, 231, 232, 233, 237, 243, 244, 249, 250
노수현 318
노자쟁의(勞資爭議) 232, 233
농민운동 198, 211, 231, 234, 235, 237, 249
농업문제 234, 249

ㄷ
단재 신채호 58, 373, 374, 375, 376, 378, 379, 380, 385, 386, 398
대공주의 262
대성학교 276
《대양보》(大洋報) 375
대의제도 114, 177, 179
대정실업친목회 193, 294, 301
《대조선독립협회회보》(大朝鮮獨立協會會報) 20, 96
《대한매일신보》(大韓每日申報) 42, 44, 85, 142, 144, 165, 166, 167, 168, 176, 375, 377, 381

412

《대한신보》 96
대한인국민회 269, 276
도산 안창호 258, 259, 261, 262,
　　263, 264, 265, 266, 268, 269,
　　270, 271, 272, 273, 274, 275,
　　276, 278, 280, 281, 282, 283,
　　285, 338, 362
도산사상 257, 258, 267, 269, 272,
　　273, 284
《독립신문》(獨立新聞) 20, 87, 93,
　　94, 95, 96, 97, 109, 110, 111,
　　112, 113, 115, 116, 140, 144,
　　147, 151, 153, 154, 155, 158,
　　163, 164, 165, 176, 179, 282,
　　334, 335, 337, 339, 340, 341,
　　342, 343, 347, 348, 353, 354,
　　360, 376, 378, 380
독립전쟁 351, 352, 353
독립협회 19, 20, 21, 95, 96, 97,
　　282, 289
《동광》 364
동도서기론(東道西器論) 18, 32, 39,
　　380
《동아일보》 141, 145, 147, 158,
　　169, 171, 189, 193, 195, 196,
　　197, 198, 199, 200, 202, 205,
　　209, 212, 214, 215, 218, 240,
　　242, 243, 244, 294, 295, 296,
　　304, 305, 319, 324, 337, 338,
　　381, 389, 390, 391, 392, 397,
　　398, 399, 400, 407, 408
동우회사건 338
동학사상 19

ㄹ

러일전쟁 45, 48, 50, 55, 57, 58,
　　63, 64, 67, 78, 84, 85, 86, 164,
　　378
레닌 243
리상재 322

ㅁ

마르크스 사상 218, 238
마르크스-레닌주의 195
마르크스주의 243
만민공동회운동 97
만함(萬咸: Alfred Marnham) 43, 44,
　　52, 53, 54, 55, 84
《매일신문》 96, 141, 144
《매일신보》(每日申報) 333, 381,
　　382, 383, 389
〈멍텅구리〉 318
무단통치 188, 190, 191, 192, 272,
　　290, 291
무명회(無名會) 319, 323
무산계급 214, 222, 223, 231, 232,
　　248, 249
무산대중 222, 223
무산자 249, 394
무실역행(務實力行) 258
문명개화 143, 144, 145, 146, 149,
　　181
문예운동 198
문일평 398
문화론 207, 208, 209
문화운동 390
문화통치 169, 188, 190, 192, 193,

290, 296, 302
물산장려운동 243, 390
민권신장론 18
민족개량주의 242, 243
〈민족개조론〉 337, 340, 343, 347,
  348, 367
민족단일당 245, 401, 406
민족단일전선 245
민족성개조론 20, 264, 275
민족운동 220, 221, 226, 227, 229,
  394, 395
민족주의 17, 18, 19, 20, 21, 22,
  24, 25, 27, 28, 39, 188, 189,
  220, 226, 227, 242, 248, 300,
  373, 374, 375, 376, 381, 382,
  391, 393, 395
민족주의 교육 73, 74, 75
민족주의 운동 17, 220, 228, 393
민족주의자 229, 243, 249
민족협동전선 228, 245, 249, 389,
  390, 391, 393, 395, 397
민종식 72
민주적 통일론 269
민주주의 103, 104, 105, 106, 107,
  129, 130, 170, 171, 182, 188,
  259, 260, 261, 262, 270, 274,
  347, 386
민주주의 가치 104, 107, 108, 115,
  116, 182, 258, 259, 261, 266,
  270
민주주의 제도 130, 177, 182
민중해방운동 198, 223
민태원 306

ㅂ
박규수 18
박동완 398
박래홍 398
박명규 257, 269, 272
박문국(博文局) 23, 32, 37, 164,
  380
박애(fraternity) 260, 261, 262, 263
박영효 143
박은식 58, 309, 380, 393
박일승 381
박헌영 225, 246, 306, 381
반제국주의운동 17
발행의 자유 162
배설(裴說:Ernest Thomas Bethell) 42,
  44, 52, 58, 84, 85
백관수 305, 382, 398
벽돌신문 168
병인양요 19
보도의 자유 161
복본주의(福本主義) 244, 250
북풍회 197, 224, 245, 246, 248
비판의 자유 161, 162

ㅅ
사노 마나부 244, 250
사상의 자유 261
사상의 자유시장 160
사카이 도시히코(堺利彦) 203, 238,
  250
사회개조 145
사회사상 258, 268, 269, 283, 285
사회운동 198, 210, 211, 224, 226,

227, 229, 231, 245, 249, 258,
263, 265, 266, 274, 275, 276,
277, 278, 280, 281, 282, 283,
284, 394, 395
사회적 커뮤니케이션 20, 39
사회적 평등 112, 116
사회적·경제적 자유 111
사회주의 189, 194, 199, 200, 214,
217, 218, 219, 220, 221, 226,
238, 239, 241, 243, 244, 245,
247, 248, 250, 300, 393
사회주의 운동 196, 228, 231, 238,
245, 249, 393
사회책임이론 156, 157
사회화의 기능 148, 149
3·1운동 72
상관조정의 기능 148
상대적 자유 162
상해파 고려공산당 197
《새별》 332
서범석 246
《서울신문》 383
서울청년회 197, 204, 245
《서유견문》 135, 140
서재필 94, 95, 97, 310, 319, 393
선거권 113
성낙영 380
소작쟁의 222, 234, 237, 249
손영극 246
송병준 71, 193, 303, 304, 392
스탈린 243
《시대일보》 389
시민사회 386

시민윤리형성론 269
《시사신문》 193, 294, 296
〈시일야방성대곡〉(是日也放聲大哭)
166
신간회 200, 202, 226, 229, 245,
246, 249, 289, 290, 326, 381,
389, 390, 391, 392, 393, 395,
398, 399, 400, 401, 402, 404,
406, 408
신구범 305
신기선 71
《신대한》 375, 376, 378
신돌석 72
신문 24, 130, 142, 148
신문기자 153, 154
신문기자의 사명 153
신문의 기능 93, 148, 149, 150
신문의 사명 143, 144, 145, 146,
149
신문지(新聞紙) 131, 133, 134, 135,
137, 162, 165
신미양요 19
신민회 269, 276, 280
《신보》(申報) 132
신분의 평등 112
신석우 193, 245, 304, 305, 392,
398
신용하 19, 21, 95, 96
신의주 사건 224
신일용 246, 306, 381
신일철 257, 271, 272
신임동맹회 246
《신천지》 195

신체의 자유 109, 173
신탁통치 378
《신한민보》 331, 332
실학사상 17

ㅇ

아펜젤러(H. G. Appenzeller) 94
안재홍 245, 304, 305, 306, 321,
　　338, 398
애국계몽운동 72, 73, 74, 275, 282
애국계몽주의 19, 381
야마가와 히토시(山川均) 203, 244,
　　250
양기탁 43, 58, 380
양무론(洋務論) 32
양흥목 380
언로(言路)의 개방 159
언론 145, 146, 148, 285, 344, 360,
　　367, 382
언론인 331, 334, 337, 367, 373,
　　381, 382, 383, 384, 385, 386
언론자유 129, 156, 158, 159, 160,
　　163, 165, 169, 171, 181, 182,
　　261, 292
언론탄압 164, 165, 166, 168, 170
언론통제 169, 193
엠벌리(H. Emberley) 94
ML계 조선공산당 197, 204, 205,
　　246, 381
여론 284, 347
여론형성 145, 284
여성운동 198, 240
여운형 382

영일동맹 45, 66, 68
예종석 301, 302
오락적 기능 148, 149, 361
오산(吾山) 이강(李剛) 331, 332
온건개화파 18, 23, 24, 32
YMCA 289
요시노 사쿠조(吉野作造) 244, 292
월남 이상재 193, 289, 290, 297,
　　298, 299, 300, 301, 304, 305,
　　309, 312, 316, 319, 320, 321,
　　326, 327, 392, 393, 398
위임통치 379, 380
위정척사사상 17, 19
유근 380
유길준 18, 133, 135, 140, 143
유산계급 231
유억겸 398
유영석 380
유지영 383
육당 최남선 332
윤리적 개조론 272
윤치호 94, 95
을미사변 72
을미의병운동 19
을사조약 45, 48, 57, 66, 68, 69,
　　70, 71, 72, 73, 85, 166, 275,
　　374
의병항쟁 72, 73
이갑성 398
이관용 398
이광린 96
이길용 246
이동휘 311, 393

이만갑 20, 114, 115
이명현 257, 270, 272
이봉수 381
이상존 276, 281, 282
이상협 304, 305, 319
이순탁 398
이승만 378, 379, 380
이승복 398
이승훈 398
이완용 75
이완용 내각 165
이은상 338
이장훈 44, 52
이정 398
이정섭 398
이종린 245, 321, 398
이종목 398
이지용 64
이토 히로부미 67, 69, 70, 71, 86
인간의 존엄 111
인권 386
인본주의 266
인재양성 346
인촌 김성수 294, 332, 337
《일동기유》(日東記游) 131
일진회 71
임시정부 269, 274, 280, 334, 339, 351, 353
임원근 246
임원식 306, 381
임화 203
입헌군주제 18

ㅈ
자본주의 220, 221, 222, 227, 249
자유 107, 108, 116, 172, 173, 260, 261, 262
자유민권사상 380
자유주의이론 156, 157
자치론 378, 379
장길상 398
장덕수 381, 382
장지연 166, 374, 380
장지영 398
재산권 111
저항지향형 277
전국기자대회 319
전근대민족주의 19
전조선기자대회 290, 324, 320, 321, 322, 323, 326
전조선민중운동자대회 224, 248
전택부 305
《정교보》(正教報) 332
정신적 자유 110
정재룡 398
정치적 자유 110
정태석 398
정한경 379
제1차 한일협약 45
《제국신문》 51, 96, 144, 164, 381
제국주의 25, 26, 85, 93, 227, 249, 272, 376, 394
제국주의 열강 27, 28, 39, 45, 65, 66, 68, 70, 85, 143
조계현 305
조규수 246

조동우 334, 381
조만식 398
조봉암 246
조선공산당 189, 199, 200, 208,
    211, 216, 225, 240, 246, 381
조선공산당사건 225
조선공제회 197
조선노농총동맹 222, 248
조선노동공제회 243
《조선일보》 145, 147, 158, 193,
    195, 196, 197, 198, 199, 200,
    202, 203, 205, 209, 212, 222,
    223, 224, 225, 226, 232, 233,
    238, 240, 242, 245, 246, 247,
    248, 249, 289, 290, 294, 296,
    301, 302, 303, 304, 306, 307,
    308, 309, 310, 311, 312, 314,
    315, 317, 318, 319, 320, 324,
    326, 327, 338, 381, 383, 389,
    392, 393, 395, 397, 398, 399,
    400, 401, 406
《조선지광》 195
조선청년독립단 333
〈조선청년독립단선언서〉(2・8 독립
    선언서) 333
조선청년총동맹 223, 246, 248
조중응 71
조진태 301, 302
종교운동 198
죄형법정주의 109
주권재민 107, 109, 112, 113, 172,
    176, 261, 262
주시경 380

주요한 334, 338, 341
《중앙신보》 166
《중외일보》 389
지방자치제 177, 179, 180
직업윤리 384
질적 분석 21

ㅊ
참여 261
참정권 112
척사사상 18, 20
《천고》(天鼓) 375
천도교 19
철필구락부 319
청년운동 198, 240
청년학우회 276, 280
최강 301, 302
최선익 304, 305, 306, 392, 398
최원순 398
최은희 318
최익현 72
최팔용 333
춘원 이광수 331, 332, 333, 334,
    335, 336, 337, 339, 341, 342,
    343, 345, 346, 347, 349, 350,
    351, 353, 359, 360, 361, 362,
    365, 367, 376

ㅋ
카프 197, 208
카프운동 203, 204, 205
커뮤니케이션 260, 263

ㅌ

《태극학보》 51

태프트-가쓰라 비밀협약 45, 66

통일전선구축 242

트로츠키 243

ㅍ

평등 107, 108, 112, 115, 116, 172, 174, 260, 261, 262, 272, 273

포츠머스 강화조약 45, 48, 65, 66

표현의 자유 129

피선거권 113

ㅎ

하야시 곤스케(林權助) 64

하야시 기미오(林癸未夫) 233

하재화 398

학생운동 198

《한국일보》 383

한기악 398

한미수호통상조약 65

《한성순보》(漢城旬報) 15, 16, 23, 24, 32, 36, 39, 93, 130, 133, 134, 139, 140, 144, 147, 164, 176, 179, 380

《한성신보》 95

《한성주보》(漢城週報) 16, 23, 24, 32, 36, 37, 39, 139, 140, 147, 380

한용운 398

한위건 398

한일병탄 169, 190

한일신협약(丁未七條約) 46, 72

한일의정서 57, 69

한일합병론 71

한흥수 20

항일민족단일전선 290, 326

허영숙 336, 337

허정숙 245

혁명 198

《협성회회보》 96

형평사(衡平社)운동 248

홍난파 383

홍덕유 246

홍명희 245, 246, 381, 398

홍성희 398

홍증식 246, 319, 381

화요회 197, 224, 245, 246, 381

화요회계 조선공산당 197

화이사상(華夷思想) 17, 26

환경감시기능 148, 149, 151, 386

환경변화 93

환경의 감시자 138, 182

《황성신문》 51, 64, 96, 140, 144, 147, 166, 171, 374, 381

후쿠모토 가즈오(福本和夫) 244

후쿠자와 유키치(福澤諭吉) 133

흥사단 269, 276, 283, 284

힘의 사상 265, 267, 269, 275

힘의 양성 275, 276, 278

힘의 철학 265, 267